Possession, Possessio und das Schicksal des Common Law

Europäische Hochschulschriften
Publications Universitaires Européennes
European University Studies

Reihe II
Rechtswissenschaft

Série II Series II
Droit
Law

Bd./Vol. 3648

PETER LANG
Frankfurt am Main · Berlin · Bern · Bruxelles · New York · Oxford · Wien

Mathias Link

Possession, Possessio und das Schicksal des Common Law

Der Besitzrechtsstreit im Common Law in der zweiten Hälfte des 19. Jahrhunderts

PETER LANG
Europäischer Verlag der Wissenschaften

Bibliografische Information Der Deutschen Bibliothek
Die Deutsche Bibliothek verzeichnet diese Publikation in der Deutschen Nationalbibliografie; detaillierte bibliografische Daten sind im Internet über <http://dnb.ddb.de> abrufbar.

Zugl.: Trier, Univ., Diss., 2002

D 385
ISSN 0531-7312
ISBN 3-631-50848-4

www.peterlang.de

In memoriam

Elisabeth Link

Vorwort

Die vorliegende Arbeit wurde im Wintersemester 2002/2003 vom Fachbereich Rechtswissenschaft der Universität Trier als Dissertation angenommen.

Mein Dank gilt allen, die mich bei der Entstehung dieser Arbeit unterstützt haben.

An erster Stelle ist mein Doktorvater Professor Dr. Mathias Reimann (jetzt University of Michigan, Ann Arbor/USA) zu nennen, dem ich für seine langjährige Förderung sehr dankbar bin. Seine wertvollen, oft kritischen Hinweise, seine Anregungen und sein Rat waren es, die die Promotion entscheidend vorangetrieben haben.

Professor Dr. Franz Dorn (Universität Trier) bin ich für die Betreuung in der Schlußphase des Promotionsverfahrens sowie für die schnelle Erstellung des Zweitgutachtens sehr verbunden.

Dem Deutschen Akademischen Austauschdienst danke ich für die Gewährung eines Kurzstipendiums für Doktoranden (HSP III), das mir die Möglichkeit gab, die reich ausgestattete Bibliothek der Columbia Law School, New York/USA zur vertiefteren Forschung zu nutzen.

Von der Fakultät und den Mitarbeitern der Columbia Law School danke ich insbesondere Professor George A. Bermann und Professor Eben Moglen, die mir wertvolle Hinweise zu verschiedenen Teilbereichen des Common Law gegeben haben.

Ganz besonderer Dank gebührt abschließend meiner Ehefrau, Sandra Link, und meinen Eltern, Friedrich und Brigitte Link. Ihre vielfältige Unterstützung in technischer, redaktioneller und finanzieller Hinsicht, insbesondere aber der mir während der Zeit der Promotion gewährte Rückhalt haben das Entstehen dieser Arbeit erst ermöglicht.

Wiesbaden, im Januar 2003 Mathias Link

Gliederung

Einleitung ... 1

I) Ziel der Arbeit ... 3

II) Aufbau der Arbeit ... 4

1. Kapitel: Der Bezugspunkt: Der deutsche Gelehrtenstreit über das römische Besitzrecht ... 7

I) Der Zusammenhang mit der Diskussion im Common Law ... 7

II) Der dogmatische Inhalt des Gelehrtenstreits ... 8

1. Erster Themenkomplex: Der materielle Gehalt des Besitzbegriffs – oder: Wer ist Besitzer? ... 10
   a) Savignys Ansatz ... 11
   b) Die Reaktionen auf Savignys Ansatz ... 15

2. Zweiter Themenkomplex: Der Grund des Besitzschutzes ... 22
   a) Relative Besitztheorien ... 25
   b) Absolute Besitztheorien ... 27

3. Dritter Themenkomplex: Die Rechtsnatur des Besitzes und seine Stellung im Rechtssystem ... 28
   a) Savignys Ansatz ... 29
   b) Die Reaktionen auf Savignys Ansatz ... 31

III) Der zeitliche Ablauf des Gelehrtenstreits und seine jeweiligen stilistischen Besonderheiten ... 34

1. Erste Phase: Von Savignys Monographie (1803) bis in die 1840er Jahre ... 35
   a) Die Rechtsnatur des Besitzes und der Grund des Besitzschutzes ... 35
   b) Die Bestimmung des subjektiven Element des Besitzes (animus possidendi) ... 40

2. Zweite Phase: Die Renaissance des Gelehrtenstreits unter Jhering (späte 1860er bis 1890er Jahre) ... 43

3. Das BGB und seine Auswirkungen auf den Streit um das Besitzrecht ... 46

4. Der Besitzrechtsstreit heute: A Never-Ending Story 47

IV) Mehr als nur Besitzrecht - Die Motive einzelner Protagonisten ... 48

1. „Der Besitzwille“: Rechtspolitik und Methodenlehre 48
   a) Die symbolische Befreiung von Mieter und Pächter aus sozialer Abhängigkeit ... 48
   b) Die Suche nach der richtigen juristischen Methode ... 50

2. „Faktum oder Recht“: Auf der Suche nach einem Schulenstreit ... 53

2. Kapitel: Der Besitzrechtsstreit im Common Law: sein Inhalt und seine tiefere Bedeutung ... 59

I) Der Hintergrund der Besitzrechtsdiskussion im Common Law ... 59

1. Der Zustand des Common Law im Allgemeinen ... 60

2. Der Zustand des Besitzrechts im Besonderen ... 61
   a) Das Zerfallen der bisherigen Strukturen des Rechts ... 62
      aa) Besitzschutz hinsichtlich Mobilien ... 62
      bb) Besitzschutz hinsichtlich Grundstücken ... 69
   b) Die Einmischung des Gesetzgebers ... 75
   c) Die unüberschaubare Stoffmenge ... 78

3. Die Lösungsvorschläge ... 79
   a) Die Suche nach der Herkunft des Common Law ... 80
   b) Die Suche nach der richtigen Methode zur wissenschaftlichen Durchdringung des Rechtsstoffs im Common Law ... 86

II) Die Besitzrechtsdiskussion als Forum für die Lösung dieser Grundsatzfragen ... 90

1. Who is possessor? Oder: wo liegen die Wurzeln des Common Law ... 90
a) Die romanistische Strömung (vor 1880) ... 94
b) Die germanistische Phase - Die Emanzipation des Law of Possession ... 106
aa) Der Ansatz von Holmes ... 106
bb) Die Weiterentwicklung des Ansatzes von Holmes ... 116
cc) Bewertung der Ansätze von Holmes, Terry und Pollock/Wright ... 122
c) Jhering und das Wiedererstarken des romanistischen Lagers ... 124
aa) Der Weg der Besitzlehre Jherings ins Common Law ... 124
bb) Jhering und das (Besitz-)Recht des Common Law ... 125
cc) Die Reaktion auf diese Gegenbewegung .. 137

2. „Why protected?"/„Right or Fact?" - Oder: die Suche nach einer geeigneten Methode zur Systematisierung des Common Law ... 144
a) Die Suche nach dem Grund des Besitzschutzes im Common Law ... 144
aa) Die Zeit vor Holmes ... 144
bb) Holmes contra Begriffsjurisprudenz ... 148
cc) Jhering, der methodisch andere „German jurist" ... 155
b) „Right or Fact?" oder „Faktum oder Recht?" .. 171
aa) Das Mißverständnis ... 171
bb) Die Beantwortung der Frage „Faktum oder Recht" für das Common Law ... 177
c) Die weitere Entwicklung ... 181

3. Zum Stil und zeitlichen Ablauf der Diskussion im Common Law ... 182

4. Warum gerade das Besitzrecht? ... 186

3. Kapitel: Die Bedeutung der Besitzrechtsdiskussion im Common Law für das 21. Jahrhundert ... 191

I) Auf dem Weg zu einem gemeinsamen europäischen Privatrecht ... 191

II) Der Ertrag der Besitzrechtsdiskussion im Common Law für diesen Weg ... 195

1. Die Existenz gemeinsamer besitzrechtlicher Prinzipien? ... 195

2. Der Besitzrechtsstreit als methodische Hilfestellung ... 199

Ergebnis der Untersuchung ... 203

Literaturverzeichnis ... 213

Einleitung

„Possession is nine tenth of the law“ sagte ein englisches, „Beati Possidentes – Ihr glücklichen Besitzer“ ein deutsches Sprichwort im 19. Jahrhundert[1]. In der Tat nahm das Institut des Besitzes damals genau wie heute sowohl im Common Law als auch im Civil Law wichtige Funktionen wahr: So konnte sich der bloße Besitzer einer Sache oder eines Grundstücks gegen die unberechtigte Wegnahme gerichtlich zur Wehr setzen; unter bestimmten Voraussetzungen galt der bloße Besitzer als Eigentümer; durch Zeitablauf konnte der Besitz zum Eigentum erstarken; die Übertragung des Besitzes galt als die wichtigste Methode, das Eigentum zu übertragen[2]. Diese Funktionen werden heute gerne schlagwortartig mit den Begriffen Schutzfunktion, Beweisfunktion und Publizitätsfunktion umschrieben.

Zahlreiche Autoren in England und Amerika erkannten diese Bedeutung des Besitzes – im anglo-amerikanischen Rechtskreis als Possession bezeichnet – spätestens ab der zweiten Hälfte des 19. Jahrhunderts und schlossen daraus auf die „necessity of an adequate analysis of its essential nature“[3]. Zuvor hatte eine systematische Beschäftigung mit der Dogmatik der Possession in Literatur und Fallrecht des anglo-amerikanischen Rechtskreises so gut wie nicht stattgefunden. Gleichsam als Entschuldigung diente die nebulöse Bedeutung des Begriffes „Possession“. So umschrieb beispielsweise *Frederick Pollock* noch im Jahre 1888 die Schwierigkeit einer Definition des Begriffs Possession folgendermaßen: „Yet, as the name of Possession is in these and other ways one of the most important in our books, so it is one of the most ambiguous“[4]. Erst seit den 1870er Jahren setzte – unter der Federführung von *Oliver Wendell Holmes* – im anglo-amerikanischen Rechtskreis eine Diskussion über die „theory of possession“ ein, die – wie *John M. Lightwood* es 1887 bezeichnete – „has hitherto been conspicuously wanting“[5].

Jedoch widmete man nicht allen Funktionen der Possession die gleiche Aufmerksamkeit. Der Schwerpunkt der Diskussion lag auf der Schutzfunktion. *Holmes* warf 1881 eine Frage auf, die – um eine Beobachtung ergänzt – das Motto für einen teils recht polemisch geführten Gelehrtenstreit im Common Law geben sollte, der schon in den 1870er Jahren begonnen hatte und bis zum Ausbruch des Ersten Weltkrieges fortdauerte:

---

1 Vgl. *Randa*, Der Besitz nach österreichischem Rechte (4. Aufl., 1895), S. 1.

2 Zur Bedeutung des Besitzrechts im Common Law siehe z. B. *Salmond*, Jurisprudence (1. Aufl., 1902), S. 289; zur Bedeutung des Besitzrechts im Civil Law siehe z. B. *Randa*, Der Besitz nach österreichischem Rechte (4. Aufl., 1895), § 6.

3 *Salmond*, Jurisprudence (1. Aufl., 1902), S. 289.

4 *Pollock/Wright*, An Essay on Possession in the Common Law (1888), S. 1.

5 *Lightwood*, in: 3 Law Quarterly Review (1887), S. 32.

> „Why is possession protected by the law, when the possessor is not also an owner? That is the general problem which has much exercised the German mind.“[6]

Den anglo-amerikanischen Gelehrten ging es um zweierlei: 1) Zum einen suchte man nach dem Grund des Besitzschutzes im Common Law. Dieses Grundproblem – und damit zusammenhängende praktisch relevante Fragestellungen – beschäftigte in der Folgezeit also auch „the Anglo-american mind“. 2) Zum anderen begab man sich aber auch auf die Suche nach einer Ergründung des von *Holmes* angesprochenen „German mind“. Damit bezog sich *Holmes* auf einen auf dem Kontinent geführten Gelehrtenstreit über das Institut des Besitzes im römischen Recht (die Possessio), der mit Erscheinen der Monographie „Das Recht des Besitzes“ von *Friedrich Carl v. Savignys* 1803 entflammte und – mit wechselnder Intensität – bis zum Inkrafttreten des Bürgerlichen Gesetzbuches (BGB) in Deutschland am 1. Januar 1900 fortdauerte. Diese deutsche Diskussion, zu deren Hauptakteuren neben *Friedrich Carl v. Savigny* auch *Eduard Gans*, *Georg Friedrich Puchta*, *Carl Georg Bruns* und später *Bernhard Windscheid* und *Rudolf v. Ihering* zählten, nahm man ab den 1870er Jahren zunehmend auch jenseits von Kanal und Atlantik wahr.

Die deutschen Gelehrten setzten sich bei ihrer Untersuchung der römischen Possessio insbesondere mit drei Fragestellungen auseinander, die ebenfalls eine besondere Betonung der Schutzfunktion erkennen lassen: 1) Wer galt im römischen Recht als Besitzer? 2) Worin liegt der Grund des Besitzschutzes? 3) Wie ist die Rechtsnatur des Besitzes zu bestimmen – ist er ein Faktum oder ein Recht?

Diese drei Fragestellungen übertrugen die anglo-amerikanischen Gelehrten – wenn auch teils mit leicht verschobener Akzentsetzung und nicht frei von Übersetzungsfehlern – ins Common Law. Sie lauteten nun: 1) Who is Possessor? 2) Why is Possession protected by the law when the possessor is not also an owner? 3) Is Possession a fact or a right?

Die Mehrzahl der anglo-amerikanischen Autoren, die sich zur Possession äußerten, übernahmen aber nicht nur die Fragestellungen „from the other side“. Die Diskussion um das römische Besitzrecht griff so mancher Common Lawyer – expressis verbis oder zwischen den Zeilen – in seinen Ausführungen auf. Diese Bezugnahmen dienten nicht nur der Gewinnung von dogmatischen Erkenntnissen für das Besitzrecht des Common Law. Teilweise fungierte das Besitzrecht auch als Bühne zur Diskussion jenseits der reinen Dogmatik liegender Grundsatzfragen. In diesem Zusammenhang erlangten die Bezugnahmen auf den deutschen Gelehrtenstreit eine Schlüsselfunktion.

---

6 *Holmes*, The Common Law (1881), S. 206.

I) Ziel der Arbeit

Die Arbeit untersucht, wie die Common Lawyers den deutschen Gelehrtenstreit um das römische Besitzrecht in der Diskussion um die Possession des Common Law zur Erlangung von dogmatischen Erkenntnissen und zur Beantwortung von juristischen Grundsatzfragen instrumentalisierten.

Dabei wird zu zeigen sein, daß der deutsche Gelehrtenstreit um die Possessio nicht nur dazu diente, den anglo-amerikanischen Begriff der Possession zu erklären bzw. ihn von den kontinentalen Ansätzen abzugrenzen. Der deutsche Gelehrtenstreit erlangte darüber hinaus in zweierlei Hinsicht weitere Bedeutung: Er diente zum einen als Quelle, aus der die Common Lawyers ganz allgemeine Erkenntnisse über die Wurzeln des Common Law zu schöpfen suchten; zum anderen war er Vor- oder auch Schreckensbild einer Methode zur Durchdringung des ungeordneten Rechtsstoffs im Common Law.

Die Arbeit beschäftigt sich schwerpunktmäßig mit dieser Diskussion der Common Lawyers, deren Hauptakteure neben *Oliver W. Holmes* insbesondere *William Markby*, *Thomas Holland*, *Frederick Pollock*, *Robert S. Wright*, *John M. Lightwood*, *Henry Bond* und *John W. Salmond* waren.

Der sachliche, zeitliche und örtliche Rahmen ist dabei folgender: Sachlich geht es um die wissenschaftliche Auseinandersetzung mit der Besitzrechtsdogmatik. Eine Einbeziehung von Gerichtsurteilen in die Analyse erscheint daher nicht geboten[7]. Zeitlich ist eine Spanne von etwas mehr als 40 Jahren umfaßt: Sie beginnt in den 1870er Jahren und endet mit dem Ersten Weltkrieg, der einen rasanten Niedergang des Gedankenaustauschs zwischen Civil Law und Common Law mit sich brachte. Der Gelehrtenstreit im Common Law beschränkte sich – auch wenn er mit *Holmes* von einem Amerikaner maßgeblich vorangetrieben wurde – nicht auf Amerika. Er erfaßte Common Lawyers auf beiden Seiten des Atlantik, da zu dieser Zeit das Law of Possession in England und den einzelnen amerikanischen Staaten weitgehend übereinstimmte[8].

Die Analyse dieser wissenschaftlichen Diskussion im Common Law erscheint unter mehreren Blickwinkeln von Interesse: Der Gelehrtenstreit stellte den im 19. Jahrhundert umfangreichsten Versuch einer Nutzbarmachung kontinentalen Gedankengutes (in positiver wie in negativer Hinsicht) für anglo-amerikanische Fragestellungen dar und verdient allein deshalb eine eingehendere Betrachtung.

---

7 Beispiele für (mögliche) Rückgriffe auf das römische Recht in der Judikatur zur Possession des Common Law bzw. Hinweise auf deren völlige Unabhängikeit von romanistischen Einflüssen finden sich einerseits bei *Dockray*, in: 6 The Journal of Legal History (1985), S. 109 ff., andererseits bei *Fifoot*, Judge and Jurist in the Reign of Victoria (1959), S. 95 ff. m.w.N.

8 Siehe dazu ausführlich im 2. Kapitel, I) 2.

Zwar gibt es vereinzelte Beiträge zur Diskussion um das Law of Possession im Common Law in der zweiten Hälfte des 19. Jahrhunderts, die auch auf die Bezüge zum Kontinent knapp hinweisen[9]. Jedoch fehlt eine umfassendere Untersuchung, die diese Diskussion in die größeren Kontroversen der Zeit einordnet[10].

Zudem kann diese Arbeit einer historischen Untersuchung des Verhältnisses von Civil Law und Common Law Material liefern, da der hier behandelte Gelehrtenstreit die (teils recht unreflektierte) Übernahme materiell-rechtlicher Konzepte aus einem Rechtskreis in den anderen verdeutlicht.

Auch vor dem Hintergrund der gegenwärtigen Suche nach einem „europäischen Privatrecht", der immer ein Vergleich zwischen den Rechtssystemen vorausgehen muß, ist die Untersuchung eines Gelehrtenstreits, dessen Akteure zum Teil ausdrücklich nach einem gemeinsamen europäischen Besitzrechtsprinzip fahndeten, von Interesse.

II) Aufbau der Arbeit

Das im Anschluß an diese Einleitung folgende *Erste Kapitel* präsentiert zunächst den Bezugspunkt der Diskussion im Common Law: den Gelehrtenstreit um das Institut der Possessio im deutschsprachigen Raum. Die Darstellung dieses „Besitzrechtsstreits" wird einer Analyse der Diskussion im Common Law vorangestellt, denn nur so ist es möglich, die zahlreichen Bezüge in den Beiträgen der Common Lawyers zu begreifen und teils auch kritisch zu hinterfragen. Untersucht werden die drei Themenkomplexe 1) Der materielle Gehalt des Besitzbegriffes (oder: Wer ist Besitzer?); 2) Der Grund des Besitzschutzes und 3) Die Rechtsnatur des Besitzes (Ist der Besitz ein Faktum oder ein Recht?). Es wird dabei zu zeigen sein, daß auch die deutschen Gelehrten „ihre" Diskussion um das Besitzrecht als Bühne für die Austragung von über die reine Besitzrechtsdogmatik hinausgehende Fragen verwendet haben.

Das *Zweite Kapitel* ist der Diskussion um das Law of Possession im Common Law gewidmet. Es beginnt mit einer Beschreibung der rechtlichen Ausgangssi-

---

9 *Fifoot*, Judge and Jurist in the Reign of Victoria (1959), S. 85 ff.; *Graziadei*, in: The Reception of Continental Ideas in the Common Law World 1820 – 1920 (hg. von Reimann, 1993), S. 115, 139 ff.; *Reimann*, Historische Schule und Common Law (1993), S. 140 Fn. 559; *Stein*, in: La Formazione Storica del Diritto Moderno in Europa (1977), S. 1106, 1123; *Stein*, in: L'Educazione Juridica, Bd. II: Profili Storici (1979), S. 185, 195.

10 Eine Ausnahme bildet Reimanns Aufsatz „Holmes's „Common Law" and German Legal Science", der den Teilaspekt der Auseinandersetzung mit den kontinentalen Theorien zu Grund des Besitzschutzes bei Holmes näher analysiert hat, *Reimann*, in: The Legacy of Oliver Wendell Holmes, Jr. (hg. von Gordon, 1992), S. 72 ff.

tuation im 19. Jahrhundert, die den Nährboden für diesen Gelehrtenstreit bereitete. Es folgt eine Analyse der Antworten der Common Lawyers auf die drei übernommenen Fragestellungen: 1) Who is Possessor? 2) Why is Possession protected by the law when the possessor is not also an owner? 3) Is Possession a fact or a right? Dabei richtet sich besonderes Augenmerk auf die „zweite Ebene“, also auf die Beweggründe, die bei so manchem Common Lawyer zu einer (teils doch recht intensiven) Beschäftigung mit dem Gelehrtenstreit über das römische Besitzrecht im deutschsprachigen Raum führten. Dazu erfolgt eine Analyse der beiden Hauptstreitfragen, die in der zweiten Hälfte des 19. Jahrhunderts die Gelehrten des Common Law in mehrere Lager spalteten: 1) die Frage nach den Wurzeln des Common Law und 2) die Suche nach einer geeigneten Methode zur wissenschaftlichen Durchdringung des ungeordneten Rechtsstoffes. Dabei wird zu zeigen sein, was die Diskussion um das Law of Possession und in diesem Zusammenhang insbesondere die Bezugnahmen auf den Gelehrtenstreit auf dem Kontinent zur Klärung dieser Fragen beitrugen.

Das *Dritte Kapitel* untersucht schließlich die Frage, ob und gegebenenfalls in welcher Weise aus den gewonnenen Feststellungen über die Diskussion über das Law of Possession im Common Law (und in diesem Zusammenhang insbesondere aus ihren Bezügen zum Gelehrtenstreit auf dem Kontinent) Erkenntnisse oder zumindest Hilfestellungen für die Rechtsentwicklung des 21. Jahrhunderts abgeleitet werden können. Dabei ist insbesondere an die gegenwärtige Diskussion um ein gemeinsames europäisches Privatrecht zu denken.

1. Kapitel: Der Bezugspunkt: Der deutsche Gelehrtenstreit über das römische Besitzrecht

I) Der Zusammenhang mit der Diskussion im Common Law

Zahlreiche Autoren des Common Law, allen voran *Oliver Wendell Holmes*, nahmen in ihren Beiträgen auf eine unter deutschen Gelehrten ausgetragene Diskussion über das römische Besitzrecht Bezug. Ziel dieses Kapitels ist es, diese Diskussion in ihren Grundzügen wiederzugeben. Die Darstellung beschränkt sich dabei auf die drei bereits in der Einleitung genannten Fragestellungen, die von den anglo-amerikanischen Gelehrten übernommen wurden[1].

Dabei ist neben der Darstellung der verschiedenen Positionen innerhalb der drei dogmatischen Themenkomplexe in Deutschland der Blick auf eine zweite, eher undogmatische Ebene zu richten. Die heutige rechtshistorische Forschung vertritt die Auffassung, daß es den Protagonisten des Gelehrtenstreites in Deutschland stellenweise nicht primär um das Besitzrecht, sondern um über die Besitzrechtsdogmatik hinausgehende Fragestellungen ging, die anhand der Besitzrechtsdogmatik (und dabei insbesondere im Zusammenhang mit der Frage nach der Rechtsnatur des Besitzes) diskutiert wurden[2].

Bei Betrachtung dieser zweiten Ebene sollen die hinter einzelnen Grundpositionen (möglicherweise) zu Tage tretenden, nicht-juristischen Motive aufgespürt werden. Dazu erscheint es notwendig, nach der Zusammenstellung der einzelnen Positionen besonderes Augenmerk auf den genauen zeitlichen Ablauf der gesamten, alle drei Themenkomplexe umfassenden Diskussion (mit seinen Thesen, Antithesen, Repliken und Dupliken) zu richten. Dabei sind die Aufspaltung der Gelehrten in einzelne Lager sowie signifikante stilistische Argumentations-, Angriffs- und Verteidigungsstrategien zu ermitteln.

---

1 Die bereits im 17. und 18. Jahrhundert lebhaft diskutierte Frage, was genau unter den Begriffen „possessio civilis“ und „possessio naturalis“ in den römischen Quellen zu verstehen sei (der selbst Savigny noch über 30 Seiten widmete) und die sich mehr und mehr als eine rein theoretische Frage des Sprachgebrauchs ohne greifbare Praxisrelevanz entpuppte, wird ebenso ausgeklammert wie die kontroverse Erörterung des genauen Umfangs und Anwendungsbereiches einzelner possessorischer Interdikte im römischen Recht.
Vgl. zur Kontroverse „possessio civilis“/„possessio naturalis“ insbesondere *Savigny*, Das Recht des Besitzes (1. Aufl., 1803), § 7; *Thibaut*, in: AcP 18 (1835), S. 315 ff.; *Thibaut*, in: AcP 23 (1840), S. 167 ff. (jeweils m.w.N.); später dann auch *Bruns*, Das Recht des Besitzes (1848), S. 414.
Zu den Streitfragen hinsichtlich einzelner Interdikte vgl. nur *Bruns*, Das Recht des Besitzes (1848), S. 388 ff., 416 ff.

2 Ausführlich dazu *Braun*, in: Quaderni Fiorentini 9 (1980), S. 457 ff. (m.w.N.).

II) Der dogmatische Inhalt des Gelehrtenstreits

Als *Savigny* im Jahr 1803 seine Monographie „Das Recht des Besitzes" veröffentlichte, betrat er mit seiner Untersuchung über das Wesen des Besitzes inhaltlich kein juristisches Neuland[3]. Schon seit dem 17. Jahrhundert hatte sich in Deutschland, angeregt durch die Ideen französischer und spanischer Juristen[4], eine selbständige Behandlung des Besitzrechts entwickelt[5].

Das Institut des „Besitzes" – so wie es sich im gemeinen Recht des 17. und 18. Jahrhunderts darstellte – war römischen Ursprungs[6]. Das deutsche Recht kannte ursprünglich keinen selbständigen Besitzbegriff. Das Recht des Besitzes ging vielmehr vollständig im Recht der Gewere, dem zentralen Institut des mittelalterlichen deutschen Sachenrechts, auf[7]. Mit der Rezeption kam spätestens ab dem 16. Jahrhundert der römische Begriff der „Possessio" (übersetzt mit „Besitz") nach Deutschland[8] und verdrängte zunehmend den Terminus „Gewere". In der Sache setzte sich das römische Recht weitgehend, jedoch nicht vollständig, sondern nur in der Umbildung durch, die es durch die italienische Doktrin unter starker Mitwirkung des kanonischen Rechts erfahren hatte[9].

Dadurch erhielten sich in der Praxis eine Fülle germanischer Rechtselemente, die dem System der Gewere entstammten[10]. Es entstand eine „Synthese heterogener Elemente"[11], der eine einheitliche Ordnung fehlte. Ab der Wende zum 19. Jahrhundert unternahm die Literatur den Versuch, durch Rückbesinnung auf römisches Recht Ordnung in das besitzrechtliche Chaos zu bringen.

---

3 Dieses Buch gilt auch heute noch als Muster der modernen rechtswissenschaftlichen Monographie schlechthin und hat – wie Jhering es formulierte – „eine so durchaus neue Literaturperiode eingeleitet", *Jhering*, Der Besitzwille (1889), S. 246 f.; vgl. dazu *Bruns*, Das Recht des Besitzes (1848), S. 409 ff.

4 Zu nennen sind dabei insbesondere Ramos, Retes, Teles, und Sarmiento auf spanischer und Baro, Connanus, Duarenus, Donellus, Cujacius, Faber und Pothier auf französischer Seite. Einen Überblick über die dortige besitzrechtliche Literatur gibt *Bruns*, Das Recht des Besitzes (1848), S. 352 ff. (Frankreich), 342 ff. (Spanien).

5 Ausführlich dazu *Bruns*, Das Recht des Besitzes (1848), S. 384 ff.

6 Zur geschichtlichen Entwicklung des Besitzrechts in Deutschland vgl. *Gierke*, Deutsches Privatrecht, Bd. 2 (1905), S. 209 ff. (m.w.N.); *Planitz*, Deutsches Privatrecht (3. Aufl., 1948), S. 120 ff.; *Hübner*, Grundzüge des deutschen Privatrechts (5. Aufl., 1930), S. 221 ff.; *Ogris*, in: HRG, Bd. 1 (1971), Sp. 389 ff.; ausführlich dazu die Monographie von *Bruns*, Das Recht des Besitzes (1848).

7 Die Gewere ließ sich – nach Gierke – als „ein äußeres Verhältnis der Person zur Sache, das von der Rechtsordnung als Erscheinungsform eines Rechts anerkannt ist", definieren. *Gierke*, Deutsches Privatrecht, Bd. 2 (1905), S. 187.

8 *Bruns*, Das Recht des Besitzes (1848), S. 373 ff.

9 Näher dazu *Hübner*, Grundzüge des deutschen Privatrechts (5. Aufl., 1930), S. 222.

10 Vgl. *Gierke*, Deutsches Privatrecht, Bd. 2 (1905), S. 210.

11 Zitat nach *Ogris*, in: HRG, Bd. 1 (1971), Sp. 389, 390.

Vor *Savigny* lassen sich in der besitzrechtlichen Literatur[12] – auf einer gewissen Abstraktionsstufe[13] – eine juristische und eine eher philosophische Ebene unterscheiden. Zum einen ging es darum, aus den Quellen das reine römische Besitzrecht herauszuarbeiten und zu systematisieren. Teilweise war damit – vor dem Hintergrund der allmählich aufkommenden Zivilrechtskodifikationen, die auch an deutschrechtlichen Elementen festhielten[14] – die Absicht verbunden, das wiederentdeckte römische Recht auch in die Praxis umzusetzen[15]. Zum anderen entwickelte sich durch die Beschäftigung mit diesem Rechtsinstitut das Bedürfnis, das „jus possessionis"[16] nicht mehr als ein dem positiven Recht einfach gegebenes aufzufassen, sondern es in seiner inneren Begründung, seiner Stellung und Bedeutung im gesamten Rechtssystem zu begreifen[17].

Savignys Analyse und Systematisierung der römischen Quellen galt als bahnbrechend, und viele der Beobachtungen *Savignys* zum materiellen römischen Besitzrecht werden auch heute noch als zutreffend erachtet. Nichtsdestotrotz erfuhr *Savigny* ab Mitte der 1820er Jahre in mehrfacher Hinsicht Kritik. Diese richtete sich zum einen gegen seine Thesen zum materiellen Besitzrecht, stärker aber noch gegen seine Antworten auf die eher philosophischen Fragen (Rechtsnatur des Besitzes und Grund des Besitzschutzes)[18].

Sowohl *Savigny* als auch seine hier analysierten Anhänger und Kritiker behandelten ausschließlich das römische Besitzrecht (die „possessio"), das man aber zumeist mit „Besitz" übersetzte. Um das im 19. Jahrhundert in Deutschland praktisch angewandte „Besitzrecht" ging es, wenn überhaupt, nur am Rande. Zwar stellte namhafte Germanisten dem römischen Konzept der „possessio" einen auf dem Institut der Gewere basierenden Besitzbegriff gegenüber[19]. Unmit-

---

12 Zum Stand der Kontroverse vor Savigny s. die Zusammenfassung bei *Solari*, Filosofia del diritto privato, Bd. 2 (1971), S. 55 ff.; weitere Nachweise finden sich bei *Becchi*, in: ZNR 13 (1991), S. 146 f. und *Schwake*, Zur Entwicklung des Besitzbegriffs im 19. Jahrhundert (1984), S. 6 ff.

13 In der Literatur fand eine solche klare Trennung indes nicht immer statt.

14 Das Bairische Landrecht (1756) und das Preußische Landrecht (1794) enthielten zahlreiche Elemente, die aus dem System der Gewere herrührten, vgl. dazu *Bruns*, Das Recht des Besitzes (1848), S. 425 ff., 431 ff.

15 Vgl. *Becchi*, in: ZNR 13 (1991), S. 145, 146.

16 D.h. das Recht, das sich aus dem Besitz ergibt. Davon strikt zu unterscheiden ist das ius possidendi, das Recht zum Besitz. S. dazu z. B. *Puchta*, in: Rheinisches Museum 3 (1829), S. 289 f.

17 Vgl. dazu die Nachweise bei *Bruns*, Das Recht des Besitzes (1848), S. 385 ff. und *Becchi*, in: ZNR 13 (1991), S. 145, 147 f.

18 Man diskutierte das Institut des Besitzes also nicht im Rahmen irgendeines „Idealrechts", sondern immer vor dem Hintergrund des römischen Rechts.

19 Vgl. dazu *Schwake*, Zur Entwicklung des Besitzbegriffs im 19. Jahrhundert (1984), S. 112 f. (m.w.N.); *Leonhard*, in: 7 Columbia Law Review (1907), S. 573, 581. Diese Autoren (u. a. Albrecht, Beseler, Huber, Heusler) werden hier jedoch ausgeklammert,

telbar in die Diskussion um den Besitzbegriff des römischen Rechts griffen sie damit aber nicht ein.

1. Erster Themenkomplex: Der materielle Gehalt des Besitzbegriffs – oder: Wer ist Besitzer?

Die deutschen Gelehrten interessierte insbesondere der tiefere Grund des Besitzschutzes. Bevor jedoch geklärt war, wer überhaupt diesen Schutz beanspruchen konnte, ließen sich schwerlich Aussagen über seinen tieferen Grund treffen. Erörterungen über den Grund des Besitzschutzes waren daher zumeist Ausführungen über die Tatbestandsvoraussetzungen des Besitzes vorangestellt.

Wer aber wurde nun als Besitzer im juristischen Sinne betrachtet? Eine natürliche Betrachtungsweise im Sinne eines „in den Händen Haltens der Sache" half nicht viel weiter. So hatte zum Beispiel der Mieter eines Gegenstandes, auch wenn er diesen fest umklammerte, im römischen Recht keinen Besitz im juristischen Sinne. Umgekehrt konnte einer Person die Possessio an einer Sache schon dann zugeschrieben werden, wenn sie viele Meilen entfernt war: Ein Käufer erlangte schon dann Besitz an der gekauften Sache, wenn sie in seiner Abwesenheit in seinem Haus niedergelegt wurde[20]. Wie ließ sich aus diesen Beobachtungen ein allgemeiner Besitzbegriff herleiten?

Diese Frage hatte man schon in der mittelalterlichen und der frühen gemeinrechtlichen Literatur diskutiert. Quelle von Schwierigkeiten und Meinungsverschiedenheiten war dabei die Tatsache, daß die römischen Materialien nicht klar zwischen „possessio ad interdicta" und „possessio ad usucapionem" unterschieden[21]. Im ersten Fall ging es um die Frage, wer als Besitzer geschützt werden sollte, im zweiten um den Besitz als Grundlage der Ersitzung. Erst *Savigny* gelang es, diese Unterscheidung zwischen Usukapions- und Interdiktenbesitz klar herauszuarbeiten:

> „Die bisherige Untersuchung hat gezeigt, daß aller juristische Besitz auf Usucapion oder Interdicte sich bezieht (§. 2.), und daß beiden ein allgemeiner Begriff juristischer *possessio* zum Grunde liegt, der, um die Usucapion möglich zu machen, nur noch einige besondere Bestimmungen haben muß (§. 7.)."[22]

---

da sich die Gelehrten des Common Law – und auf deren Perspektive kommt es hier an – auf den Besitzrechtsstreit unter den Romanisten in Deutschland bezogen. Ausführlich insgesamt zum Streit zwischen Romanisten und Germanisten z. B. *Wieacker*, Privatrechtsgeschichte der Neuzeit (2. Aufl., 1967), S. 377 ff.; aus Sicht des Common Law z. B. *Smith*, in: 10 Political Science Quarterly (1895), S. 664, 679 ff.

20 Vgl. dazu zum einen *Savigny*, Das Recht des Besitzes (1. Aufl., 1803), § 9, zum anderen *Savigny*, Das Recht des Besitzes (1. Aufl., 1803), § 17.

21 *Wieling*, Sachenrecht, Bd. I (1990), § 3 II 3 a) (m.w.N.).

22 *Savigny*, Das Recht des Besitzes (1. Aufl., 1803), S. 77.

a) Savignys Ansatz

Ausgangspunkt für die Entwicklung eines Besitzbegriffs war für *Savigny* damit der Interdiktenbesitz. *Savigny* begann mit der These, daß der Besitz zwei Elemente voraussetze: ein objektives, die sogenannte „Detention", und ein subjektives, den Besitzwillen oder „animus possidendi"[23]. Aber wie ließen sich diese beiden Elemente definieren? *Savigny* konzentrierte sich auf den Moment des Besitzerwerbs, um ihren Gehalt zu bestimmen.

Savigny nahm ein objektives Element, einen bestimmten „Zustand", als Ausgangspunkt seiner Definition des Besitzes:

> „Allen Definitionen des Besitzes ... liegt etwas ganz allgemeines zum Grunde, wovon jede Untersuchung über diesen Gegenstand ausgehen muß. Alle denken sich unter dem Besitz einer Sache den Zustand, in welchem nicht nur die eigne Einwürkung auf die Sache physisch möglich, sondern auch jede fremde Einwürkung unmöglich ist"[24].

Diesen Zustand nannte er „Detention". Dies sei „der natürliche Zustand, welcher dem Eigenthum, als einem rechtlichen Zustand, correspondirt"[25].

Um Detention und damit letztlich auch den Besitz zu erlangen, sei somit zunächst ein körperliches Handeln erforderlich (die sogenannte „Apprehension"). Diesen Begriff faßte *Savigny* recht weit auf. Er verlangte zwar stets die „unmittelbare Gegenwart" des Gegenstandes, hielt es aber für erwiesen, „daß es die Möglichkeit einer unmittelbaren Einwürkung auf die Sache, und nicht die körperliche Berührung ist, was das factum apprehensionis ausmacht"[26].

Savigny versuchte so zu erklären, daß das römische Recht in bestimmten Fällen einen Besitzerwerb auch ohne Ergreifen der Sache zuließ. So war der Besitzerwerb an im Haus niedergelegten Sachen möglich, nicht aber an zwar verwundetem, aber noch nicht erlegtem Wild.[27] Als Abgrenzungskriterium nannte *Savigny* das „Bewußtseyn physischer Herrschaft":

---

23 *Savigny*, Das Recht des Besitzes (1. Aufl., 1803), S. 78.

24 *Savigny*, Das Recht des Besitzes (1. Aufl., 1803), S. 2. In der 6. Auflage änderte er die Definition auf den Einwand hin, mit dieser „Unmöglichkeit" sei die Verletzung des Besitzes unvereinbar, und formulierte: „sondern auch jede fremde Einwirkung verhindert werden kann", *Savigny*, Das Recht des Besitzes (7. Aufl., 1865), S. 26.

25 *Savigny*, Das Recht des Besitzes (1. Aufl., 1803), S. 3.

26 *Savigny*, Das Recht des Besitzes (1. Aufl., 1803), S. 179.

27 S. zu diesen Beispielen auch *Kaser*, Das Römische Privatrecht, 1. Abschn. (1955), S. 391 f.

> „Es muß nämlich die Möglichkeit, auf die Sache nach Willkühr zu würken, von dem, welcher den Besitz erwerben will, als unmittelbare, gegenwärtige Möglichkeit gedacht werden können“[28].

Im ersten Fall sei die Möglichkeit, von der Sache völlig ausgeschlossen zu werden, so fernliegend, „daß sie für das Bewußtseyn des Besitzers völlig verschwindet“, im zweiten Fall hingegen liege sie sehr nahe.

Nun waren die Beweis- und Schutzfunktionen nicht an die Detention geknüpft, sondern an die „possessio“. Nach Ansicht *Savignys* reichte das Vorhandensein objektiver Merkmale für den „detentor“, nicht aber für den „possessor“ aus:

> „Es muß nämlich zu jeder Detention, wenn sie als Besitz gelten soll, eine bestimmte Absicht, ein bestimmtes Wollen (animus) hinzukommen.“[29]

Damit brachte er ein subjektives Element (den Besitzwillen oder „animus possidendi“) ins Spiel, welhalb man später auch von der Animus-, Willens- oder Subjektivitätstheorie sprach.

Wie aber sollte dieser Besitzwille, der „animus possidendi“ aussehen? War die Absicht erforderlich, alle anderen Personen für immer von der Sache auszuschließen (mit anderen Worten: die Detention nur für sich selbst auszuüben)? Oder genügte die Absicht, nur bestimmte Personen von der Sache auszuschließen, oder die Absicht alle anderen von der Sache auszuschließen, wenn auch nur für eine begrenzte Zeit (mit anderen Worten: die Detention für einen anderen auszuüben)?

Savignys gelang es herauszuarbeiten, daß der Schutz durch die Interdikte nicht nur denjenigen Personen zustand, die eine Sache als für sich gehörig besitzen wollten (den sogenannten „Eigenbesitzern“), sondern in vier Fällen auch „Fremdbesitzern“: a) dem Pfandgläubiger; b) dem prekaristischen Besitzer (d.h. demjenigen, dem die Sache bis auf jederzeitigen Widerruf überlassen war); c) dem Sequester (dem eine Sache zur Sicherstellung namentlich während eines Rechtsstreites zur Verwahrung übergeben wurde) und d) dem Erbpächter[30].

Alle anderen Fremd-„Besitzer“ wie der Verwahrer, der Entleiher, der Beauftragte, der Mieter, der Pächter, der redliche Finder – und selbstverständlich auch der Diener oder Sklave – genossen keinen Interdiktenschutz. Eine Sonderstellung nahmen der Nießbraucher, der Erbbauberechtigte und der Inhaber von Dienstbarkeiten ein. Zwar galten die possessorischen Interdikte für sie nicht, jedoch konnten sie einen vergleichbaren Schutz durch sogenannte *quasi-possessorische*

---

28 *Savigny*, Das Recht des Besitzes (1. Aufl., 1803), S. 181 f.; vgl. auch schon seine Definition von „Detention“, Fn. 24.

29 *Savigny*, Das Recht des Besitzes (1. Aufl., 1803), S. 78.

30 *Savigny*, Das Recht des Besitzes (1. Aufl., 1803), § 9.

Interdikte beanspruchen[31]. Diese Beobachtungen wurden im 19. Jahrhundert zwar teilweise bestritten[32], werden aber heute als zutreffend anerkannt[33].

Savigny war darum bemüht, diese Beobachtungen auf eine gemeinsame Formel zu bringen. Er ignorierte zunächst die vier „Ausnahmen" des römischen Rechts und nahm seine Definition des objektiven Elements (der Detention) als Ausgangspunkt für die Bestimmung des subjektiven Elements (des Besitzwillens).

Da die Detention der natürliche Zustand sei, der mit dem Eigentum als rechtlichem Zustand korrespondiere[34], könne der „animus possidendi nur die Absicht ausdrücken, das Eigenthum würklich auszuüben, dessen Ausübung durch die Detention physisch möglich ist"[35]. Dies bedeutete:

> „Demnach kann nur der als Besitzer gelten, welcher die Sache als Eigenthümer behandelt, deren Detention er hat. Mehr aber, als dieser animus dominii exercendi, gehört durchaus nicht in den Begriff des Besitzes: am wenigsten die Ueberzeugung, daß man würklich Eigenthümer sey (opinio s. cogitatio domini): darum kommt der Begriff des Besitzes dem Räuber und Dieb eben sowohl zu, als dem Eigenthümer selbst, und jene sind ganz auf dieselbe Weise wie dieser dem Pachter entgegen gesetzt, welcher keinen Besitz hat, weil er die Sache nicht als seine eigne Sache behandelt."[36]

Neben diesem ursprünglichen Besitz – und damit versuchte *Savigny* die „vier Ausnahmen" des römischen Rechts zu erklären – gebe es aber noch einen **abgeleiteten** Besitz, welcher sich auf den ursprünglichen Besitz einer anderen Person gründe:

> „Detention ist überall nöthig, wo juristischer Besitz angenommen werden soll: der animus domini kann fehlen, aber dann muß dieser Besitz von einem andern abgeleitet werden können, in welchem beides vereinigt war, d.h. es muss eine **Succession** in das Recht des Besitzes nachgewiesen werden können, welche immer nur auf eine juristische Bestimmung in dem Begriffe des Besitzes, nicht auf den natürlichen Begriff desselben sich beziehen kann."[37]

---

31 *Savigny*, Das Recht des Besitzes (1. Aufl., 1803), §§ 23 ff.

32 S. die Nachweise bei *Bruns*, Das Recht des Besitzes (1848), S. 413; *Randa*, Der Besitz nach österreichischem Rechte (4. Aufl., 1895), S. 30 Fn. 24.

33 Vgl. z. B. *Kaser*, Das Römisches Privatrecht, 1. Abschn. (1955), §§ 94, 96; *Wieling*, Sachenrecht, Bd. I (1990), § 3 II 1 a).

34 *Savigny*, Das Recht des Besitzes (1. Aufl., 1803), S. 3.

35 *Savigny*, Das Recht des Besitzes (1. Aufl., 1803), S. 79.

36 *Savigny*, Das Recht des Besitzes (1. Aufl., 1803), S. 79.

37 *Savigny*, Das Recht des Besitzes (1. Aufl., 1803), S. 80. Ab der 2. Auflage formulierte Savigny wie folgt:
„Aller Unterschied dieses abgeleiteten Besitzes von dem ursprünglichen, dessen Begriff bereits erörtert ist, liegt in dem animus possidendi, in der Detention sind beide ganz gleich. Der animus possidende nämlich, welcher bey dem ursprünglichen Besitz als animus domini gedacht werden mußte, geht bey dem abgeleiteten auf das von dem bisherigen Besitzer übertragene jus possessionis." Hinter diesen Satz fügte Savigny folgende Anmerkung ein: „Es ist wohl zu bemerken, daß das charakteristische des ab-

Jedoch müsse der „animus" dann anders bestimmt werden:

> „Nun ist also der allgemeinste Ausdruck für den materiellen Begriff des Besitzes dieser: es ist Detention, verbunden mit *animus possidendi*, und dieses Wort muß verschieden erklärt werden, je nachdem von einem ursprünglichen oder abgeleiteten Besitz die Rede ist: dort bezeichnet es den animus *domini*, hier die Absicht das jus possessionis zu haben, was bisher einem Andern zukam."[38]

Das Institut des abgeleiteten Besitzes – so stellte *Savigny* in der 6. Auflage seiner Monographie noch deutlicher als zuvor klar – dürfe aber nicht beliebig ausgeweitet werden[39]. Es sei vielmehr eine Anomalie und dürfe daher nur dort angenommen werden, „wo ihn das positive Recht ausdrücklich geltend machen will". Es sei daher beispielsweise nicht möglich, das Besitzrecht mit Hilfe dieser Figur „willkürlich auch an jeden Pachter" zu übertragen[40].

Für Fortdauer und Verlust des Besitzes gelte das für den Erwerb Ausgeführte entsprechend:

> „Aufhören kann demnach der Besitz theils dadurch, daß ein entgegengesetztes Wollen das bisherige Wollen aufhebt, theils durch die aufgehobene physische Gewalt über die Sache: aber es ist sehr natürlich, daß hier zur Fortdauer des Besitzes nicht die unmittelbare physische Herrschaft nöthig ist, die zum Anfang desselben erfordert wurde."[41]

b) *Die Reaktionen auf Savignys Ansatz*

---

geleiteten Besitzes blos auf den animus possidendi geht, d. h. blos auf Bestimmungen des Bewußtseyns der Person, welche diesen Besitz haben will. Es kommt also nur darauf an, daß diese Person den Besitz als von einem andern Besitzer übertragen betrachte. Folglich ist auch hier nicht von einer Succession in den Besitz die Rede", *Savigny*, Das Recht des Besitzes (2. Aufl., 1806), S. 111.
Indirekt räumte er damit ein, daß seine ursprüngliche Formulierung mißverständlich war: Es ging ihm gerade nicht um eine Succession im juristischen Sinne, sondern lediglich um die Übertragung des Besitzes.

38 *Savigny*, Das Recht des Besitzes (1. Aufl., 1803), S. 81.
Liest man Savigny, so kann der Eindruck entstehen, er selbst habe die Begriffe „animus domini" und „abgeleiteter Besitz" eingeführt. Jhering hat jedoch nachgewiesen, daß dieser Ansatz sich schon bei Wolfgang Adam Lauterbach in seinem Werk „Collegium theoretico-practicum Pandectarum" aus dem Jahre 1690 findet. *Jhering*, Der Besitzwille (1889), S. 248.

39 So aber *Thibaut*, in: AcP 18 (1835), S. 317, 322 ff.; *Thibaut*, System des Pandekten-Rechts (8. Aufl., 1834), § 208 und *Schweppe*, Das Römische Privatrecht (3. Aufl., 1822), § 214, die davon ausgingen, daß das Besitzrecht mit Hilfe dieser Figur stets beliebig auf jeden Detentor übertragen werden könne, also auch auf einen Mieter oder Pächter.

40 *Savigny*, Das Recht des Besitzes (7. Aufl., 1865), S. 120 f., insbesondere S. 121 Fn. 1.

41 *Savigny*, Das Recht des Besitzes (1. Aufl., 1803), S. 182. In einer späteren Auflage ergänzte Savigny: „Vielmehr kommt es blos auf die fortdauernde Möglichkeit an, jenes unmittelbare Verhältniss nach Willkür zu reproduciren." *Savigny*, Das Recht des Besitzes (7. Aufl., 1865), S. 239.

Dieser Ansatz *Savignys* blieb zwar mehrere Jahrzehnte hindurch herrschende Meinung. Kritik erfuhr jedoch seine Bestimmung des Besitzwillens als „animus domini". Ende der 1860er Jahre griff *Jhering Savignys* Apprehensionstheorie scharf an.

Hinsichtlich des objektiven Elements (Detention), wandte sich *Jhering* vornehmlich gegen *Savignys* Terminologie: Man könne von physischer Herrschaft über eine Sache nur dann sprechen, wenn man sich bei ihr befinde oder sie in Verwahrung habe. Wenn man den Besitz trotz räumlicher Trennung unter den Begriff „physische Herrschaft" im Sinne einer „unmittelbaren gegenwärtigen Möglichkeit der ausschließlichen Einwirkung auf die Sache" zu pressen versuche, so sei dies ein „arger Mißbrauch, den man mit der Sprache treibt".[42]

Jherings Ansatz war jedoch von *Savignys* Theorie nicht allzu weit entfernt. Wie schon *Savigny* 50 Jahre zuvor, nahm *Jhering* die Nähe des Besitzes zum Eigentum als Ausgangspunkt. Im Gegensatz zu *Savigny*, der das Eigentum nur bei Bestimmung des Besitzwillens ins Spiel gebracht hatte, war für *Jhering* das Eigentum für die Bestimmung des objektiven Besitzelementes von Bedeutung: Der Besitz sei nichts anderes als „die Thatsächlichkeit des Eigenthums"[43].

> „Die Art, wie der Eigenthümer tatsächlich sein Eigenthum ausübt, muß den Maßstab für das Dasein des Besitzes enthalten."[44]

Dies bedeute im einzelnen:

> „Unter der Thatsächlichkeit des Eigenthums verstehe ich den normalen äußeren Zustand der Sache, in dem sie ihre ökonomische Bestimmung erfüllt, dem Menschen zu dienen. Dieser Zustand nimmt nach Verschiedenheit der Sache eine verschiedene äußere Gestalt an, bei manchen fällt er zusammen mit der Detention oder physischen Innehabung der Sache, bei andern nicht. Gewisse Sachen pflegt man unter seiner persönlichen oder sachlichen Obhut zu halten, andere ohne Schutz und Aufsicht liegen zu lassen. Der Landmann läßt seine Heuhaufen und Garben auf offenem Felde stehen, der Baumeister die Baumaterialien auf dem Bauplatz frei liegen, aber Niemand thut dies hinsichtlich seiner Werthsachen, Mobilien u. s. w., diese birgt Jeder in seinem Hause. Derselbe Zustand also, der für jene Sachen der normale ist, erscheint für diese als ein abnormer, als ein solcher, in dem die Thatsächlichkeit des Eigenthums sich bei ihnen nicht zu äußern pflegt, und die Folge davon für den Besitz kann nach unserer Theorie, wenn dieselbe sonst richtig sein soll, nur darin bestehen, daß derselbe dort fortdauern, hier untergehen muß."[45]

Das Problem der *Savigny'schen* Auffassung, die Enge seines Apprehensionsbegriffs, wurde von anderen Autoren ebenfalls erkannt und die Kritik *Jherings* akzeptiert. Doch nur wenige vermochten sich vom Herrschaftsprinzip völlig zu

---

42 *Jhering*, Über den Grund des Besitzschutzes (2. Aufl., 1869), S. 182.
43 *Jhering*, Über den Grund des Besitzschutzes (2. Aufl., 1869), S. 179.
44 *Jhering*, Über den Grund des Besitzschutzes (2. Aufl., 1869), S. 160 f.
45 *Jhering*, Über den Grund des Besitzschutzes (2. Aufl., 1869), S. 179 f.

lösen und sich der Theorie *Jherings* zumindest in ihren Grundzügen anzuschließen[46].

Überwiegend hielt man am Prinzip der physischen Herrschaft fest. Jedoch weichte man den Begriff „physische Herrschaft" auf (sogenannte modifizierte Herrschaftstheorie)[47]: Es sei zwar weiterhin physische Herrschaft über die Sache erforderlich. Wie diese aber im Einzelfall aussehen müsse, ob also tatsächlich eine Berührung oder räumliche Nähe vorhanden sein müsse, sei nicht einheitlich zu bestimmen. Als Kriterien bemühte man die Umstände des Einzelfalles. Es erfolgte letzten Endes damit eine Bewertung auf der Grundlage dessen, was man heute als die Verkehrsauffassung bezeichnen würde[48]. Im praktischen Ergebnis war man damit aber gar nicht mehr weit von *Jhering* entfernt.

---

46 So aber *Baron*, Pandekten (1. Aufl., 1872), §§ 116, 118 (der die Formulierungen Jherings fast wörtlich übernahm); *Hauser*, Stellvertretung im Besitze (1870), S. 13 ff.; *Reuling*, in: Zeitschrift für das gesammte Handelsrecht 17 (1872), S. 320, 323 f.; ähnlich wie Jhering auch *Strohal*, Succession in den Besitz (1885), S. 66 ff, 71: Besitzergreifung sei „die in factischer, auf Dauer veranlagter Ausübung des wesentlichen Eigenthumsinhalts sich manifestierende Bethätigung des auf Haben und Behalten einer Sache gerichtetetn Willens" und *Pininski*, Thatbestand des Sachbesitzerwerbes, Bd. I (1885), S. 26: „Der Besitz ist das thatsächliche Dienen der Sache einer gewissen Person. Das faktische wirthschaftliche Gebrauchen einzelner Stücke der vernunftlosen Natur und das Ziehen des Genusses von denselben setzen ein dauerndes Verhältnis zur Sache voraus. Dieses Verhältnis ist der Besitz. Das Dienen der Sache erheischt nicht eine bestimmte physische Annäherung zwischen Subjekt und Objekt, hat auch sonst keine feststehenden äusseren Merkmale seines Daseins." Pininski rechnet sich zwar selbst zu den Anhängern der Jheringschen Theorie, weicht aber in der Begrifflichkeit und in der Begründung stellenweise erheblich von diesem ab, vgl. dazu ausführlich *Randa*, Der Besitz nach österreichischem Rechte (4. Aufl., 1895) S. 58 ff. und *Hirsch*, Die Prinzipien des Sachbesitzerwerbes (1892), S. 1 ff.; kritisch hingegen äußert sich *Kindel*, in: Beiträge zur Erläuterung des Deutschen Rechts 21 (1877), S. 411 ff.

47 *Randa*, Der Besitz nach österreichischem Rechte (4. Aufl., 1895), § 1a; *Windscheid*, Lehrbuch des Pandektenrechts, Bd. 1 (4. Aufl., 1875), § 153 Fn. 8; *Dernburg*, Pandekten (1. Aufl., 1884), § 178; *Goldtschmidt*, Handbuch des Handelsrechts I (2. Aufl., 1874), S. 1233; *Bruns*, in: von Holtzendorff's Enzyklopädie der Rechtswissenschaft (2. Aufl., 1873), S. 356, 358 f.; *Förster*, Theorie und Praxis des heutigen gemeinen preußischen Privatrechts, Bd. III (3. Aufl., 1874), § 157; *Wendt*, in: Jherings Jahrbücher 22 (1884), S. 299, 349 ff.; *Kindel*, Die Grundlagen des römischen Besitzrechts (1883), S. 20, 36, 59; *Scheurl*, Zur Lehre vom römischen Besitzrecht (1886), §§ 14 ff.; ausführlich zum Meinungsstand *Hirsch*, Die Prinzipien des Sachbesitzerwerbes (1892), S. 1 ff.

48 So beispielsweise *Dernburg*, Pandekten (1. Aufl., 1884), § 178 („Gesammtschau der Umstände", „Lebenserfahrung"), *Randa*, Der Besitz nach österreichischem Rechte (4. Aufl., 1895), S. 40 („wirkliches Leben") und *Bruns*, in: von Holtzendorff's Enzyklopädie der Rechtswissenschaft (2. Aufl., 1873), S. 356, 358: „Der Begriff der factischen Herrschaft und Gewalt ist juristisch nach Maßgabe der bestehenden menschlichen Lebens- und Rechtsverhältnisse zu bestimmen."

Die Frage nach der Notwendigkeit eines subjektiven Elementes (des Besitzwillens), seines genauen Gehaltes und insbesondere seines Verhältnisses zum objektiven Besitzelement wurde von Anfang an erheblich heftiger diskutiert.

Uneinigkeit bestand schon über den genauen Inhalt des Besitzwillens. *Savignys* Klassifizierung des Besitzwillens als „animus domini" und die damit zusammenhängende Theorie vom abgeleiteten Besitz zur Erklärung der Ausnahmen im römischen Recht fand viele Anhänger[49]. Jedoch meldeten sich auch Kritiker zu Wort. Anknüpfungspunkt war dabei die Theorie vom abgeleiteten Besitz. *Savigny* hatte hier in das römische Recht ein Institut eingeführt, das dieses ursprünglich gar nicht kannte, um darunter vier Fälle zusammenzufassen, die sich dogmatisch, wenn überhaupt, dann nur schwer auf einen gemeinsamen Nenner zurückführen ließen. Dies forderte Widerspruch geradezu heraus. Zunächst war schon unter den Befürwortern dieses Instituts nicht klar, in welchen Fällen man überhaupt vom abgeleiteten Besitz sprechen konnte. *Puchta* beispielsweise wollte nur Pfand und Prekarium unter diese Kategorie fallen lassen[50], manche Autoren fügten den vier Ausnahmen *Savignys* noch weitere hinzu[51].

Savignys Kritiker versuchten, statt mit einer Anomalie mit einer allgemeinen Lösung zu argumentieren: Man müsse den Besitzbegriff so fassen, daß alle Ausnahmen des römischen Rechts von diesem erfaßt würden und man die Hilfskonstruktion des abgeleiteten Besitzes gar nicht mehr benötigte. Teilweise wurde dabei am animus domini festgehalten: Entweder wurde der Begriff des „dominus" so weit verwässert, daß sich auch die Ausnahmen darunter subsumieren ließen[52]; oder man verallgemeinerte die These vom abgeleiteten Besitz in der Hinsicht, daß das Besitzrecht beliebig auf jeden Detentor übertragen werden könne[53]. Die Mehrheit der Kritiker wandte sich aber gegen die enge Verknüpfung des Besitzes mit dem Eigentum: Der Besitz müsse vielmehr abstrakt als faktisches Herrschaftsverhältnis aufgefaßt werden, welches sich nicht an ein

---

49 *Mühlenbruch*, Lehrbuch des Pandektenrechts (3. Aufl., 1840), § 233; *Göschen*, Vorlesungen über das gemeine Zivilrecht 2.1 (1839), § 204; *Puchta*, Pandekten (3. Aufl., 1845), § 125; *Seuffert*, Praktisches Pandektenrecht (4. Aufl., 1860), § 106; *Bruns*, Das Recht des Besitzes (1848), § 2; *Arndts*, Lehrbuch der Pandekten (8. Aufl., 1874), § 135; *Burchardi*, in: AcP 20 (1837), S. 14, 21 ff.; *Zielonacki*, Der Besitz nach dem Römischen Rechte (1854), S. 9 f.; *Bekker*, Das Recht des Besitzes (1880), § 22.

50 *Puchta*, Pandekten (3. Aufl., 1845), § 125.

51 *Burchardi*, in: AcP 20 (1837), S. 14, 21 ff.; *Böcking*, Institutionen, Bd. 1 (1843), § 123, der jedoch insgesamt dem Institut des abgeleiteten Besitzes skeptisch gegenüber stand.

52 *Schröter*, in: ZZP II (1829), S. 233 ff.

53 *Thibaut*, in: AcP 18 (1835), S. 317, 322 ff.; *Thibaut*, System des Pandekten-Rechts (8. Aufl., 1834), § 208; *Schweppe*, Das Römische Privatrecht (3. Aufl., 1822), § 214, vgl. oben Fn. 39. Man darf diese Autoren aber weniger als Kritiker von Savigny ansehen, sondern eher als dessen Anhänger, die seine ursprünglichen Ausführungen – die sich, wie Savigny aber erst 1837 klargestellt hatte, nur auf die vier Ausnahmefälle des Römischen Rechts bezogen – verallgemeinert hatten.

einzelnes, ganz bestimmtes Rechtsverhältnis (wie das Eigentum) anschließe, sondern vielmehr aus verschiedenen Rechtsgründen stattfinden könne. Von dieser Prämisse ausgehend war zu begründen, warum gerade ausschließlich für die im römischen Recht bestimmten Fälle Besitz (mit entsprechendem Besitzwillen) anzunehmen sei[54].

Jedoch machte sich bald eine gewisse Skepsis breit, ob es überhaupt dogmatisch möglich sei, die vier Fälle des Fremd-„Besitzes“ auf einen gemeinsamen Nenner zu bringen. Zunehmend wurde der Besitzbegriff eng gefaßt, wodurch der Besitzschutz von Erbpächter, Sequester, Pfandgläubiger und Prekarist zur Ausnahme wurde[55]. *Dernburg* hingegen wählte einen diametral entgegengesetzten Ansatz: Er faßte das subjektive Element sehr weit auf und hatte dann zu begründen, warum das Römische Recht einem Mieter oder Pächter gerade keinen Besitzschutz gewährte[56].

Neben dem Inhalt des Besitzwillens wurde auch die Bedeutung des subjektiven Elements für die Abgrenzung zwischen bloßer Detention und juristischem Besitz diskutiert.

Charakteristisch sowohl für die Auffassung *Savignys* als auch für die Ansicht seiner eben genannten Kritiker war, daß sie für den Nachweis der possessio zwei Elemente verlangten: ein Herrschaftsverhältniss (corpus) und ein subjektives Element (animus). Für *Savigny* standen dabei beide Elemente im wesentlichen gleichberechtigt nebeneinander, wobei er das corpus-Element ein wenig stärker betonte:

> „Aller Erwerb des Besitzes nämlich beruht auf einem körperlichen Handeln (factum), von einem bestimmten Wollen (animus) begleitet.“[57]

Beide Elemente wurden voneinander isoliert behandelt und nicht zueinander in Bezug gesetzt.

Sowohl die von *Savigny* vorgenommene Gewichtung als auch die isolierte Betrachtung beider Elemente ließ Kritik laut werden. Manche Autoren hoben die

---

54 *Guyet*, in: ZZP II (1829), S. 133 ff.; *Guyet*, in: ZZP IV (1831), S. 361 ff.; *Warnkönig*, in: AcP 13 (1830), S. 169 ff.; *Warnkönig*, in: AcP 20 (1837), S. 178 ff.; *Bartels*, in: ZZP VI (1833), S. 177 ff.; *Sintenis*, in: ZZP VII (1834), S. 223 ff., 414 ff.; *Böcking*, Institutionen, Bd. 1 (1843), S. 513 ff.; *Tigerström*, Die bonae fidei possessio (1836), S. 159 ff.; *Kierulff*, Theorie des gemeinen Civilrechts (1839), S. 352 ff.; *Pfeiffer*, Was ist und gilt im römischen Rechte der Besitz? (1840), S. 6 ff., 68 ff.; *Lenz*, Das Recht des Besitzes (1860), S. 104 ff.

55 Sehr pointiert *Windscheid*, Lehrbuch des Pandektenrechts, Bd. 1 (4. Aufl., 1875), § 149 a. E.

56 *Dernburg*, Entwicklung und Begriff des juristischen Besitzes des Römischen Rechts (1883), S. 69; vgl. auch *Dernburg*, Pandekten (1. Aufl., 1884), § 173.

57 *Savigny*, Das Recht des Besitzes (1. Aufl., 1803), S. 144.

Bedeutung des subjektiven Elements stärker hervor, stellten diesem aber weiterhin ein selbständiges objektives Element gegenüber[58]. Einen Schritt weiter ging *Lenz*, der dem objektiven Element seinen selbständigen Status aberkannte:

> „Eine wirkliche juristische Auffassung kann gerade umgekehrt nur vom Willen ausgehen: denn er ist allein der Grund des Besitzes, weil er der Grund ist des Besitz-Erwerbes. Die Genesis des Besitzes wird uns zeigen, daß der erworbene Besitz der Effect ist, welchen die Macht des Willens hervorbringt, indem er sich einer Sache bemächtigt. Animus und Corpus sind nicht zwei Bestandtheile des Besitz-Erwerbes, sondern zwei Momente eines Begriffs. In dem Corpus manifestirt sich nur die Macht des Willens, ohne welche dieser überhaupt nicht gedacht werden kann."[59]

Jhering stimmte mit *Lenz* insofern überein, als auch er von einer isolierenden Betrachtungsweise Abstand nahm. Nur war für *Jhering* Anknüpfungspunkt der Abgrenzung zwischen Detention und juristischem Besitz zunächst einzig das objektive Element:

> „Zum Beweise des Besitzes reicht der bloße Nachweis des äußeren Besitzverhältnisses (s. g. corpus) aus, das als solches den animus in sich schließt."[60]

Jhering begründete dies wie folgt:

> „Wir zerlegen das Besitzverhältnis in zwei Elemente: corpus und animus, unter jenem verstehen wir das rein räumliche Verhältnis zur Sache, unter diesem den Akt, wodurch der Wille sich dasselbe zu Nutze macht und zum Besitzverhältnis gestaltet. Damit werden corpus und animus als zwei völlig selbständige Momente auf eine und dieselbe Linie gestellt, und es wird dem Irrthum Vorschub geleistet, als ob, wie der animus ohne corpus, so auch das corpus ohne animus möglich sei. Auf diese Weise gelangt das bloße Raumverhältnis zur Bedeutung eines dem animus vorangehenden Faktors, mit ihm ist bereits dem animus das Bett bereitet, er braucht sich lediglich hineinzulegen. In Wirklichkeit aber hat, wie der animus ohne das corpus, so auch das corpus ohne animus gar keine Existenz, beide entstehen gleichzeitig dadurch, daß der Wille sich in dem Verhältnis zur Sache verkörpert. Der Besitz ist mithin nicht das bloße Zusam-

---

58 *Kierulff*, Theorie des gemeinen Civilrechts (1839), S. 341: „Er ist der Wille, welcher durch ein ihm entsprechendes äußeres Thun sich schon realisiert hat"; *Bruns*, Das Recht des Besitzes (1848), S. 486: „Dieser Wille ist Besitz, wenn er zur That und zum thatsächlichen Verhältnisse wird"; *Hirsch*, Die Prinzipien des Sachbesitzerwerbes (1892).

59 *Lenz*, Das Recht des Besitzes (1860), S. 99. Gegen die Überbetonung des subjektiven Elements wehrte sich Goldtschmidt: „Vom Standpunkte des positiven Rechts aus hat man nicht darum Besitz, „weil der Herrschaftswille in die Sache gelegt ist" – wie das zu denken sei, ist auch metaphysisch unverständlich –, sondern weil man die Sache beherrscht und in ihrer Totalität beherrschen will. Der juristische Besitz ist nicht ein bethätigter (durch die That realisirter) Wille, sondern eine unter Ausschliessung Anderer gewollte (thatsächliche) Macht; das Besitzcorpus ist nicht „verkörperter Wille", sondern lediglich thatsächliche Herrschaft", *Goldtschmidt*, in: Vermischte Schriften, Bd. 1 (1901), S. 35, 93; *Goldtschmidt*, in: Gneist-Festgabe (1888), S. 61, 65.

60 *Jhering*, Der Besitzwille (1889), S. 8.

> mentreffen von corpus und animus, was für jedes der beiden Erfordernisse bereits ihr vorhandenes Dasein in sich schließen würde, sondern das corpus ist die That des Willens, es ist vorher ebensowenig da wie das Wort, bevor es gesprochen wird."[61]

Für die Abgrenzung zwischen bloßer Detention und juristischem Besitz sei damit nicht mehr der Inhalt des Willens entscheidend. Im Gegenteil: Corpus und animus seien vielmehr in beiden Fällen völlig gleich.

> „Damit entsteht stets Besitz, soweit nicht eine gesetzliche Bestimmung nachweisbar ist, welche mit demselben ausnahmsweise lediglich Detention verbindet"[62] (sogenannte Objektivitätstheorie).

Die von *Savigny* aufgezeigten Ausnahmen (Pfandgläubiger, Prekarist, Sequester und Erbpächter) waren somit nicht Anomalie, sondern vielmehr Grundsatz. Jeder Detentor, also auch jeder typische Fremdbesitzer (im Sinne der heutigen Terminologie) wie Mieter oder Pächter hatte damit Besitz im rechtlichen Sinne. *Jhering* mußte nun (wie schon *Dernburg* einige Jahre vor ihm) begründen, warum Mieter, Pächter usw. im römischen Recht nicht Besitzer waren. Diese Gründe waren für *Jhering* nicht juristisch-dogmatischer, sondern historischer Art: Er führte dafür „das persönliche Abhängigkeitsverhältnis des Detentors [...] im alten Rom" an[63].

Diese Auffassung zum animus possidendi war die Konsequenz des *Jhering'schen* Ansatzes vom Besitz als der „Thatsächlichkeit des Eigentums". War objektiv festgestellt, daß jemand eine Sache so behandelte, wie sie ein gedachter Eigentümer behandeln würde, so war naheliegend, dieser Person auch den Willen zu unterstellen, die Sache behandeln zu wollen wie ein Eigentümer. Die objektive Lage sollte den animus indizieren, es sei denn das römische Recht gab ausnahmsweise etwas anderes vor.

---

61 *Jhering*, Der Besitzwille (1889), S 35 f.

62 *Jhering*, Der Besitzwille (1889), S. 8, 41 ff., 52 ff.

63 *Jhering*, Der Besitzwille (1889), S. 119. Genau genommen – so räumte Jhering ein – paßte dieser Erklärungsansatz aber nur für den Mieter oder Pächter einer unbeweglichen Sache, der durch „gänzliche Rechtlosigkeit" charakterisiert gewesen sei.
Nun hatte aber der Mieter oder Pächter einer beweglichen Sache im alten Rom ebenfalls lediglich die Detention. Dies begründete Jhering nun wie folgt: „Die Ausdehnung des Detentionsbegriffs von unbeweglichen Sachen, bei denen er eine hohe praktische Bedeutung hatte, auf bewegliche Sachen ist in Rom nicht um des praktischen Interesses willen erfolgt, sondern sie war lediglich das Werk der juristischen Consequenz, die einem einmal angenommenen Begriffe seine Geltung auch da nicht versagen konnte, wo er des praktischen Interesses entbehrte, kurz gesagt: des Begriffszwanges. [...] Unmöglich konnte die Verschiedenheit des Gegenstandes bei der Miethe, ob es ein Haus, ein Zimmer oder ein Sklave oder ein Pferd war, einen Unterschied begründen." *Jhering*, Der Besitzwille (1889), S. 129 ff.

Manche Gelehrte schlossen sich der Objektivitätstheorie *Jherings* an[64]. Einige gingen sogar einen Schritt weiter: Der Wille sei nicht nur als Abgrenzungskriterium zwischen Detention und Besitz unbrauchbar. Es sei sogar möglich, gänzlich ohne eine Betätigung des Willens Besitz an einer Sache zu erlangen, wenn diese ohne Wissen und Wollen in den Gewahrsam gelangt sei[65].

Die meisten Autoren folgten *Jherings* Ansatz indes nicht. Zwar war man sich zunehmend einig, daß corpus und animus nicht voneinander isoliert zu betrachten, sondern zueinander in Bezug zu setzen seien[66]. Die These aber, daß beide Elemente ihrem Inhalte nach identisch seien und daher das subjektive Element für die Unterscheidung zwischen Besitz und Detention irrelevant werde, ging vielen zu weit. Überwiegend hielt man an der hergebrachten Theorie des animus domini (jetzt Subjektivitätstheorie genannt) fest[67]. Uneinigkeit bestand dann in der Gewichtung der Bedeutung des subjektiven Elements[68].

Zwar vermochten auch diese Ansätze das Geheimnis um die Anomalien des römischen Besitzrechts nicht befriedigend zu lösen. *Jherings* Theorie erlangte jedoch in anderer Hinsicht Bedeutung: Wie im 2. Kapitel näher zu zeigen ist, verstanden manche Autoren des Common Law[69] *Jherings* Ansatz als das noch fehlende Glied zwischen der anglo-amerikanischen Tradition, die jedem Fremdbesitzer Possession zusprach, und dem augenscheinlich so mieter- und pächterfeindlichen kontinentalen Ansatz.

---

64 *Baron*, in: Jherings Jahrbücher 29 (1890), S. 192 ff.; *Baron*, in: Jherings Jahrbücher 30 (1891), S. 197 ff.; *Strohal*, in: Jherings Jahrbücher 29 (1890), S. 336 ff.; *Strohal*, in: Jherings Jahrbücher 31 (1892), S. 1 ff., vgl. insbesondere Anm. 2 auf S. 2 f.; ähnlich auch *Pflüger*, Die sogenannten Besitzklagen des römischen Rechts (1890), S. 300 ff.; Klein hält die Auffassung Jherings zumindest von der „Interdicten-Lehre aus angesehen" für begründet, *Klein*, Sachbesitz und Ersitzung (1891), S. 154.

65 *Bekker*, in: Jherings Jahrbücher 30 (1891), S. 235, 311 f.; *Bekker*, in: Jherings Jahrbücher 34 (1895), S. 1, 28 ff. Bekker räumte allerdings ein, daß diese Thesen im römischen Recht keine Stütze fänden.

66 Vgl. nur *Windscheid*, Lehrbuch des Pandektenrechts, Bd. 1 (6. Aufl., 1887), § 153 Fn. 1a; *Pininski*, Thatbestand des Sachbesitzerwerbs (1885), S. 149 ff.; *Brinz*, Lehrbuch der Pandekten, Bd. 1 (2. Aufl., 1873), § 137.

67 *Hirsch*, Die Prinzipien des Sachbesitzerwerbes (1892), S. 683 ff.; *Randa*, Der Besitz nach österreichischem Rechte (4. Aufl., 1895), § 1a; *Karlowa*, Römische Rechtsgeschichte, Bd. II, Teil 1 (1901), S. 332 ff.; *Oertmann*, in: Grünhut's Zeitschrift 20 (1893), S. 189, 202; *Hoelder*, in: Kritische Vierteljahresschrift 34 (1892), S. 219, 222 ff.; ausführlich *Kuntze*, Zur Besitzlehre für und wider Rudolf von Ihering (1890).

68 So hob Hirsch den „sich kraftvoll äußernden Willen" besonders stark hervor, *Hirsch*, Die Prinzipien des Sachbesitzerwerbes (1892), S. 5.

69 S. dazu näher im 2. Kapitel, II) 1. c) bb).

2. *Zweiter Themenkomplex: Der Grund des Besitzschutzes*

Im Common Law war ein Aspekt der im deutschsprachigen Raum geführten Kontroverse auf besondere Resonanz gestoßen: die Suche nach einer Erklärung dafür, daß der Besitz im römischen Recht durch Interdikte geschützt war.

Bei Störung oder Entziehung des Besitzes prüfte der Prätor in einem selbständigen Verfahren auf Verlangen vor Ort die Besitzverhältnisse, wies die Partei, die fehlerfrei besaß, in den Besitz ein und untersagte („interdictum") der anderen, diesen Besitz zu stören. Verstöße gegen das Interdikt wurden bestraft. Als der Prätor nicht mehr jeden Fall selbst untersuchte, sprach er gegen beide Parteien das Interdikt aus, und ein Richter entschied über die Besitzverhältnisse.

Der Zweck dieser Interdikte lag ursprünglich allein im Schutz gegen Störung oder Entziehung des Besitzes durch unerlaubte Eigenmacht. Wer verbotene Eigenmacht ausübte, indem er den Besitz z.B. durch Gewalt (*vi*) oder heimlich (*clam*) an sich zog, mußte ihn wieder herausgeben. Dies galt sogar dann, wenn der eigenmächtig Handelnde selbst Eigentümer war[70].

Das römische Recht unterschied früh zwischen zwei Arten von Interdikten: den *interdicta retinendae possessionis*, zur Erhaltung des Besitzes, und den *interdicta recuperandae possessionis*, zur Wiedererlangung des Besitzes. In beiden Fällen konnte sich keiner der Beteiligten auf sein (besseres) Recht an der Sache berufen; maßgeblich war allein der tatsächliche Besitzstand[71].

Das römische Recht schützte zunächst nur den Besitz an Grundstücken, dehnte den Besitzschutz aber schon in klassischer Zeit auf bewegliche Sachen aus. Zur Erhaltung des Besitzes waren das *interdictum uti possidetis* und das *interdictum utrubi* vorgesehen. Zu seiner Wiedererlangung dienten zwei analoge Interdikte, das *interdictum unde vi* (Grundstücke) und das *interdictum utrubi* (bewegliche Sachen).

Das *interdictum uti possidetis* schützte den gegenwärtigen Besitzer eines Grundstücks gegen jede gewaltsame Störung, es sei denn, er hatte den Besitz von seinem Gegner mit Gewalt (*vi*), heimlich (*clam*) oder aufgrund sogenannter Bittleihe (*precario*) erlangt und die überlassene Sache trotz Aufforderung durch den

---

70 Hieraus ergibt sich auch die zweite Bedeutung der Interdikte. Sie dienten der Vorbereitung des Eigentumsprozesses. Auch wer wirklich Eigentümer war, hatte vielleicht Schwierigkeiten, dieses Recht zu beweisen. Im Prozeß ist die Parteirolle des Beklagten stets die günstigere, weil der Kläger sein Eigentum zu beweisen hat. Besaß also der Gegner vi aut clam so konnte man sich einfach aufgrund des Interdiktes den Besitz wieder verschaffen und nun dem Gegner die ungünstige Klägerrolle im Vindikationsprozeß zuschieben. *Honsell*, Römisches Recht (4. Aufl., 1997), S. 49.

71 Dieser Umstand stieß vor allem im Common Law auf reges Interesse, s. z. B. *Holmes*, The Common Law (1881), S. 210. Vgl. dazu im 2. Kapitel, II) 1. b) aa).

Gegner nicht zurückgegeben. Wer seinen Besitz durch Eigenmacht eines anderen verlor, war durch das Interdikt nicht gehindert, ihn durch Eigenmacht wieder zu ergreifen. Das Interdikt verbot nur Gewaltanwendung gegen die Besitzausübung des letzten fehlerfreien Besitzers.

Dies änderte sich jedoch im nachklassischen römischen Recht, das den Besitzschutz (zumindest bei unbeweglichen Sachen) auch auf den vitiösen Besitzer ausdehnte, um jede angriffsweise geübte Selbsthilfe zu unterdrücken. Mit dem Interdikt konnte somit jede gewaltsame Besitzentziehung – also auch die gerechtfertigte Selbsthilfe des Eigentümers – rückgängig gemacht werden.

Den Besitzschutz an beweglichen Sachen vermittelte seit klassischer Zeit das *interdictum utrubi*. Anders als bei Grundstücken wurde hier nicht der gegenwärtige Besitzer geschützt, sondern derjenige, der innerhalb des dem Erlaß des Interdikts vorangegangenen Jahres die Sache am längsten fehlerfrei besessen hatte, sofern er seinen Besitz nicht gewaltsam, heimlich oder aufgrund von Bittleihe erlangt hatte. Bei ihm wurde – auch in nachklassischer Zeit – an der „exceptio vitiosae possessionis" festgehalten[72].

Warum aber schützte das römische Recht den – unter Umständen sogar bösgläubigen – Besitzer? Die Frage nach dem Grund des Besitzschutzes war eng mit der Frage nach der Rechtsnatur des Besitzes („Faktum oder Recht") verknüpft, auf die im nächsten Abschnitt eingegangen wird. Der Schutz eines Rechtes ließ sich leichter begründen als der eines bloßen Faktums. Diejenigen, die die rechtliche Natur des Besitzes bestritten, hatten daher Schwierigkeiten, den Grund des Besitzschutzes zu erklären. *Hasse* erkannte das Problem:

> „Das Edict des Prätors spricht in den Interdicten das Verbot aus, meinen Besitz zu stören. Wer ihn stört, handelt gegen das Edict des Prätors, dieser ist aber ein Organ des Rechts, folglich handelt er gegen das Recht, begeht also ein Unrecht. Soweit ist Alles klar. Aber wie kan er durch diese unrechtliche Handlung dem Besitzer zu etwas verpflichtet werden, wie kan ein Delict gegen den in seiner Handlung liegen, in dessen Rechtskreis gar nicht eingegriffen wird? denn der Besitz ist ja kein Recht, sondern ein bloßes factum. Hier muß also doch noch irgend ein Zwischenglied sein, und gerade dieses Zwischenglied allein suchen wir."[73]

Diese „Suche" erfolgte in der deutschen besitzrechtlichen Literatur des 17. und 18. Jahrhunderts nur am Rande[74]. In seiner „Metaphysik der Sitten" (1797) begründete *Immanuel Kant* den Besitzschutz damit, daß sich in dem Besitz der Wille des Besitzenden, seine Freiheit verkörpere. Werde diese Freiheit verletzt, so gewähre die Rechtsordnung dem Besitzer einen entsprechenden Schutz:

---

72 Vgl. dazu *Honsell*, Römisches Recht (4. Aufl., 1997), S. 49; ausführlich *Kaser*, Das Römische Privatrecht, 1. Abschn. (1955), § 96; *Kaser*, Das Römische Privatrecht, 2. Abschn. (2. Aufl., 1975), § 240.

73 *Hasse*, in: Rheinisches Museum 6 (1832), S. 154 ff., 188.

74 Vgl. dazu *Bruns*, Das Recht des Besitzes (1848), S. 386 (m.w.N.).

„Der Rechtssatz *a priori* in Ansehung des empirischen Besitzes ist analytisch; denn er besagt nichts mehr, als was nach dem Satz des Widerspruchs aus dem letzteren folgt, daß nämlich, wenn ich Inhaber einer Sache (mit ihr also physisch verbunden) bin, derjenige, der sie wider meine Einwilligung afficirt (z. B. mir den Apfel aus der Hand reißt), das innere Meine (meine Freiheit) afficere und schmälere, mithin in seiner Maxime mit dem Axiom des Rechts im geraden Widerspruch stehe. Der Satz von einem empirischen rechtmäßigen Besitz geht also nicht über das Recht einer Person in Ansehung ihrer selbst hinaus."[75]

Friedrich Carl von Savigny (1803) behandelte das Problem ausführlicher. Er wählte einen ähnlichen Ansatz wie *Kant*, doch stellte er den Aspekt der gewaltsamen Verletzung in den Vordergrund:

„Da der Besitz an sich kein Rechtsverhältniß ist, so ist auch die Störung desselben keine Rechtsverletzung, und sie kann es nur dadurch werden, dass sie ein anderes Recht zugleich mit verletzt. Wenn nun die Störung des Besitzes gewaltsam geschieht, so liegt in dieser Störung eine Rechtsverletzung, weil jede Gewaltthätigkeit unrechtlich ist, und dieses Unrecht ist es, was durch ein Interdict aufgehoben werden soll."[76]

Diese Argumentation *Savignys* stieß jedoch auf Widerspruch. So formulierte *Eduard Gans* im Jahre 1827:

„Gegen den Besitzer, der gar kein Recht hat, soll Gewalt gebraucht werden können: wie wäre dies möglich? wem könnte, wenn ich etwas nehme, worauf keiner ein Recht hat, Gewalt geschehen."[77]

Gans stellte auf das Verhältnis der Person zur Sache ab: Der Grund des Besitzschutzes sei zum einen in der Natur des Besitzes als „anfangendes Eigenthum" zu suchen, zum anderen „darin, dass schon der besondere Wille der Person, wo er sich in den Sachen äussert, ein Recht ist, und als solches behandelt werden muss".[78]

Der Beitrag von *Gans* war der Auslöser einer lebhaften Diskussion im deutschsprachigen Raum über den „wahren" Grund des Besitzschutzes. *Rudolf von Jhering* systematisierte später in seiner Monographie „Über den Grund des Besitzschutzes" (1868) zunächst die in der Zwischenzeit vorgetragenen Argumente, bevor er selbst zu der Frage Stellung bezog. *Jhering* teilte – und dem soll hier zur Vereinfachung gefolgt werden[79] – sämtliche Theorien in zwei Gruppen ein – in relative und absolute Besitztheorien.

---

75 *Kant*, Die Metaphysik der Sitten (1797), § 6.

76 *Savigny*, Das Recht des Besitzes (1. Aufl., 1803), S. 6 f.

77 *Gans*, System des Römischen Civilrechts (1827), S. 206.

78 *Gans*, System des Römischen Civilrechts (1827), S. 211 f.

79 Diese Systematisierung ist zum Teil übernommen worden, vgl. *Randa*, Der Besitz nach österreichischem Rechte, § 8 (ab der 2. Aufl., 1876). Daß dies nicht zwingend ist, hat Wieling gezeigt, der wie folgt kategorisiert: Persönlichkeitsschutz (Kant, Savigny, Puchta, Bruns und Gans), Friedensschutz (Rudorff), Schutz der Kontinuität (Thibaut,

a) *Relative Besitztheorien*

Die relativen Besitztheorien suchten den Grund des Besitzschutzes außerhalb des Besitzes. Dabei wurden folgende Ansichten vertreten:

aa) Zum Teil sah man den Grund des Besitzschutzes in dem Verbot der Gewalt. *Savigny* rückte dabei die privatrechtliche Beziehung zum Besitzer in den Vordergrund (Besitzstörung als Delikt gegen den Besitzer):

> „Aber in dem Zustande der Person ist doch etwas verändert zu ihrem Nachtheil, und soll das Unrecht, welches in der Gewalt gegen die Person liegt, in seinen Folgen gänzlich ausgetilgt werden, so kann dies nur geschehen durch die Herstellung oder Beschützung jenes factischen Zustandes, worauf sich die Gewalt erstreckt hat."[80]

Rudorff hingegen stellte auf die „publicistische Beziehung der Gewaltthätigkeit als Verletzung der öffentlichen Ordnung" ab. Wer Gewalt ausübe, begehe ein Attentat gegen die Rechtsordnung. Der Besitzschutz knüpfe daher an das „Verbot der Selbsthülfe" an[81].

bb) *Thibaut* sah den Grund des Besitzschutzes dagegen in dem obersten Rechtsgrundsatz, daß „Niemand einen Andern rechtlich überwinden kann, welcher nicht überwiegende Gründe seines Vorrechts hat"[82].

cc) *Röder* nannte das Vorrecht der Unbescholtenheit als Grund des Besitzschutzes. Er war der Ansicht, daß aufgrund dieses „Urrechts [...] einstweilen angenommen werden muß, daß jedes äußere Verhältnis, in welchem derselbe zu einer Person oder Sache steht und was möglicher Weise auf den Grund und in Folge eines Rechts besteht, für dessen Ausübung es erfordert ist, auch wirklich nur kraft eines solchen bestehe, daß es also nicht unrecht sei"[83].

dd) Andere sahen den Grund des Besitzschutzes im Eigentum. Dabei stellten manche darauf ab, der Besitz werde geschützt als wahrscheinliches (= präsumtives) Eigentum[84]. Dies war die ältere, zuletzt von *Hufeland*, vertretene Ansicht, der sich zwischenzeitlich – in der 3. bis 5. Auflage seiner Monographie – auch

---

Dernburg) und Schutz des vermuteten oder anfangenden Eigentums (Hufeland, Jhering), *Wieling*, in: Lübtow-Festschrift (1980), S. 565, 573.

80 *Savigny*, Das Recht des Besitzes (7. Aufl., 1865), S. 56.

81 *Rudorff*, in: Zeitschrift für geschichtliche Rechtswissenschaft VII (1831), S. 90, 107 ff.; zustimmend *Rauh*, Versuch einer Geschichte der Lehre vom Besitz (1834), S. 46; *Roßhirt*, in: AcP 21 (1838), S. 242 ff.; *Schmidt*, Über das possessorische Klagerecht (1838), S. 30 f.; ähnlich *Brinz*, Lehrbuch der Pandekten, Bd. 1 (2. Aufl., 1873), § 180.

82 *Thibaut*, System des Pandekten-Rechts (8. Aufl., 1834), §§ 203, 204.

83 *Röder*, Grundzüge des Naturrechts, Abth. 2 (2. Aufl., 1863), S. 250 f.

84 *Hufeland*, Neue Darstellung der Rechtslehre vom Besitz (1816), S. 43 ff.; ähnlich auch *Trendelenburg*, Naturrecht (2. Aufl., 1868), § 95, S. 211.

Savigny anschloß, für den diese Ansicht einen zweiten Begründungsansatz darstellte:

> „Fragt man nun nach dem Grund, warum diese Art des Schutzes gegen Gewalt eingeführt ist, d.h. warum der Vertriebene eben den verlornen (vielleicht ganz unrechtlichen) Besitz wieder erhalten soll, so kann man allerdings sagen, dieser Grund liege in einer allgemeinen Vermuthung, der Besitzer dürfte wohl auch Eigenthümer seyn. Insoferne also kann man den Besitz als einen Schatten des Eigenthums, als ein präsumtives Eigentum, betrachten, nur trifft dieses lediglich die Begründung des Rechtsinstituts im Allgemeinen, durchaus nicht den Rechtsgrund irgend eines concreten Besitzes."[85]

Die These *Savignys* war insofern widersprüchlich, als er etwas, das für ihn bloßes Faktum war, zugleich als Schatten des Eigentums bezeichnete. Zudem liegt, wie *Gans* dargelegt hat, bei „der Benennung präsumtives Eigenthum [...] das zu Grunde, dass der Rechtsgrund des Besitzes in die Vermuthung, dass der Besitzer Eigenthümer sey, gelegt wird, dass also der Besitz keinen Rechtsgrund hätte, sobald diese Vermuthung nicht vorhanden seyn könnte. Nun besitzt aber grade so wie jeder andre auch der Dieb, von dem man weiss, dass er die bestimmte Sache, die er besitzt, gestohlen hat: die Präsumtion des Eigenthums fällt also von selbst weg, und es giebt einen juristischen Besitz, der nicht präsumtives Eigenthum ist".[86]

Gans faßte den Besitz stattdessen als anfangendes Eigentum auf[87]. Dabei durfte man Eigentum nicht im juristisch-technischen Sinne verstehen, sondern im Sinne von *Hegel*. „Anfangendes Eigentum" meinte Eigentum der ersten begrifflichen Stufe, wobei *Gans* unter „Eigentum" das subjektive Recht schlechthin als die äußere Sphäre der Person verstand. Besitz (im juristischen Sinne) war damit „Eigentum" bloß nach der besonderen Seite des Willens. Das Eigentum (im juristischen Sinne) war hingegen ein allgemein anerkanntes und allseitig geschütztes „Eigentum"[88]. Diese Mißverständlichkeit nutzten *Rudorff* (und später auch *Savigny*), um *Gans* auf einfache Weise zu widerlegen: Da die Interdicte auch den Besitz ohne Titel schützten, einen Besitz also, der niemals zu einem Eigentum im juristischen Sinne aufsteigen könne, sei „in der That also [...] gar Nichts erklärt"[89].

Jhering betrachtete den Besitzschutz als notwendige Ergänzung des Eigentumsschutzes:

---

85 Zitiert nach der 4. Auflage, *Savigny*, Das Recht des Besitzes (4. Aufl., 1822), S. 8 f.

86 *Gans*, System des Römischen Civilrechts (1827), S. 210.

87 *Gans*, System des Römischen Civilrechts (1827), S. 211 f.

88 Vgl. dazu *Hegel*, Grundlinien der Philosophie des Rechts (1821), §§ 3, 4, 29, 41 ff.; ausführlich dazu *Braun*, in: Quaderni Fiorentini 9 (1980), S. 457, 463.

89 Zitat bei *Savigny*, Das Recht des Besitzes (7. Aufl., 1865), S. 61; Argumentation bei ihm und *Rudorff*, in: Zeitschrift für geschichtliche Rechtswissenschaft VII (1831), S. 90, 98 f.

„Der Schutz des Besitzes als der Thatsächlichkeit des Eigenthums ist eine nothwendige Vervollständigung und Ergänzung des Eigenthumsschutzes, eine dem Eigenthümer zugedachte Beweiserleichterung, die aber nothwendigerweise auch dem Nichteigenthümer zu Gute kommt.“[90]

b) *Absolute Besitztheorien*

Nach den absoluten Theorien war der Besitz seiner selbst wegen geschützt:

aa) Die meisten, wie *Gans*, *Puchta*, *Windscheid* und zunächst auch *Bruns*, stellten dabei auf den im Besitz verkörperten menschlichen Willen ab[91]. *Bruns* formulierte dies wie folgt:

> „Der im Besitz realisierte Wille, obschon er kein Recht begründet, sondern nur rein factisch, vielleicht im grellsten Widerspruch mit allem Recht, da ist, muß doch nach der allgemeinen Natur des Willens zufolge geschützt werden.“[92]

Diesen als „Animustheorie“[93] bezeichneten Ansatz suchte *Jhering* zu widerlegen:

> „Mit Hülfe des bloß thatsächlichen Willens läßt sich der Besitz einmal nicht erklären. Der Wille, der sich mit dem Recht in Widerspruch setzt, kann keinen Schutz begehren, und wenn das Recht sich dennoch veranlaßt gefunden hat, ihm denselben in Bezug auf den Besitz zu ertheilen, so muß der Grund davon nicht in dem Willen, sondern in etwas Anderm gesucht werden.“[94]

---

90 *Jhering*, Über den Grund des Besitzschutzes (2. Aufl., 1869), S. 45; vgl. auch *Meischeider*, Besitz und Besitzschutz (1876), S. 69, der auf den unvollkommenen Rechtsschutz des älteren römischen Rechts abstellte. Bei beiden stand die Philosophie im Hintergrund; sie interessierten sich vielmehr dafür, welche historische Notwendigkeit zum Schutz des Besitzes durch die Interdikte geführt hat.
Ähnlich auch schon *Tigerström*, in: AcP 22 (1839), S. 31, 40, der den Schutzgrund erblickt allein in der „Behauptung, Eigentümer zu sein“.

91 *Gans*, System des Römischen Civilrechts (1827), S. 211 f.; *Puchta*, in: Rheinisches Museum 3 (1829), S. 289, 305 ff.; *Puchta*, Cursus der Institutionen, Bd. 2 (7. Aufl., 1865), § 225; *Randa*, Der Besitz nach österreichischem Rechte (4. Aufl., 1895), S. 361 ff.; *Windscheid*, Lehrbuch des Pandektenrechts, Bd. 1 (4. Aufl., 1875), § 148; so später auch Rudorff in *Savigny*, Das Recht des Besitzes (7. Aufl., 1965), S. 581; zunächst auch *Bruns*, Das Recht des Besitzes (1848), § 58; später modifiziert er diese Ansicht, *Bruns*, Die Besitzklagen des römischen und heutigen Rechts (1874), § 27.
Savigny hingegen stellte, obwohl er dem Besitzwillen (animus domini) eigentlich in vielen Punkten eine zentrale Bedeutung zumaß, bei der Frage nach dem Grund des Besitzschutzes gerade nicht auf diesen ab.

92 *Bruns*, Das Recht des Besitzes (1848), S. 490 f.

93 Der Begriff „Animustheorie“ umfaßt zwei miteinander verknüpfte Gedanken: Zum einen wird (und darum geht es hier) bei der Begründung des Besitzschutzes auf den im Besitz verkörperten Willen abgestellt. Zum anderen steht diese Theorie für das Erfordernis eines Willenselements (animus possidendi, oft im Sinne eines animus domini) bei der Bestimmung des materiellen Besitzbegriffs.

94 *Jhering*, Über den Grund des Besitzschutzes (2. Aufl., 1869), S. 41 f.; zustimmend *Baron*, Pandekten (2. Aufl., 1876), § 112, S. 182 f.

Jhering machte die Unvollständigkeit des Eigentumsschutzes ohne Besitzposition geltend.

bb) *Stahl* rekurrierte auf den wirtschaftlichen Wert des Besitzes (Kontinuitätstheorie):

> „[Der Besitz] dient doch auch wie das Eigenthum der allgemeinen Bestimmung des Vermögens: der menschlichen Befriedigung durch Sachen mittelst freier Gewalt über dieselben (mittelst ihrer Unterwerfung unter den Willen), und um deswillen ist es angemessen, daß ihm auch ein rechtlicher Schutz ertheilt werde. [...] Die Absicht desselben [des Besitzes] ist nicht, die Person gegen Gewaltthätigkeit zu schützen, sondern den faktischen Zustand zu Sachen zu konservieren."[95]

Insgesamt bot die Suche nach dem Grund des Besitzschutzes ein recht uneinheitliches Bild. Doch auch die Rechtsnatur des Besitzes, mit der sich der nächste Abschnitt befaßt, gab in Deutschland zu Diskussionen Anlaß.

3. *Dritter Themenkomplex: Die Rechtsnatur des Besitzes und seine Stellung im Rechtssystem*

Ist der Besitz ein Recht oder ein Faktum? Diese Frage bewegte schon seit dem 17. Jahrhundert die Gemüter. Ausgangspunkt war die Überlegung, daß der Besitz einer Sache etwas Faktisches und Greifbares war: Man besaß eine Sache (grob vereinfacht), wenn man sie in den Händen hielt. Wer die tatsächliche Gewalt über ein Geldstück hatte, war dessen Besitzer, und es spielte (anders als beim Eigentum) keine Rolle, ob er beispielsweise durch Geschenk, Diebstahl oder Fund zu dem Besitz gelangt war. So gesehen war der Besitz vom „Recht" im Sinne einer „Berechtigung zum Besitz" losgelöst.

Gleichwohl waren dem Besitz im römischen Recht „rechtliche" Folgen zugeordnet: Zum einen enthielt das Zwölf-Tafel-Gesetz die Regel, daß der, der eine Sache ein oder zwei Jahre besaß, unter gewissen Voraussetzungen durch Ersitzung („Usucapion") Eigentümer der Sache werden konnte; zum anderen war der Besitzer gegen Störung oder Entziehung durch „Interdikte" geschützt[96].

---

95 *Stahl*, Philosophie des Rechts, Bd. 2, Abth. 1 (1833), S. 395 ff; im Ergebnis auch Dernburg, der den Besitz als „thatsächliche Gesellschaftsordnung", als „die gegebene Vertheilung der Sachgüter" ansah, *Dernburg*, Pandekten (1. Aufl., 1884), § 170, S. 391 f.

96 Vgl. dazu *Savigny*, Das Recht des Besitzes (1. Aufl., 1803), § 2. Zu dem Institut der Usucapion und den possessorischen Interdikten allgemein siehe aus der heutigen Literatur zum römischen Recht z.B. *Apathy/Klingenberg/Stiegler*, Einführung in das Römische Recht (1994), S. 83 ff.; *Honsell*, Römisches Recht (4. Aufl., 1997), S. 48 f., 57 ff.; *Kaser*, Das Römische Privatrecht, 1. Abschn. (1955), § 34; *Kaser*, Das Römische Privatrecht, 2. Abschn. (2. Aufl., 1975), § 240.

Erhob man den Besitz zum Recht, so stellte sich die Frage, zu welcher Klasse von Rechten er gehörte. Möglich erschien eine Zuordnung zu den Sachenrechten, den „jura in re". Betonte man dagegen das faktische Moment, wurde die Einordnung in den Gesamtzusammenhang des Zivilrechts zum Problem.

Während die französischen und holländischen Schriftsteller des 16. bis 18. Jahrhunderts meist die faktische Natur des Besitzes in den Vordergrund stellten[97], faßte man in Deutschland den Besitz zunächst als Recht auf[98]. Erst im 18. Jahrhundert fand die Ansicht vom Besitz als „Faktum" zunehmend Anhänger[99].

a) Savignys Ansatz

Savigny bestimmte die Rechtsnatur des Besitzes zunächst wie folgt:

> „Was das erste betrifft, so ist es klar, daß der Besitz an sich, seinem ursprünglichen Begriffe nach, ein bloßes Factum ist: eben so gewiß ist es, daß die Gesetze rechtliche Folgen damit verbunden haben. Demnach ist er Factum und Recht zugleich, und dieses zweyfache Verhältniß ist für das ganze Detail ungemein wichtig."[100]

---

97 Die Vertreter in Frankreich waren u.a. Cludius, Obrecht, Treutler und Frider; in Holland vertraten diese Ansicht u.a. Zoesius, Wissenbach, Vinnius und Voet. Zu den genauen Nachweisen siehe *Bruns*, Das Recht des Besitzes (1848), S. 385.

98 Zu nennen sind dabei insbesondere Giphanius, Bachov, Franzke und Hahn. Zu den genauen Nachweisen siehe *Bruns*, Das Recht des Besitzes (1848), S. 385 f.

99 Beispielsweise *Hofacker*, Principia Iuris Civilis Romano-Germanico (1788), § 756: „Quicquid commodi rei alicuius respectu habetur, vel ex possessione, quae facti est, descendit; vel ex ex iure circa rem aliquam constituto. [...] I) POSSESSIO, a sessione ita dicta, est detentio rei corporalis in commercio existentis coniuncta cum animo detinendi. II) Pertinet itaque ad substantiam possessionis: 1) factum naturale corporis rem aliquam detinentis, et eatenus possessio meri facti est; 2) res corporalis, quae sc. solo corpore detineri potest; modo sit in commercio, nec repugnet detentioni vel natura, veluti in fundis mari vel flumine occupatis, vel iuris dispositio, veluti in rebus divini iuris et publicis; denique 3) animus detinendi; et eatenus possessioni, quae secundum substantiam suam non ius, sed factum est, ex iure aliquid accedit respectu effectuum, qui inde descendunt. III) Differt tamen omnino possessio tum a iure, quod is, qui possidet, habet in re possessa; tum a iure habendi rei alicuius possessionem."; ähnlich auch Spangenberg: „Da nun diese angedeuteten Bestimmungen zusammen genommen, das Ius possessionis, als ein einfacher Rechtsgegenstand betrachtet, selbst kein wesentliches, bezwecktes Recht an sich ist, sondern nur einstweilige Bedingungen und Mittel zum Gegenstand hat, und sich auf etwas Gemeinsames d. i. auf allgemeine factische Behauptung verschiedener Gerechtsame beziehen kann; so ergiebt sich hieraus schon deutlich, daß solches mit eigentlichen wesentlichen Befugnissen mit constituirten dinglichen Rechtsarten in ganz keinem Vergleich kommen könne: sondern seiner Wirkung nach nur ein Inbegriff zufälliger Rechtsmittel, ein provisorisches Vorklagerecht oder allgemeines Forschungsmittel sey." *Spangenberg*, Versuch einer systematischen Darstellung der Lehre vom Besitz (1794), § 177.

100 *Savigny*, Das Recht des Besitzes (1. Aufl., 1803), S. 22 f.

Savigny bezog somit keine klare Stellung. Während frühere Stellungnahmen stets zu einem eindeutigen Ergebnis kamen – entweder „Faktum" oder „Recht" –, gab *Savigny* eine salomonische, man könnte auch sagen ausweichende Antwort. Die Offenheit der *Savigny'schen* Formulierung mag dazu beigetragen haben, daß die Frage nach der Rechtsnatur des Besitzes in der deutschsprachigen Literatur des 19. Jahrhunderts einen so großen Anklang fand.

Ab der 6. Auflage (1837) stellte Savigny dann in einem Zusatz klar, daß der Besitz „in Wahrheit kein Recht", „ein Nichtrecht" bzw. „ein rechtlich Indifferentes" sei[101]. Auch seine Kernthese ergänzte er:

> „Demnach ist er [der Besitz] Factum und Recht zugleich, nämlich seinem Wesen nach Factum, in seinen Folgen einem Rechte gleich, und dieses zweyfache Verhältniß ist für das ganze Detail ungemein wichtig."[102]

Vermutlich[103] wollte *Savigny* damit den Besitz als „Faktum" klassifizieren. Aber er brachte auch zum Ausdruck, daß bestimmte Rechtsfolgen (wie der Schutz durch die Interdikte) mit dem Besitz verknüpft waren. Diese Rechtsfolgen umschrieb *Savigny* ebenfalls mit dem Begriff „Recht". Nur hatte dies mit der ursprünglichen Frage nach der Natur des Besitzes nur bedingt etwas zu tun.

An die Frage nach der Rechtsnatur des Besitzes schloß sich auch für *Savigny* die Frage nach dessen Stellung im System des Privatrechts an[104]. Er stand vor der Schwierigkeit, daß für ihn der Besitz „seinem Begriffe nach" als Faktum in ein „Rechts"system nicht einzuordnen war. Zuordnen indes ließen sich – so *Savigny* – die possessorischen Interdikte. Sie gehörten zu den „obligationes ex delicto", und mit ihnen müsse deshalb – so *Savigny* – auch der Besitz in das Obligationenrecht eingeordnet werden[105].

---

101 So formulierte Savigny nämlich dann im Zusatz der 6. Ausgabe, *Savigny*, Das Recht des Besitzes (6. Aufl., 1837), S. 43 und 40.

102 *Savigny*, Das Recht des Besitzes (6. Aufl., 1837), S. 25 f.

103 Auch heute besteht keine Einigkeit darüber, welche Position Savigny nun eigentlich genau eingenommen hatte. Vgl. *Braun*, in: Quaderni Fiorentini 9 (1980), S. 457, 476.

104 Ein nach den Begriffen geordnetes System des Privatrechts haben weder die Vorklassiker noch die großen Klassiker aufgestellt. Erst unter Gaius findet sich in den Institutionen eine erste Systematisierung in Form einer Dreiteilung: „personae – res – actiones". Vgl. dazu *Kaser*, Das Römische Privatrecht, 1. Abschn. (1955), S. 167.
Durch die Pandektenwissenschaft hat die noch heute vorgenommene Einteilung des gesamten Zivilrechts in fünf Bereiche (Allgemeiner Teil, Obligationenrecht, Sachenrecht, Familienrecht und Erbrecht) Popularität erlangt. Ausführlich zum Pandektensystem *Wieacker*, Privatrechtsgeschichte der Neuzeit (2. Aufl., 1967), S. 433 ff.

105 *Savigny*, Das Recht des Besitzes (1. Aufl., 1803), S. 26. In späteren Auflagen konkretisierte Savigny die Begründung noch: „Das Recht der possessorischen Interdicte also gehört in das Obligationenrecht, und von dem Besitz selbst ist dabei nur insofern die Rede als er die Bedingung enthält, ohne welche die Interdicte nicht gedacht werden können [...] Abstrahiert von dieser Verletzung giebt der blosse Besitz gar kein Recht." *Savigny*, Das Recht des Besitzes (7. Aufl., 1865), S. 51.

b) *Die Reaktionen auf Savignys Ansatz*

Die Hervorhebung der faktischen Natur des Besitzes fand breite Zustimmung. Nun brachte *Savigny* jedoch gleichzeitig auch den „rechtlichen" Charakter des Besitzes ins Spiel, ohne diesen aber mit dem Eigentum in Verbindung zu bringen. Vielmehr sei der Besitz „von allem ius in re zu trennen"[106].

Diese These rief bald Widerspruch hervor, der anfänglich nur verhalten in den Hörsälen geäußert wurde. So dozierte *Georg Wilhelm Friedrich Hegel* in seiner Rechtsphilosophie-Vorlesung der Jahre 1819/20:

> „Der Besitz ist wesentliches Moment des Eigentums, und Savigny ist darum einseitig in seinem 'Besitzrecht', weil er den Besitz bloß als Verhinderung der Verjährung betrachtet; die wichtigere Seite ist gewiß das Verhältnis des Besitzes zum Eigentum."[107]

Eduard Gans, der mit den Äußerungen seines Lehrers *Hegel* wohl vertraut war, suchte als erster schriftlich die Schwachstellen in der Argumentation *Savignys* aufzudecken und dieser im Jahre 1827 seine eigene Besitztheorie entgegenzustellen. *Gans* nahm als Ausgangspunkt das Verhältnis einer Person zur Sache:

> „Alles Eigenthumsrecht liegt darin, dass sich die Person ausschliesslich in der Sache Realität giebt. Nun kann der Wille der Person, mit dem sie die Sache hat, bloss ihr besonderer oder auch allgemeiner anerkannter Wille seyn: sie kann die Sache haben, weil sie die Sache haben will, ohne Rücksicht darauf, ob dieses anerkannt wird, oder sie kann sie mit allgemeiner Anerkennung haben wollen. Findet dieses Haben bloss nach der Seite des besonderen Willens statt, so ist dieses ein bloss anfangendes, unmittelbares Eigenthum oder Besitz, ist dagegen die Allgemeinheit, das heisst die Berechtigung dieses Besitzes vorhanden, so wird es wirkliches Eigenthum."[108]

Für *Gans* war der Besitz damit als „anfangendes Eigentum" ein Recht[109].

Zahlreiche Gelehrte beteiligten sich an der Diskussion und nahmen zu der Problematik der Rechtsnatur des Besitzes Stellung. Die Auffassungen waren vielfältig: Es läßt sich ein Bogen spannen von „bloßes Faktum" / „faktisches Verhältnis" / „Thatsache"[110] bis hin zum „Recht"[111]. Dazwischen gab es die unter-

---

106 *Savigny*, Das Recht des Besitzes (1. Aufl., 1803), S. 26.

107 *Hegel*, Die Philosophie des Rechts (Mitschriften Wannemann/Homeyer) (1983), § 27 A S. 54, Zeilen 29-32; ausführlich zur Besitzlehre Hegels: *Becchi*, in: ZNR 13 (1991), S. 145 ff.

108 *Gans*, System des Römischen Civilrechts (1827), S. 211.

109 *Gans*, System des Römischen Civilrechts (1827), S. 28, 215; später auch *Gans*, Über die Grundlage des Besitzes (1839), S. 19 ff.

110 *Thibaut*, System des Pandektenrechts (8. Aufl., 1834), § 210 (Thibaut vertrat diese These schon vor dem Erscheinen von Savignys Werk: *Thibaut*, Ueber Besitz und Verjährung (1802), § 2); *Bornemann*, Systematische Darstellung des Preußischen Civilrechts, Bd. 1 (2. Aufl., 1842), § 46; *Böcking*, Institutionen, Bd. 1 (1843), § 123; *Bruns*, Das Recht des Besitzes (1848), §§ 3 u. 58; *Rudorff*, in: Zeitschrift für geschichtliche

schiedlichsten Schattierungen: von zumindest „nicht ein Recht“[112] über „von gemischter Natur“[113] bis hin zu zwar kein Recht, aber doch ein „Rechtsverhältnis zur Sache“[114].

Wer den Besitz zum „Recht“ erhob, mußte begründen, woraus sich die Rechtsnatur des Besitzes herleiten ließ. Die meisten stellten auf die Nähe zum Eigen-

---

Rechtswissenschaft VII (1831), S. 90 ff.; *Zielonacki*, Der Besitz nach dem Römischen Rechte (1854), S. 31 f.; *Hasse*, in: Rheinisches Museum 6 (1832), S. 154 ff, 183 ff.; *Pfeiffer*, Was ist und gilt im römischen Rechte der Besitz? (1840), S. X f.; so wohl auch *Koch*, Die Lehre vom Besitz (2. Aufl., 1839), § 2; Zachariä beantwortet die Frage auf rein philosophischer Grundlage, *Zachariä*, Handbuch des Französischen Civilrechts, Bd. 1 (6. Aufl., 1874), § 185 (S. 466).

111 *Gans*, System des Römischen Civilrechts (1827), S. 28, 215; *Puchta*, Pandekten (3. Aufl., 1845), § 122; *Puchta*, Cursus der Institutionen, Bd. 2 (7. Aufl., 1871), § 224; *Mühlenbruch*, Lehrbuch des Pandektenrechts (3. Aufl., 1840), § 229 Fn. 7 und § 230 („zugleich factum und jus“); *Sintenis*, Das practische gemeine Civilrecht, Bd. 1 (1844), § 42, S. 442; *Thaden*, Allgemeine Untersuchungen über den Begriff des römischen Interdictenbesitzes (1833); *Huschke*, in: Kritische Jahrbücher für deutsche Rechtswissenschaft 3 (1839), S. 292 ff., 300 ff.; noch weitergehend *Lenz*, Das Recht des Besitzes (1860), S. 77 ff.: Der Besitz sei sogar „das einzige Recht auf die Sache“.

112 *Dernburg*, Pandekten (1. Aufl., 1884), § 169; *Pachmann*, Die Verjährung nach dem allgemeinen bürgerlichen Rechte in Österreich (1833), § 26; im Ergebnis wohl auch *Unger*, System des österreichischen allgemeinen Privatrechts, Bd. 1 (4. Aufl., 1876), S. 221; *Kierulff*, Theorie des gemeinen Civilrechts (1839), S. 348: „wirkliches Nichtrecht“; *Kindel*, Die Grundlagen des römischen Besitzrechts (1883), S. 42: „Der Besitz ist in der That ein halbes Unrecht, ein halbes Recht“.

113 Die Formulierung „von gemischter Art“ stammt von *Brinz*, Lehrbuch der Pandekten (1. Aufl., 1857), S. 74. Später definierte er den Besitz wie folgt: „ein bloßes Faktum also, weil kein Recht, – kein bloßes Naturding aber, weil des näheren vom Rechte normirt, ist unsere Verbindung 'non tantum corporis, sed et iuris', hat sie zwar sehr viel von der Natur, aber auch viel vom Rechte, und ist sie Rechtsding ohne Recht zu sein“, *Brinz*, Lehrbuch der Pandekten, Bd. 1 (2. Aufl., 1873), § 135.

114 *Windscheid*, Lehrbuch des Pandektenrechts, Bd. 1 (4. Aufl., 1875), § 150; *Burchardi*, Lehrbuch des Römischen Rechts, Bd. II (2. Aufl., 1854), § 151; *Arndts*, Lehrbuch der Pandekten (8. Aufl., 1874), § 135: „Dadurch ist der Besitz der Sache, obwohl an sich nur eine Thatsache, unabhängig vom Eigenthum zu einem bedeutenden vermögensrechtlichen Verhältnis erhoben.“
Nicht eindeutig Jhering, der einerseits schrieb: „auf dem Gebiete des Besitzes schafft er [der Wille] als solcher eine rechtliche Beziehung zur Sache, der wir den Charakter eines wenn auch noch so schwachen Rechtsverhältnisses nicht aberkennen können“, *Jhering*, Der Besitzwille (1889), S. 50; andererseits heißt es bei ihm aber auch, der Besitz sei nicht bloß ein Rechtsverhältnis, sondern ein „Recht“: „Der Besitz ist ein minderes Recht als das Eigentum, aber da er, solange er besteht, auf den Rechtsschutz Anspruch hat, fällt er als rechtlich geschütztes Interesse der Person an der Sache unter den Begriff des Rechts.“ *Jhering*, Der Geist des römischen Rechts, Teil 3.1 (5. Aufl., 1906), S. 366.
Beinahe ketzerisch Bekker: Der Besitz sei ein Recht, aber alle Rechte seien auch Tatsachen. *Bekker*, Das Recht des Besitzes (1880), S. 35, 258 ff.

tum ab. Zum Teil wurde auf das Recht der Persönlichkeit rekurriert[115], zum Teil auf die Tatsache, daß ein Schutz durch die Interdikte bestehe[116]. Manche nannten als Grund die positive Festlegung durch das Römische Recht[117].

Savignys Einordnung des Besitzes in das Obligationenrecht akzeptierten die wenigsten zeitgenössischen Gelehrten. *Gans* stellte den Besitz als anfangendes Eigentum „an die Spitze der jura in re"[118] und ordnete ihn damit dem Sachenrecht zu. Dem schloß sich die Mehrheit der Autoren an[119], und zwar unabhängig davon, ob man den Besitz wirklich für ein „Recht" hielt oder nicht[120]. Andere Gelehrte wie *Thibaut*, *Mackeldey* und *Vangerow* behandelten den Besitz dagegen im Allgemeinen Teil ihrer Lehrbücher[121].

Einen Sonderweg ging *Puchta*, der sich von den herkömmlichen Begrifflichkeiten löste und die Frage nach der Einteilung des Besitzes in das System des Pri-

---

115 Diesen Standpunkt nahmen insbesondere Gans, Puchta und Huschke ein (wie Fn. 111).

116 So insbesondere Mühlenbruch, von Thaden und Sintenis (wie Fn. 111).

117 So insbesondere Kindel, auch wenn dieser den Besitz nicht uneingeschränkt als Recht auffaßte (wie Fn. 112).

118 *Gans*, System des Römischen Civilrechts (1827), S. 215.

119 Doch damit war die Frage nicht endgültig gelöst. Zunächst waren die Begrifflichkeiten unklar. „Jura in re" (oder „in rem") wurde zum Teil synonym gebraucht zu „Sachenrechten", d. h. im Sinne von allen Rechten unmittelbar an einer Sache. Manche Autoren faßten den Terminus „jura in re" aber auch enger auf, nämlich als dingliches Recht im engeren Sinne, also als ein Recht, das durch eine „in rem actio" (im Gegensatz zu einer „in personam actio") verfolgbar war, vgl. dazu ausführlich *Thaden*, Allgemeine Untersuchungen über den Begriff des römischen Interdictenbesitzes (1833), S. 86 ff. So konnte beispielsweise Mühlenbruch sagen, der Besitz sei „unmittelbares Sachenrecht", aber kein „jus in re", da die Interdikte keine dinglichen Klagen („in rem actiones") seien, *Mühlenbruch*, Lehrbuch des Pandektenrechts (3. Aufl., 1840), § 229; von Thaden ordnete die Interdikte indes den dinglichen Klagen zu und infolgedessen auch den Besitz zu den „jura in re" (auch im engeren Sinne), *Thaden*, Allgemeine Untersuchungen über den Begriff des römischen Interdictenbesitzes (1833), S. 93 ff.
Manche faßten den Besitz als „jus ad rem" („dingliches Vorrecht"), wieder andere als eine zwischen „jus ad rem" und „jus in rem" liegende Sonderform. Diese Auffassungen wurden aber nach Savigny kaum noch vertreten, vgl. dazu *Randa*, Der Besitz nach österreichischem Rechte (4. Aufl., 1895), S. 101 Fn. 7 (m.w.N.); *Rudorff*, in: Zeitschrift für geschichtliche Rechtswissenschaft VII (1831), S: 90 ff.; s. auch *Savigny*, Das Recht des Besitzes (7. Aufl., 1865), S. 51 ff.

120 Vgl. beispielsweise *Burchardi*, Lehrbuch des Römischen Rechts, Bd. II (2. Aufl., 1854), § 151 Fn. * und 6; *Windscheid*, Lehrbuch des Pandektenrechts, Bd. 1 (4. Aufl., 1875), § 150; *Bruns*, Das Recht des Besitzes (1848), § 57. Es ging hier ja nicht um eine Klassifizierung des Besitzes als Recht, sondern lediglich um eine Einordnung ins Rechtssystem. Das Sachenrecht erschien dabei als das am nächsten Liegende.

121 *Vangerow*, Lehrbuch der Pandekten (6. Aufl., 1851), §§ 198 ff.; *Mackeldey*, Lehrbuch des heutigen Römischen Rechts (2. Aufl., 1818), §§ 191 ff.; *Thibaut*, System des Pandekten-Rechts (8. Aufl., 1834), §§ 209 ff.

vatrechts dazu nutzte, eine neue Klassifikation der Rechte vorzunehmen[122]. Ausgangspunkt war dabei der Wille der Person:

> „Der Inhalt des allgemeinen Willens über die rechtliche Freiheit (des Rechts im s. g. objectiven Sinn) besteht darin, daß er den einzelnen Willen, welcher durch Unterwerfung eines Gegenstandes wirklich wird, zum rechtlichen, zum Recht im s. g. subjectiven Sinne macht. Der Inhalt des Rechts sind also die Rechte. [...] Es giebt nur drey, oder da der dritte sich in drey verschiedene, die in seiner Collectivbezeichnung enthalten sind, auflöst, fünf Gegenstände, welche dem rechtlichen Willen unterworfen seyn können, und hiernach denn auch fünf Classen von Rechten. [...] Jene möglichen Gegenstände des rechtlichen Willens sind nämlich 1) Sachen 2) Handlungen 3) Personen, und zwar a) Personen ausser uns, b) Personen, welche außer uns existiert haben, aber in uns übergegangen sind, c) unsre eigne Person."[123]

Puchta ordnete den Besitz in die letzte Kategorie ein und faßte ihn als „Recht an der eigenen Person" auf[124].

Damit sind die für einen Vergleich mit dem Common Law relevanten inhaltlichen Aspekte der Diskussion um das Institut des Besitzes im 19. Jahrhundert im deutschsprachigen Raum dargestellt. Im folgenden Abschnitt geht es um den zeitlichen und stilistischen Verlauf der Diskussion, ihren Anlaß und ihr Ergebnis.

III) Der zeitliche Ablauf des Gelehrtenstreits und seine jeweiligen stilistischen Besonderheiten

Der sogenannte „Besitzrechtsstreit" war nicht ein kurzer, in wenigen Beiträgen ausgetragener Schlagabtausch. Er beschäftigte beinahe mit Höhepunkten und Unterbrechungen ein ganzes Jahrhundert lang die deutschsprachigen Rechtsgelehrten. Sowohl die Länge der Diskussion als auch ihre zum Teil leidenschaftliche Art und Weise sind aus heutiger Sicht überraschend.

Was zeitlichen Verlauf und Intensität des Gelehrtenstreits betrifft, muß zwischen den drei Aspekten des Besitzrechtsstreits unterschieden werden. Im Vordergrund stand die Frage nach der Rechtsnatur des Besitzes, an die sich dann zumeist die Frage nach dem Grund des Besitzschutzes anschloß. Die Diskussion um den materiellen Gehalt des Besitzbegriffes erregte die Gemüter zunächst weniger. Wenn man zu dieser Frage Stellung nahm, dann doch erheblich nüchterner und an versteckterer Stelle. Erst *Jherings* Monographien „Über den Grund

---

122 Zu den möglichen Beweggründen dieser Neueinteilung s. *Braun*, in: Quaderni Fiorentini 9 (1980), S. 457, 469 f.

123 *Puchta*, in: Rheinisches Museum 3 (1829), S. 289 ff., 297 ff.

124 *Puchta*, in: Rheinisches Museum 3 (1829), S. 289 ff., 297 ff.; dagegen ausführlich *Hasse*, in: Rheinisches Museum 6 (1832), S. 154 ff, 184 ff.; vgl. auch *Puchta*, Pandekten (3. Aufl., 1845), Gliederung.

des Besitzschutzes" (1868) und „Der Besitzwille" (1889) verschafften auch ihr größere Aufmerksamkeit. Dreh- und Angelpunkt der Diskussionen war *Friedrich Carl v. Savignys* Monographie „Das Recht des Besitzes" aus dem Jahre 1803.

Der „Besitzrechtsstreit" begann in den 1820er Jahren als eine Reaktion auf diese Monographie. Aus heutiger Sicht läßt er sich in zwei Phasen einteilen: In einer frühere Periode (bis Mitte der 1840er Jahre) waren *Eduard Gans*, *Carl Georg Bruns* und *Georg Friedrich Puchta* die Hauptakteure, während eine spätere Periode (Ende der 1860er Jahre bis in die 1890er Jahre hinein) durch die Werke von *Rudolf von Jhering* und *Bernhard Windscheid* geprägt wurde.

1. Erste Phase: Von Savignys Monographie (1803) bis in die 1840er Jahre

a) Die Rechtsnatur des Besitzes und der Grund des Besitzschutzes

Die Frage, ob der Besitz ein Faktum oder ein Recht sei, entpuppte sich als eine der wichtigsten dogmatischen Streitfragen des 19. Jahrhunderts[125]. Die allgemeine Euphorie über die Art und Weise der Darstellung in *Savignys* Werk schien zunächst den Blick auf dessen Widersprüchlichkeiten zu trüben. Es dauerte daher beinahe ein Viertel Jahrhundert, bis die erste schriftlich formulierte Kritik, namentlich in *Gans'*, „System des römischen Civilrechts im Grundrisse" (1827), laut wurde[126].

Während *Savigny* sich nicht dazu herabließ, auf diese Kritikpunkte zu reagieren, traten seine Schüler *Puchta* mit dem Aufsatz „Zu welcher Classe von Rechten gehört der Besitz" (1829) und *Rudorff* mit dem Beitrag „Über den Rechtsgrund der possessorischen Interdikte" (1831) energisch auf den Plan. Es folgten Stellungnahmen von *von Thaden*, *von Meysenbug*, *Huschke*, *Hasse*, *Rauh*, *Schmidt*, *Sintenis*, *Wening-Ingenheim*, *Koch*, *Stahl* und *von Tigerström*, sowie *Puchtas* zweiter Aufsatz „Über die Existenz des Besitzrechts" (1832)[127].

---

125 Braun hat den Verlauf dieser Diskussion detailliert dargestellt, *Braun*, in: Quaderni Fiorentini 9 (1980), S. 457 ff. Dieser Beitrag erschien leicht modifiziert noch einmal in *Braun*, in: Judentum, Jurisprudenz und Philosophie (1997), S. 91 ff.

126 S. im einzelnen dazu Fn. 77, 78, 86 und 87.

127 *Thaden*, Allgemeine Untersuchungen über den Begriff des römischen Interdictenbesitzes (1833), S. 4 f., 13 f., 27 f.; *Meysenbug*, in: Servius. Blätter für juristische Kritik (hg. von Meysenbug, 1834), S. 3, 114 ff.; *Huschke*, Über die Stelle des Varro von den Licinern (1835), S. 99 ff., 109 f.; *Hasse*, in: Rheinisches Museum 6 (1832), S. 183 ff.; *Rauh*, Versuch einer Geschichte der Lehre vom Besitz (1834), S. 42 ff.; *Schmidt*, Über das possessorische Klagerecht (1838), 8 ff.; *Sintenis*, in: AcP 18 (1835), S. 266, 275; *Wening-Ingenheim*, Lehrbuch des gemeinen Civilrechts, Bd. 1 (5. Aufl., 1837), S. 244 ff.; *Koch*, Die Lehre vom Besitz (2. Aufl., 1839), S. 16 f.; *Stahl*, Philosophie des

Charakteristisch für diese Beiträge war zum einen die Polemik, die sich gegen den jeweiligen „Gegner" richtete: So schrieb *Puchta* beispielsweise über *Gans*:

> „Wenn nun der Prof. Gans mehrere Blätter hindurch über die angebliche juristische Vernichtung des Besitzes durch Savigny's Ansicht sich beklagt, und am Ende doch nichts anders hervorzubringen vermag, als das, was er kurz zuvor an jenem bestritten hat, so ist dies ein Beweis, daß er weder weiß, wovon die Rede ist, noch wovon er selbst redet. Es ist aber auch ein Beispiel höchst kläglicher Pfuscherey in die Philosophie, und schon deswegen verdient es hervorgehoben zu werden."[128]

Zum anderen wurden Passagen aus *Savignys* und *Gans*' Monographien interpretiert. Man deutete beispielsweise Abschnitte aus *Savignys* Werk, die am stärksten der Kritik ausgesetzt waren, so um, daß die von *Gans* geäußerten Bedenken nicht mehr griffen oder man gab den Passagen aus *Gans*' Monographie eine solche Deutung, so daß sie leicht zu widerlegen waren[129].

Erst 1837, also zehn Jahre nach Erscheinen von *Gans*' Monographie, nahm *Savigny* in der 6. Auflage selbst zu den Kritikpunkten Stellung, indem er dem § 6 „Classification des Jus Possessionis" eine Absatz anfügte[130]. Dort nannte er einige Autoren (*Gans*, *Puchta*, *Rudorff*, *von Thaden*, *Hasse*, *Rauh* und *Huschke*)

Rechts, 2. Bd., 1. Abt. (1833), S. 157 ff.; *Tigerström*, Die bonae fidei possessio (1836), S. 149 ff.; *Puchta*, in: Rheinisches Museum 3 (1829), S. 289 ff., 297 ff.

128 *Puchta*, in: Rheinisches Museum 3 (1829), S. 289 ff., 295.

129 Ein Beispiel für die Uminterpretation der Worte Savignys findet sich bei Hasse: Für ihn war der Besitz ein bloßes Faktum, der nie ein Recht werden könne. Wie konnte dann Savigny schreiben, der Besitz sei Recht und Faktum zugleich? „Die possessorischen Interdictsactionen beruhen wie alle Actionen auf Bestreitung eines Rechts. Dieses Recht beruht auf dem Edict; es ist ein relatives Recht an der Sache. Es ist nicht der Besitz, aber ein mit dem Besitz zugleich Entstehendes. Der Grund, warum dieses nicht immer so klar in die Augen fiel, liegt darin, daß den Römern selbst die Trennung des Interdictenrechts vom Besitze nicht allenthalben klar zum Bewußtsein kam, sie bezeichnen mit dem Wort possessio beide, Besitz und Interdictenrecht. [...] Hier nun ist auch, wie mich dünkt, der Punkt, aus dem allein Savigny's Besitzlehre richtig begriffen werden kan. Savigny hatte es sich zur Aufgabe gemacht, die Besitztheorie so zu entwickeln, wie sie unmittelbar in der Ansicht der römischen Juristen lebte. Er wollte nicht weiter zurückgehen, als diese selbst gingen, er versetzte sich in sie und sprach aus ihrem Geiste. Wie ihm das gelungen ist, wie gerade in dieser Beziehung sein Besitz ein unsterbliches Meisterwerk ist, das weiter auszuführen wäre ebenso anmaßend als unnütz. Aus diesem Gesichtspunkt konnte und mußte Savigny sagen, der Besitz ist Recht und Faktum zugleich, denn eben die Römer begriffen unter possessio das eine und das andre." *Hasse*, in: Rheinisches Museum 6 (1832), S. 154 ff., 194.
Über die „Taktik" Puchtas, Savigny zu rehabilitieren und Gans unmöglich zu machen, siehe die ausführliche Darstellung von *Braun*, in: Quaderni Fiorentini 9 (1980), S. 457, 467 ff.

130 Landsberg formulierte 1910 ironisch: „Und endlich sollte er [i.e. Gans] es denn doch auch noch erleben, daß Jupiter selbst aus der Wolke, in die er sich bisher gegen Gans und dessen Angriffe gehüllt hatte, hervortrat", *Stintzing/Landsberg*, Geschichte der Deutschen Rechtswissenschaft, Abt. 3, Hlbbd. 2 (1910), S. 367.

namentlich und setzte sich kurz mit deren Ansichten auseinander[131]. Inhaltlich gelang es ihm nicht, alle Widersprüchlichkeiten zu lösen. Der Besitz war weiterhin einerseits „Factum und Recht zugleich“, andererseits aber „in Wahrheit kein Recht“, „ein Nichtrecht“ bzw. „ein rechtlich Indifferentes“[132]. Überarbeitet wurde der Abschnitt am Ende von § 2, in dem er den Besitz als „präsumtives Eigentum“ bezeichnet hatte[133]. Diese These gab *Savigny* nun ausdrücklich auf.

Die ersten Reaktionen auf *Savignys* Überarbeitung (namentlich von *Puchta*, *Hugo* und *Bethmann-Hollweg*) waren positiv[134]. 1839 eröffnete *Gans* mit seiner sogenannten „Duplik“ jedoch eine neue Runde der Diskussion. In einer nur 64 Seiten langen Monographie „Über die Grundlage des Besitzes“ stellte er noch einmal seine Position dar und versuchte, die Ansicht *Savignys* und seiner Anhänger zu widerlegen. Zwar enthielt die Schrift keine wesentlich neuen Argumente. Ein Novum indes war die Schärfe, mit der *Gans* gegen *Savigny* und insbesondere auch *Puchta* vorging. Letzter mußte sich vorhalten lassen:

> „Sie haben nämlich einmal in Ihrer Jugend auf den Schulbänken in Nürnberg gesessen, als dort Hegel Rector war; Sie haben wahrscheinlich bei ihm die Anfangsgründe der Metaphysik und Logik gehört, und wenn ich nicht irre hat er mir sogar einmal davon gesprochen. Nun wird er damals nicht ermangelt haben, seinen Schülern vorzudemonstriren, daß das reine Seyn und das reine Nichts dasselbe sey, und daß die Bewegung des unmittelbaren Verschwindens des Einen in dem Anderen das Werden ist. Jetzt nach so vielen Jahren, wo Sie längst schon zu den geisteshagern Aposteln der historischen Schule gehören, klingt dieser philosophische Begriff noch nachmahnend in Ihren Ohren; Sie können ihn nur nicht mehr gebrauchen, und verstehen es nicht, sich Rechenschaft von seinem Gehalte zu geben.“[135]

Gans bemühte sich von Anfang an, *Savignys* „absichtlich verschleierte Darstellung“ ihres Schleiers zu berauben, um nachzuweisen, daß dieser versuche, „Hypothetisches oder erst zu Beweisendes durch die leise Setzung eines Wortes als Bewiesenes zu introduciren“[136]. Er ging so weit, einzelne schlußfolgernde Formulierungen *Savignys* auf dessen Schlüssigkeit hin zu untersuchen, um zu dem Ergebnis zu kommen:

> „Wie mit der Promotion dieser Hypothesen zu festen Satzungen, geht es uns mit den Folgerungen, mit den ‚also's‘ ‚in der That.‘ Man kann fragen und wir dürften oft zu fragen haben: mit welchem Recht steht dieses also hier? ja wir werden uns zu zeigen

---

131 S. dazu ausführlich *Braun*, in: Quaderni Fiorentini 9 (1980), S. 457, 475 ff.

132 *Savigny*, Das Recht des Besitzes (6. Aufl., 1837), S. 26 einerseits, S. 43 und 40 andererseits.

133 Vgl. weiter oben, Fn. 85.

134 *Puchta*, in: Kritische Jahrbücher für deutsche Rechtswissenschaft 1 (1837), S. 669 ff.; *Hugo*, in: Göttingische gelehrte Anzeigen 1837, S. 1323 ff.; *Bethmann-Hollweg*, in: Jahrbücher für wissenschaftliche Kritik 2 (1838), S. 265 ff.

135 *Gans*, Über die Grundlage des Besitzes (1839), S. 34 ff.

136 *Gans*, Über die Grundlage des Besitzes (1839), S. 21 f.

bemühen, daß solche Hilfsmittel eigentlich nur gebraucht worden sind, um gar nicht zu antworten."[137]

Dieser polemische Stil war wohl entscheidend mitverantwortlich dafür, daß der Streit in die Öffentlichkeit und die Tagespresse kam[138]. Danach ging es Schlag auf Schlag: *Schaaff*, *Rudorff*, *Dorguth* und *von Tigerström* ergriffen für *Savigny* Partei; *Huschke* und *Köppe* für *Gans*[139]. Dabei waren *Köppe* und *Schaaff* noch Studenten, die nun in einen Disput mit angesehenen Rechtsgelehrten traten[140]. Auch dies verhalf der Kontroverse in den Berliner Kreisen zu ungewollter Popularität.

Puchta konnte die Angriffe nicht auf sich ruhen lassen und schrieb eine „Rezension" der Duplik, die allerdings erst nach dem Tod von Gans (5. Mai 1839) erschien[141]. *Puchtas* Stil war so verletzend, daß sich die Redaktion der „Kritischen Jahrbücher für deutsche Rechtswissenschaft" veranlaßt sah, dem Artikel die Bemerkung „Wir bemerken, daß die Rezension, welche den Anfang dieses Heftes bildet, bereits vor vier Wochen gedruckt worden ist" voranzustellen[142]. Entsprechend emotionsgeladen war die Reaktion einiger Anhänger von *Gans*:

> „Wir ziehen hier für den Todten, dem unser Herz in Pietät und Liebe tief anhänglich ist, das Schwert zur Rechtfertigung und Vergeltung."[143]

In den Folgejahren wurde *Savigny* von verschiedenen, teils unter einem Pseudonym auftretenden Verfassern heftig angegriffen[144]. Zwar erweckten die Titel dieser Beiträge den Anschein, es ginge um rein besitzrechtliche Fragen. Diese wurden aber nur als Aufhänger genommen, um zu anderen Punkten Stellung zu beziehen: Ein *„Preußischer Jurist"* schrieb 1842 beispielsweise über *Savigny*:

> „Wir halten ihn für einen der größten Philologen unserer Zeit, und glauben. daß wenn er sich der Philologie ganz hingegeben hätte, zu welcher seine geistige Natur ei-

---

137 *Gans*, Über die Grundlage des Besitzes (1839), S. 6.

138 S. dazu gleich unter Fn. 209.

139 *Schaaff*, Gans' Kritik gegen Herrn von Savigny, die Grundlage des Besitzes betreffend (1839); *Rudorff*, in: Literarische Zeitung 1839, S. 54 f.; *Dorguth*, in: Centralblatt für Preußische Juristen 1839, S. 274 ff.; *Tigerström*, in: AcP 22 (1839), S. 31 ff.; *Huschke*, in: Kritische Jahrbücher für deutsche Rechtswissenschaft 3 (1839), S. 292 ff.; *Köppe*, Zur Lehre vom Besitz (1839).

140 Als Kuriosum ist zu werten, daß der 31seitigen Monographie des Studenten Schaaff eine 17seitige kritische Besprechung des Rechtsprofessors Huschke folgte.

141 *Puchta*, in: Kritische Jahrbücher für deutsche Rechtswissenschaft 3 (1839), S. 283 ff.

142 Zitat nach *Braun*, in: Quaderni Fiorentini 9 (1980), S. 457, 483 Fn. 124.

143 *Anonymus*, in: Hallische Jahrbücher 206 (1839), Sp. 1641, 1645.

144 Zu nennen sind hier insbesondere das Buch „Darstellung der Lehre vom Besitz als Kritik des v. Savigny'schen Buches „Das Recht des Besitzes". 6., verbesserte Auflage" von einem *preußischen Juristen*, Berlin 1840; *Höpfner*, Die Besitzrechtsmittel und Besitzprocesse des heutigen gemeinen und des königlich sächsischen Rechts (1841) und *Pfeiffer*, Was ist und gilt im römischen Rechte der Besitz? (1840).

ne Wahlverwandtschaft zu haben scheint, er äußerst befruchtend für dieselbe hätte wirken können. Möchten dies doch diejenigen seiner Schüler noch zur rechten Zeit einsehen, welche nur zur Befriedigung ihres philologischen Triebes sich seiner Schule angeschlossen haben. Die Rechtswissenschaft würde dadurch nur gewinnen, und würde der Philologie einen bessern Dienst erweisen, als ihr von dieser durch Übermachung mehrerer ausgedienter Philologen geleistet worden ist. Das juristische Studium kann nur gedeihen, wenn die Rechtslehrer zugleich Philosophen und Praktiker sind. So war es auch bei den Römern, welche die philologisch-antiquarische Rechts-Schule doch sonst überall als Muster aufstellt. Die römischen Juristen waren tüchtige Philosophen, und hatten eine reiche Praxis; deshalb waren sie auch ausgezeichnete Theoretiker. Die Mitglieder der philologisch-antiquarischen Rechts-Schule verachten die Philosophie, und kümmern sich wenig um die Praxis. Was sich aber ohne Philosophie und Praxis für die Theorie leisten läßt, glauben wir an dem vorzüglichsten Werke jener Schule zur Genüge dargethan zu haben."[145]

Als weiteres Beispiel ist *Höpfner* zu nennen, der 1841 mit seinem Beitrag zum Besitzrecht „für die Emanzipation des teutschen Rechts, der teutschen Nationalität und der Philosophie des Rechts [...] von der Gewalt der romanisierenden Jurisprudenz" wirken wollte[146].

Zur gleichen Zeit versuchte man aber auch, die besitzrechtliche Kontroverse von persönlichen und an anderer Stelle wurzelnden Konflikten zu entschärfen und zur Sache zurückzukehren. Viele stellten ihre Auffassung zwar dar, hielten sich aber aus persönlichen Zwistigkeiten heraus. So nannte *Kierulff*, „Theorie des gemeinen Civilrechts" (1839), seinen Gegner nicht einmal namentlich[147], und *Bruns*, „Das Recht des Besitzes im Mittelalter und in der Gegenwart" (1848) versuchte zunächst zu beschwichtigen, bevor er selbst Stellung bezog:

„Der große Streit zwischen Gans und Savigny, der anfangs die Gränzscheide einer neuen Aera der Wissenschaft bilden sollte, schrumpft im Fortgange der Geschichte mehr und mehr zu einer gewöhnlichen Controverse ein. Eine ausführliche Darstellung derselben entbehrt schon jetzt des Interesses."[148]

---

145 *Preußischer Jurist*, wie Fn. 144, S. 122. Zum Streit zwischen Savigny und der „philosophischen Rechtsschule" siehe gleich in diesem Kapitel unter Abschnitt IV) 2.

146 *Höpfner*, Besitzrechtsmittel (1841), S. VII.
Diese Stelle war eine der wenigen Berührungspunkte zwischen der Kontroverse zwischen dem romanistischen und germanistischen Zweig der historischen Rechtsschule (vgl. dazu z. B. *Wieacker*, Privatrechtsgeschichte der Neuzeit (2. Aufl., 1967), S. 377 ff.) und der Besitzrechtdiskussion in Reaktion auf die Monographie Savignys. Vgl. dazu schon weiter oben, Fn. 19.

147 „Darum gerathen diejenigen Juristen, welche den Besitz ein Nichtrecht nennen, und dennoch meinen, daß er um seiner selbst willen geschützt werde, in völligen Widerspruch mit sich selbst", *Kierulff*, Theorie des gemeinen Civilrechts (1839), S. 350.

148 *Bruns*, Das Recht des Besitzes (1848), S. 415 f. Fn. 3.
Bis 1868 blieb die Kontroverse eine solch „gewöhnliche". Natürlich wurde weiterhin über das Besitzrecht geschrieben, aber nicht mehr mit der gleichen Leidenschaft, s. z. B. *Windscheid*, Lehrbuch des Pandektenrechts, Bd. 1 (1. Aufl., 1862), § 148; *Randa*,

b) *Die Bestimmung des subjektiven Element des Besitzes (animus possidendi)*

In der frühen Phase des Besitzrechtsstreits ging es bezüglich des materiellen Gehaltes des Besitzbegriffs ausschließlich um die Bestimmung des subjektiven Elementes, des animus possidendi.

Savignys Thesen zur Bestimmung des animus possidendi als „animus domini" und zum Institut des abgeleiteten Besitzes stießen ab Mitte der 1820er Jahre auf Kritik. Während sich *Roßhirt* in seinem Aufsatz von 1825 nur gegen den „Kunstausdruck"[149] des abgeleiteten Besitzes wandte, hielt *Schröter* 1829 in seinem Beitrag dieses von *Savigny* geschaffene Institut bereits für überflüssig. Auch die durch *Warnkönig* (1830), *Guyet* (1829 und 1831), *Bartels* (1833) und *Sintenis* (1834) geäußerte Kritik an der Verknüpfung des Besitzes mit dem Eigentum fällt in diese Zeit[150]. *Thibaut* legte 1834 in seinem Pandektenlehrbuch und ausführlicher 1835 in einem Aufsatz seine Thesen von der Übertragbarkeit des Besitzrechts auf alle Detentoren vor[151]. Obwohl auch er in der Sache mit *Savigny* nicht völlig übereinstimmte, verteidigte er diesen – wie *Savigny* später anerkennend bemerkte – doch gegenüber anderen Autoren[152].

Der Stil dieser Diskussion war ein völlig anderer, obwohl *Gans* seine Thesen gegen *Savignys* Auffassung von der Rechtsnatur des Besitzes bereits veröffentlicht hatte. *Guyet* entschuldigte sich beinahe für die von ihm geäußerte Kritik:

> „Allein so großes Gewicht auch eine Meinung Savigny's hat, worüber hier mehr zu sagen ganz unnütz sein würde, da es wohl noch Niemandem eingefallen ist, daran zu zweifeln, und so tiefe Verehrung der Verf. auch gegen diesen großen Rechtsgelehrten hegt, so kann er sich doch von der Richtigkeit dieser einzelnen Idee Savigny's nicht überzeugen."[153]

Der Besitz nach österreichischem Rechte (1. Aufl., 1865), §§ 3 und 8; *Zielonacki*, Der Besitz nach dem Römischen Rechte (1854); einzig Lenz versuchte, die Kontroverse zwischen Gans und Savigny wieder aufleben zu lassen, *Lenz*, Das Recht des Besitzes (1860), S. 77 ff.

149 *Roßhirt*, in: AcP 8 (1825), S. 1, 10. Später formulierte er es schärfer: „daß es der Idee der Ableitung nicht bedarf, daß diese sogar eine gefährliche Fiction ist", *Roßhirt*, in: AcP 21 (1838), S. 242, 246.

150 *Guyet*, in: ZZP II (1829), S. 133 ff.; *Guyet*, in: ZZP IV (1831), S. 361 ff.; *Warnkönig*, in: AcP 13 (1830), S. 169 ff.; *Bartels*, in: ZZP VI (1833), S. 177 ff.; *Sintenis*, in: ZZP VII (1834), S. 223 ff., 414 ff.; *Schröter*, in: ZZP II (1829), S. 233 ff.

151 *Thibaut*, in: AcP 18 (1835), S. 317, 322 ff.; *Thibaut*, System des Pandekten-Rechts (8. Aufl., 1834), § 208.

152 *Savigny*, Das Recht des Besitzes (7. Aufl., 1865), S. 138.

153 *Guyet*, in: ZZP II (1829), S. 133, 142.

Warnkönig hatte – zu seinem großen Bedauern – „keine andere Wahl, als die von Hrn. v. Savigny aufgestellte Definition des animus possidendi als animus domini in Frage zu ziehen“[154].

Den Verfassern schien es hier um die Sache und nicht um persönliche Eitelkeiten zu gehen. Diese Diskussion fand in einem anderen Rahmen statt: Es wurden keine Monographien geschrieben. Die Beiträge wurden ausschließlich in Zeitschriften, genauer im Archiv für civilistische Praxis und in Lindes Zeitschrift für Civilrecht und Proceß, veröffentlicht.

Savigny reagierte in der 6. Auflage seiner Monographie (1837) auf die geäußerte Kritik, indem er seinem § 9 einen „Zusatz der 6. Ausgabe“ anfügte:

> „Nach diesen allgemeinen Betrachtungen wende ich mich zu der Geschichte des Krieges, welcher auf diesem kleinen Gebiete neuerlich mit vieler Lebhaftigkeit geführt worden ist.“[155]

Er nannte die eben aufgezählten Autoren namentlich, ging auf deren abweichenden Ansichten ein und kam zu dem lapidaren Ergebnis:

> „In allen diesen neueren Schriften ist also viele Mühe ohne Resultat, ja ohne ein erhebliches Ziel, aufgewendet worden.“[156]

Lediglich *Roßhirt*, den er „nicht zu seinen Gegnern zählt“[157] und *Thibaut* wurden nicht so vernichtend kritisiert. Seine Thesen, die nochmals – nun etwas breiter – dargestellt wurden, hielt *Savigny* indes aufrecht.

Puchta und *Bethmann-Hollweg* ließen es sich – wie schon bei der Frage nach der Rechtsnatur des Besitzes – in Rezensionen aus den Jahren 1837 bzw. 1838 nicht nehmen, auch diesen Aspekt der *Savigny'schen* Doktrin in den höchsten Tönen zu loben[158]. *Puchta* schrieb beispielsweise, der Begriff des abgeleiteten Besitzes sei „einer der besten Kunstausdrücke, die erfunden worden sind“[159].

Damit war die Frage nach der Bestimmung des subjektiven Elements zunächst vom Tisch. Es erschien zwar 1837 ein weiterer Aufsatz von *Warnkönig*, jedoch war dieser bereits vor dem Erscheinen von *Savignys* 6. Auflage geschrieben worden. Einzig *Roßhirt* war es, der als einer der von Savigny erwähnten Autoren in einem Aufsatz aus dem Jahr 1838 nochmals über die Problematik des abgelei-

---

154 *Warnkönig*, in: AcP 13 (1830), S. 169, 171.
155 Zitat nach *Savigny*, Das Recht des Besitzes (7. Aufl., 1865), S. 133.
156 *Savigny*, Das Recht des Besitzes (7. Aufl., 1865), S. 138.
157 *Savigny*, Das Recht des Besitzes (7. Aufl., 1865), S. 133.
158 *Puchta*, in: Kritische Jahrbücher für deutsche Rechtswissenschaft 1 (1837), S. 669 ff.; *Bethmann-Hollweg*, in: Jahrbücher für wissenschaftliche Kritik 2 (1838), S. 265, 278.
159 *Puchta*, in: Kritische Jahrbücher für deutsche Rechtswissenschaft 1 (1837), S. 669, 678.

teten Besitzes zur Feder griff, und sich kritisch zu den Rezensionen von *Puchta* und *Bethmann-Hollweg* äußerte[160]. Der Ton war jedoch sehr sachlich. *Gans* hielt sich aus dieser Diskussion völlig heraus[161], was wohl dazu beitrug, daß dieser Aspekt der Diskussion um den Besitzbegriff niemals eskalierte.

Im Laufe der Jahre machte sich eine gewisse Ernüchterung breit. *Rudorff*, der 1864 die 7. Auflage von *Savignys* Besitzrecht, drei Jahre nach dessen Tod, herausgab, nannte im Anhang lediglich fünf Autoren, die in ihren Monographien knapp zur Theorie des abgeleiteten Besitzes Stellung bezogen hatten: *Pfeiffer* (1840), *Bruns* (1848), *Zielonacki* (1854), *Lenz* (1860) und *Baron* (1860)[162].

In den 1870er Jahren zweifelte man zunehmend, ob es eine für alle Fälle des Besitzes passende Formel überhaupt gebe. *Meischeider* formulierte es 1876 so:

> „Das Rätsel des Besitzwillens, worüber schon manche Häupter gegrübelt, müßte gelöst sein, wenn es eine Lösung gäbe. Das Problem aber [...] ist ebenso unlösbar, wie das der Quadratur des Zirkels. Das Facit geht niemals rein auf.“[163]

Anstatt kühne Konstruktionen vorzunehmen, wurden die vier Ausnahmen des römischen Rechts nun einfach als solche hingenommen. *Windscheid* brachte die Stimmung dieser Jahre auf den Punkt: Man dürfe die Ausnahmen nicht dazu verwenden, den klaren Besitzbegriff auf diese auszuweiten. Bei den Ausnahmefällen handele es sich schlichtweg um Anomalien, für die es nicht notwendig sei, an der Grunddefinition des Willens etwas zu ändern:

> „Es sind dies Ausnahmen, in welchen aus juristischen Gründen als vorhanden angenommen wird, was in der That nicht vorhanden ist.“[164]

Damit war der Knoten zunächst durchschlagen.

---

160 *Roßhirt*, in: AcP 21 (1838), S. 242, 246.

161 In seinem System des Römischen Civilrechts (1827) heißt es auf S. 30 lediglich: „§ 108. Subjective Erfordernisse des Besitzes. – animus domini.“

162 *Bruns*, Das Recht des Besitzes (1848), § 2; *Zielonacki*, Der Besitz nach dem Römischen Rechte (1854), S. 9 f.; *Pfeiffer*, Was ist und gilt im römischen Rechte der Besitz? (1840), S. 6 ff., 68 ff.; *Lenz*, Das Recht des Besitzes (1860), S. 104 ff.; *Baron*, Abhandlungen aus dem preußischen Recht (1860), S. 10 ff.

163 *Meischeider*, Besitz und Besitzschutz (1876), S. 19; zustimmend *Pernice*, in: Zeitschrift für das gesammte Handelsrecht 22 (1877), S. 415 ff.

164 *Windscheid*, Lehrbuch des Pandektenrechts, Bd. 1 (4. Aufl., 1875), § 149 a. E.; ähnlich auch *Bruns*, in: von Holtzendorff's Enzyklopädie der Rechtswissenschaft (2. Aufl., 1873), S. 356, 358.

2. *Zweite Phase: Die Renaissance des Gelehrtenstreits unter Jhering (späte 1860er bis 1890er Jahre)*

Die Zeit ab den 1860er Jahren ist gekennzeichnet durch das Bemühen zu systematisieren und der eigenen Argumentation eine detaillierte Darstellung aller im Gelehrtenstreit bisher vertretener Positionen voranzustellen. Hierbei sind insbesondere *Randa* und *Jhering* hervorzuheben, deren Synopsen einen exzellenten Einstieg in die Problematik und einen Überblick über die zur Rechtsnatur des Besitzes bzw. zum Grund des Besitzschutzes seit *Savigny* vertretenen Ansichten bieten[165].

Die Diskussion bewegte sich jetzt auf einer abstrakteren Ebene. Wie *Savigny* in seiner Monographie diese oder jene Passage verstanden haben wollte, war nicht mehr entscheidend. Ziel war es vielmehr, teils auf Grundlage des römischen Rechts, teils auf einer rein philosophischen Ebene – also im Hinblick auf ein ideales Besitzrecht[166] – eigenständig seinen Standpunkt zu begründen.

Jhering läutete mit seiner Monographie „Über den Grund des Besitzschutzes" im Jahre 1868 die zweite Runde des Besitzrechtsstreites ein. Über 60 Jahre nach Erscheinen von *Savignys* Monographie setzte er es sich mit seiner Formel vom Besitz als der „Thatsächlichkeit des Eigentums" zum Ziel, „die herrschende Lehre über den Besitz nicht bloß in einzelnen Punkten zu berichtigen, sondern in ihren Grundlagen zu erschüttern und völlig neu aufzuführen"[167].

In der zweiten Phase des Besitzrechtsstreits ging es nicht um rein theoretische Fragen, sondern – gerade vor dem Hintergrund der neuen Zivilgesetzbücher – um die Bestimmung der Tatbestandsmerkmale des Sachbesitzerwerbs: Muß ich eine Sache in der Hand halten? Was ist mit dem Pflug des Bauern auf dem Felde? Hat ein Mieter grundsätzlich Besitz – oder doch nicht? Dies machte das Institut des Besitzes unter den Gelehrten wieder populärer[168] und führte insbesondere zu einer Auseinandersetzung mit *Savignys* Apprehensionstheorie.

Dabei war *Jhering* nicht der erste, der auf die Problematik der *Savigny'schen* These von der Apprehension als „unmittelbarer gegenwärtiger Möglichkeit der ausschließlichen Einwirkung auf die Sache" hinwies. Die Auseinandersetzung

---

165 Bei Randa finden sich detaillierte Nachweise zur Frage „Faktum oder Recht". Informativ ist aus heutiger Sicht vor allem die 4. Auflage (1895), §§ 3 und 8.

166 Bruns widmete dieser Frage schon 1848 einen ganzen Abschnitt seines Buches „Das Recht des Besitzes im Mittelalter und in der Gegenwart", *Bruns*, Das Recht des Besitzes (1848), S. 462 ff.

167 *Jhering*, Über den Grund des Besitzschutzes (2. Aufl., 1869), S. VI (Zitat aus der Vorrede).

168 Hinzu kam, daß es Jhering seiner Monographie „Der Besitzwille" darüber hinaus noch um „eine Kritik der herrschenden juristischen Methode" ging, s. dazu. Abschnitt IV) 1. b) dieses Kapitels.

mit der Apprehensionstheorie wurzelte in der Bestimmung des Willenselements. Standen bei *Savigny* beide Elemente (corpus und animus) noch gleichberechtigt nebeneinander, stellten *Kierulff* (1839) und *Bruns* (1848) das Willenselement in den Vordergrund. *Lenz* ging 1860 in seinem Buch „Das Recht des Besitzes und seine Grundlagen" so weit, das Willenselement als einzig relevantes anzuerkennen. Hiergegen wandte sich *Baron* (1865) in seinem Beitrag in den Jhering'schen Jahrbüchern für Dogmatik. In einer ausführlichen Diskussion des Apprehensionsbegriffs *Savignys* wies er auf dessen Ungereimtheiten hin.

Auf diesen Einwänden konnte *Jhering* in seiner Monograpghie „Ueber den Grund des Besitzschutzes" (1868) aufbauen. *Jhering* drehte dabei den Ansatz von *Lenz* um: Nicht der animus sei das entscheidende Element, sondern das corpus, wofür das Eigentum der relevante Maßstab sei. Die Reaktion auf die Monographie *Jherings* war enorm: Seinen Ausführungen schlossen sich die Monographie (1870) und ein Aufsatz (1874) von *Hauser* sowie der Beitrag von *Reuling* (1872) an. *Baron* übernahm die Formulierungen *Jherings* in seinem Lehrbuch (1872) beinahe wörtlich. Ablehnend äußerten sich *Schmidt* in seinem Beitrag in der kritischen Vierteljahresschrift (1870), *Arndts*, *Dernburg*, *Windscheid* und *Brinz* in ihren Lehrbüchern und *Bruns*, *Meischeider*, und *Randa* in ihren Monographien[169].

1889 sponn *Jhering* in „Der Besitzwille" den Faden vom Besitz als der „Thatsächlichkeit des Eigenthums" weiter: Was für das objektive Element, das corpus, gelte, müsse für das subjektive Element, den animus, doch erst recht gelten. Einer isolierten Begriffsbestimmung des animus possidendi bedürfe es daher nicht. *Jherings* Ansätze hatten zur Folge, daß die gesamte Dogmatik des Besitzbegriffs neu durchdacht wurde. Es entstanden Monographien zum Besitzerwerb von *Pininski* (1885) und *Hirsch* (1892)[170], die eigene Theorien entwickelten. Allein die Darstellung der neu entfachten Diskussion nahm Dutzende von Seiten in Anspruch[171].

---

169 *Hauser*, Stellvertretung im Besitze (1870), S. 13 ff.; *Hauser*, in: Zeitschrift für Reichs- und Landesrecht I (1874), S. 28, 38 ff.; *Reuling*, in: Zeitschrift für das gesammte Handelsrecht 17 (1872), S. 320 ff.; *Schmidt*, in: Kritische Vierteljahresschrift XII (1870), S. 63, 70 ff.; *Arndts*, Lehrbuch der Pandekten (8. Aufl., 1874), § 135; *Dernburg*, Pandekten (1. Aufl., 1884), § 170; *Windscheid*, Lehrbuch des Pandektenrechts, Bd. 1 (4. Aufl., 1875), § 148; *Brinz*, Lehrbuch der Pandekten, Bd. 1 (2. Aufl., 1873), § 180; *Bruns*, Die Besitzklagen des römischen und heutigen Rechts (1874); *Meischeider*, Besitz und Besitzschutz (1876), S. 47 und 188; *Randa*, Der Besitz nach österreichischem Rechte (3. Aufl., 1879), § 8; *Baron*, Pandekten (1. Aufl., 1872), §§ 116, 118.

170 *Pininski*, Thatbestand des Sachbesitzerwerbes (1885); *Hirsch*, Die Prinzipien des Sachbesitzerwerbes (1892).

171 Vgl. nur *Hirsch*, Die Prinzipien des Sachbesitzerwerbes (1892), Kapitel „Grundlegung"; *Randa*, Der Besitz nach österreichischem Rechte (4. Aufl., 1895), § 1a.

Aufgrund *Jherings* Ausführungen erkannten seine Fachkollegen, daß mit der Formulierung *Savignys* („factische Sachherrschaft") praktisch nichts gewonnen war. Doch konnte oder wollte man sich nicht die Schmach antun, von der Jahrzehnte lang ohne Widerspruch akzeptierten Herrschaftstheorie völlig abzurücken. Also flüchteten die Gelehrten in den nebulösen Bereich der Generalklauseln. *Savignys* Ansicht wurde modifiziert: Sachherrschaft ja, aber ergänzt durch Kriterien wie die Verkehrsauffassung. Die Resultate waren mit *Jherings* Formel von der „Thatsächlichkeit des Eigenthums" weitgehend identisch.

Noch mehr brüskierte jedoch, daß *Jhering* die Bedeutung des subjektiven Elements des Besitzbegriffs, dessen Gehalt jahrelang diskutiert wurde, völlig zurückdrängte. Daß man ob der dogmatischen Schwierigkeit, den animus possidendi einheitlich zu bestimmen, resignierte, war nichts Neues. Daß aber *Jhering* der gesamten Fachwelt einen Spiegel vorhielt und ihr indirekt mitteilte, daß der Streit um den Gehalt des subjektiven Elements überflüssig war, war ein Affront gegen angesehene Wissenschaftler.

Jherings Ausführungen wurden auch in diesem Punkte zum Beispiel in den Beiträgen von *Baron* (1890 und 1891) und *Strohal* (1890 und 1892) positiv aufgenommen. Für die meisten waren die Thesen *Jherings* aber zu weitgehend. In den Monographien von *Randa* (1895) und *Hirsch* (1892) und in Aufsätzen von *Hoelder* (1892) und *Oertmann* (1893) wurde die neue Lehre kritisch hinterfragt und im Ergebnis abgelehnt. *Kuntze* verfaßte 1890 ein 124 Seiten starkes Buch „Zur Besitzlehre für und wider Rudolf von Ihering", in dem er die Schwächen der *Jhering'schen* Argumente aufzudecken suchte. *Hähn* schrieb 1896 eine Inaugural-Dissertaion über das Für und Wider der neuen Lehre[172].

Der Ton wurde seit Ende der 60er Jahre wieder rauher. Dazu trug *Jhering* selbst maßgeblich bei, formulierte er doch 1868 polemisch:

> „Es ist ein arger Mißbrauch, den man mit der Sprache treibt, in einem solchen Fall von einer physischen Herrschaft zu sprechen. Worin äußert sich dieselbe denn? In gar Nichts! Es ist eine physische Herrschaft, der die Hasen, die auf meinem Felde von meinem Kohl fressen, und die Kinder, die in meinem Heuhaufen spielen, spotten!"[173]

Es war kein Wunder, daß *Randa* später konterte:

---

[172] *Baron*, in: Jherings Jahrbücher 29 (1890), S. 192 ff.; *Baron*, in: Jherings Jahrbücher 30 (1891), S. 197 ff.; *Strohal*, in: Jherings Jahrbücher 29 (1890), S. 336 ff.; *Strohal*, in: Jherings Jahrbücher 31 (1892), S. 1 ff.; *Hirsch*, Die Prinzipien des Sachbesitzerwerbes (1892), S. 683 ff.; *Randa*, Der Besitz nach österreichischem Rechte (4. Aufl., 1895), § 1a; *Oertmann*, in: Grünhut's Zeitschrift 20 (1893), S. 189, 202; *Kuntze*, Zur Besitzlehre für und wider Rudolf von Ihering (1890); *Hähn*, Die herrschende und die Ihering'sche Theorie des Besitzes (1896).

[173] *Jhering*, Über den Grund des Besitzschutzes (2. Aufl., 1869), S. 182.

„Selbst bei einem Köhlerglauben ist's unmöglich, der Behauptung Ihering's beizustimmen, daß der Miether, Pächter, Kommodatar, Depositar, Pfandgläubiger, Bote etc. ganz denselben Besitzwillen haben wie der Eigenbesitzer!“[174]

Zu einer vergleichbaren Eskalation wie Ende der 1830er Jahre kam es aber nicht mehr.

3. Das BGB und seine Auswirkungen auf den Streit um das Besitzrecht

Diese Renaissance des Gelehrtenstreits um den Besitz im römischen Recht war nur von kurzer Dauer. 1888, kurz vor dem Erscheinen von *Jherings* „Der Besitzwille“, erschien bereits der erste Entwurf eines Deutschen Bürgerlichen Gesetzbuches. Dieser rückte immer stärker in den Mittelpunkt des Interesses[175]. Nun ging es um die „praktische Frage“[176] nach der Gestaltung des Besitzrechts im künftigen BGB.

In den Vorarbeiten zum BGB und in dessen Entwürfen spiegelten sich die Theorien des Besitzrechtsstreits wider: Subjektivitätstheorie contra Objektivitätstheorie, Herrschaftstheorie contra Lehre von der „Thatsächlichkeit des Eigenthums“. Die Fragestellungen waren die gleichen: Wo ist das Institut des Besitzes im Rechtssystem einzuordnen? Wer soll Besitzer sein – oder zumindest: wer soll Besitzschutz genießen?[177]

In der endgültigen Fassung des Besitzrechts des BGB löste man sich in entscheidenden Punkten ganz bewußt von den Vorgaben des römischen Rechts.[178]. Gesucht wurde ein der Zeit angemessenes, modernes, praktikables, aber gleichzeitig systematisch „ideales“ Besitzrecht. Das Ziel, ein ideales Besitzrecht her-

---

174 *Randa*, Der Besitz nach österreichischem Rechte (4. Aufl., 1895), S. 53.

175 Dies zeigt sich sogar schon bei Jhering, der in seiner Monographie „Der Besitzwille“, dem Entwurf des BGB ein ganzes Kapitel widmete, *Jhering*, Der Besitzwille (1889), S. 470 ff. (Kapitel XIX.).

176 Zitat nach *Bekker*, in. Jherings Jahrbücher 30 (1891), S. 235, 236.

177 Grundlegend zu dieser Thematik, die den Rahmen der vorliegenden Arbeit sprengen würde, *Schubert*, Entstehung der Vorschriften des BGB über Besitz und Eigentumsübertragung (1966). Siehe auch *Schwake*, Zur Entwicklung des Besitzbegriffs im 19. Jahrhundert (1984), S. 135 ff.
Im 1. Entwurf (1888) hieß es beispielsweise noch in § 797: „Der Besitz einer Sache wird erworben durch die Erlangung der tatsächlichen Gewalt über die Sache (Inhabung) in Verbindung mit dem Willen des Inhabers, die Sache als die seinige zu haben (Besitzwille).“
Im 2. Entwurf (1894/95) wurde dann folgende Formulierung gewählt (§ 797): „Der Besitz einer Sache wird durch die Erlangung der tatsächlichen Gewalt über die Sache erworben.“ Diese Formulierung hat in § 854 Eingang ins heutige BGB gefunden.

178 Ausführlich dazu *Schubert*, Entstehung der Vorschriften des BGB über Besitz und Eigentumsübertragung (1966), S. 88 ff.

auszukristallisieren, spielte bereits vor den Vorarbeiten zum BGB bei vielen Autoren eine Rolle. Allerdings wollte man es damals auf der Basis und durch eine Analyse des römischen Rechts entwickeln, während man sich jetzt bei der Aufstellung der Rechtssätze „vor allem von praktischen und weniger von dogmatischen und historischen Rücksichten“[179] leiten lassen wollte.

Der Streit um den materiellen Gehalt des Besitzbegriffs im römischen Recht wurde damit von der Realität überholt und in den Bereich der Rechtsgeschichte verwiesen.

4. *Der Besitzrechtsstreit heute: A Never-Ending Story*

Keinesfalls war damit der Besitzrechtsstreit beendet. Auch heute sind nicht alle Geheimnisse um das Institut der „possessio“ des klassischen römischen Rechts gelüftet[180]. Es besteht aber weitgehend Einigkeit darüber, daß nach römischer Auffassung die „possessio“ ein Faktum war und daß als Grund des Besitzschutzes das öffentliche Interesse daran, daß der „possessor“ in seiner „possessio“ nicht gewaltsam oder heimlich gestört werden dürfe, galt[181].

Die Rechtsgelehrten streiten sich – wenn auch weniger intensiv – weiterhin um die Rechtsnatur des Besitzes und den Grund des Besitzschutzes – heute jedoch vor dem Hintergrund des deutschen Besitzrechts, wie es in den §§ 854 ff. BGB normiert ist.

In Bezug auf die Einordnung des Besitzes schuf der Gesetzgeber vollendete Tatsachen, indem er den Besitz an die Spitze des Dritten Buches des BGB, des Sachenrechts, stellte. Keineswegs löste er damit die Frage, ob der Besitz deshalb schon ein Recht sei. Die Stellung im Gesetz, an der Spitze der „jura in re“, mag diesen Eindruck vermitteln. Daß dies jedoch keineswegs die Klassifizierung des Besitzes als Recht bedeuten muß, hat *Randa* schon 1865[182] (allerdings für das österreichische ABGB) dargelegt.

Es verwundert daher nicht, daß die Literatur diese Frage auch nach dem Inkrafttreten des BGB zum 1. Januar 1900 bis zum heutigen Tag weiterhin disku-

---

179 *Schubert*, Entstehung der Vorschriften des BGB über Besitz und Eigentumsübertragung (1966), S. 95.

180 S. zum heutigen Forschungsstand z. B. *Honsell/Mayer-Maly*, Römisches Recht (4. Aufl., 1987), S. 131 ff. (m.w.N.); grundlegende deutschsprachige Werke sind insbesondere *Kaser*, Das Römische Privatrecht, 1. Abschn. (2. Aufl., 1971), S. 384 ff. und *Kaser*, Eigentum und Besitz im älteren römischen Recht (2. Aufl., 1956).

181 Vgl. nur *Wieling*, in Lübtow-Festschrift (1980), S. 565 ff. (m.w.N.); *Honsell/Mayer-Maly*, Römisches Recht (4. Aufl., 1987), S. 132.

182 *Randa*, Der Besitz nach österreichischem Rechte (1. Aufl., 1865), S. 27.

tiert[183]. Die meisten Autoren erachten den Besitz als Recht. Nur vereinzelt finden sich Vertreter der Ansicht, der Besitz sei ein Faktum[184].

Über den Grund des Besitzschutzes im deutschen Recht besteht gleichfalls keine Einigkeit. Nach überwiegender Meinung wird mit dem Besitz die öffentliche Ordnung geschützt. Auch auf andere zum römischen Recht entwickelte Theorien (Besitz als vermutetes Eigentum; Kontinuitätstheorie; Besitzschutz als Persönlichkeitsschutz) wird weiterhin zurückgegriffen[185]. So haben die „alten Kontroversen" ihren Weg ins 21. Jahrhundert gefunden.

IV) Mehr als nur Besitzrecht – Die Motive einzelner Protagonisten

Mit dem Titel seiner Monographie „Der Besitzwille. Zugleich eine Kritik der herrschenden juristischen Methode" erklärte *Jhering* ausdrücklich, daß er über die reine Besitzrechtsdogmatik hinausgehen wollte[186]. Die meisten Autoren verschwiegen indes, ob es bei ihren Ausführungen zur „possessio" um mehr ging als um die Lösung des Rätsels um den Besitz des römischen Rechtes.

1. „Der Besitzwille": Rechtspolitik und Methodenlehre

Die Frage, wer Besitz hat, hat praktische Relevanz: Will man den Besitz als solchen gegen eigenmächtige Eingriffe schützen, muß man klar definieren, wer Besitz hat. Gleiches gilt für den Besitz als Voraussetzung der Ersitzung.

a) Die symbolische Befreiung von Mieter und Pächter aus sozialer Abhängigkeit

Jherings Objektivitätstheorie ließ wie selbstverständlich auch Mieter und Pächter zu Besitzern werden, denen in römischer Zeit nur aus politischen Gründen

---

183 Vgl. zum Diskussionsstand am Anfang des 20. Jahrhunderts *Gierke*, Deutsches Privatrecht, Bd. 2 (1905), S. 213 f.

184 Unter den Autoren, die den Besitz als „Recht" bezeichnen, gibt es wieder Differenzen: Zum Teil charakterisiert man den Besitz als „dingliches Recht", teils als „sonstiges Recht", teils als gegenüber den anderen Sachenrechten „schwächeres", „vorläufiges" oder „provisorisches".
Grundlegend zum gegenwärtigen Stand der Kontroverse *Wieling*, in: Lübtow-Festschrift (1980), S. 565, 574; *Wieling*, Sachenrecht, Bd. I (1990), § 3 III a) (jeweils m.w.N.).

185 Grundlegend *Wieling*, in: Lübtow-Festschrift (1980), S. 565, 572 ff.; *Wieling*, Sachenrecht, Bd. I (1990), § 3 III b) (jeweils m.w.N.).

186 „Meine Schrift kündigt schon durch ihren Doppeltitel an, daß sie es nicht auf eine bloße Bearbeitung der Lehre vom Besitzwillen abgesehen hat", *Jhering*, Der Besitzwille (1889), S. VIII.

der Besitzschutz verweigert wurde. Dieser Ansatz erleichterte es, römisch-rechtliche Theorie mit den Forderungen der Zeit zu vereinen.

Schon im Gemeinen Recht des 17. und 18. Jahrhunderts bestand die Tendenz, Mietern und Pächtern gerichtlichen Schutz zu gewähren[187]. In den Gesetzbüchern des 18. und 19. Jahrhunderts setzte sich diese – wenn auch nicht ausnahmslos – fort. Teils gewährte das Gesetz die Besitzklagen auch dem bloßen Inhaber einer Sache (so im ALR, dem sächsischen BGB und dem Entwurf eines BGB für Bayern)[188]. Teils (so das ABGB)[189] schützte es nur den Besitzer mit animus domini und nicht den Inhaber als Sachbesitzer; jedoch faßte es dann den Begriff des Rechtsbesitzes weiter, versah ihn mit entsprechenden Klagmöglichkeiten und erachtete den Mieter als Rechtsbesitzer[190].

Die Gelehrten schien die Frage nach der Notwendigkeit eines Besitzschutzes von Mietern und Pächtern in der ersten Hälfte des 19. Jahrhunderts nicht weiter beschäftigt zu haben. Man konzentrierte sich auf das römische Recht und nahm ihre dortige Schutzlosigkeit gleichsam schweigend hin. Die einzigen ersichtlichen Ausnahmen bildeten *Roßhirt* (1838) und *Bruns* (1848). Ersterer sah für einen Schutz des Pächters keine Notwendigkeit[191]. Letzterer verweigerte Mieter und Pächter bei Erörterung eines „idealen Besitzrechts" aus logischen Gründen den Besitz[192], gab aber zu, daß „eine gewisse Billigkeit und praktische Zweck-

187 Und zwar über das „Summariissimum" oder die „Spolienklage"; vgl. dazu *Jhering*, Der Besitzwille (1889), S. 119. Zu diesen Instituten insgesamt kurz und instruktiv *Wieling*, Sachenrecht, Bd. I (1990), § 3 II 3 b), c).

188 ALR I 7 § 146; § 208 sächsisches BGB; Entwurf eines BGB für Bayern III Art. 40.

189 §§ 311, 339, 346 ABGB.

190 Der Entwurf eines Civilgesetzbuches für das Großherzogtum Hessen unterschied hingegen klar zwischen Besitzern und Inhabern ohne animus domini und gab letzteren keinen Besitzschutz.
Ausführlich zum Stand der Gesetzgebung hinsichtlich des Besitzes im 19. Jahrhundert *Bruns*, Das Recht des Besitzes (1848), S. 424 ff.; *Wieling*, Sachenrecht, Bd. I (1990), § 3 II 4 a); *Schwake*, Zur Entwicklung des Besitzbegriffs im 19. Jahrhundert (1984), S. 126 ff.

191 „Warum soll der Pächter Besitzer sein? Gegen einen dritten hilft ihm der Verpächter, gegen den Verpächter selbst hilft er sich durch den Vertrag und Retention." *Roßhirt*, in: AcP 21 (1838), S. 242, 248.

192 „Das Factum des Besitzes wird, weil es factisches Dasein des Willens ist, des allgemeinen Rechts des Willens wegen gegen Gewalt geschützt." Es verstehe sich daher von selbst, „daß der Schutz nur dann eintreten kann, wenn das physische Gewaltverhältnis als die Realisation, die Verkörperung, das äußere Dasein des Willens angesehen werden muß, also nur wenn der Detentor die Detention für sich selber hat. Denn wenn er nur für einen Andern detinirt, so wird auch durch die Verletzung der Detention nicht sein, sondern nur dessen Wille angegrifen, und folglich muß auch die Klage dann nicht ihm, sondern nur Jenem zustehen". *Bruns*, Das Recht des Besitzes (1848), S. 491 ff.

mäßigkeit für die Zulassung der Besitzklagen beim Miether zu sprechen" scheine[193].

Die unpolitische Haltung der Mehrheit änderte sich spätestens seit den 1880er Jahren. Einem Mieter oder Pächter den Status eines Besitzers zu geben, wurde mehr und mehr rechtspolitische Forderung. *Dernburg* formulierte es so:

> „In Wahrheit ist die Frage des selbständigen Besitzschutzes des Miethers und Pächters eine wirthschaftliche und sociale, nicht eine logische und dialektische. Die Römer verweigerten den Miethern und Pächtern den Besitzschutz, weil dieselben durchschnittlich den ärmeren Klassen angehörten, weil die Vermieter und Verpächter nur dann Ordnung halten zu können vermeinten, wenn Miether und Pächter in absoluter Abhängigkeit blieben, weil das römische Recht durch die Interessen der reicheren Klassen vorzugsweise bestimmt war. Die ganz andere wirthschaftliche Stellung, welche in Deutschland und in der Jetztzeit Miether und Pächter einnehmen, muß zu einer andern Behandlung ihres Besitzes und ihres Rechtes führen. Alles spricht dafür, ihren Miethbesitz anzuerkennen und folgerecht auch sie als die Gleichberechtigten anzusehen."[194]

Dieser Forderung schloß sich implizit auch *Jhering* an[195].

Bei der Diskussion ging es weniger um die unmittelbare rechtliche Konsequenz einer Statusänderung. Daß ein Mieter oder Pächter über einen dem Besitzschutz im Ergebnis gleichgestellten Inhaberschutz gegen Eingriffe geschützt werden sollte, war im 19. Jahrhundert in weiten Teilen des deutschsprachigen Raumes anerkannt. Es ging vielmehr darum, diesen Schutz auch durch die Erhebung vom bloßen – wenn auch geschützten – „Inhaber" zum echten „Sachbesitzer" zu untermauern[196].

b) Die Suche nach der richtigen juristischen Methode

Jhering verfolgte mit seiner Schrift „Der Besitzwille" noch ein anderes Ziel. Er nahm die rein dogmatische Frage der Bestimmung des „Besitzwillens" zum Anlaß – wie im Titel angekündigt – „Zugleich eine Kritik der herrschenden juristischen Methode" vorzunehmen:

---

193 Der Mieter habe nämlich keine andere Möglichkeit. als sich an den Vermieter zu halten, um durch dessen Vermittlung die fernere Nutzung der Sache zu erlangen. Wenn der Vermieter nun dieser Pflicht nicht nachkomme, so habe der Mieter zwar keinen eigentlichen Schaden (denn dafür hafte ihm der Vermieter), aber dennoch „manche Unannehmlichkeiten". Diese würden durch eine Zulassung der Besitzklagen beim Mieter vermieden. *Bruns*, Das Recht des Besitzes (1848), S. 494.

194 *Dernburg*, Entwicklung und Begriff des juristischen Besitzes des Römischen Rechts (1883), S. 69.

195 *Jhering*, Der Besitzwille (1889), S. 119, 491 ff.

196 Vgl. *Wieacker*, Privatrechtsgeschichte der Neuzeit (2. Aufl., 1967), S. 470; *Dernburg*, Entwicklung und Begriff des juristischen Besitzes des Römischen Rechts (1883), S. 69.

„Wenn ich mich gleichwohl entschlossen habe, die angegebene Lehre zu bearbeiten, so geschah es nur, um an ihr den Gegensatz zweier Methoden in der Jurisprudenz zu veranschaulichen: der formalistischen oder dialektischen und der realistischen oder teleologischen. Von den beiden Aufgaben, welche der Doppeltitel der Schrift namhaft macht, nimmt die erste die zweite, die zweite die erste Stelle ein."[197]

Der Zweckgedanke sei – so *Jhering* – der „alleinige Schöpfer des Rechts", und die „Herrschaft, welche sich die Logik im Recht anmaßt, eine erschlichene"[198]. *Jherings* Forderung lautete daher:

„Nimm den Zweckgedanken als Leitstern, um die richtige Theorie zu entdecken, sieh jede Erscheinung, welche Dir begegnet, darauf an, durch welches praktische Motiv sie veranlaßt sein kann."[199]

Jhering wollte anhand des Besitzes „die Unrichtigkeit und gänzliche wissenschaftliche Unfruchtbarkeit der dialektischen Methode und die Fruchtbarkeit des Zweckgedankens d. i. die Richtigkeit der realistischen Methode [...] veranschaulichen"[200]. Denn nirgends habe die „Rechtslogik so sehr ihr Unwesen getrieben und so gründlich Banquerott gemacht wie bei der Theorie vom animus domini"[201].

197 *Jhering*, Der Besitzwille (1889), Titel und S. IX.

198 *Jhering*, Der Besitzwille (1889), S. X.

199 *Jhering*, Der Besitzwille (1889), S. 539.
Im einzelnen formulierte Jhering seinen methodischen Ansatz wie folgt: „Es ist die Bethätigung der realistischen Methode in Bezug auf die Rechtsgeschichte, der Zweckgedanke in Anwendung auf die Lösung rechtsgeschichtlicher Probleme: ich möchte sie die rechtsgeschichtliche Heuristik nennen. Auf Grund dessen, was über Recht, Sitte und Art der Vergangenheit überliefert ist, beschwört sie die alte Zeit herauf nicht blos in ihren äußerlichen Verhältnissen, sondern auch in ihrer inneren Anschauungsweise, damit sie Antwort ertheile auf diejenigen Fragen, auf welche eine dürftige Überlieferung die Antwort versagt. Sie beginnt also recht eigentlich erst da, wo die gewöhnliche äußerliche Art der Rechtsgeschichtschreibung, die descriptive Methode aufhört. Sie ist es, der ich die Enträthselung einer Menge von rechtshistorischen Problemen verdanke, und ich bin überzeugt, daß sie in demselben Maaße wie die formalistische Methode der realistischen weicht, ihre Fruchtbarkeit für die Wissenschaft bethätigen wird." *Jhering*, Der Besitzwille (1889), S. 539 f.
Der gleiche Grundgedanke findet sich in Jherings späteren Werken „Vorgeschichte der Indoeuropäer" (1892) und der posthumen „Entwicklungsgeschichte des römischen Rechts" (1894) wieder. Vgl. dazu *Wieacker*, Privatrechtsgeschichte der Neuzeit (2. Aufl., 1967), S. 452 Fn. 63.

200 *Jhering*, Der Besitzwille (1889), S. XI.

201 *Jhering*, Der Besitzwille (1889), S. XI.
Das „Sündenregister" der herrschenden Methode habe im einzelnen in Folgendem bestanden: „1. Übersehen der entgegenstehenden Zeugnisse der Quellen [...]. 2. Kritiklose Entgegennahme der rein doktrinären Abstraktionen der römischen Juristen [...]. 3. Gänzliche Vernachlässigung der geschichtlichen Seite der Frage [...]. 4. Vollendetes Schweigen in Bezug auf die Beweisfrage [...]. 5. Völlige Mißachtung der legislativ-politischen Seite der Frage, nicht der leiseste Ansatz zu einer praktischen Kritik der angeblichen Gestalt der Sache im römischen Recht. 6. Gewaltsamste Durchfüh-

Er stellte die Notwendigkeit eines subjektiven Elements des Besitzes vor seinem neuen methodischen Ansatz auf die Probe:

> „Der Boden, auf dem der Streit der beiden Theorien zum Austrag kommen muß, ist der des positiven römischen Rechts. Aber nicht bloß die Dogmatik, sondern auch die Geschichte desselben; es wird sich zeigen, welche wichtigen Dienste sie uns zu erweisen im Stande ist. Unterstützend kommen außerdem noch andere Gesichtspunkte hinzu, negativ zum Zweck der Kritik der Subjectivitätstheorie der formallogische, positiv für beide der prozessualische und legislative.“[202]

Jhering kam dabei zu dem Ergebnis:

> „Das Resultat [...] besteht in der Erkenntnis, daß die angebliche Zwiespältigkeit des Besitzwillens, auf welche die Subjectivitätstheorie den Gegensatz zwischen Besitz und Detention zurückführt, den römischen Juristen gänzlich unbekannt ist. Der Gedanke hat sich in keiner der Richtungen, in denen er seine Existenzberechtigung hätte darthun müssen, bewährt, weder in historischer, noch in processualischer, noch noch in legislativer, noch in dogmatischer.“[203]

Im Gegenteil:

> „Das wirkliche Motiv der römischen Unterscheidung zwischen Besitz und Detention ist ein praktisches. [...] Der Zweck d. i. praktische Erwägungen, Motive sind es gewesen, welche in Rom neben dem Besitz die Detention ins Leben gerufen haben.“[204]

Jhering erörterte ausführlich, warum bestimmten Personengruppen im römischen Recht der Besitz, anderen hingegen nur die Detention zugesprochen wur-

---

rung des aufgestellten rein formalistischen Gesichtspunktes – Mißhandlung der Sprache und des gemeinen Denkens – unbewiesene Prämissen – fehlerhafte Schlüsse – eine Opportunitätslogik, die mit sich selber in Widerspruch geräth [...] – kurz Inkorrektheit selbst in Bezug auf den einzigen Punkt, in welchem sie völlig unanfechtbar darstehen müßte: der Logik.“ *Jhering*, Der Besitzwille (1889), S. 536 f.

202 *Jhering*, Der Besitzwille (1889), S. 10 f.

203 *Jhering*, Der Besitzwille (1889), S. 362 f.
Zur historischen Probe s. Kapitel VII und VIII, zur processualischen Probe s. Kapitel IX, zur legislativ-politischen Probe s. Kapitel X und XIV, zur dogmatischen Probe s. Kapitel XV in: *Jhering*, Der Besitzwille (1889).

204 *Jhering*, Der Besitzwille (1889), S. 363 f.
Jhering wies in diesem Zusammenhang ausdrücklich auf das eng umrissene Ziel seiner Monographie hin: „Der Zweck d. i. praktische Erwägungen, Motive sind es gewesen, welche in Rom neben dem Besitz die Detention ins Leben gerufen haben. Nur darauf kommt es an, diese Behauptung darzuthun. Die Zweckfrage für den Besitz, d. h. die Frage, warum die Römer den Besitz mit Rechtsschutz ausgestattet haben, liegt außerhalb unserer Aufgabe, ich habe meine Ansicht darüber in meiner Schrift über den Besitzesschutz kundgegeben, hier handelt es sich lediglich um die Detention, den Besitz setze ich als gegeben voraus.“ *Jhering*, Der Besitzwille (1889), S. 364 f.

de[205]. Beispielhaft sei hier *Jherings* Begründung der bloßen Detention eines Mieters oder Pächters herausgegriffen. *Jherings* Grundthese in diesem Zusammenhang war folgende:

> „Rechtliche Schutzlosigkeit im Interesse des Besitzherrn – das also ist der Sinn der Detention."[206]

Für den Vermieter habe – so *Jhering* – ein erhebliches Interesse an der Besitzlosigkeit seines Mieters bzw. Pächters bestanden:

> „Die Detention schloß die gänzliche Rechtlosigkeit des Pächters und Miethers in sachenrechtlicher Beziehung in sich. Damit war dem Besitzherrn eine doppelte Möglichkeit eröffnet: die, einen schlechten Pächter oder unbequemen Miether ohne Weiteres an die Luft zu setzen, und die, das Grundstück jederzeit zu verkaufen. Hätten sie den Besitz gehabt, so hätte er eine an die Bedingung der sofortigen oder baldigen Tradition geknüpfte Verkaufsangelegenheit nicht realisieren können, er hätte abwarten müssen, bis die Pacht- und Miethperiode abgelaufen d. h. bis es zu spät war."[207]

Jherings methodischer Ansatz, von ihm selbst als „rechtsgeschichtliche Heuristik" bezeichnet, ist sehr schnell insbesondere im anglo-amerikanischen Rechtskreis auf positive Resonanz gestoßen[208].

2. *„Faktum oder Recht": Auf der Suche nach einem Schulenstreit*

Während die Erörterung des materiellen Gehalts des Besitzbegriffs weitgehend unbemerkt von der nicht juristisch interessierten Öffentlichkeit stattfand, nahm selbst die Tagespresse Notiz von der Frage, ob der Besitz ein Recht oder ein Faktum sei. Die Berliner „Zeitung für die elegante Welt" widmete der Art und Weise, wie das vornehmlich Berliner Publikum die Kontroverse wahrnahm, gar einen Abschnitt in einem Korrespondentenbericht über eine Berliner Kabarettaufführung (!)[209].

---

205 *Jhering*, Der Besitzwille (1889), S. 364 ff.; eine kurze und prägnante Zusammenfassung findet sich bei *Stintzing/Landsberg*, Geschichte der Deutschen Rechtswissenschaft, Abt. 3, Hlbbd. 2 (1910), S. 823.

206 *Jhering*, Der Besitzwille (1889), S. 368.

207 *Jhering*, Der Besitzwille (1889), S. 367.

208 Siehe zur Bedeutung der Monographie Jherings auch *Stintzing/Landsberg*, Geschichte der Deutschen Rechtswissenschaft, Abt. 3, Hlbbd. 2 (1910), S. 822 ff.; aus Sicht des Common Law später *Macdonell*, in: Great Jurists of the World (1914), S. 590, 597.

209 Unter der Überschrift „Zwölf Tage in Berlin" heißt es: „Gern und Beckmann, die Zögling des Jokus, die Sonntagskinder der berliner Laune, die Lieblinge von hüben und drüben, diesseits und jenseits der Spree, traten als Zeitungsleser, mithin als Publicum vor das Publicum. [...] Sonst war Gern äußerst komisch in seinem Mienenspiel, und im Tone seiner Rede hat er etwas vom Wiehern des Pferdes, wie denn die Komik jedesmal irgend eine animalische Sympathie im Menschen festhält oder aufdeckt. Beckmann's Phlegma hält eine andere Nüance fest, die sich in dem plötzlichen Aus-

Dort war die Rede von *Louis Drucker*, einem Berliner Weinhändler, der in einer Anzeige die „zwiespältigen Gelehrtenschulen“ dazu aufgeforderte, zu entscheiden, ob eine Primadonna mit Namen „Achmalia Rindfleisch im wirklichen Besitz einer Stimme und ob demnach diese Stimme ein Recht oder ein Faktum sei“. Der Berichterstatter der „Zeitung für die elegante Welt“ kommentierte dies wie folgt:

> „Es ist ein merkwürdiges Factum, daß die Harlekinade im Besitz der Oeffentlichkeit ist; daß sie das Recht dazu hat, beweifelt Niemand, die Öffentlichkeit des ganzen gesammten Lebens ist ein Recht, wenn auch kein Factum.“[210]

Wie aber kam diese „Harlekinade“ in den Besitz der Öffentlichkeit? Wieso war eine Debatte um die Fragen „Ist der Besitz ein Recht oder ein Faktum?“ und „Worin ist der Grund für den Besitzschutz zu erblicken?“ so eskaliert, daß das nicht-juristische Publikum mehr oder weniger kopfschüttelnd daran teilnahm?

Auf den ersten Blick entbehrten diese Streitigkeiten jeglicher Praxisrelevanz. War es nicht – wie *Pflüger* es formulierte – lediglich ein „Streit um des Kaisers Bart“[211] – oder ging es – wie später bei *Jherings* „Der Besitzwille“ – um mehr? Wurde das Besitzrecht lediglich als Bühne benutzt, auf der eine methodische oder gar ideologische Kontroverse ausgefochten wurde?

Praxisrelevant wurde die Frage „Faktum oder Recht“ vor folgendem Hintergrund: Auf ihr baute das Problem der Einordnung des Besitzes in den Gesamtzusammenhang des Rechtssystems auf. Dieses führte zu der weitergehenden Frage nach der Einteilung des Rechtssystems überhaupt. Insbesondere nach *Thibauts* Denkschrift „Ueber die Nothwendigkeit eines allgemeinen bürgerlichen Gesetzbuchs für Deutschland“ (1814) beschäftigte die Idee einer einheitlichen Zivilrechtskodifikation für ganz Deutschland die Gelehrten und gewann immer neue Anhänger[212]. Bevor man sich dieser Aufgabe widmen konnte, mußte jedoch über Einteilung des Rechtssystems und Einordnung der einzelnen Rechtsinstitute Klarheit bestehen.

---

bruche verrieth: „Aber da steh‘ ich ja wie Schaaff vor Gans!“ Dies bezog sich auf den Streit der historischen und speculativen Schule. Die Savigny’sche Partei, zu stolz, um mit ihrem Haupt ins Treffen zu rücken, hatte den Studiosen Schaaff ihre Gründe gegen Professor Gans in einer Broschüre entwickeln lassen, und wie Beckmann mit diesem Einfalle herausbrach, suchten hunderte Augen im Saale nach den betheiligten Personen. Dieser Einfall gehörte zu denen, die man schlechte Witze nennt, allein er gehört auch zur Geschichte der berliner Oeffentlichkeit.“ *Anonymus*, in: Zeitung für die elegante Welt 1839, S. 317 f.

210 *Anonymus*, in: Zeitung für die elegante Welt 1839, S. 317, 318.

211 *Pflüger*, Die sogenannten Besitzklagen des römischen Rechts (1890), S. 159.

212 Ausführlicher zu dieser Schrift und dem sogenannten „Kodifikationsstreit“ zwischen Thibaut und Savigny *Wieacker*, Privatrechtsgeschichte der Neuzeit (2. Aufl., 1967), S. 390 ff. (m.w.N.). Zum Gegensatz zwischen Thibaut und Savigny vgl. *Rückert*, Idealismus, Jurisprudenz und Politik bei Friedrich Carl von Savigny (1984), S. 160 ff.

Gerade das Institut des Besitzes paßte aber nicht eindeutig in eine der herkömmlichen Kategorien. Die Gelehrten standen vor der Notwendigkeit, das Wesen, die Rechtsnatur des Besitzes zu begreifen. Die Beantwortung der Frage „Faktum oder Recht" war eine entscheidende Weichenstellung für die Einordnung des Besitzes in das Gesamtsystem des Zivilrechts.

Die Sekundärliteratur des 19. und 20. Jahrhunderts ließ diesen Aspekt weitgehend unberücksichtigt und entwickelte schon früh die Tendenz, den Streit um „Faktum oder Recht", die Aufspaltung der Gelehrtenwelt in zwei Lager, von sonstigen juristischen Fragestellungen vollständig zu abstrahieren und andere Gründe dafür anzuführen, daß der Streit in die Öffentlichkeit drang.

Zunächst war von rein persönlichen Motiven, von verletzten Eitelkeiten, Rachsucht und Neid die Rede, die hinter den jeweiligen Positionen (Faktum oder Recht) zu Tage getreten seien[213].

Auch *Gans'* jüdische Herkunft wurde gerne angeführt. So deutete 1839 der Rabbiner *Philippson Gans'* „Kampf" mit dem „historischen Besitze" dahingehend, daß *Gans* auch nach seiner Taufe noch Jude geblieben sei und für die jüdische Emanzipation gekämpft habe:

> „Gans blieb auch auf seinem eigenthümlichen Boden, wir sagen es offen, ein Jude; seine Erscheinung auf dem staatsrechtlichen Gebiete löste sich nicht von den Bedingungen, die die innere Eigenthümlichkeit wie die Geschichte des Judenthums uns aufdrängen. Jener Kampf, den er noch in seinen letzten Tagen stritt, mit dem historischen Besitze, ist Zeugnis davon. Wollte der Jude bei dem bloß historischen Besitze stehenbleiben, wollte er die Einwirkung des philosophischen Bewußtseins des Menschenthums auf das Recht aufgeben, so müßte er sich selbst aufgeben und an dem Hungertuch ewiger Verwerfung nagen."[214]

Unter den Nationalsozialisten wurde diese Deutung – allerdings entsprechend gewendet – aufgegriffen: Unter dem Vorwand der Philosophie habe *Gans* versucht, jüdische Rechtsvorstellungen in die deutsche Rechtswissenschaft zu bringen. Seine Bemühungen seien darauf gerichtet gewesen, „das Rechtswesen für die jüdische Hehlerrasse günstiger zu gestalten". Nur so ließe sich die Aussage, „diebischer Besitz sei ‚anfangendes Eigentum'" erklären[215].

Andere deuteten den Besitzrechtsstreit als Kontroverse zwischen Feudalismus und Kapitalismus. Ausgangspunkt war dabei die Erkenntnis, daß *Savigny* dem konservativen Adel, *Gans* hingegen dem progressiven Bürgertum zuzuordnen war. Ein sehr polemischer Vertreter dieser Ansicht war *Horst Schröder*, der

---

213 Kritisch dazu *Braun*, in: Quaderni Fiorentini 9 (1980), S. 457, 491 f.; zu der persönlichen Kontroverse zwischen Gans und Savigny – losgelöst vom Besitzrechtsstreit – auch *Rosenberg*, Savigny im Urteil seiner Zeit (2000), S. 54 ff.

214 *Philippson*, in: Allgemeine Zeitung des Judentums 1839, S. 294, 295.

215 *Meyer's Lexikon*, Bd. 4, (8. Aufl., 1938), S. 937 f.

1964 in der Zeitschrift „Staat und Recht“, die in der Deutschen Demokratischen Republik erschien, schrieb:

> „Die herrschenden Kräfte der Gesellschaft waren weitgehend daran interessiert, ihre Interessen und die diesen zugrundeliegenden ökonomischen Verhältnisse nicht rechtlich zu regeln, um sie damit außerhalb des "Rechtsverkehrs" zu stellen, sie aus dem beginnenden Kapitalisierungsprozeß herauszuhalten [...] In den Darlegungen von Eduard Gans dagegen kommen die mit der Akkumulation des Kapitals verbundenen Forderungen zum Ausdruck. Dadurch, daß er die Einheit der faktischen und rechtlichen Seite im Besitzbegriff im Zusammenhang mit der Stellung des Individuums zur Gesellschaft entwickelt, dient er den Interessen sowohl des einzelnen Kapitalisten wie der kapitalistischen Klasse in ihrer Gesamtheit.“[216]

Erheblich sachlicher, aber vom Ansatz her ähnlich formulierte *Becchi* (allerdings im Hinblick auf einen Vergleich *Savignys* mit *Hegel*):

> „Im wesentlichen bestand die – völlig politische – Kontroverse darin, daß man, auf seiten Hegels, eine Befreiung von den feudalen Rechten und die (tendentielle) Vereinheitlichung aller Nutzungsrechte im Hinblick auf ein einziges Subjekt, den Eigentümer, favorisierte, während Savigny eine Position vertrat, die noch den verschiedenen aus dem feudalen Recht hervorgegangenen Rechtsgestalten verbunden blieb.“[217]

Braun faßte den Besitzrechtsstreit als Grundlagenstreit, als „Kampf um eine philosophische Rechtsschule“ auf. *Gans* sei es bei dieser Auseinandersetzung zugleich darum gegangen, *Savigny* und seiner historischen Schule einen entscheidenden Schlag zu versetzen:

> „Das war nicht bloß eine Auseinandersetzung um die Grundlage des Besitzes, sondern zugleich der erregende Kampf zwischen Hegelianern und Historikern um den „Begriff“ der Rechtswissenschaft, um die Berechtigung einer bestimmten Art des rechtlichen Denkens und Begründens überhaupt, ausgetragen an eben der Universität [Berlin], die eine Hochburg für beide Richtungen war. Nicht das dogmatische Detail interessierte dabei, sondern darauf kam es an, ob die Vernunft – der „Wille“ als „praktischer Geist“ – berechtigt war, sich als den inneren Motor auch des geltenden Rechts zu begreifen, und alles, was auf diese Weise nicht zu „begreifen“ war, als „unwirklich“, als „faule Existenz“ der Geschichte zu überantworten.“[218]

Daß sich mit *Savigny* und *Gans* die Hauptvertreter eines „historischen“ und „philosophischen“ Ansatzes bzw. die Anhänger unterschiedlicher religiöser oder politischer Strömungen gegenüberstanden, ist unbestritten[219]. Daß sich diese Ansätze, dann auch in ihren jeweiligen Werken – mehr oder weniger zwischen

---

216 *Schröder*, in: Staat und Recht 13 (1964), S. 1413, 1423.

217 *Becchi*, in: ZNR 13 (1991), S. 145, 153 f.

218 *Braun*, in: Quaderni Fiorentini 9 (1980), S. 457, 498 f.; zuletzt 1997 nochmals veröffentlicht in: *Braun*, in: Judentum, Jurisprudenz und Philosophie (1997), S. 91 ff.

219 S. ausführlich dazu *Stintzing/Landsberg*, Geschichte der Deutschen Rechtswissenschaft, Abt. 3, Hlbbd. 2 (1910), S. 354 ff.; *Freund*, in: 5 Political Science Quarterly (1890), S. 468, 477 ff.

den Zeilen – widerspiegeln, erscheint nicht verwunderlich. Daß aber gerade die Begriffe „Faktum“ und „Recht“ diese unterschiedlichen Positionen repräsentieren sollen[220], gibt Anlaß zu Zweifeln. Wie kam es dann aber, daß die unterschiedlichen – unjuristischen – Grundpositionen von *Savigny*, *Gans* und ihren jeweiligen Anhängern gerade anhand des römischen Besitzrechts ausgetragen worden sind?

Möglicherweise lag der Grund darin, daß *Savigny* zu diesem Thema seine stilistisch als revolutionär bezeichnete Monographie veröffentlicht hatte. Es handelte sich hier um ein Werk, das jahrelang als das Muster der Monographie gepriesen wurde. In diesem Werk deckte *Gans* souverän wesentliche Schwachstellen auf, die jahrzehntelang unbemerkt geblieben waren. Dadurch kamen persönliche Eitelkeiten ins Spiel. Dazu mischte sich die schmachvolle Erkenntnis, daß ein gan-

---

220 So formulierte beispielsweise Braun: „Anknüpfend an Hegels Unterscheidung zwischen der faktischen Entwicklung historischer Situationen und der vernünftigen Entwicklung aus dem „Begriff“, setzte Gans in einer überraschenden, aber keineswegs aus der Luft gegriffenen Erweiterung der gedanklichen Perspektive die unvermittelte Anerkennung eines „Faktums“ als „Recht“ mit der Anerkennung der faktisch wirksamen restaurativen Tendenzen gleich, und ungleich deutlicher und entschiedener, als Hegel dies jemals getan hatte, stellte er diesem politischen Faktum“ das nachrevolutionäre Preußen der Stein-Hardenberg'schen Reformen als die Realisierung des „Rechts“ gegenüber.“ *Braun*, in: Quaderni Fiorentini 9 (1980), S. 457, 500.
Gleichwohl kann die Ansicht Brauns durchaus mit Unterstützung aus den Quellen aufwarten. In der Literatur des 19. Jahrhunderts unterschied man bei der Suche nach dem Grund des Besitzschutzes teilweise zwischen dem „historischen“ und „philosophischen“ Grunde, s. *Bekker*, Das Recht des Besitzes (1880), S. 16 f.; auch bei Zielonacki ist die von Braun vorgenommene Kategorisierung durchaus schon angelegt, *Zielonacki*, Der Besitz nach dem Römischen Rechte (1854), S. 31: „Faktum“ und „Recht“ als „Zankapfel der historischen und philosophischen Schule“. Deutlich in diese Richtung geht auch ein von Braun zitierter Korrespondentenbericht in der Leipziger Allgemeinen Zeitung aus dem Jahre 1839: „Die Universitätsfrage, welche bereits beseitigt schien, kehrt jetzt bedeutender zurück. Früher handelte es sich nur um die äußere Lehrweise; man stritt darüber, ob die dialogische Form zweckmäßiger sei als der einfache Vortrag. Gegenwärtig handelt es sich um die Seele der Vorlesungen; es fragt sich nämlich, ob die positiven Wissenschaften mit philosophischem Geist behandelt werden sollen, oder ob die Philosophie ohne Einfluß auf dieselben bleiben müßte. Es stehen demnach zwei große Parteien einander gegenüber, die philosophisch gebildeten Lehrer und die reinen Empiriker. Zum Angriffe der Erstern in Beziehung auf die Theologie erhoben sich Leo in Halle und Hengstenberg in Berlin; gegen die empirischen Physiker hingegen trat Michelet in den Hallischen Jahrbüchern auf. In derselben Zeitschrift ist seit einem halben Jahr eine Reihe von Artikeln erschienen, welche die unphilosophische Behandlung der Rechtswissenschaft von Seiten der historischen Schule zum Gegenstande haben. Diese gewinnen nunmehr das Ansehen einer Vorbereitung des gegenwärtigen Kampfes des Prof. Gans gegn den Prof. v. Savigny. Dieser knüpft sich an eine ganz specielle juristische Streitfrage, nämlich an die Frage: ob der Besitz ein Recht und als solches zu schützen sei, oder ob er eine bloße Thatsache sei und nur wegen der Form der Verletzung rechtliche Folgen habe.“ *Anonymus*, in: Leipziger Allgemeine Zeitung 1839, S. 470.

zer Stab von Gelehrten nicht in der Lage war, den Begriff des Besitzes – der ja jedem Laien geläufig war – dogmatisch in den Griff zu bekommen, geschweige denn ihn brauchbar zu definieren.

Es wird im folgenden Kapitel zu zeigen sein, daß es den Autoren des Common Law bei der Behandlung der drei analogen Themenkomplexe und ihren Bezugnahmen zum Gelehrtenstreit auf dem Kontinent ebenfalls nicht ausschließlich um dogmatische Erkenntnisse ging.

2. Kapitel: Der Besitzrechtsstreit im Common Law: sein Inhalt und seine tiefere Bedeutung

I) Der Hintergrund der Besitzrechtsdiskussion im Common Law

Zu Beginn der 1870er Jahre, als der Gelehrtenstreit in Deutschland seinen ersten Höhepunkt lange hinter sich hatte und nach der ersten besitzrechtlichen Monographie *Jherings* aus dem Jahre 1868 einen neuen Aufschwung erfuhr, verharrte der Besitzrechtsstreit im Common Law noch in einem Dornröschenschlaf, aus dem ihn die Beiträge von *Oliver Wendell Holmes* (1878 und 1881) schlagartig erweckten.

Vereinzelt war man bereits zuvor in Monographien und Aufsätzen – zumeist recht knapp – auf die Possession des Common Law eingegangen; jedoch fanden diese Beiträge selbst in Fachkreisen nur wenig Beachtung. Erst im letzten Viertel des 19. Jahrhunderts unternahmen namhafte Autoren, vornehmlich in England, aber auch in Amerika, das Wagnis, das Institut der Possession im Common Law näher zu analysieren. Dabei orientierte man sich an den drei großen besitzrechtlichen Fragestellungen in Deutschland.

Ziel dieses Kapitels ist es, zunächst das geistige Umfeld Mitte des 19. Jahrhunderts zu beschreiben, aus dem sich die Diskussion um das Institut der Possession im Common Law zunächst in England und später auch in Amerika entwickelte. Anschließend werden die einzelnen Streitpunkte zu Fragen des Besitzrechts im Common Law erörtert. Dabei geht es nicht um eine isolierte Darstellung der einzelnen Auffassungen der Common Lawyers zu den materiellen Voraussetzungen der Possession, zum Grund des Besitzschutzes und zur Frage „whether possession is a fact or a right“. Es wird vielmehr zu zeigen sein, daß eine Vielzahl der Common Lawyers diese Fragen ganz bewußt vor dem Hintergrund jenseits des Besitzrechts liegender Problemstellungen erörterte. In diesem Zusammenhang sollten die Bezugnahmen auf den Gelehrtenstreit in Deutschland eine zentrale Funktion erlangen.

Wie kam es, daß man im Common Law, das seit Jahrhunderten ohne klare und allgemeingültige Begriffsbestimmungen und ohne übergreifende Systematik ausgekommen war, plötzlich ein Interesse an einer Systematisierung des Rechts im Allgemeinen, und an einer Beschäftigung mit dem Besitzrecht im Besonderen entwickelte? Der Grund liegt im damaligen Zustand des Rechts im Common Law im Allgemeinen[1] (und des Besitzrechts im Besonderen).

---

[1] Ausführlich zu den Problemen, mit denen sich die Common Lawyers in der ersten Hälfte des 19. Jahrhunderts konfrontiert sahen, *Reimann*, Historische Schule und Common Law (1993), S. 124 ff. (m.w.N.); vgl. auch *Borchard*, in: 12 Columbia Law Review (1912), S. 301, 302 f.; *Campbell*, in: 4 University of Western Australia Law

1. Der Zustand des Common Law im Allgemeinen

In der zweiten Hälfte des 19. Jahrhunderts gab es eine „tiefgehenden Krise des anglo-amerikanischen Rechts“[2], die gekennzeichnet war durch das Zerfallen der bisherigen Struktur des Rechts, die zunehmenden Einmischung der Gesetzgeber und die wachsenden Menge des Stoffs.

Die traditionelle Struktur des Common Law beruhte auf zwei Prinzipien, die eine Gliederung des gesamten Rechtsstoffs – wenn auch nach prozessualen Gesichtspunkten – ermöglichte. Dies war zum einen die Aufteilung des Rechts nach Klagformeln (den aus den mittelalterlichen „writs“ hervorgegangenen „forms of action“), die jeweils eigene materielle und prozessuale Voraussetzungen aufwiesen und für die wichtigsten Begehren ein entsprechendes Rechtsmittel bereit hielten. Zum anderen existierte eine klare Trennung zwischen dem auf diesen Klagformeln beruhenden formstrengen „Law“ und dem in den Chancery Courts ausgeübten Billigkeitsrecht, der „Equity“, die dem rigiden Formelnsystems als Korrektiv zur Seite stand.

Im Laufe des 19. Jahrhunderts fanden sowohl in England als auch in den USA Reformen statt, durch die letzten Endes nicht nur die „forms of action“ abgeschafft wurden, sondern auch die Trennung zwischen „Law“ und „Equity“ zusehend verwässert wurde. Dieses Reformstreben offenbarte sich in den großen Prozeßrechtskodifikationen dieser Zeit (dem englischen „Uniformity of Process Act“ (1832), dem „Real Property Limitation Act“ (1833), sowie dem „Field Code of Civil Procedure“ (1848), der von New York aus seinen Vormarsch in andere Staaten der USA gestartet hatte), in denen der Zivilprozeß so vereinheitlicht wurde, daß es nur noch eine einzige Klageart gab[3].

Dies führte zwar zu einer Vereinfachung des Zivilprozesses, beseitigte aber gleichzeitig die einzige Ordnung, die das Common Law besaß, nämlich die Gliederung des Rechtsstoff nach Klageformeln. Das Recht war damit „seiner prozessualen Aufgliederung beraubt, hatte aber eine materiellrechtliche nie entwickelt“[4]. Das Ergebnis war ein „unruly and unsystematized body of rules“[5]. Durch die zunehmende Aktivität der Gesetzgeber auf beiden Seiten des Atlantik

---

Review (1957-59), S. 357, 364; *Reimann*, in: The Legacy of Oliver Wendell Holmes, Jr. (hg. von Gordon, 1992), S. 72, 75 f.

2 Zitat nach *Reimann*, Historische Schule und Common Law (1993), S. 124.

3 Zur Entwicklung in England s. *Baker*, An Introduction to English Legal History (3. Aufl., 1990), S. 79 ff.; *Maitland*, The Forms of Action (1932), S. 302 f.; *Holdsworth*, A History of English Law, Bd. 15 (1965), S. 102 ff.; zur Entwicklung in den USA s. insbesondere *Friedman*, A History of American Law (2. Aufl., 1985), S. 391 ff.

4 *Reimann*, Historische Schule und Common Law (1993), S. 125.

5 *Campbell*, in: 4 University of Western Australia Law Review (1957-59), S. 357, 364.

trat zudem neben das jahrhundertealte „Case Law“ ein breiter angelegtes „Statute Law“, das mit diesem teilweise in offenem Konflikt stand.

Hinzu kam, daß sich das „Case Law“ selbst durch die beinahe explosionsartige Zunahme von veröffentlichten Gerichtsentscheidungen im Laufe des 19. Jahrhunderts in England und insbesondere in den USA zu einer „tangled mass of irreconcilable contrarieties“[6] entwickelte. Dies lag zum einen im Anstieg der Zahl der Gerichtsverfahren, der mit den wachsenden Bevölkerungszahlen und der zunehmenden Komplexität der Lebensbedingungen beiderseits des Atlantik einherging, zum anderen in der flächendeckenden Erfassung und Veröffentlichung von Gerichtsurteilen. Besonders dramatisch stellte sich die Situation in den USA dar, wo es aufgrund des föderalistischen Systems in den letzten Jahren des 19. Jahrhunderts zu mehr als 20.000 obergerichtlichen Gerichtsurteilen pro Jahr gekommen war[7]. Diese Urteile waren ab den 1880er Jahren durch das neu eingeführte „National Reporter System“ der West-Publishing Company der Öffentlichkeit leichter zugänglich.

Dadurch konnte man zwar herausfinden, wie ein bestimmter Einzelfall in welchem Bundesstaat entschieden wurde. An eine Deduktion überschaubarer Grundprinzipien aus der Masse der sich teilweise widersprechenden Einzelfallentscheidungen war jedoch nicht mehr zu denken. Das „Case Law“ des Common Law hatte sich damit „selbst ad absurdum geführt“[8].

2. *Der Zustand des Besitzrechts im Besonderen*

Diese Misere erkannten namhafte anglo-amerikanische Autoren in der zweiten Hälfte des 19. Jahrhunderts. Man versuchte die schier unlösbaren Aufgabe, das Common Law (wieder) zu systematisieren, zu lösen. Das Law of Possession entwickelte sich dabei zu einem Testgebiet. Gerade in diesem auf den ersten Blick recht abgegrenzten „field of law“ hatte sich im Laufe der Zeit eine solche „mass of cases“[9] entwickelt, daß sich die meisten Common Lawyers noch nicht an dessen Systematisierung herangewagt hatten. Gerade anhand der Veränderung der gerichtlichen Möglichkeiten, den Besitz an einer Mobilie oder einem Grundstück wiederzuerlangen, zeigte sich der Zerfall der althergebrachten Strukturen des Common Law besonders deutlich. So mancher Gelehrter hoffte wohl, daß, wenn die Systematisierung des Law of Possession gelang, dieses Modell auf das gesamte Common Law übertragbar sein würde.

---

6 *Borchard*, in: 12 Columbia Law Review (1912), S. 301, 303.

7 Vgl. dazu *Reimann*, Historische Schule und Common Law (1993), S. 125 Fn. 458 (m.w.N.)

8 *Reimann*, Historische Schule und Common Law (1993), S. 126.

9 *Lindley*, An Introduction to the Study of Jurisprudence (1855), S. 283.

a) *Das Zerfallen der bisherigen Strukturen des Rechts*

Das Common Law fragte bis ins 19. Jahrhundert nicht „Wer ist Possessor?“ oder „Wie sind die Voraussetzungen der Possession zu bestimmen?“, sondern vielmehr: „Wer kann sich gegen die unberechtigte Wegnahme einer Sache bzw. die unberechtigte Besitzergreifung eines Grundstücks zur Wehr setzen, und welche formellen Besonderheiten sind dabei jeweils zu beachten?“

Das Common Law stellte seit seinen Anfängen mehrere Klagformeln zur Verfügung, mit denen sich eine Person gegen die unberechtigte Besitzergreifung einer Mobilie bzw. eines Grundstücks verteidigen konnte. Anknüpfungspunkt dieser Schutzbehelfe war die tatsächliche Gewalt über die Sache. Es ging um die Fälle, bei denen die Verkehrsanschauung heute von Besitz sprechen würde. Auf den Grund der Ausübung der tatsächlichen Gewalt hingegen (heute mit Eigentum oder Besitzberechtigung zu umschreiben) kam es nicht an. Man kann bei diesen Klagformeln unter Anwendung der heutigen Terminologie von possessorischen Rechtsbehelfen sprechen, die letztendlich der Schutzfunktion des Besitzes Rechnung tragen sollten.

Der Anwendungsbereich der anfangs klar voneinander abgegrenzten Klagformeln verschob sich im Laufe der Jahrhunderte. Es kam zu Überschneidungen, zur Ausdehnung des Anwendungsbereichs einzelner Klagformeln auf vorher nicht erfaßte Konstellationen und letztlich zur Verdrängung von als unpraktisch empfundenen Klagformeln. Existierten anfangs noch mehr als ein Dutzend verschiedene, eng abgegrenzte Klagformeln zur Wiedererlangung des Besitzes an einer Sache bzw. an einem Grundstück, wandte man im 19. Jahrhundert in England und Amerika nur noch deren drei bis vier generalklauselartig an.

Bei Mobilien waren dies die Action of Trover und Conversion, die Action of Detinue und (insbesondere in den USA) die Action of Replevin, im Grundstücksrecht insbesondere die Action of Ejectment. Diese Klagformeln, die ihren Ursprung im Mittelalter hatten, sind im Laufe der Zeit über ihren ursprünglichen Anwendungsbereich hinaus erheblich ausgedehnt worden.

aa) *Besitzschutz hinsichtlich Mobilien*

(1) Der Schutz von Mobilien hatte im frühen Mittelalter eine besonders hohe praktische Relevanz. Man hielt Weide- und Nutztiere zur Bewirtschaftung der Felder, der Pflug war das wichtigste Feldinstrument, Heu und Korn wurde als Futtermittel genutzt. Diebstahl war weit verbreitet. Um dem entgegenzuwirken, kannte das frühe Common Law (bis zum 14. Jahrhundert) vier Schutzbehelfe[10],

10 Es ist heute umstritten, ob daneben die „Action de re adirata“, eine zivilrechtliche Klage, als Alternative zum Appeal of Robbery and Larceny existierte. S. ausführlich zum Streitstand *Kaye*, in: 86 Law Quarterly Review (1970), S. 379 ff.; vgl. auch *Ames*,

deren wichtigstes Ziel (außer bei der Action of Trespass de Bonis Asportatis) die rasche Rückerlangung der weggenommene Sache war: (a) the Appeal of Robbery and Larceny, (b) the Action of Trespass de Bonis Asportatis, (c) the Action of Replevin und (d) the Action of Detinue.

(a) Der Appeal of Robbery or Larceny[11], der auf salisches Recht aus dem 5. Jahrhundert zurückging, war seinem Wesen nach ein strafrechtliches Verfahren, das in erster Linie die Bestrafung des Diebes zum Ziel hatte, aber auch der Rückgabe der gestohlenen Sache diente. Es machte beim Appeal of Robbery or Larceny keinen Unterschied, ob das Opfer tatsächlich der Eigentümer der Mobilie, oder lediglich der Besitzer (der Bailee) war[12]. Diese Regel war aus praktischer Notwendigkeit heraus entstanden. Das wesentliche Moment des Appeal war die rasche Verfolgung des Täters und seine Ergreifung mit der Beute in den Händen. Diese Verfolgung konnte lediglich der Bailee, das unmittelbare Opfer selbst, vornehmen. Der Bailor, der in aller Regel nicht vor Ort war, erfuhr oft erst Tage später vom Diebstahl, wenn es für eine erfolgversprechende Reaktion

---

Lectures on Legal History (1913), S. 80 f.; *Holdsworth*, A History of English Law, Bd. 3 (3. Aufl., 1927), S. 320 ff.; *Pollock/Maitland*, The History of English Law before the Time of Edward I, Bd. 2 (2. Aufl., 1923), S. 159.
Ausgangspunkt der Diskussion ist eine Passage in dem Bracton zugeschriebenen Buch „De Legibus et Consuetidinibus Angliae" (vermutlich aus der Zeit von 1230 bis 1260). Dort wird einer Person, der eine bewegliche Sache gestohlen wurde und die den Dieb mit der gestohlenen Sache auf frischer Tat ertappte (Fall des „Public or Manifest Theft"), ein Wahlrecht zwischen einer zivil- („civiliter") und einer strafrechtlichen („criminaliter") Vorgehensweise gegeben: „Cum sit autem qui sequatur, poterit ab initio agere civiliter vel criminaliter, utrum voluerit. Poterit enim rem suam petere ut adiratam cum testimonio proborum hominum, et sic consequi rem suam quamvis furatam. Et si ille qui seisitus fuerit in hoc ei non obtemperaverit, poterit accrescere et petere eam ut furatum, sed non e contrario." *Bracton*, De Legibus er Consuetidinibus Angliae, fol. 150b (ed. Woodbine/Thorne, 1968), Bd. ii., S. 425 f.
Die Literatur ist sich nicht einig, ob sich aus dieser Passage die Existenz einer frühen zivilrechtlichen Klage auf Herausgabe der weggenommenen Sache entnehmen läßt.

11 S. dazu ausführlich *Ames*, Lectures on Legal History (1913), S. 50 ff.; *Pollock/Maitland*, The History of English Law before the Time of Edward I, Bd. 2 (2. Aufl., 1923), S. 159 ff.; *Holdsworth*, A History of English Law, Bd. 3 (3. Aufl., 1927), S. 319 ff.; vgl. auch *Holmes*, The Common Law (1881), S. 165 f.; *Baker*, An Introduction to English Legal History (3. Aufl., 1990), S. 440 f.; *Laughlin*, in: Essays in Anglo-Saxon Law (hg. von Adams, 1905), S. 183, 202 ff. (alle jeweils m.w.N.).
Auch wenn das Verfahren das gleiche war, unterschied das Common Law zwischen Robbery und Larceny. Larceny lag vor, wenn ein tatsächlicher Herrschaftswechsel an der Sache ohne das Einverständnis der berechtigten Person stattfand. Robbery war Larceny unter Zuhilfenahme von Gewalt. *Holdsworth*, A History of English Law, Bd. 3 (3. Aufl., 1927), S. 360 ff.

12 „Et non refert utrum res quae ita substracta fuerit, extiterit illius appellantis propria vel alterius, dum tamen de custodia suo." *Bracton*, De Legibus er Consuetidinibus Angliae, fol. 151 (ed. Woodbine/Thorne, 1968), Bd. ii., S. 426.

zu spät war. Im Interesse einer effektiven und raschen Ahndung von Diebstählen war es notwendig, daß der Bailee den Appeal einleiten konnte[13].

(b) Die Action of Trespass de Bonis Asportatis[14] spielte in der frühmittelalterlichen Praxis als Schutzbehelf gegen die Wegnahme von Mobilien eine erhebliche Rolle. Sie war aber kein possessorischer Rechtsbehelf im eigentlichen Sinne, da sie nicht der Rückerlangung der Mobilie diente, sondern auf Schadensersatz in Geld gerichtet war. Um sein Recht geltend zu machen, mußte das Opfer erreichen, daß der Court of Chancery einen „Writ of Trespass" ausstellte[15]. Dies war ein Befehl an den Sheriff, den angeblichen Täter zu fragen, warum er „Vi et Armis" (mit Gewalt und Waffen) und „contra Pacem Regis" (gegen den Frieden des Königs) eine bestimmte schändliche Tat begangen habe. Der Writ of Trespass war ein sehr flexibles Rechtsmittel. Er erfaßte nicht nur die Wegnahme von beweglichen Sachen („de Bonis Asportatis"), sondern auch und in erster Linie die Anwendung von Gewalt auf den Körper eines Menschen oder sein Land. Die Action of Trespass de Bonis Asportatis stand, wie schon der Appeal of Robbery and Larceny, nicht nur dem Eigentümer der Sache, sondern auch dem Bailee zu[16].

(c) Die Action of Replevin[17] war bis zum 14. Jahrhundert ausschließlich eine Reaktion auf den sogenannten „Distress", der seine Wurzel in den feudalen Verhältnissen Englands im 11. Jahrhundert hatte[18]. Der „Dieb" war hier ein „Landlord", der dem Opfer, dem „Tenant", Land überlassen hatte. Dieses Verhältnis bezeichnete man als „Tenure". Der Landlord gewährte Schutz und garantierte die Beibehaltung der Tenure, und der Tenant war im Gegenzug zu bestimmten Diensten (und später zur Zahlung einer Art Pachtzins) verpflichtet. Wenn der

---

13 *Pollock/Maitland*, The History of English Law before the Time of Edward I, Bd. 2 (2. Aufl., 1923), S. 159; *Ames*, Lectures on Legal History (1913), S. 57 f.

14 Ausführlich *Ames*, Lectures on Legal History (1913), S. 56 ff.; *Holdsworth*, A History of English Law, Bd. 3 (3. Aufl., 1927), S. 323 ff.; *Pollock/Maitland*, The History of English Law before the Time of Edward I, Bd. 2 (2. Aufl., 1923), S. 166 ff.; vgl. auch *Baker*, An Introduction to English Legal History (3. Aufl., 1990), S. 445 ff.

15 Vgl. zum Writ-System *Baker*, An Introduction to English Legal History (3. Aufl., 1990), S. 63 ff.

16 Bracton hatte sich mit seinem Zitat „Et non refert utrum..." ausdrücklich sowohl auf den Appeal als auch auf die Action of Trespass de Bonis Asportatis bezogen. *Ames*, Lectures on Legal History (1913), S. 57 f.

17 S. ausführlich dazu *Ames*, Lectures on Legal History (1913), S. 64 ff.; *Holdsworth*, A History of English Law, Bd. 3 (3. Aufl., 1927), S. 278 ff.; *Pollock/Maitland*, The History of English Law before the Time of Edward I, Bd. 2 (2. Aufl., 1923), S. 574 ff.; *Plucknett*, A Concise History of the Common Law (5. Aufl., 1956), S. 367 ff.; *Tomlins*, The Law-Dictionary (4. Aufl., 1835), „Replevin"; vgl. auch *Baker*, An Introduction to English Legal History (3. Aufl., 1990), S. 271 f., 441; *Maitland*, The Forms of Action (1932), S. 355.

18 Vgl. ausführlich zu den „feudalen" Gesellschaftsverhältnissen kurz nach dem Norman Conquest *Baker*, An Introduction to English Legal History (3. Aufl., 1990), S. 255 ff.

Tenant mit seinen Leistungen in Rückstand geriet, hatte der Landlord die Möglichkeit, auf das Selbsthilferecht des „Distress" zurückzugreifen: Er konnte Mobilien (in erster Linie Tiere), die sich auf dem Land des Tenant befanden, beschlagnahmen („put them in his pound") und sie solange behalten, bis der Tenant entweder seinen fälligen Beitrag leistete, oder die Action of Replevin erhob. Erhob der Tenant die Action of Replevin, so erhielt er das Tier gegen Sicherheitsleistung zurück. In dem sich anschließenden Prozeß mußte der Landlord („the Distrainor") Gründe darlegen („to make avowry"), warum er die Mobilien beschlagnahmt hatte. Dazu zählten vor allem rückständige Zahlungen, oder Schäden, die das Tier angerichtet hatte („damages feasant"). Entschied das Gericht zugunsten des Tenants, konnte dieser die Tiere behalten. Glaubte es hingegen dem Landlord, konnte dieser die Ausstellung eines „Writ de Retorno Habendo" veranlassen, die dazu führte, daß er die Tiere zurückerhielt. Die Action of Replevin stand nicht nur dem Eigentümer der Mobilien zu, sondern auch dem Bailee[19].

(d) Die Action of Detinue[20], die sich ab dem 13. Jahrhundert findet, war ursprünglich auf Fälle des Bailment, also die zeitweise Überlassung von Mobilien an eine andere Person, beschränkt. Wenn der Bailor dem Bailee eine Mobilie auf Zeit überlassen hatte, und sich der Bailee nach Ablauf der vereinbarten Zeit weigerte, sie herauszugeben, stand dem Bailor gegen den Bailee die Action of Detinue zu. Es kam dabei nicht darauf an, ob die Sache dem Bailor gehörte, oder er sie seinerseits nur als Bailee besaß[21]. Der Anwendungsbereich der Action of Detinue spiegelte zunächst konsequent die auf germanischem Recht basierende Rechtsregel „Hand muß Hand wahren" wieder: Ein Bailor konnte sich mit der Action of Detinue ausschließlich an seinen Bailee, niemals aber gegen einen Dritten wenden. Wenn der Bailee die Sache an einen Dritten weitergegeben hatte, oder ihm ein Dritter die Sache stahl, hatte der Bailor keine Möglichkeit, mit der Action of Detinue gegen den Dritten vorzugehen.

(2) In der Folgezeit (14. bis 19. Jahrhundert) dehnte man den Anwendungsbereich der Action of Replevin und der Action of Detinue, die auf Herausgabe der Mobilie gerichtet waren, immer weiter aus. Daneben entwickelten sich weitere Klagformeln zum Schutz der Possession, die (lediglich) auf Schadensersatz ge-

---

19 *Ames*, Lectures on Legal History (1913), S. 65 f. (m.w.N.).

20 Ausführlich *Ames*, Lectures on Legal History (1913), S. 71 ff.; *Holdsworth*, A History of English Law, Bd. 3 (3. Aufl., 1927), S. 348 ff.; *Pollock/Maitland*, The History of English Law before the Time of Edward I, Bd. 2 (2. Aufl., 1923), S. 173 ff.; *Milsom*, Historical Foundations of the Common Law (2. Aufl., 1981), S. 262 ff.; vgl. auch *Plucknett*, A Concise History of the Common Law (5. Aufl., 1956), S. 364 f.; *Baker*, An Introduction to English Legal History (3. Aufl., 1990), S. 441 ff.; *Fifoot*, History and Sources of the Common Law (1949), S. 24 ff.; *Maitland*, The Forms of Action (1932), S. 355 ff.

21 *Ames*, Lectures on Legal History (1913), S. 71 f.

richtet waren. Dies war die Action of Trespass and Case und später besonders ihre Unterform, die Action of Trover and Conversion.

(a) Ab dem 15. Jahrhundert wurde die Action of Replevin von ihrem ursprünglichen Anknüpfungspunkt gelöst und auf Fälle angewandt, bei denen es eindeutig nicht um Distress, sondern um die unberechtigte Wegnahme von Gütern „vi et armis" ging. Das Opfer konnte nun auch auf zivilrechtlichem Wege die Herausgabe einer gestohlenen Sache erreichen. Wie bei der Action of Trespass konnte das Opfer aber nur gegen den Täter vorgehen; ein Vorgehen gegen einen Dritten, der die Sache nicht selbst weggenommen hatte, sondern sie nur unberechtigterweise besaß („wrongful detention"), war ausgeschlossen[22].

(b) Die Action of Detinue wurde zunächst auf die Fälle erweitert, in denen zwar ursprünglich ein Bailment vorlag, die Sache dann aber während des Bailments vom Bailee an einen Dritten weitergegeben wurde („Devenit ad Manus Defendentis")[23]. Ab Ende des 14. Jahrhunderts trat neben diese „Action of Detinue sur Bailment" die „Action of Detinue sur Trover", bei der auf das Vorliegen des Bailments (das bisher zentrale Element) ganz verzichtet wurde[24]. Der Verlierer einer beweglichen Sache hatte damit die Möglichkeit, diese vom Finder herauszuverlangen. Das Opfer mußte lediglich behaupten, es habe eine bewegliche Sache verloren, die andere Partei habe sie gefunden und halte sie unberechtigterweise zurück. Der Finder konnte dem aber entgegenhalten, er sei auf rechtmäßigem Wege in den Besitz der Sache gelangt. Diese Klageformel wandte man zunächst bei entlaufenen Tieren („estrays") und beim Verlust von bestimmten Dokumenten („charters") an. Ab dem 15. Jahrhundert wurde ihr Anwendungsbereich auf andere Mobilien erweitert. Es war einem Kläger schließlich sogar möglich, sich auf diese Action zu stützen, auch wenn er selbst nie im Besitz der Sache war, z.B. wenn er Erbe seines Vaters war, und diesem die Sache abhanden gekommen war. Die Begriffe des „Verlierens" und „Findens" wurden zunehmend zu einer Fiktion. Die Action of Detinue sur Trover war damit auf dem Wege, sich zu einem allgemeinen Herausgabeanspruch für gestohlene oder abhandengekommene Sachen zu entwickeln. Daß sie sich nicht vollständig durchsetzen konnte, lag an den mit ihr verbundenen Nachteilen, insbesondere dem Beweisantritt durch „Wager of Law" – eine altertümliche Form der Beweisführung, die sich trotz des Aufkommens des Jury Trials in den Königsgerichten er-

---

22 *Ames*, Lectures on Legal History (1913), S. 70, insb. Fn. 6; *Plucknett*, A Concise History of the Common Law (5. Aufl., 1956), S. 368 f.; *Holdsworth*, A History of English Law, Bd. 3 (3. Aufl., 1927), S. 285 ff.

23 Schon seit Anfang des 14. Jahrhunderts wurde die Action of Detinue gegen den „Executor" des Vermögens des Bailee zugebilligt, wenn der Bailee mit der Mobilie in seinem Besitz gestorben war. *Ames*, Lectures on Legal History (1913), S. 73 f.

24 *Pollock/Maitland*, The History of English Law before the Time of Edward I, Bd. 2 (2. Aufl., 1923), S. 175 f.; *Ames*, Lectures on Legal History (1913), S. 75, 78 f.; *Baker*, An Introduction to English Legal History (3. Aufl., 1990), S. 445 f.; *Holdsworth*, A History of English Law, Bd. 3 (3. Aufl., 1927), S. 349.

hielt und bei der ein zahlungskräftiger Defendant faktisch als sein eigener Richter auftrat[25].

Ab dem 15. Jahrhundert wurde die Action of Detinue daher zunehmend durch die flexibleren Klagformeln der „Action of Trespass on the Case" und später dann durch die „Action of Trover and Conversion" verdrängt, zumal bei diesen Actions kein Wager of Law vorgesehen war. Jedoch waren diese Klagformeln lediglich auf Schadensersatz gerichtet.

(c) Die Action of Trespass de Bonis Asportatis war ursprünglich auf eine Wegnahme „vi et armis" beschränkt. Gab ein Bailee eine Sache nach Ablauf der vereinbarten Zeit nicht zurück, oder verweigerte der Finder einer Sache die Herausgabe, paßte die Formel „mit Gewalt und Waffen" in der Regel nicht. Erst Mitte des 14. Jahrhunderts wurde auf das Merkmal „vi et armis" verzichtet. Der Kläger konnte nun maßgeschneidert („on a special case") mit dem Writ of Trespass das Fehlverhalten des Beklagten rügen[26]. Der „Case", auf den ein Kläger seine Action stützen konnte, konnte sich – sah man einmal von der gewaltsamen Wegnahme der Sache ab, die anfangs noch ausschließlich durch den Writ of Trespass de Bonis Asportatis erfaßt war – auf alle denkbaren deliktischen Handlungen beziehen, mit denen der Kläger um den Besitz an einer Sache gebracht wurde: Täuschung, fahrlässige Zerstörung und – als einer der wichtigsten Fälle – die unberechtigte Verweigerung der Herausgabe einer Sache als Bailee. Ab dem 16. Jahrhundert entwickelten sich aus dem „Case" dann – je nach Anknüpfungspunkt der deliktischen Handlung – einzelne, voneinander unabhängige Klagear-

---

25 Der Beklagte mußte einen Eid leisten, daß er die Sachen nicht zurückhalte, und dazu elf Eideshelfer („Compurgators") präsentieren, die über seine Glaubwürdigkeit Zeugnis ablegen sollten. Dieses Verfahren machte solange Sinn, wie diese Compurgators Nachbarn der Parteien waren, die faktisch als Richter über den Streit auftraten. Mit der Zentralisierung der Justiz und der Verlagerung der Verfahren vor das Königsgericht in Westminster ergaben sich nun aber Probleme: Da die Streithelfer nicht gezwungen werden konnten, in Westminster zu erscheinen, war es völlig unrealistisch, daß in relativ einfach gelagerten Fällen tatsächlich elf Nachbarn vor dem Gericht Zeugnis ablegen konnten. Das Verfahren wurde daher mit Fiktionen durchsetzt: Der Beklagte konnte „professional compurgators" anheuern, die für ihn Partei ergriffen, und am Ende des 16. Jahrhunderts war es gar Teil der offiziellen Pflicht (!) des Königsgerichts, Streithelfer gegen entsprechende Gebühr zur Verfügung zu stellen. Dies führte dazu, daß sich der „Wager of Law" auf einen Eid des Beklagten reduziert hatte, der von einer feierlichen, vom Beklagten finanzierten Zeremonie begleitet war. Vgl. dazu *Baker*, An Introduction to English Legal History (3. Aufl., 1990), S. 87 f.

26 *Baker*, An Introduction to English Legal History (3. Aufl., 1990), S. 73 ff., 445 ff.; *Plucknett*, A Concise History of the Common Law (5. Aufl., 1956), S. 372 f.; ausführlich *Fifoot*, History and Sources of the Common Law (1949), S. 66 ff., 184 ff.; *Milsom*, Historical Foundations of the Common Law (2. Aufl., 1981), S. 283 ff.; *Maitland*, The Forms of Action (1932), S. 348, 359 ff.

ten. Hinsichtlich des Schutzes der Possession von Mobilien war die „Action of Trover and Conversion“[27] maßgebend.

(d) Ab dem 16. Jahrhundert findet man in den Quellen die „Action on the Case for Conversion“, die sich gegen einen Bailee richtete. Anknüpfungspunkt dieser Action war zunächst ausschließlich eine „Conversion“. *Salmond* definierte diesen Begriff später so:

> „To convert goods meant to dispose of them, to make away with them, to deal with them in such a way that neither owner nor wrongdoer has any further possession of them: for example, by consuming them, or by destroying them, or by selling them, or otherwise delivering them to some third person.“[28]

Bei diesem engen Anwendungsbereich blieb es jedoch nicht. Ab Anfang des 16. Jahrhunderts wurde die Action of Conversion auch auf die Fälle ausgedehnt, bei denen ein Finder zwar rechtmäßig in den Besitz der Sache gelangt war, diese aber nicht an den berechtigten Besitzer bzw. Eigentümer herausgab (Action on the Case for Trover and Conversion). Ab Mitte des 16. Jahrhunderts war die Action of Trover and Conversion schließlich auch in Fällen erlaubt, in denen gar keine Conversion im eigentlichen Sinne mehr vorlag, sondern sich der Bailee oder Finder schlichtweg weigerte, die Sache herauszugeben. Die Action of Trover and Conversion dehnte sich damit in die Domäne der Action of Detinue aus. Ähnlich wie zuvor schon bei der Action of Detinue sur Trover arbeitete man bei der Action of Trover and Conversion zunehmend mit Fiktionen: Auf ein Bailment oder ein Finden kam es gar nicht mehr an. Ab dem 17. Jahrhundert war es möglich, mit der Action of Trover and Conversion gegen einen Dieb vorzugehen, der dem Opfer die Sache gewaltsam (also „vi et armis“) weggenommen hatte. Ab dem 18. Jahrhundert war es sogar (zumindest vom Grundsatz her) erlaubt, „Trover and Conversion“ in den Fällen des „wrongful distress“, dem Kerngebiet der alten Action of Replevin, geltend zu machen. Die Action of Trover and Conversion hatte sich damit zu einer Art Universalrechtsbehelf für alle Fälle entwickelt, in denen es um (gewaltsame) Wegnahme oder unberechtigte Vorenthaltung des Besitzes an einer Sache ging.

---

27 Ausführlich *Holdsworth*, A History of English Law, Bd. 7 (1926), S. 401 ff.; *Milsom*, Historical Foundations of the Common Law (2. Aufl., 1981), S. 366 ff.; *Fifoot*, History and Sources of the Common Law (1949), S. 102 ff.; *Baker*, An Introduction to English Legal History (3. Aufl., 1990), S. 449 ff.; *Ames*, Lectures on Legal History (1913), S. 80 ff.; *Simpson*, in: 75 Law Quarterly Review (1959), S. 364 ff.; vgl. auch *Curzon*, English Legal History (2. Aufl., 1979), S. 265 f.; *Holdsworth*, A History of English Law, Bd. 3 (3. Aufl., 1927), S. 285 ff., 350 f.; *Plucknett*, A Concise History of the Common Law (5. Aufl., 1956), S. 374 f.; *Walker*, Introduction to American Law (1837), S. 508 f.; *Baker*, in : XCIV The Publications of the Selden Society (1977), S. 248 ff.; *Salmond*, The Law of Torts (2. Aufl., 1910), S. 292 ff.; *Maitland*, The Forms of Action (1932), S. 365 ff.

28 *Salmond*, The Law of Torts (2. Aufl., 1910), S. 292 f.

Jedoch konnte der Kläger mit der Action of Trover and Conversion nicht den Besitz an der Sache zurückerlangen. War dies das Ziel des Klägers, blieb ihm praktisch – da die Action of Replevin zunehmend in Vergessenheit geriet – in den Common Law Courts nichts anderes übrig, als sich auf die Action of Detinue (mit der für ihn ungünstigen Folge des Wager of Law) einzulassen. Lediglich bei Sachen von speziellem persönlichem Wert dürfte er (eventuell) die Möglichkeit gehabt haben, in den Courts of Chancery im Rahmen der Equity erfolgreich die Herausgabe der Sache zu erreichen[29].

bb) Besitzschutz hinsichtlich Grundstücken

Eine vergleichbare Entwicklung vollzog sich im Grundstücksrecht. Dort nahm – mit Hilfe von Fiktionen – im 19. Jahrhundert die Action of Ejectment die Rolle eines Universalrechtsbehelfes ein. Dabei wurden, noch stärker als im Mobiliarbesitzrecht, die ursprünglich klar abgegrenzten Strukturen des Grundstücksrechts verwischt[30].

(1) Wesentliches Merkmal des Grundstücksrecht im frühen Mittelalter war die Feudal Tenure, die „relationship whereby a tenant holds land of a lord"[31]. Die Beziehung zwischen Lord und Tenant war vertragsähnlich. Der Tenant verpflichtete sich zu bestimmten, insbesondere militärischen Diensten; der Lord schützte ihn im Gegenzug, garantierte die Sicherheit seiner Tenure und hielt für ihn und seine anderen Tenants Gericht. Der Tenant hatte an dem ihm zur Verfügung gestellten Land keine Eigentumsposition im heutigen Sinne, sondern lediglich ein „Estate", eine Art Innehabungsrecht[32]. Ab dem 12. Jahrhundert stellte das Common Law dem Tenant verschiedene Rechtsbehelfe zum Schutz seines Estate zur Verfügung. Anknüpfungspunkt dieses Schutzes war die sogenannte „seisin". Vereinfacht gesprochen umschrieb dieser terminus technicus die Beziehung zwischen Lord und Tenant an einem Freehold Estate: „The tenant was seised of the land, and the lord was seised of the tenant's services."[33]

---

29 So zumindest knapp und ohne weitere Details oder Nachweise *Baker*, An Introduction to English Legal History (3. Aufl., 1990), S. 451.

30 Ein guter Überblick über die zahlreichen Klagformeln, die im frühen Mittelalter im Bereich des Land Law relevant waren, findet sich bei *Holdsworth*, A History of English Law, Bd. 3 (3. Aufl., 1927), S. 5 ff., insb. S. 15 ff.

31 *Baker*, Introduction to English Legal History (3. Aufl., 1990), S. 255.

32 So übersetzte Reimann den Begriff. *Reimann*, Einführung in das US-amerikanische Privatrecht (1997), S. 130.

33 Vgl. *Baker*, An Introduction to English Legal History (3. Aufl., 1990), S. 263. Vereinfacht könnte man „Seisin" – zumindest bezüglich der Seisin des Tenants – mit „Besitz" über- und mit „Possession" gleichsetzen, jedoch wäre dies eine zu grobe Vereinfachung. Der Begriff „seisin" war vielmehr ein „technical term to denote the completion of that investiture by which the tenant was admitted into the tenure, and without which no freehold could be constituted or pass." *Maitland*, in: 1 Law Quarterly Review (1885), S. 324.

(a) Diese frühen Rechtsbehelfe waren zunächst auf die Seisin und mit ihr auf die sogenannten „freehold estates“[34] beschränkt[35]. Dabei machte es einen Unterschied, ob die „actual seisin“, oder das „right to seisin“ verletzt war. Wurde einem Tenant, der bereits „seised“ war, das Land (und damit auch die „seisin“) entzogen, gewährten ihm die Petty Assizes einen unmittelbaren, heute würde man sagen possessorischen Schutz. Wurde einem Tenant, der eigentlich zur Seisin berechtigt gewesen wäre, das Land vorenthalten, standen ihm mit den Writs of Right[36], später auch mit den Writs of Entry[37], Rechtsbehelfe zur Verfügung, seine Einsetzung zu erreichen. Hier interessieren die Rechtsbehelfe, die dem unmittelbaren Schutz der Seisin (und später allgemein der Possession an einem Grundstück) dienten, nämlich die sogenannten Petty Assizes, die zur Zeit Henrys II (1154-1189) eingeführt wurden. Es handelte sich dabei um summarische Rechtsbehelfe, die demjenigen zur Verfügung standen, der vorbrachte, man habe ihm vor kurzem die Seisin an einem Freehold Estate entzogen. Hatte er Erfolg, erhielt er das Land zurück, und zwar selbst dann, wenn der Beklagte ein besseres Recht hinsichtlich des fraglichen Estates hatte. (Dieses bessere Recht konnte der Beklagte jedoch anschließend erfolgreich mit dem Writ of Right geltend machen).

Die bedeutendste der Petty Assizes war die Assize of Novel Disseisin[38]. Sie war eine Beschwerde des Klägers an den König, der Beklagte habe ihn „unjustly and

34 Der Begriff Freehold Estate bezog sich auf den lebenslangen Status als Tenant. Daneben gab es noch die Non-Freehold Estates, insbesondere das Leasehold Estate (auch Term of Years genannt). S. dazu gleich unter (b). Vgl. dazu *Baker*, An Introduction to English Legal History (3. Aufl., 1990), S. 337 ff.

35 Dazu ausführlich *Pollock/Maitland*, The History of English Law before the Time of Edward I, Bd. 2 (2. Aufl., 1923), S. 35 f.

36 Ausführlich *Maitland*, The Forms of Action (1932), S. 315 ff.; *Holdsworth*, A History of English Law, Bd. 3 (3. Aufl., 1927), S. 5 ff.; *Milsom*, Historical Foundations of the Common Law (2. Aufl., 1981), S. 124 ff.; vgl. auch *Curzon*, English Legal History (2. Aufl., 1979), S. 78; *Baker*, An Introduction to English Legal History (3. Aufl., 1990), S. 264 ff.; *Pollock/Maitland*, The History of English Law before the Time of Edward I, Bd. II (2. Aufl., 1923), S. 62 f.; *Plucknett*, A Concise History of the Common Law (5. Aufl., 1956), S. 355 ff.

37 Ausführlich *Pollock/Maitland*, The History of English Law before the Time of Edward I, Bd. 2 (2. Aufl., 1923), S. 62 ff.; *Maitland*, The Forms of Action (1932), S. 335 ff.; vgl. auch *Curzon*, English Legal History (2. Aufl., 1979), S. 81; *Baker*, An Introduction to English Legal History (3. Aufl., 1990), S. 268 f.; *Milsom*, Historical Foundations of the Common Law (2. Aufl., 1981), S. 143 ff.; *Holdsworth*, A History of English Law, Bd. 3 (3. Aufl., 1927), S. 11; *Blackstone*, Commentaries on the Laws of England, Bd. 3 (1768), S. 180 ff.; *Plucknett*, A Concise History of the Common Law (5. Aufl., 1956), S. 361 f.

38 Daneben wurden die Assize of Mort d'Ancestor und die Assize of Darrein Presentment eingeführt.
Mit der Assize of Mort d'Ancestor wurde ein der Action of Novel Disseisin vergleichbarer Schutz auf eine Personengruppe ausgedehnt, die noch gar nicht die Seisin an einem Grundstück erlangt hatte und damit eigentlich auf den langwierigeren Writ

without judgement disseised of his free tenement". Diese Beschwerde war verbunden mit einem „request that the king's court should give judgment so that the plaintiff might be put back into seisin"[39]. Ursprünglich war der Anwendungsbereich der Assize of Novel Disseisin eng umgrenzt. Sie stand ausschließlich einem Disseisee (also der Person, der die Seisin entzogen worden war) unmittelbar gegen ihren jeweiligen Disseisor zu. Die Assize of Novel Disseisin war auf eine rasche Entscheidung angelegt. Der Disseisin mußte daher „novel" sein, durfte also nicht allzu lange zurückliegen[40].

(b) Frühzeitig traten neben die Rechtsbehelfe, die die Seisin an einem Freehold Estate schützten, Rechtsbehelfe, die den Besitz an einem Non-Freehold Estate betrafen[41]. Ab dem 13. Jahrhundert war es in England verbreitet, Land nur für eine bestimmte Zeit (z.B. eine bestimmte Anzahl von Jahren) einer anderen Person zur Nutzung zu überlassen. Einer solchen Person wurde nicht ein Freehold Estate übertragen, sie erhielt lediglich ein sogenanntes Leasehold Estate (auch

---

of Right angewiesen wäre. Sie beruhte auf der Idee, daß im Falle des Todes einer Person, die „seised of an inheritable freehold estate" war, ihr Erbe als nächster die Seisin dieses Freehold Estates erhalten sollte. Falls eine Dritte Person vor diesem Erben „entered the land" und schließlich die Seisin an dem fraglichen Freehold Estate erhielt, konnte der Erbe – wenn er schnell war – erreichen, daß er sofort anstelle dieses Dritten die Seisin am fraglichen Estate zugesprochen bekam. Ausführlich *Pollock/Maitland*, The History of English Law before the Time of Edward I, Bd. 2 (2. Aufl., 1923), S. 56 ff.; *Maitland*, The Forms of Action (1932), S. 323 ff.; vgl. auch *Curzon*, English Legal History (2. Aufl., 1979), S. 80; *Baker*, An Introduction to English Legal History (3. Aufl., 1990), S. 267 f.; *Milsom*, Historical Foundations of the Common Law (2. Aufl., 1981), S. 137 ff.; *Holdsworth*, A History of English Law, Bd. 3 (3. Aufl., 1927), S. 23 f.; *Plucknett*, A Concise History of the Common Law (5. Aufl., 1956), S. 360.
Die Assize of Darrein Presentment erfaßte den speziellen Fall der „advowsons of churches". Es ging hierbei um das Patronatsrecht hinsichtlich einer Pfründe, das insbesondere das „right of presentation of a parson to a church or benefice" umfaßte. Vgl. dazu ausführlich *Maitland*, The Forms of Action (1932), S. 326 f.

39 Ausführlich *Pollock/Maitland*, The History of English Law before the Time of Edward I, Bd. 2 (2. Aufl., 1923), S. 46 ff.; *Maitland*, The Forms of Action (1932), S. 321 ff.; vgl. auch *Curzon*, English Legal History (2. Aufl., 1979), S. 79 f.; *Baker*, An Introduction to English Legal History (3. Aufl., 1990), S. 267; *Plucknett*, A Concise History of the Common Law (5. Aufl., 1956), S. 358 ff.; *Holdsworth*, A History of English Law, Bd. 3 (3. Aufl., 1927), S. 8 f.; *Ames*, Lectures on Legal History (1913), S. 219 ff.; *Milsom*, Historical Foundations of the Common Law (2. Aufl., 1981), S. 137 ff.

40 Was unter „novel disseisin" zu verstehen war, wurde durch Royal Ordinance festgelegt. Häufiger Anknüpfungspunkt war dabei „the King's last passage to Normandy". *Maitland*, The Forms of Action (1932), S. 322.

41 Ausführlich *Pollock/Maitland*, The History of English Law before the Time of Edward I, Bd. 2 (2. Aufl., 1923), S. 106 ff.; *Maitland*, The Forms of Action (1932), S. 340 ff.; *Ames*, Lectures on Legal History (1913), S. 221 ff.; *Milsom*, Historical Foundations of the Common Law (2. Aufl., 1981), S. 152 ff.; vgl. auch *Baker*, An Introduction to English Legal History (3. Aufl., 1990), S. 337 f.

als Term of Years bezeichnet). Dieser Leaseholder (auch Lessee genannt) hatte keine Seisin im technischen Sinne, so daß ihm die eben dargestellten Petty Assizes wie auch die Writs of Right nicht zustanden. Seine Beziehung zum Land wurde – in Abgrenzung zur Seisin – häufig als Possession bezeichnet, wobei die Begriffe in den Quellen nicht einheitlich waren[42].

Das Common Law stellte nun einem solchen Leaseholder (oder Termor) Rechtsbehelfe zur Verfügung, wenn ihm der Besitz am Land streitig gemacht wurde. Weigerte sich der Lessor, dem Lessee das versprochene Leasehold Estate zu übertragen, hatte der Lessee lediglich eine Art vertraglichen Erfüllungsanspruch, die sogenannte Action of Covenant[43]. Um das Jahr 1237 wurde der Writ of Quare Ejecit Infra Terminum eingeführt, mit der ein Leaseholder das Land von einem Dritten, der ihn vertrieben hatte (einem sogenannten Ejector), zurückverlangen konnte. Jedoch war diese Action auf Fälle beschränkt, in denen sich der Dritte bei der Wegnahme auf eine Erlaubnis des Lessors berief („the writ only lies against those claiming under the lessor"). Erst ab der zweiten Hälfte des 14. Jahrhunderts wurde dem Leaseholder mit der Action of Trespass de Ejectione Firmae ein Rechtsbehelf gegen sonstige Dritte zur Verfügung gestellt. Jedoch war diese Action – die ebenfalls an eine Verletzung „vi et armis" anknüpfte – lediglich auf Schadensersatz gerichtet[44].

(2) Die Folgezeit (15. bis 19. Jahrhundert) war gekennzeichnet durch eine stetige Ausdehnung des Anwendungsbereiches der Assize of Novel Disseisin. Ab dem 16. Jahrhundert wurde die Assize of Novel Disseisin zunehmend durch die Action of Ejectment abgelöst[45].

---

42 Instruktiv hierzu Maitland: „In a few years we have Bracton discussing the problem whether the termor is not seised of the land. Undoubtedly his lessor is seised, and if the termor be ejected by a third party the lord can recover the land from that third person as from one who has disseised him; – but the termor also is getting protection – what are we to say, can two persons at one and the same time be seised or possessed of the same acre in two different rights? Bracton hesitates – Roman law points one way, English practice another. In course of time in the fifteenth century, there will be a differentiation of terms, the termor will be possessed, the freeholder will at the same time be seised. Our law thus has on its hands the very difficult task of working two different sets of possessory remedies – the ancient set which protect seisin, the more modern set which protect possession. Then 'seised' will come to imply the right to use the assizes competent to the freeholder, 'possessed' will imply the right to use the writ of trespass." *Maitland*, The Forms of Action (1932), S. 341 f.

43 Zu Einzelheiten siehe z.B. *Baker*, An Introduction to English Legal History (3. Aufl., 1990), S. 361 ff.

44 Zu Einzelheiten s. *Pollock/Maitland*, The History of English Law before the Time of Edward I, Bd. 2 (2. Aufl., 1923), S. 106 ff.

45 Eine ausführliche Darstellung der Situation im 18. Jahrhundert findet sich bei *Blackstone*, Commentaries on the Laws of England, Bd. 3 (1768), S. 167 ff.

(a) Die Assize of Novel Disseisin[46] erfuhr zwischen 13. und 15. Jahrhundert tiefgreifende Veränderungen. Das Erfordernis der „Novelty" verschwand zunehmend. Eine Person, der die Seisin tatsächlich entzogen wurde, konnte die Assize of Novel Disseisin noch Jahre nach diesem Ereignis geltend machen. Für die Praxis am folgenreichsten war, daß der Anwendungsbereich der Assize of Novel Disseisin sich von Fällen einer Verletzung der „actual seisin" auf Fälle einer Verletzung des „right to seisin" ausgedehnte. Damit wurde sie schließlich auf Fallkonstellationen anwendbar, die zuvor weitgehend den Writs of Right und den Writs of Entry vorbehalten waren. Doch währte die Popularität der Assize of Novel Disseisin nicht lange Dauer. Ab dem 15. Jahrhundert erwuchs ihr zunehmend Konkurrenz aus dem Bereich der Actions of Trespass.

(b) Ein Grund für den Niedergang der Assize of Novel Disseisin war ihr Verfahren, ihre „rules of pleading and procedure", die sich mit der Ausdehnung ihres Anwendungsbereich zunehmend verkomplizierten. Die Familie der Actions of Trespass zeichnete sich ab dem 14. Jahrhundert hingegen hinsichtlich des Verfahrens durch eine bestechenden Einfachheit und Schnelligkeit aus[47]. Die Actions of Trespass hatten jedoch den großen Nachteil, daß sie lediglich auf Schadensersatz und nicht auf Herausgabe des Grundstücks zielten. Als dieser Grundsatz jedoch ab Ende des 15. Jahrhunderts durchbrochen wurde, war ihr Siegeszug nicht mehr aufzuhalten. Dieser Erfolg war wesentlich bedingt durch die Fortentwicklung einer besonderen Untergruppe der Actions of Trespass: der Action of Ejectment[48].

Die Action of Ejectment entwickelte sich im 15. Jahrhundert aus der *Action of Trespass de Ejectione Firmae*. Ursprünglich stand die Action of Ejectment nur einem Leaseholder zur Verfügung und war allein auf Schadensersatz gerichtet. 1499 setzte sich die Überzeugung durch, daß mit ihr auch das Land („the term itself") herausverlangt werden konnte[49]. Mit der Action of Ejectment stand dem Leaseholder so ein Rechtsbehelf zur Verfügung, der den Rechtsbehelfen für Freeholder in mancherlei Hinsicht überlegen war: Er konnte den Besitz (in Form

---

46 Vgl. *Baker*, An Introduction to English Legal History (3. Aufl., 1990), S. 270 f.; *Holdsworth*, A History of English Law, Bd. 3 (3. Aufl., 1927), S. 9 ff., 26 f.

47 Vgl. dazu schon weiter oben unter „Trespass and Case"; ausführlich dazu *Holdsworth*, A History of English Law, Bd. 7 (1926), S. 5 f.

48 Ausführlich *Maitland*, The Forms of Action (1932), S. 347 ff.; *Holdsworth*, A History of English Law, Bd. 7 (1926), S. 4 ff., 57 ff.; *Milsom*, Historical Foundations of the Common Law (2. Aufl., 1981), S. 161 ff.; vgl. auch *Baker*, An Introduction to English Legal History (3. Aufl., 1990), S. 341 ff.; *Salmond*, The Law of Torts (3. Aufl., 1912), S. 182 f.; *Curzon*, English Legal History (2. Aufl., 1979), S. 84 ff.; *Plucknett*, A Concise History of the Common Law (5. Aufl., 1956), S. 373; sehr anschauliche Darstellung bei *Walker*, Introduction to American Law (1837), S. 512 f.

49 Zu dieser Entwicklung ausführlich *Holdsworth*, A History of English Law, Bd. 3 (3. Aufl., 1927), S. 214 ff.

der „Possession“) an einem Grundstück mit einer Form of Action herausverlangen, die frei war von den „technicalities“ der Writs of Entry.

Diese Situation „excited the envy of freeholders“[50]. Im 16. Jahrhundert war man daher bestrebt, die Action of Ejectment auch einem Freeholder (und zwar zur Wiedererlangung der „Seisin“) zur Verfügung zu stellen. Eine im 16. Jahrhundert häufig praktizierte Möglichkeit bestand darin, einem Freund an dem streitbefangenem Grundstück ein Leasehold Estate einzuräumen, der dann seinerseits die Action of Ejectment gegen den Dritten erhob[51]. Ab der zweiten Hälfte des 17. Jahrhunderts konnte ein Freeholder schließlich auf die Action of Ejectment unmittelbar zurückgreifen. Eine Aneinanderreihung von Fiktionen machte dies möglich: Man benötigte einen fiktiven „Lessee“, ein fiktives „Leasehold Agreement“, eine fiktiven „Ejector“ und einen fiktiven „Ouster“ (d.h. ein Vertreiben vom Land). Die Gerichte akzeptierten diese Fiktionen bereitwillig[52].

Die Action of Ejectment stand damit sowohl einem Leaseholder als auch einem Freeholder zur Verfügung. Auch kam es aufgrund dieser Fiktionen nicht darauf an, ob dem Kläger (worunter hier der Initiator der Action of Ejectment, nicht der fiktive, nominelle Plaintiff zu verstehen ist) unmittelbar der Besitz entzogen wurde oder ob er ein bloßes Recht zum Besitz rügte. Der Anwendungsbereich der Action of Ejectment überschnitt sich damit mit den Anwendungsbereichen der Assize of Novel Disseisin und der Writs of Entry. Wegen des – trotz der Fiktionen – einfacheren Verfahrens verdrängte die Action of Ejectment alle anderen Real Actions weitgehend[53] und blieb bis ins 19. Jahrhundert der Rechtsbehelf zur (Wieder-)Erlangung eines „piece of land“.

---

50 *Baker*, An Introduction to English Legal History (3. Aufl., 1990), S. 341.

51 „The freeholder would lease the land in question to a friend for the purpose of bringing the action, and would contrive to put him in possession so that he would be ejected by the defendant. The nominal lessee would then bring ejectment against the ejector, who would plead his title, and so the question of title would be tried by jury. If the plaintiff succeeded, he would surrender to his lessor, who thereby obtained possession of the land.“ *Baker*, An Introduction to English Legal History (3. Aufl., 1990), S. 341.

52 Wenn ein Freeholder nun also ein bestimmtes Stück Land beanspruchte, so konnte er die Herausgabe dieses Landes von einem Dritten auf folgende Art und Weise erreichen: „If I claim title to a piece of land of which you are in possession, I begin by alleging that I leased the land to a fictitious person, say John Doe; that he entered into possession; and that another fictitious person, say Richard Roe, ejected him therefrom. Thus John Doe becomes the nominal plaintiff, and Richard Roe the nominal defendant; but the courts permit you, being in possession, to be made defendant afterwards, in the place of Richard Roe, who is called the causal ejector, provided you will first confess the fictions, which I of course could never prove; namely, the lease, entry, and ouster, which I have falsely alleged. The proceedings are then confined to the trial of my title.“ *Walker*, Introduction to American Law (1837), S. 512 f.

53 Die Writs of Entry und die Assize of Novel Disseisin wurden bis ins 19 Jahrhundert in Einzelfällen weiterhin angewandt, wenn aus bestimmten Gründen die Action of

Damit vereinfachte sich zwar – sowohl hinsichtlich des Besitzschutzes von Mobilien als auch von Immobilien – zu Beginn des 19. Jahrhunderts das Verfahren erheblich. Eine klare Besitzrechtsstruktur, die zumindest im Immobiliarbereich aufgrund der Trennung zwischen Seisin und Possession und der Trennung zwischen possessorischen und petitorischen Rechtsbehelfen einmal angelegt war, existierte letzten Endes nicht mehr. Aus den für eng umgrenzte Sachverhalte konzipierten Klagformeln hatten sich generalklauselartige Rechtsbehelfe entwickelt. Die Reformbestrebungen des Gesetzgebers korrigierten dieses Ergebnis nicht.

b) *Die Einmischung des Gesetzgebers*

Das Besitzrecht wurde sowohl in den USA als auch in England nur in Teilbereichen kodifiziert. Die erhoffte Systematisierung blieb so weitgehend aus. Im Ergebnis erfolgte weitgehend eine Normierung des Status quo, so daß generalklauselartige Rechtsbehelfe, deren Anwendungsbereich trotz der gesetzlichen Vorgaben häufig unklar blieb, für die Wiedererlangung einer Mobilie bzw. eines Grundstückes zur Verfügung standen.

In England kodifizierte der Common Law Procedure Act 1852 die Action of Trover and Conversion, deren Anwendungsbereich damit zumindest umrissen war. Für „Conversion" genügte die Behauptung des Klägers „that the defendant converted to his own use, or wrongfully deprived the plaintiff of the use and possession of the plaintiff's goods". Damit orientierte sich der Gesetzgeber weitgehend am Case Law[54].

Die Abschaffung des Wager of Law im Jahre 1833[55] führte zu einer Wiederbelebung der nicht kodifizierten Action of Detinue, die nun wieder an Popularität gewann und zur Action of Trover and Conversion in offene Konkurrenz trat[56]. Die Gefahr des Beweisantritts durch Wager of Law hatte die Action of Detinue in Vergessenheit geraten lassen. Nun war sie wieder interessanter, zumal sie – im Gegensatz zur Action of Trover and Conversion – unmittelbar auf die Herausgabe der Sache gerichtet war. Da die Praxis in der Folgezeit dazu überging, auch in Fällen der Action of Trover and Conversion – wenn es billig erschien –

Ejectment ausnahmsweise nicht einschlägig war. Zu Einzelheiten s. *Baker*, An Introduction to English Legal History (3. Aufl., 1990), S. 342.

54 Vgl. *Salmond*, The Law of Torts (2. Aufl., 1910), S. 292.

55 Statute 3 and 4 Will. IV, c. 42 sec. 13.

56 „Since the action of detinue lay to recover the goods or their value, the value was assessed at the date of the judgment, whereas in conversion the damages were based on the value of the goods at the moment of conversion. The plaintiff therefore elected between the actions according to whether the goods had appreciated or depreciated since the date of the conversion." *Baker*, An Introduction to English Legal History (3. Aufl., 1990), S. 452.

statt eines Schadensersatzes die Sache selbst zurückzugewähren[57], schwand die Popularität der Action of Detinue wieder.

Im Bereich des Grundstücksrecht bestätigte der Gesetzgeber mit dem Real Property Limitation Act (1833) die bisher geltende Praxis der Action of Ejectment als Universalrechtsbehelf zur Wiedererlangung eines Grundstücks. Diese Statute schaffte, von fünf Ausnahmen abgesehen[58], alle „real and mixed actions"[59] in England zum 31. Dezember 1834 ab. Eine dieser fünf Ausnahmen war die Action of Ejectment.

Anfangs war aber weiterhin der Rückgriff auf die vier Fiktionen nötig. Erst der Common Law Procedure Act (1852), der es dem Kläger erlaubte, unmittelbar gegen die Person, die ihm den Besitz (oder das Recht zum Besitz) an einem Grundstück streitig machte, vorgehen zu können, machte die Fiktionen überflüssig. Im Jahre 1873 ersetzte der Judicature Act den Namen „Action of Ejectment" durch die Bezeichnung „Action for the Possession of Land". In der Sache galten weiterhin weitgehend die gleichen Regeln, wie sie sich seit dem 17. Jahrhundert entwickelt hatten.

In den USA übernahm man hinsichtlich des Besitzschutzes für bewegliche Sachen die in England entwickelten Prinzipien weitgehend[60] – mit einer Ausnahme: Die Action of Detinue (sur Trover) spielte in der amerikanischen Praxis nie eine große Rolle[61]. Zentraler Herausgabeanspruch für bewegliche Sachen war die Action of Replevin[62], die man schon in den 1830er Jahren in einzelnen Staaten kodifizierte[63]. Im Gegensatz zur englischen Sichtweise, beschränkte sich

---

57 *Salmond*, The Law of Torts (2. Aufl., 1910), S. 332 f.

58 Diese fünf Ausnahmen waren „a writ of right of dower, a writ of dower, unde nihil habet, a quare impedit, or an ejectment", *Maitland*, The Forms of Action (1932), S. 301. S. zu den Reformen ausführlich *Holdsworth*, A History of English Law, Bd. 7 (1926), S. 78 ff.

59 Zu den Begrifflichkeiten s. z.B. *Maitland*, The Forms of Action (1932), S. 301:
„Real actions, which concern real property only, are such whereby the plaintiff, here called the demandant, claims title to have any lands, or tenements, rents, commons, or other hereditaments in fee simple, fee tail or for term of life.
Personal actions are such whereby a man claims a debt, a personal duty, or damages in lieu thereof; and likewise, whereby a man claims a satisfaction in damages for some injury done to his person or property.
Mixed actions are suits partaking of the nature of the other two, wherein some real property is demanded, and also personal damages for a wrong sustained."

60 Vgl. z.B. *Salmond*, The Law of Torts (2. Aufl., 1910), S. 292 ff.

61 Vgl. *Walker*, Introduction to American Law (1837), S. 510.

62 Vgl. *Walker*, Introduction to American Law (1837), S. 510 f.; Pound schrieb noch 1919: „Replevin, in this country has almost entirely superseded detinue, and generally lies in all cases to recover possession of personal property." *Pound*, An Introduction to American Law (1919), S. 34.

63 So zumindest Walker in seinem Lehrbuch „Introduction to American Law" für den Staat Ohio, wenn auch ohne nähere Angaben: „But by our statute, it is made a much

Replevin in USA nicht auf die Fälle der Wegnahme einer Sache, sondern entwickelte sich vielmehr zum Herausgabeanspruch für bewegliche Sachen schlechthin (also auch außerhalb des Distress). Replevin konnte selbst in den Fällen herangezogen werden, in denen der Kläger gar nicht das Opfer einer Wegnahme war, sondern z.B. gegen einen Bailee vorgehen wollte, der die Herausgabe einer Sache nach Ablauf der vereinbarten Zeit verweigerte. Der Sache nach hatte diese Action of Replevin mit dem mittelalterlichen Replevin Englands – abgesehen von dem altertümlichen Verfahren – nur wenig gemein[64].

Neben der Action of Replevin war die Action of Trover and Conversion (die zunächst nicht kodifiziert war) weit verbreitet. Da letztere auch in den USA in der Regel auf Schadensersatz beschränkt war, hatte der Kläger ein Wahlrecht[65].

Bezüglich der Wiedererlangung des Besitzes an einem Grundstück[66] lagen englisches und amerikanisches Recht weiter auseinander. Zahlreiche us-amerikanische Staaten kodifizierten bereits vor oder während der ersten Hälfte des 19. Jahrhunderts einen der Action of Ejectment vergleichbaren Rechtsbehelf. Teilweise war die Arbeit mit Fiktionen noch notwendig, teilweise hatte man schon auf diese verzichtet[67]. Nur in einzelnen Staaten waren bis ins 20.

---

more general remedy. It now lies whenever personal property is wrongfully detained from the owner; or in other words, a wrongful detention is now made the gist of replevin." *Walker*, Introduction to American Law (1837), S. 510.

64 „The plaintiff makes affidavit that the property belongs to him; that it is wrongfully detained by the defendant; and that it was not taken on execution against the plaintiff, nor for any debt or tax due the state; and thereupon the sheriff replevies the property; that is, he takes it out of the hands of the defendant, and delivers it to the plaintiff, upon his giving security to try his title, and abide the event of the suit; which security must be in double the value of the property, ascertained by appraisement, for which the statute provides. The suit then goes on to trial; and if the plaintiff fail in proving his title, he is answerable to the defendant for the value of the property replevied, and damages for taking it away; but the defendant cannot recover back the specific goods. If the plaintiff succeeds, he already has the property, and of course only recovers damages for the previous detention, while in the hands of the defendant." *Walker*, Introduction to American Law (1837), S. 510 f.

65 „If you wish to recover the specific chattels, and can find and identify them, you will bring replevin; but if you cannot identify them, or cannot come at them, or do not want them, you will bring trover for the damages you have sustained." *Walker*, Introduction to American Law (1837), S. 511.

66 Daneben kodifizierten die meisten Staaten im Laufe des 19. Jahrhunderts eine Action of Trespass to Land, die aber nur auf Schadensersatz gerichtet war. Vgl. dazu *Salmond*, The Law of Torts (3. Aufl., 1912), S. 163 ff.; *Dicey*, A Treatise on the Rules for the Selection of the Parties to an Action (2. Aufl., 1886), S. 352 ff.

67 Beispiele für die unterschiedlichen Ansätze einzelner Staaten finden sich bei *Friedman*, A History of American Law (2. Aufl., 1985), S. 64 f. und *Walker*, Introduction to American Law (1837), S. 512 f.

Jahrhundert hinein die Writs of Entry der einzig anwendbare Rechtsbehelf bei Streitigkeiten um ein Grundstück[68].

Manche Staaten führten darüber hinaus ein summarisches Verfahren ein, das es Landlords ermöglichte, auf besonders schnelle Weise das Land von mit ihren Pflichten in Verzug geratenen Tenants zurückzuerlangen[69].

Auch in den USA bestand das Problem, daß die einzelnen Gesetze überwiegend Verfahrensfragen regelten und wenig Hilfestellung bei der Frage boten, wer zur Klage berechtigt sein und damit als Possessor gelten sollte.

c) Die unüberschaubare Stoffmenge

Aus dem Zusammenspiel der Fälle, in denen einzelnen Personen die Schutzbehelfe zustanden oder nicht zustanden, ließen sich die objektiven und möglicherweise subjektiven Merkmale herausarbeiten, die erforderlich waren, damit Possession an einer Sache oder einem Grundstück vorlag. Durch die Weiterentwicklung der Klagformeln und insbesondere ihre Erweiterung auf zunächst nicht erfaßte Personengruppen nahm das Besitzrecht des Common Law Gestalt an. In besonderer Weise galt die für das Common Law immer wieder aufgestellte Behauptung: „form creates substance“[70]. Die in Frage stehenden Klagformeln dienten dem Schutz der Possession. Wer keine Possession hatte, konnte nicht die possessorischen Klagformel geltend machen.

Die Stoffmenge, die wie in allen Rechtsgebieten durch zahllose dokumentierte Entscheidungen im Laufe des 19. Jahrhunderts enorm zunahm, machte es beinahe unmöglich, klar umrissene Besitzrechtsstrukturen zu erkennen. Wollte man eine Besitzrechtsdoktrin des Common Law aus den überlieferten Fällen herausarbeiten, so konnte man dies – wie *Lindley* es 1855 formulierte – nur

---

68 Nachweise dazu finden sich bei *Pound*, An Introduction to American Law (1919), S. 34; *Friedman*, A History of American Law (2. Aufl., 1985), S. 237.

69 So gab es z.B. im Staat Ohio die Action of Forcible Entry and Detainer, über die von zwei Friedensrichtern (assistiert durch eine Jury) entschieden wurde. *Walker*, Introduction to American Law (1837), S. 513.

70 Ausführlich dazu *Milsom*, Historical Foundations of the Common Law (2. Aufl., 1981), S. 6 ff.; vgl auch *Baker*, An Introduction to English Legal History (3. Aufl., 1990), S. 63: „Much of our legal history will defy comprehension unless this separation of law from procedure is put out of mind. The learning about writs, forms of action and pleading was fundamental to the common law, not simply because lawyers were more punctilious about form than they now are, but because the procedural institutions preceded the substantive law as now understood. The principles of the common law were not laid down in the abstract, but grew around the forms through which justice was centralised and administered by the King's courts. There was a law of writs before there was a law of property, or of contract, or of tort.“

bewerkstelligen „by wading through a mass of cases upon the old possessory actions, ejectment, trespass, trover and larceny."[71]

Bei den Fällen der „recovery of land" ging das Common Law ursprünglich von zwei verschiedenen Besitzbegriffen aus. Diese Unterscheidung zwischen „seisin" und „possession" war aber aufgrund der uneinheitlichen Terminologie in den Quellen nicht deutlich sichtbar. Zahlreiche alte Urteile trugen daher eher zur Verwirrung als zur Erhellung bei.

Darüber hinaus handelte es sich bei den überlieferten „cases" nicht nur um zivilrechtliche Fälle, sondern (mit dem „appeal of robbery and larceny") auch um strafrechtliche. Während im frühen Mittelalter dieser Appeal noch die wesentliche Möglichkeit war, den Besitz an einer Mobilie vom Dieb wiederzuerlangen, entwickelte er sich ab dem 12. Jahrhundert mehr und mehr zu einem reinen Straftatbestand, bei dem es nur um Bestrafung des Täters, nicht aber um Herausgabe der Sache ging.

Zwar kam es auch in der Folgezeit bei dem „appeal of robbery and larceny" weiterhin auf eine Wegnahme, also einen Bruch der Possession des wahren Berechtigten an. Jedoch definierte man – um Fälle des Trickbetruges erfassen zu können – die Possession in diesem Zusammenhang anders als bei den auf Herausgabe einer Sache oder eines Grundstücks gerichteten zivilrechtlichen Klageformeln[72]. Dies hatte die Konsequenz, daß der gleiche Begriff „Possession" in Fällen aus unterschiedlichen Rechtsgebieten plötzlich mit einer unterschiedlichen Bedeutung belegt war[73].

3. *Die Lösungsvorschläge*

Unter den Gelehrten des Common Law herrschte weitgehende Ratlosigkeit, wie man diesem (nicht nur besitzrechtlichen) Chaos begegnen sollte, insbesondere, wie man dem Common Law die verloren geglaubte Systematik zurückgeben könne. Es kristallisierten sich dabei zwei Fragestellungen heraus:

1) Wo lagen die Wurzeln des Common Law? Wie war das Verhältnis von römischen Recht und Common Law allgemein zu sehen? Durfte man in Fällen der Unklarheit oder Widersprüchlichkeit der englischen Quellen als Ergänzung auf

---

71 *Lindley*, An Introduction to the Study of Jurisprudence (1855), S. 282 f.

72 S. ausführlich dazu bei *Baker*, An Introduction to English Legal History (3. Aufl., 1990), S. 606 f.

73 Ausführlich *Fifoot*, Judge and Jurist in the Reign of Victoria (1959), S. 95 ff. (m.w.N.). Das gleiche Phänomen zeigt sich heute in Deutschland bei der unterschiedlichen Belegung der Begriffe „Besitz" und „Gewahrsam" im Zivil- und Strafrecht.

das römische Recht zurückgreifen oder existierte eine „native doctrine“[74] des Common Law, die einen solchen Rückgriff ausschloß?

2) Welche Methode zur wissenschaftlichen Durchdringung des Rechtsstoffs des Common Law war die richtige? Konnte hierbei die zur Systematisierung des römischen Rechts auf dem Kontinent entwickelte Methode der Pandektistik als Vorbild dienen oder war dieser Ansatz für das Common Law gänzlich ungeeignet?

a) *Die Suche nach der Herkunft des Common Law*

Noch aus dem 18. Jahrhundert wirkte das naturrechtliche Denken herüber. Dieses beeinflußte in England *Blackstone's* Commentaries on the Laws of England (1766-68). In Amerika ging es vor allem auf die Staatslehre des Engländers *Locke* und die französische Aufklärung zurück und fand in der Declaration of Independence von 1776 seinen deutlichsten Ausdruck. Demnach bestand das Recht aus natur- oder gottgegebenen „inalienable rights“, die a priori durch bloße Vernunftspekulation erkennbar und allgemeingültig, unabänderlich und ewig seien. Das Recht existierte demnach in seinen Grundprinzipien unabhängig von staatlichem Rechtshandeln. In der zweiten Hälfte des 19. Jahrhunderts war diese Richtung nur noch schwach vertreten[75].

Bedeutender als das Naturrecht war die Analytical Jurisprudence, die auf *Benthams* Protest gegen das alte Common Law basierte, wie es in *Blackstones* „Commentaries“ zum Ausdruck gekommen war. *Bentham* wollte an die Stelle der Unsicherheit und Unberechenbarkeit der richterlichen Entscheidungen klare, feste Rechtsprinzipien setzen, die in erschöpfenden Gesetzen ihren Ausdruck finden sollten[76]. Aus diesen Wurzeln entwickelte *Benthams* Mitstreiter *John Austin* in seinen „Lectures on Jurisprudence“ in England noch vor der Jahrhundertmitte die Analytical Jurisprudence. Als Rechtslehre lehnte diese die naturrechtliche Grundanschauung ab. Nicht in naturgegebenen Rechten, sondern im Befehl der Obrigkeit an seine Untertanen sah *Austin* den Ursprung des Recht[77]. Recht sei also das Produkt menschlichen Willens; seine Wirksamkeit hänge – unabhängig vom Rechtsinhalt – davon ab, daß ein Souverän es seinen Untergebenen vorschreibe[78].

---

74 Vgl. *Pollock/Wright*, An Essay on Possession in the Common Law (1888), S. vi.

75 Zum Einfluß des Naturrechts in England siehe *Stein*, in: La Formazione Storica Del Diritto Moderno in Europa (1977), S. 1105, 1110 ff. Zum Einfluß in Amerika siehe *Reimann*, Historische Schule und Common Law (1993), S. 55.

76 Vgl. *Schwarz*, in: Rechtsgeschichte und Gegenwart (1960), S. 26, 48.

77 „But every positive law [...] is a direct or circuitous command of a monarch or sovereign number [sic!] in the character of political superior.“ *Austin*, The Province of Jurisprudence Determined (2. Aufl., 1861), S. 121.

78 Vgl. zu Austins Lehre auch *Borchard*, in: 12 Columbia Law Review (1912), S. 301, 308 und *Stein*, in: L'Educazione Juridica, Bd. II: Profili Storici (1979), S. 185, 193.

Auf der Suche nach einem Vorbild für die Systematisierung und Reformierung des Common Law wendeten die Vertreter der Analytical Jurisprudence den Blick auf die zeitgenössische Romanistik, über die *Austin* schrieb:

> „The Roman Law [...] is greatly and palpably superior, considered as a system or whole, to the Law of England. Turning from the study of the English, to the study of the Roman law, you escape from the empire of chaos and darkness, to a world which seems by comparison, the region of order and light.“[79]

Nachdem auch die amerikanische Jurisprudence diese Ideen aufgenommen hatte, war die Analytical Jurisprudence um 1870 nicht nur in der englischen Rechtstheorie, sondern auch in den USA führend[80].

Doch bereits in den 1860iger Jahren tauchte mit dem historischen und evolutionistischen Rechtsdenken, der sogenannten „Historical Jurisprudence“, eine neue Strömung auf, die der Analytical Jurisprudence Konkurrenz machte. Diese Richtung hatte ihre Wurzeln in England vor allem in der Biologie *Charles Darwins* und der Soziologie *Herbert Spencers*[81].

Für die Rechtswissenschaft erhielt dieses Denken seine theoretische Fundierung nicht zuletzt durch *Savignys* Rechtsentstehungslehre, die im angloamerikanischen Raum große Resonanz fand: Mit der Ableitung des Rechts aus Volksgeist und Gewohnheit und mit der geschichtlichen Betrachtung des Rechts ließ sich *Austins* Theorie vom Recht als Befehl entgegentreten[82].

Deutlich zeigte sich die neue Richtung in der Veröffentlichung von *Henry Sumner Maines* „Ancient Law“ (1861)[83], der Recht als das Ergebnis eines lange an-

---

79 *Austin*, The Province of Jurisprudence Determined (2. Aufl., 1861), S. xciv. Allerdings warnte Austin auch vor einem blinden Rückgriff auf römische Rechtsprinzipien, die zum Teil aus „barbarous ages“ stammten. So *Austin*, The Province of Jurisprudence Determined (2. Aufl., 1861), S. 361. Das Zitat stammt aus dem posthum 1863 von Austins Witwe Sarah veröffentlichen Beitrag John Austins „The Uses of the Study of Jurisprudence“.

80 *Reimann*, Historische Schule und Common Law (1993), S. 55. Zum Einfluß Austins auf die einzelnen amerikanischen Gelehrten vgl. *Herget*, American Jurisprudence, 1870-1970 (1990), S. 31 ff.

81 Vgl. dazu *Schwarz*, Rechtsgeschichte und Gegenwart (1960), S. 26, 58 f. und *Reimann*, Historische Schule und Common Law (1993), S. 55 f.

82 *Reimann*, Historische Schule und Common Law (1993), S. 88.

83 Stein führte die Ideen Maines allerdings weniger auf Darwins biologische Erkenntnisse, als vielmehr auf Lyell's geologische Lehre zurück, die dieser in seinem Buch „Principles of Geology“ (1830) zum Ausdruck gebracht hatte. Dort habe dieser dargelegt, daß die Veränderungen der Erdoberfläche nicht auf wiederkehrende Katastrophen, aber sondern stetig und weitgehend konstant wirkende physikalische Kräfte zurückzuführen seien. Als Beweis für seine These führte Stein ein Zitat aus *Maine*, Ancient Law (1. Aufl., 1861), S. 2 an. Dieser hatte über die Ideen frühzeitlicher Rechtskulturen geschrieben, daß diese „are to the jurist what the primary crusts of the earth

dauernden, in die Geschichte zurückzuverfolgenden Entwicklungsprozesses ansah. Weder der Vernunft noch dem Befehl des Souveräns, sondern der Geschichte entspringe das Recht.

Diese Überzeugung gewann in England viele Anhänger und relativierte die Analytical Jurisprudence gegen Ende des 19. Jahrhunderts etwas, auch wenn sie die Lehren *Benthams* und *Austins* nicht ganz verdrängen konnte. Die größten Erfolge konnte das geschichtlich-evolutionistische Rechtsverständnis in den USA verzeichnen. Dort setzte es sich allmählich gegenüber der Analytical Jurisprudence durch und entwickelte sich bis zur Jahrhundertwende zur vorherrschenden Richtung[84].

Im Hinblick auf die Frage nach der Herkunft des Rechts stand die neue Richtung vor einem Problem. Wenn das Recht nicht aus Befehl oder Vernunft, sondern aus Geschichte und Charakter eines Volkes erwachse, woher stammte dann das eigene Recht, das Common Law? Hauptstreitpunkt war die Frage, ob das Common Law auf das römische Recht zurückgehe und daher dem Civil Law wesensmäßig verwandt sei, oder ob es angelsächsische Ursprünge habe und sein Wesen demnach germanisch sei. Die Fragestellung ähnelte der in Deutschland geführten Diskussion zwischen Romanisten und Germanisten um den Charakter des deutschen Rechts. In der anglo-amerikanischen Diskussion standen sich beide Ansichten aber nicht als Gegenpole gegenüber, die eine Ansicht löste die andere vielmehr ab[85].

Noch bevor die amerikanische Rechtswissenschaft zur Zeit des Bürgerkrieges begann, sich für Rechtstheorie und Rechtsgeschichte zu interessieren, war man um die Jahrhundertmitte in England überwiegend zu dem Ergebnis gekommen, daß das Common Law entscheidend auf dem römischen Recht beruhe. Hinter vielen Instituten und Regeln des Common Law entdeckten die englischen Juristen römische Vorbilder. Trust, Besitz, Vertrag oder Fahrlässigkeit wurden römisch-rechtlich begründet. Im Civil Law sahen sie ein dem englischen Recht geistesverwandtes Rechtssystem, das sich lediglich in Details unterscheide.

---

are to the geologist. They contain, potentially, all the forms in which law has subsequently exhibited itself." Wie dem auch sei, der naturwissenschaftliche Ursprung dieser Lehren sei jedenfalls offensichtlich. *Stein*, in: L'Educazione Juridica, Bd. II: Profili Storici (1979), S. 185, 198.
Vgl. dazu auch *Hastie*, Outlines of the Science of Jurisprudence (1887), S. xxvi f.

84 *Stein*, in: L'Educazione Juridica, Bd. II: Profili Storici (1979), S. 185, 199 und *Reimann*, Historische Schule und Common Law (1993), S. 55 f. Auf diese unterschiedliche Wirkung der historical jurisprudence führte Stein zurück, daß die „case-method" oder „socratic method", die in USA entwickelt wurde, in England nie großen Erfolg gehabt habe.

85 *Reimann*, in: Kroeschell-Festschrift (1997), S. 933, 935; *Reimann*, Historische Schule und Common Law (1993), S. 63 f.

Typisch ist insofern die Äußerung *Finlasons* als Herausgeber einer neuen Auflage von *Reeves* „History of the English Law":

> „It is the opinion of those whose researches into our early history give their opinions highest authority, that, after the decline of the Roman empire and the withdrawal of the Roman legionaries, the Romanized Britons (the two races having been so long together that they must, to a great extent, have become blended) retained, as might be expected, the Roman ideas of government, and the Roman laws and institutions, and that these were likewise, in a similar way, transmitted to subsequent races of barbarian invaders, who, before their conquests were complete, became blended with the Romanized inhabitants of the island. [...] There would, therefore, it is manifest, be every reasonable probability that the Roman laws and institutions would be adopted in this country, and would continue to exist here even after the Roman rule was at an end. Nor it is left to probability; it is converted to the positive certainty of historic truth by the actual existence of the laws of the Romanized Britons, compiled at a period posterior to the termination of the Roman rule in the island, and anterior to the later Saxon laws."[86]

Sie ist Ausdruck einer breiteren Strömung, die in England nicht nur viele Wissenschaftler, sondern auch die Rechtsprechung erfaßte[87], und die auch in den USA Anhänger fand[88].

Im letzten Viertel des 19. Jahrhunderts begannen jedoch mehr und mehr englische und besonders auch amerikanische Autoren die These von den römischen Ursprüngen des Common Law zu überdenken. Wurden anfangs noch vorsichtige Zweifel an der erfolgten Übernahme von römischen Rechtsinstituten ins angloamerikanische Recht geäußert[89], überwogen bald die Einwände derer, die den

---

86 *Finlason*, Reeves' History of the English Law (1880), S. lviii ff.
Ebenso deutlich sprach sich Sir Richard Bethell für die These von der Herkunft des Common Law aus dem römischen Recht aus: „It is now clear that the Common Law which existed in England at the time of the Norman Invasion, was in great measure derived from the Jurisprudence that had been introduced and administrered by the Romans during the 300 years of their dominion in Britain." *Bethell*, in: 1 Papers Read Before the Juridical Society (1855-1858), S. 1 f.
Weitere Nachweise bei *Reimann*, in: Kroeschell-Festschrift (1997), S. 933, 935 f.

87 Vgl. dazu *Reimann*, Historische Schule und Common Law (1993), S. 63 f.; *Graziadei*, in: The Reception of Continental Ideas in the Common Law World 1820 – 1920 (hg. von Reimann, 1993), S. 115 ff.; *Beach*, The Civil Law in America (1903), S. 9.

88 Ein anonymer Verfasser (vermutlich John Pickering) schrieb im Jahre 1829: „[W]e cannot but entertain a strong conviction that a very large portion of our common law, perhaps nearly all, except the law of real estate, is derived from that very Roman law, which has for ages been the subject of so much jealousy in England, and to which English lawyers have been so reluctant in acknowledging their obligations." *Anonymous*, in: 2 The American Jurist and Law Magazine (1829), S. 39, 44.

89 So beispielsweise Stubbs: „England has inherited no portion of the Roman legislation except in the form of scientific or professional axioms, introduced at a late period, and through the ecclesiastical or scholastic or international university studies." *Stubbs*, A Constitutional History of England, Vol. I. (1874), S. 10.

römischen Ursprung anglo-amerikanischer Institute ablehnten. Hinzu traten Forderungen gegen eine (zukünftige) Orientierung an den vom römischen Recht geprägten Rechtssystemen des Kontinents[90].

Doch wenn das Common Law nicht römischen Ursprungs war, woher kam es dann? *Maine* hatte in seinem Werk „Village Communities in East and West" (1871) verschiedene Institutionen des englischen Rechts auf angelsächsische und teutonische Ursprünge zurückgeführt[91]. Mit dieser Ansicht blieb er nicht allein. Zwischen 1870 und 1880 erschien eine Reihe grundlegender Untersuchungen, denen zufolge die Wurzeln des Common Law nicht in Rom, sondern in den „wide plains of northern Germany" zu finden seien[92]. Insbesondere *Holmes'* Monographie „The Common Law" aus dem Jahre 1881 gilt geradezu als „germanistische Streitschrift gegen den verderblichen Einfluß des römischen Rechts und seiner modernen Vertreter"[93].

Manche konnten der These von den germanischen Ursprüngen des Common Law nur mit Zurückhaltung zustimmen, andere waren von ihrer Richtigkeit fest überzeugt, während wieder andere sie mit fanatischem Enthusiasmus begrüßten[94]. Jedenfalls beherrschte diese Ansicht mehr und mehr das anglo-amerikanische Rechtsdenken. Ganz im Sinne der in den 1890er Jahren herrschenden Meinung schrieb *Holmes* 1896:

---

90 So z.B. Dillon: „There is one purpose which runs through all the lectures, in virtue of which only can the book make any claim to unity of design: that purpose is to delineate the characteristics and to exhibit the excellences of our legal system as it now exists, with a view to show that for the people subject to its rule it is, with all its faults, better than the Roman or any other alien system. It is an argument intended to be so earnestly and strongly put as to amount to a protest against the Continentalization of our law." *Dillon*, The Laws and Jurisprudence of England and America (1894), S. viii.

91 Zum Besitzrecht findet sich bei ihm allerdings nichts.

92 Zitat von *Adams*, in: Essays in Anglo-Saxon Law (hg. von Adams, 1905), S. 1.
Als weitere Untersuchungen zu dem Thema sind zu nennen: *Stubbs*, Select Charters and other Illustrations of English Constitutional History (1. Aufl., 1870); *Stubbs*, A Constitutional History of England (1874-78); *Digby*, An Introduction to the History of the Law of Real Property (1875); *Bigelow*, Placita Anglo-Normannica: Law Cases from William I to Richard preserved in Historical Records (1879) sowie *Bigelow*, History of Procedure in England from the Norman Conquest (1880). Vgl. dazu *Graziadei*, in: The Reception of Continental Ideas in the Common Law World 1820 – 1920 (hg. von Reimann, 1993), S. 115, 141 ff., insb. 148 f.
In England waren die Hauptvertreter der These vom germanischen Ursprung des Common Law John M. Kemble, William Stubbs, John R. Green und Edward A. Freeman. In Amerika wurde die germanische Richtung besonders von Kenelm Digby, Melville Bigelow, James B. Ames, Henry B. Adams, Herbert B. Adams und Oliver W. Holmes vertreten. S. *Reimann*, in: Kroeschell-Festschrift (1997), S. 933, 936 ff.

93 *Reimann*, Historische Schule und Common Law (1993), S. 113.

94 Dazu genauer *Reimann*, Historische Schule und Common Law (1993), S. 65 f.

„The main roots of our law are Frankish, not Roman, and many ideas which formerly were supposed, and in the common law books still are supposed, to have come from Rome are now traced to the lex Salica and the folk law which left its mark in the Germania of Tacitus."[95]

Doch auch die romanistische Gegenthese fand weiterhin Anhänger[96]. Manche Autoren versuchten, eine Kompromißlösung zu finden[97], während insbesondere *Maitland* auf die Bedeutung der typisch englischen – also weder germanisch noch romanistischen – Besonderheiten des Common Law hinwies[98].

---

95 *Holmes*, in: Collected Legal Papers (1920), S. 153, 156.

96 So formulierte Beach noch im Jahre 1903 bei einem Vortrag am St. Paul College of Law: „Few American law schools include the study even of its outlines and elements in their curriculum, and few American lawyers know anything exactly or definitely about it. This is the more anomalous and extraordinary, inasmuch as the law of Rome is in fact the source from which we have derived, mediately and immediately, much the greater number of our legal conceptions, as well as far the greater part of the specific rules both of our law and of our procedure. Many titles in our corpus juris have come to us almost bodily from the Code of Justinian, and practically all our scientific and orderly knowledge of jurisprudence has been similarly derived." *Beach*, The Civil Law in America (1903), S. 1.
Taylor hatte bereits 1896 geschrieben: „And yet no matter how pure the form in which the Teutonic political and legal systems may have been reproduced in Britain, no matter how completely they may have preserved their identity, it would be folly to attempt to disguise the extent to which English law as a system of jurisprudence has been enriched from Roman sources." *Taylor*, A Comparative Study of Roman and English Law in the Old World and the New (1899), S. 23.

97 So z. B. Howe: „Having in the previous lectures considered in outline the history of the Roman law and the work of some of the Roman jurists, let us now take up the historical relation of the Roman law to the law of England, – a question of obvious importance in a fair and complete view of our own American law. It is a question frequently discussed of late years, and concerning which there has been a good deal of conflict of opinion. On one side we have a class of writers who seem disposed to minimize as much as possible the obligation of England to Rome in this regard. On the other side we have a class who perhaps magnify too much the contributions of what is called the civil law to what is called the law of England. It is quite likely that in this matter, as in many others, the truth will be found somewhere between the two extremes. A via media may perhaps be discovered; and it seems reasonably certain that the class of writers who persist in denying, or at least ignoring, the obligations of England to the Roman system are contradicted by analogy, by history, or by high authority." *Howe*, Studies in the Civil Law and Its Relations to the Law of England and America (1896), S. 35.
Bryce ergänzte: „And the fundamental ideas and principles of English law itself have been in some departments so much affected by Roman law that they can hardly be treated as independent material for comparative study." *Bryce*, Studies in History and Jurisprudence (1901), S. 621.

98 Vgl. zu Maitland *Graziadei*, in: The Reception of Continental Ideas in the Common Law World 1820 – 1920 (hg. von Reimann, 1993), S. 115, 158 ff.

b) *Die Suche nach der richtigen Methode zur wissenschaftlichen Durchdringung des Rechtsstoffs im Common Law*

Bei der Suche nach der richtigen Methode zur wissenschaftlichen Durchdringung des Common Law begegnet man drei Ansätzen. Zum einen wirkte – trotz zunehmend schwindenden Einflusses – noch immer das naturrechtliche Denken nach. Hauptsächlich konkurrierten jedoch die methodischen Ansätze der Analytical Jurisprudence und der Historical Jurisprudence miteinander[99].

Die Methode des Naturrechts, die sogenannte Metaphysical Method, sah das Recht als Ausdruck einer Idee an. Ihr Ansatzpunkt waren abstrakte Vorstellungen über Rechte. Das Recht steht demnach in einen Ableitungszusammenhang von bestimmten obersten Prinzipien[100].

Wesentlich mehr Bedeutung hatte die Analytical Jurisprudence. Dieser ging es vor allem um eine begriffliche Erfassung und logische Systematisierung des positiven Rechts. *Austin* und seine Anhänger wollten in den vorgefundenen, nach ihrer Ansicht in keiner Weise geordneten Rechtsstoff Ordnung bringen, indem sie Begriffe definierten, den Zusammenhang zwischen den unterschiedlichen Begriffen und Konzepten untersuchten und sie in ein allgemeingültiges System einzuordnen suchten. Dabei vertraten sie – anders als die klassischen Naturrechtler – nicht die Ansicht, daß es *einen* Rechtsinhalt von absoluter Geltung gebe. Vielmehr hielten sie es für die Aufgabe des Gesetzgebers, den Rechtsinhalt zu bestimmen, weshalb sie eine Kodifikation des Rechts durchaus befürworteten. Da sie nach allgemeingültigen Prinzipien und Strukturen suchten, verzichteten sie bewußt auf eine historische, national gebundene Sichtweise. Die Methode der Analytical Jurisprudence war daher recht abstrakt und unvermeidbar spekulativ[101].

Im Gegensatz dazu wollte die Historical Jurisprudence gerade in der Geschichte und in den nationalen Eigenheiten eines Volkes die Erklärung des Rechts finden. Durch die Erforschung der Rechtsentwicklung wollte man Grundsätze und Ge-

---

99 Diese Ansätze sind jedoch Idealtypen, denn die anglo-amerikanischen Jurisprudenz dieser Zeit war ein „Konglomerat verschiedener Abwandlungen und Mischformen dieser Grundideen“, *Reimann*, Historische Schule und Common Law (1993), S. 92.

100 Vgl. *Borchard*, in: 12 Columbia Law Review (1912), S. 301, 308; *Kroeschell*, Deutsche Rechtsgeschichte, Bd. 3 (3. Aufl., 2001), S. 58.

101 Vgl. zur Methode der Analytical Jurisprudence: *Reimann*, Historische Schule und Common Law (1993), S. 91 f.; *Campbell* in: 4 University of Western Australia Law Review (1957-59), S. 357, 366 f.; *Schwarz*, Rechtsgeschichte und Gegenwart (1960), S. 26, 55 f.
Borchard charakterisiert die „analytical method“ dabei so: „The analytical method starts from the concrete, from actually existing legal data, defines the terms, classifies them, and explains their connotations and interrelation.“ *Borchard*, in: 12 Columbia Law Review (1912), S. 301, 308.

setzmäßigkeiten im wirren Rechtsstoff entdecken[102]. Die Historical Jurisprudence beruhte auf der Erkenntnis, daß Recht aufgrund menschlicher Erfahrung sich im Laufe der Zeit unbewußt, und zwar – dem Fortschrittsglauben des ausgehenden 19. Jahrhunderts entsprechend – zum Besseren hin, entwickele. Daher begannen die Juristen zum einen, sich intensiv mit der Geschichte des Rechts zu befassen. Zum anderen wurde der Blick auf andere Rechtskreise gerichtet, um zu sehen, wie die Entwicklung dort verlaufen war. Damit war die Historical Jurisprudence eine stark rechtsvergleichende Richtung[103].

In der sogenannten „Classical Period" der anglo-amerikanischen Rechtswissenschaft, also in der Zeit zwischen 1860 und 1920, waren sowohl die Methode der Analytical Jurisprudence als auch die der Historical Jurisprudence bekannt. Dabei verlagerte sich der Schwerpunkt – in den USA stärker als in England – im Laufe der Zeit von der abstrakt-analytischen zur konkret-historischen Methode. Jedoch koexistierten diese Methoden nicht bloß, sie sollten vielmehr miteinander verbunden werden. Durch die Verbindung des historisch-evolutionistischen Rechtsverständnisses der Historical Jurisprudence und der analytisch-begrifflichen Methode der Analytical Jurisprudence entstand eine neue Schule: Die Classical Legal Science. *Christopher Columbus Langdell* formulierte den Anspruch seiner Schule 1871 so:

> „Law, considered as a science, consists of certain principles or doctrines. [...] Each of these doctrines has arrived at its present state by slow degrees; in other words, it is a growth, extending in many cases through centuries. This growth is to be traced in the main through a series of cases."[104]

Langdell und die Classical Legal Science erkannten, daß das anglo-amerikanische Recht sich im Laufe der Zeit – durch die Gerichte beeinflußt – veränderte, um sich neuen Situationen anzupassen. Dennoch waren *Langdell*

102 „It is impossible to understand why legal doctrines and procedure are so, except through the medium of the past. A nation's laws are its autobiography. In it are embodied their conceptions of right, their views of duty of man to man and to the state. It is the self-revelation of what the past really thought, felt and did; and it is handed down to us, not by the historian, who writes from the outside, but from the inside by the people themselves." *Glenn*, in: 11 Georgia Bar Association Journal (1894), S. 98, 101 f.
Ähnlich drückte sich auch Holmes aus: „No one will ever have a truly philosophic mastery over the law who does not habitually consider the forces outside of it which have made it what it is. More than that, he must remember that as it embodies the story of a nation's development through many centuries, the law finds its philosophy not in self-consistency, which it must always fail in so long as it continues to grow, but in history and the nature of human needs." *Holmes*, in: 14 American Law Review (1880), S. 233.

103 Vgl. dazu auch *Schwarz*, Rechtsgeschichte und Gegenwart (1960), S. 26, 59; *Borchard*, in: 12 Columbia Law Review (1912), S. 301, 308; *Reimann*, Historische Schule und Common Law (1993), S. 92.

104 *Langdell*, A Selection of Cases on the Law of Contracts (1871), S. vi.

und seine Schule der Meinung, daß sich Prinzipien aus der Logik korrekt entschiedener Fälle ableiten ließen und genutzt werden könnten, um die logische Kohärenz von zu entscheidenden Fällen zu sichern[105].

Daraus folgte das Programm der Classical Legal Science: Zunächst ging es um eine geschichtliche Erfassung des Rechts. Dann galt es, den Rechtsstoff begrifflich zu erfassen und zu systematisieren. Zuletzt stellte sich die Aufgabe – und diese war das Hauptproblem – die Verbindung zwischen Geschichte und System herzustellen, so daß sich die systematische Ordnung gerade aus den historisch gewachsenen Prinzipien ergebe und diese widerspiegele[106].

Beim ersten Schritt, der geschichtlichen Erfassung des Rechts, ging es der Classical Legal Science nicht um die Erforschung der Vergangenheit des Rechts als Selbstzweck. Vielmehr sollte auch und vor allem das Recht der Gegenwart erfaßt und aus seiner Entwicklung heraus begriffen werden.

Beim folgenden Schritt – der Suche nach Begriff und System – wollte man das Recht zunächst in einer beschränkten Anzahl grundlegender Prinzipien erfassen und so das Common Law überschaubar machen[107]. Die einzelnen, so ermittelten Prinzipien sollten dann zu einer übergreifenden Ordnung zusammengefaßt werden, damit sich der Jurist in der Fülle des Stoffes leichter zurecht findet. Im Zusammenhang mit dieser Systematisierung des Stoffes richteten die Common Lawyers den Blick auf den Kontinent: Zum einen sahen viele im klassischen römischen Recht das Vorbild eines logisch strukturierten Rechtssystems. Zum anderen war die kontinentaleuropäische Tradition deshalb Vorbild, weil das moderne Civil Law vor allem seit der Zeit des rationalen Naturrechts als ein systematisch geordnetes Rechtssystem galt[108].

In der zwangsläufig vereinfachenden Systematisierung war die Gefahr angelegt, daß das so gefundene System abstrakt und wirklichkeitsfremd wurde. Gerade für

---

105 Vgl. *Reimann*, in: The Legacy of Oliver Wendell Holmes, Jr. (hg. von Gordon, 1992), S. 72, 93 und 106 ff. sowie *Herget*, American Jurisprudence, 1870-1970 (1990), S. 35 ff.

106 *Reimann*, Historische Schule und Common Law (1993), S. 96.

107 „But the cases which are useful and necessary for this purpose at the present day bear an exceedingly small proportion to all that have been reported. The vast majority are useless, and worse than useless, for any pupose of systematic study. Moreover the number of fundamental legal doctrines is much less than commonly supposed; the many different guises in which the same doctrine is constantly making its appearance, and the great extent to which legal treatises are repetition of each other, being the cause of much misapprehension. If these doctrines could be so classified and arranged that each should be found in its proper place, and nowhere else, they would cease to be formidable from their number." *Langdell*, A Selection of Cases on the Law of Contracts (1871), S. vi f.

108 *Reimann*, Historische Schule und Common Law (1993), S. 122 ff.; *Herget*, American Jurisprudence, 1870-1970 (1990), S. 35 ff.

die an Fallrecht und Analogieschlüsse gewöhnten Common Lawyers war diese Art des Denkens alles andere als selbstverständlich. Daher verwundert es nicht, daß die Gegenbewegung gegen die Classical Legal Science an diesem Punkt ansetzte. Protagonist dieser Gegenbewegung war *Oliver Wendell Holmes*. Neben der „perverting influence of the Roman models“[109] bekämpfte *Holmes* besonders das abstrakt logische Systemdenken[110]. In seinem Hauptwerk „The Common Law“ wählte *Holmes* als Zielscheibe seiner Kritik die „speculative jurists of Germany“[111], wobei er die deutsche Rechtswissenschaft recht undifferenziert kritisierte[112]. Sein Angriff galt aber zugleich der Classical Legal Science[113]. Im „The Common Law“ findet sich *Holmes'* berühmt gewordene Aussage:

> „The life of the law has not been logic: it has been experience.“[114]

Damit wandte sich *Holmes* entschieden gegen juristischen Formalismus und Systemdenken und entfachte den Konflikt zwischen „logic“ und „experience“. Die Grundlagen eines soziologisch-realistischen Wissenschaftsverständnisses, auf denen die Sociological Jurisprudence und der Legal Realism zu Beginn des 20. Jahrhunderts aufbauen konnten, waren gelegt[115].

---

109 Zitat aus *Holmes*, in: 10 Harvard Law Review (1896/97), S. 457, 475.
S. zu diesem Problemkreis näher in diesem Kapitel unter II) 1. b).

110 Vgl. dazu *Reimann*, Historische Schule und Common Law (1993), S. 147 ff. sowie *Herget*, American Jurisprudence, 1870-1970 (1990), S. 37 ff. Letzterer betont allerdings, daß Holmes das analytische Element in der Rechtswissenschaft nicht völlig ablehnte. Holmes sei vielmehr sogar von Austins Analytical Jurisprudence ausgegangen, habe sich dann jedoch von ihr abgewandt.

111 *Holmes*, The Common Law (1881), S. 206.

112 Dies wird insbesondere in seinen Ausführungen zur Possession deutlich. Siehe dazu in diesem Kapitel unter II) 2. a) bb).

113 Reimann beschreibt die Holmes'sche Vorgehensweise wie folgt: „Thus, in accusing the Germans of losing sight of the facts of life, Holmes was also raising a warning hand to the American legal community.“ *Reimann*, in: The Legacy of Oliver Wendell Holmes, Jr. (hg. von Gordon, 1992), S. 72, 91 f.
S. auch dazu gleich näher in diesem Abschnitt unter II) 2. a) bb).

114 *Holmes*, The Common Law (1881), S. 1.
Später schrieb Holmes ergänzend: „What constitutes the law? You will find some text writers telling you that it is something different from what is decided by the courts of Massachussetts or England, that it is a system of reason, that it is a deduction from principles of ethics or admitted axioms or what not, which may or may not coincide with the decisions. But if we take the view of our friend the bad man we shall find that he does not care two straws for the axioms or deductions, but that he does want to know what the Massachusetts or English courts are likely to do in fact. I am much of his mind. The prophecies of what the courts will do in fact, and nothing more pretentious are what I mean by the law.“ *Holmes*, in: 10 Harvard Law Review (1896/97), S. 457, 460 f.

115 Vgl. zu der weiteren Entwicklung ausführlich *Reimann*, Historische Schule und Common Law (1993), S. 258 ff.

Es wird zu zeigen sein, daß sich die Grundsatzfragen nach der Herkunft des Common Law und einer geeigneten juristischen Methode nicht nur vage in der Diskussion um das Law of Possession widerspiegeln, sondern daß viele Gelehrte gerade das Besitzrecht als Bühne auserkoren, auf der ein Streit um diese Fragen auszutragen war. Der Gelehrtenstreit auf dem Kontinent wurde dabei zu einem wichtigen Werkzeug, um die Richtigkeit des jeweiligen Ansatzes zu untermauern.

II) Die Besitzrechtsdiskussion als Forum für die Lösung dieser Grundsatzfragen

Die Frage nach den Tatbestandsvoraussetzungen der Possession diente dabei als Forum für Ausführungen zur Frage nach den Wurzeln des Common Law. Die Fragen nach dem Grund des Besitzschutzes und „whether possession is a fact or a right" zogen zahlreiche Common Lawyers als Experimentierfeld zur Veranschaulichung einer geeigneten bzw. falschen juristischen Methode heran.

1. Who is possessor? Oder: wo liegen die Wurzeln des Common Law

Einer der ersten, der sich ausführlicher mit der Possession des Common Law auseinandersetzte, war *Jeremy Bentham*[116]. Er hatte bereits 1802 – also beinahe zeitgleich mit *Savigny* – die enorme praktische Bedeutung dieses Instituts erkannt und zugleich die Schwierigkeit, sich diesem Institut anzunähern:

> „But what is it to possess? This appears a very simple question: – there is none more difficult of resolution, and it is in vain that its solution is sought for in books of law: the difficulty has not even been perceived. It is not, however, a vain speculation of metaphysics. Everything which is most precious to a man may depend upon this question; – his property, his liberty, his honour, and even his life. Indeed, in defence of my possession, I may lawfully strike, wound, and even kill, if necessary. But was the thing in my possession?"[117]

---

[116] Zwar gab es zuvor schon vereinzelt Stellungnahmen zur Possession im Common Law, jedoch ging es dabei weniger um die Voraussetzungen der Possession, als vielmehr um die Frage, wieso eigentlich ein bloßer Bailee Schutzbehelfe im englischen Recht hatte (s. dazu näher in diesem Kapitel unter II) 2 a) aa)).
Eine ganz frühe Definition der Possession in Anlehnung an das römische Recht findet sich bei Bracton (wohl aus der Zeit von 1230 bis 1260): „It is clear that possession is acquired animo et corpore, not corpore alone nor animo alone." *Bracton*, De Legibus et Consuetidinibus Angliae (Woodbine/Thorne ed., 1968), Bd. ii, S. 130.

[117] *Bentham*, in: The Works of Jeremy Bentham (hg. von Bowery), Bd. III (1843), S. 185, 188.

Zwar nannte *Bentham* einige Leitsätze für eine Definition der Possession[118], kam aber insgesamt zu dem wenig hilfreichen Ergebnis:

> „How shall these difficulties be resolved? Consult first primitive utility, and if it be found neuter, indifferent, then follow the popular ideas; collect them when they have decided – fix them when they are wavering – supply them when they are wanting; but by one method or another resolve these subtilties; or, what is better, prevent the necessity of recurring to them. Instead of the thorny question of possession, substitute that of honest intention, which is more simple."[119]

In der Folgezeit unternahmen man im Common Law vereinzelt den Versuch, klare Abgrenzungskriterien für die Frage zu entwickeln, wer Possessor sei und wem die mit der Possession verbundenen rechtlichen Vorteile verwehrt bleiben sollten. Jedoch dauerte es noch Jahrzehnte, bis die Beschäftigung mit der Possession die Intensität erreichte, die sich wohl auch *Bentham* gewünscht hatte. Erst mit dem Aufsatz „Possession" von *Oliver Wendell Holmes* aus dem Jahre 1878 wurde eine umfassendere Diskussion über die „Theory of Possession" in Gang gesetzt, die bis ins zweite Jahrzehnt des 20. Jahrhunderts fortdauerte.

Bei dieser Diskussion ging es überwiegend um die Schutzfunktion der Possession, also darum, daß einem Possessor, auch wenn er nicht der Eigentümer der entsprechenden Sache war, gerichtliche Behelfe zum Schutz gegen Wegnahme oder Störung der Possession zur Verfügung standen. Die Gelehrten des Common Law betrachteten dabei die Voraussetzungen der Possession als im Wesentlichen einheitlich für Mobilien und Immobilien[120]. Der Schwerpunkt der Analyse lag auf dem Mobiliarsachenrecht: Es interessierte insbesondere, warum einem Bailee, dem bewegliche Sachen vom Bailor auf Zeit überlassen waren, Rechtsbehelfe gegen die Wegnahme dieser Sache zur Verfügung standen.

---

118 „I have said, that to have physical possession of a thing, is to have a certain relation with that thing. This was all that I have said – this is all that I could say at first. What is that relation? It is here that the difficulty begins." So sei zu beachten: „To define possession, is to recall the image which presents itself to the mind when it is necessary to decide between two parties, which is in possession of a thing, and which is not. But if this image be different with different men – if many do not form any such image, or if they form a different one on different occasions, how shall a definition be found to fix an image so uncertain and variable. The idea of possession will be different, according to the nature of the subject – according as it respects things, or the services of man, or fictitious entities – as parentage, privilege, exemption from services, &c. The idea will be different, according as it refers to things moveable, or immoveable." *Bentham*, in: The Works of Jeremy Bentham (hg. von Bowery), Bd. III (1843), S. 185, 188. Näher zu Bentham bei *Pollock/Wright*, An Essay on Possession in the Common Law (1888), S. 6 ff.

119 *Bentham*, in: The Works of Jeremy Bentham (hg. von Bowery), Bd. III (1843), S. 185, 188 f.

120 Besonders deutlich zeigt sich dies bei *Lightwood*, A Treatise on Possession of Land (1894), S. 1 ff.

Diese Arbeit orientiert sich an den Schwerpunkten der Common Lawyers. Sie klammert jedoch auch manche, häufiger in der Literatur angesprochene Punkte aus: Sie befaßt sich nicht mit der Frage, ob und inwieweit der bloße „Possessor" – wenn er nicht Eigentümer der Sache ist – Schadensersatz (im Sinne eines Wertausgleiches) für seine Besitzverletzung verlangen kann[121]; welche speziellen strengeren Voraussetzungen für die „Adverse Possession" (also die speziellen Form der Possession, die – wenn sie nur lange genug ausgeübt wird – zum Eigentum erstarkt) vorliegen müssen[122] und welche Rechtsbehelfe ein Bailor hatte, wenn seinem Bailee die Possession an der Sache entzogen worden war[123].

---

121 S. näher dazu *Clerk*, in: 7 Law Quarterly Review (1891), S. 224 ff. (m.w.N.); vgl. auch *Anonymous*, in 15 Harvard Law Review (1901/02), S. 585; *Bordwell*, in: 29 Harvard Law Review (1916), S. 731 ff.
Nach dem Verständnis der Common Lawyers schloß aber die Geltendmachung eines Anspruchs auf Rückgabe der Sache die Möglichkeit der Geltendmachung von „nominal damages" nicht aus, *Clerk*, in: 7 Law Quarterly Review (1891), S. 224 ff.

122 Vgl. dazu z. B. *Thayer*, in: 18 Harvard Law Review (1904/05), S. 196 ff.; *Thayer*, in: 23 Law Quarterly Review (1907), S. 175 ff., 314 ff.; *Tiedeman*, An Elementary Treatise on the American Law of Real Property (1884), §§ 692 ff.; zur historischen Entwicklung u.a. *Maitland*, in: 5 Law Quarterly Review (1889), S. 253 ff.; *Holdsworth*, A History of English Law, Bd. 7 (1926), S. 57 ff., S. 463 f.

123 Ein Bailor stand der Wegnahme einer von ihm an den Bailee überlassenen Sache nicht gleichgültig gegenüber; da er die Sache dem Bailee ja nur auf Zeit überließ, wollte er sie nach Ablauf dieser Zeit wieder zurückerhalten. Um dem Interesse des Bailors gerecht zu werden, sind zwei Möglichkeiten denkbar: Er selbst kann gegen den Dritten vorgehen, oder er kann vom Bailee Ersatz wegen der nun unmöglich gewordenen Rückgabe verlangen. Anfangs hatte der Bailor keine Möglichkeit, selbst gegen den Dieb vorzugehen. Der appeal of robbery or larceny war ihm verwehrt. Erst im 14. Jahrhundert wurde auch dem Bailor die writ of trespass de bonis asportatis zugestanden. In der Folgezeit wurden die Klagemöglichkeiten des Bailors dann sukzessive ausgedehnt. Vgl. dazu *Ames*, Lectures on Legal History (1913), S. 58; *Holmes*, The Common Law (1881), S. 171 f.; *Holdsworth*, A History of English Law, Bd. 3 (3. Aufl., 1927), S. 348; Zu den Rechtsbehelfen des Bailor s. auch *Bordwell*, in: 29 Harvard Law Review (1916), S. 501 ff.
Es ist nachvollziehbar, wenn die Literatur des 19. und 20. Jahrhunderts aus der zunächst fehlenden Möglichkeit des Bailor, selbst gegen den Dieb vorzugehen, die Regel ableitete, daß dann zumindest der Bailee dem Bailor gegenüber absolut auf die Rückgabe der überlassenen Sache haften müsse und nicht durch den Diebstahl entschuldigt war. *Pollock/Maitland*, The History of English Law before the Time of Edward I, Bd. 2 (2. Aufl., 1923), S. 170 f.; *Holmes*, The Common Law (1881), S. 175.
Man ist sich heute jedoch nicht sicher, ob dies wirklich der Fall war. Es finden sich jedenfalls schon im 13. Jahrhundert Fälle, in denen eine absolute Haftung des Bailee in bestimmten Konstellationen verneint wurde. *Stoljar*, in: 1 The American Journal of Legal History (1957), S. 5 ff. (m.w.N.); kritisch schon im 19. Jahrhundert *Beale*, in: 11 Harvard Law Review (1897), S. 158 ff.
Die Beschränkung der Haftung des Bailee mag ihrerseits wieder Einfluß auf die Möglichkeiten des Bailors gehabt haben, selbst gegen den Dieb vorgehen zu können. Pollock/Maitland formulierten: „Now this notion may easily begin to react upon the rule which equips every bailee with the action against the wrongful taker and denies the action to the bailor. Perhaps we come nearest to historical truth if we say that be-

Die Arbeit beschäftigt sich auch nicht mit dem historischen Verhältnis zwischen Possession und Ownership im Common Law[124], der rechtshistorischen Untersuchung des Instituts der „Seisin“ [125] noch mit denjenigen vereinzelten Beiträge zur Possessio des römischen Rechts, die keine breiteren Bezüge zur Possession des Common Law herstellen[126].

Hier geht es um die besitzrechtlichen Streitfragen, die in beiden Rechtskreisen auf größeres akademisches Interesse stießen und insbesondere um diejenigen

---

tween the old rules there was no logical priority. The bailee had the action because he was liable – and was liable because he had the action. But when once a limit is set to his liability, then men will begin to regard his right of action as the outcome of his liability, and if in any case he is not liable, then they will have to reconsider the position of the bailor and perhaps will allow him to sue the wrongful taker.“ *Pollock/Maitland*, The History of English Law before the Time of Edward I, Bd. 2 (2. Aufl., 1923), S. 171 f.

Die weitere Entwicklung war jedenfalls durch eine Ausdehnung der Klagemöglichkeiten des Bailors bei gleichzeitiger Reduzierung der absoluten Haftung des Bailees gekennzeichnet. Vgl. dazu *Beale*, in: 11 Harvard Law Review (1897), S. 158 ff. (m.w.N.); *Pollock/Maitland*, The History of English Law before the Time of Edward I, Bd. 2 (2. Aufl., 1923), S. 172 ff.; *Holdsworth*, A History of English Law, Bd. 3 (3. Aufl., 1927), S. 336 ff.; *Holdsworth*, A History of English Law, Bd. 7 (1926), S. 461 ff.

Gleichwohl weigerte sich die herrschende Meinung im 19. Jahrhundert, einem Bailor die Possession zuzusprechen. Vgl. dazu *Holmes*, The Common Law (1881), S. 171 ff.; *Holmes*, in: 12 American Law Review (1878), S. 688, 695 ff.; a. A. *Terry*, Some Leading Principles of Anglo-American Law (1884), S. 265 f.

124 Gemeint ist die Frage, wie es historisch zu „recognition under the common law of ownership in one and right of possession in another person“ kam. Ausführlich dazu *Thayer*, in: 23 Law Quarterly Review (1907), S. 175 ff., 314 ff. (m.w.N.); vgl. auch *Pollock/Maitland*, The History of English Law before the Time of Edward I, Bd. 2 (2. Aufl., 1923), S. 154 ff.; *Holdsworth*, A History of English Law, Bd. 2 (3. Aufl., 1923), S. 78 ff.; *Holdsworth*, A History of English Law, Bd. 3 (3. Aufl., 1927), S. 336 ff.; *Holdsworth*, A History of English Law, Bd. 7 (1926), S. 23 ff., 448 ff.

125 Ab den 1880er Jahren wurde zunehmend bestritten, daß der Begriff „Seisin“ ursprünglich auf das Immobiliarsachenrecht beschränkt gewesen sei. Der Begriff „Seisin“ habe anfangs als Synonym für „possession in law“ gestanden, und zwar sowohl bei Immobilien als auch bei Mobilien. Ausführlich dazu *Maitland*, in: 1 Law Quarterly Review (1885), S. 324 ff.; *Maitland*, in: 2 Law Quarterly Review (1886), S. 481 ff.; *Maitland*, in: 4 Law Quarterly Review (1888), S. 24 ff., 286 ff.; *Ames*, in: 3 Harvard Law Review (1889/90), S. 23 ff.; vgl. auch *Pollock/Maitland*, The History of English Law before the Time of Edward I, Bd. 2 (2. Aufl., 1923), S. 29 ff.; *Holdsworth*, A History of English Law, Bd. 3 (3. Aufl., 1927), S. 88 ff.; *Holdsworth*, A History of English Law, Bd. 7 (1926), S. 31 ff.

126 Die Besitztheorie Savignys (zum römischen Recht) hatte im Common Law folgende Anhänger: *Poste*, Elements of Roman Law by Gaius (1871), S. 509 ff.; *Hunter*, A Systematic and Historical Exposition of Roman Law (1876), S. 209 ff.; *Moyle*, Imperatoris Iustiniani Institutionum (1883), S. 321 ff.; wohl auch *Amos*, The History and Principles of the Civil Law of Rome (1883), S. 157 ff.; mit Vorbehalten *Phillimore*, Private Law among the Romans (1863), S. 112 ff.

Aspekte, die zahlreiche Common Lawyers zur Klärung von jenseits des materiellen Besitzrechts liegenden Grundsatzfragen instrumentalisierten.

Wie ihre Kollegen auf dem Kontinent, standen auch die Gelehrten des Common Law vor dem Problem, daß nicht jeder, der nach der Verkehrsanschauung den Besitz haben sollte, ihn auch rechtlich hatte. Anders als auf dem Kontinent versagte das Common Law zwar nicht dem „bailee in general" die besitzrechtlichen Klagemöglichkeiten, sondern vor allem dem „servant"[127]. Das Grundproblem war jedoch das gleiche: Wie ließen sich die für den Genuß der Possession und der damit verbundenen possessorischen Schutzbehelfe erforderlichen Tatbestandsmerkmale bestimmen?

a) *Die romanistische Strömung (vor 1880)*

In der Zeit vor 1880 überwog die Zahl der Gelehrten, die ein Näheverhältnis zwischen römischem und anglo-amerikanischem Besitzrecht betonten.

aa) Manche führten das Law of Possession ausdrücklich auf das römische Recht der Possessio zurück. Am deutlichsten wird dies bei *Erskine Perry*, der 1848 im Vorwort seiner englischen Übersetzung von *Savignys* Monographie „Das Recht des Besitzes" schrieb:

> „I would take this opportunity, however, of pointing out that all the principal notions as to Possession which run through the English system, are directly traceable through Bracton to the Roman Law, and if these notions are not so clear, and have not been carried out so logically, amongst ourselves, as with our continental neighbours, I think the cause may be found in the neglect of the study of the Civil Law, which has been a matter of observation and regret by many of the ablest of the Profession for several years past."[128]

Ähnlich äußerte sich 1838 *Luther S. Cushing* anläßlich der Veröffentlichung einer Übersetzung von *Warnkönigs* Monographie „Analyse du traité de la possession, d'après les principes du droit romain par M. de Savigny":

> „It will be found useful, not only to the student of the Roman law, but to the practical lawyer; and to the latter, more especially, for the reason, that most of the principles, which relate to possession, must necessarily be the same or similar in every system, and we have no separate treatise on this subject, drawn from the fountains of the common law."[129]

---

127 Vgl. z. B. *Salmond*, Jurisprudence (1. Aufl., 1902), S. 289; *Dicey*, A Treatise on the Rules for the Selection of the Parties to an Action (2. Aufl., 1886), S. 379 f.; *Holmes*, The Common Law (1881), S. 227 ff; *Holmes*, in: 12 American Law Review (1878), S. 688, 706 ff.; *Pollock/Wright*, An Essay on Possession in the Common Law (1888), S. 58 ff.

128 *Perry*, Von Savigny's Treatise on Possession (1848), S. x.

129 *Cushing*, in: 19 The American Jurist and Law Magazine (1838), S. 13, 14.

Die Tragweite dieser Aussage kommt zur Geltung, wenn man ihr *Cushings* allgemeine Ausführungen zum Verhältnis von englischem und römischem Recht aus dem Jahre 1854 gegenüberstellt:

> „In England, fewer of the political elements of the Roman law were introduced than in the states of continental Europe; but the general jurisprudence of that system was introduced there and recognized, and its authority admitted, at the very earliest period to which the history of law extends back. [...] The subjects, in reference to which the common law has borrowed and adopted the doctrines of the Roman law, are of much too great extent and too numerous to be pointed out here."[130]

Andere (wie z.B. *Finlason* oder *Bethell*) gingen allgemein von einer Verwurzelung des englischen Rechts im römischen Recht aus. Diese schloß dann auch das Besitzrecht mit ein, obwohl die Possession bei diesen Autoren nicht die entscheidende Rolle spielte[131].

bb) Häufiger erfolgte in der Zeit vor *Holmes* eine Stellungnahme eher implizit. Dies geschah insbesondere durch eine Anlehnung an die Ideen *Savignys* bei der Bestimmung der Tatbestandsvoraussetzungen der Possession.

Savigny genoß aufgrund der großen Resonanz auf seine Monographie auf dem Kontinent (und insbesondere nach der Übersetzung ins Englische durch *Perry*) auch im Common Law recht hohes Ansehen[132]. Es verwundert daher nicht, daß auch seine Besitzlehren bald Anhänger im Common Law fanden.

130 *Cushing*, An Introduction to the Study of Roman Law (1854), S. 170 und 176.

131 Finlason nahm auf die Possession nur indirekt Bezug: „The great characteristic of the Roman system of rule was the one eminently fitted for the subjugation and civilization of a barbarous race. Its fundamental principle was the supremacy of the sovereign power, and this was equally exemplified with reference to dominion over the land, or upholding the supremacy of law. So great was the care of the Roman law to discourage all violence, even for the vindication of right, as unbecoming a well-governed and civilized state, that there was a special law against it; and if any one was turned out of possession of land or immovable property, he might obtain immediate restitution by a summary process of law, even though he had not the strict legal right of property, as against him who expelled him. It was a first principle of the Roman law to uphold the supremacy of law as a means of redress for injury or wrong, and to treat as a serious offence against the state any recourse to force or arms for that purpose. But while, in accordance with this principle, the Roman law deemed it the first duty of the state to repress violence, it deemed it its next and not less sacred duty to administer justice." *Finlason*, Reeves' History of the English Law (1880), S. xxxiv. f.

132 In zwei anonymen Beiträgen aus den Jahren 1835/36 bzw. 1839/40 hieß es: „But the man, who was above all to give renown and depth to this historical jurisprudence, had not yet appeared. In 1803, M. de Savigny published his Treatise on Possession. The subject alone of this work indicates what was then the spirit of the judicial studies in Germany. Possession, as it was in use among the Romans, is an idea entire national; and to comprehend it, it is necessary to be acquainted with Rome, to seize with the mind of an historian the originality of her jurisprudence, in is shades and details, and yet, at the same time, upon points of doctrine, to come to dogmatic conclusions. M. de

Einer der ersten, der die Anwendung der Besitzlehren *Savignys* im Common Law in Betracht zog, war *John Austin*. In seiner Vorlesungsgliederung, der „Outline of the Course of Lectures", merkte er zur „Possession" an:

> „I shall analyse the anomalous and perplexed right which is styled the right of possession. Performing the analysis, I shall happily be able to borrow from a celebrated treatise by *Von Savigny*, entitled *Das Recht des Besitzes*, or *De Jure Possessionis*: of all books upon law, the most consummate and masterly; and of all books which I pretend to know accurately, the least alloyed with error and imperfection."[133]

Austin wollte die „Possession" in seinen „Lectures on Jurisprudence" an der University of London (später University College) 1832 behandeln und dabei ausführlicher auf die Besitzlehre *Savignys* eingehen. Dazu kam es nicht mehr[134]. Die eben zitierten Notizen veröffentlichte 1861, also zwei Jahre nach *Austins* Tod, seine Witwe.

Savigny was not inferior to his subject; and he produced the most beautiful book of Roman law, which has been written since the sixteenth century. [...] The style of the latter cannot be too much praised: it is the combination and the harmony of historical reality with the delicacy and subtlety of the dogmas of positive law." *Anonymous*, in: 14 American Jurist and Law Magazine (1835/1836), S. 43, 49 f.

„Among these younger men [Hufeland, Thibaut, Schömann, Hugo, Cramer, Haubold], the greatest beyond all doubt is FREDERICK CHARLES VON SAVIGNY. From the date of the appearance of his work on the Roman law of possession (1803) his has been regarded in and out of Germany, aye, and in and out of Europe, as one of the most wonderful legal minds that ever existed; no man has ever treated the Roman law with such exquisite taste; no man has ever rendered the historical study of the law more attractive; no one has been more successful in imparting interest even to the driest subjects; few lawyers have been more profound scholars; and few authors have been gifted with such artistical skill. His name belongs to the most celebrated of his fatherland, and his influence on the progress of jurisprudence will never be forgotten." *Anonymous*, in: 6 The Monthly Law Magazine and Political Review (1839/1840), S. 77, 95 f.

133 *Austin*, The Province of Jurisprudence Determined (2. Aufl., 1861), S. lxxxviii.

134 Austins Vorlesungen über Jurisprudence trafen – nicht zuletzt wegen ihrer Trockenheit und Abstraktheit – in London auf so wenig Interesse, daß er seine Professur für Jurisprudence an der University of London, auf die er bei deren Gründung 1826 berufen worden war, schon 1832 niederlegte. Am 29. Juni 1832 hielt er seine letzte Vorlesung, just an dem Tag, an dem er nach seinem Lehrplan über die Possession dozieren wollte. Vgl. *Fifoot*, Judge and Jurist in the Reign of Victoria (1959), S. 85 f.; *Reimann*, Historische Schule und Common Law (1993), S. 290.

Zwar zweifelten schon in dieser frühen Zeit *Gustav Schmidt* (1841/42)[135], *Nathaniel Lindley* (1855)[136] und *Henry Sumner Maine* (1861)[137] an der Geltung der

---

135 Die Kritik des Gelehrten Gustav Schmidt aus dem am Civil Law orientierten Bundesstaat Louisiana bezog sich weniger auf die Besitztheorie Savignys, als vielmehr auf seine Methode: „With all these advantages, we think it extremely questionable, whether it would be popular in an English dress. For notwithstanding the ingenious criticisms and reasonings of the author, and the clearness with which he communicates his views, his erudition occasionally wearies the reader by its very abundance, and his philological investigations, though certainly acute, and evincing a great familiarity with Roman literature, would have been more appropriate in an appendix, than in a text of a treatise on an important branch of the law, where they serve to distract the attention of the student. But one of the principal causes, why this production would hardly, notwithstanding its great merit, receive favor from an American jurist. is the want of practical tendency of the whole work. For admitting that all the opinions of the author be well founded; and that he has truly developed the doctrine of possession, as it existed in the Roman jurisprudence, yet this would at most serve to shew what was the law of Rome, at a given period and would still leave us in ignorance of the conditions of society which had given rise to this law, as well as the events, which had led to its modification, until it finally assumed the form in which it is now exhibited. [...] In a philosophical point of view, Mr. Savigny's work appears to us liable to another objection. The author, intimately acquainted with ancient Rome, its literature, antiquities, institutions and laws, seems to entertain for every thing appertaining to this ancient mistress of the world a veneration, which forbids him even to examine the justice and expediency of the principles of her legislation, and still less to doubt their fitness and propriety. You look in vain throughout the work, for any disquisitions, tending to fix the principles which ought to serve as basis for the legislation on the subject treated of; and a reference to the dictum of the pretor, or the constitution of an emperor supplies the place of all investigations of a similar nature. In short, his inquiries are exclusively directed to ascertain what the law was, and he never for a moment steps aside in order to ascertain what it ought to be." *Schmidt*, in: 1 Louisiana Law Journal (1841/42), S. 47, 57 ff.

136 Lindley analysierte im Anhang zu seiner Übersetzung von Thibauts „System des Pandektenrechts" die Possession des Common Law. Er war (wohl) der Auffassung, daß es auf einen „animus domini" für den Besitzerwerb im Common Law nicht ankomme. Sogar die Possession eines bloßen Servant sei im Common Law geschützt: „An examination of the well known saying, "The possession of a tenant is the possession of his landlord," will at once show the necessity of attending carefully to the sense in which the word possession is used.

1. If the tenant merely holds by the permission of his landlord or as his servant, the tenant is nothing more than the agent by whom the landlord possesses. In this case each is deemed in possession, and, to some extent, in the same sense, for it seems that either can sue in trespass for damage to the thing held; nevertheless, the landlord is not in possession so as to prevent the tenant from gaining a title by virtue of the statutes of limitation, if other circumstances are favourable; for within the meaning of those statutes, the tenant alone possesses.

2. But if the tenant has a right to possess otherwise than as above, his possession is not the possession of his landlord in the sense just explained. In such a case it is clear that, neither with reference to the statutes of limitation nor for the purposes of an action of trespass can the landlord be considered as in possession. Under the circumstances now supposed the meanings to be attributed to the phrase are – 1. That so long as the tenant

Thesen *Savignys* auch für das Common Law. Überwiegend übertrug man seine Ansichten (zumindest im Grundsatz) jedoch auf das Law of Possession. Am deutlichsten trat diese Tendenz bei *William Markby* („Elements of Law", ab 1871) und *Thomas Holland* („The Elements of Jurisprudence", ab 1880) zutage[138]. Beide Autoren versuchten zumindest in den früheren Auflagen ihrer Monographien, sich über die Besitzlehre *Savignys* den Voraussetzungen der Possession im Common Law anzunähern.

Damit war nicht notwendig etwas über das Verhältnis von römischem und englischem Recht im allgemeinen gesagt. Der Besitzbegriff *Savignys* hätte schließlich auch zur Abgrenzung verwendet werden können, als eine Art Maßstab, mit dem der Besitzbegriff des Common Law entweder korrespondieren oder von dem er abweichen sollte. *Markby* betonte gar am Anfang seiner Ausführungen zur Possession in seinen „Elements of Law" (ab 1871), es ginge ihm nicht so sehr um einen Vergleich juristischer Details beider Rechtssysteme:

> „What I have borrowed is his [Savigny's] analysis of the general legal conception of possession. This conception is universal: the rules of Roman law, though they have been largely borrowed, and, I may add, largely misunderstood, are not so. We have, therefore, no occasion to trouble ourselves with ascertaining whether in any particular case our conclusions do, or do not agree with those of the Roman lawyers."[139]

Einem aufmerksamen Leser konnte aber nicht verborgen bleiben, daß sowohl *Markby* als auch *Holland* letzten Endes davon ausgingen, die Tatbestandsvoraussetzungen des Besitzes im englischen Recht seien in Kernpunkten mit denen, die *Savigny* für das römische Recht definiert hatte, identisch. Beide Autoren übernahmen wie selbstverständlich die von *Savigny* postulierte Zweiteilung des Besitztatbestandes in ein objektives und ein subjektives Element.

Hinsichtlich des objektiven Tatbestandsmerkmales nahmen *Markby* und *Holland* keine Abgrenzung zwischen römischem und anglo-amerikanischem Recht vor. Sie formulierten vielmehr allgemeine Prinzipien, die wohl für beide Rechtssysteme gelten sollten. Der (rechtlich geschützte) Besitz entstehe zwar häufig

---

or any one claiming under him is in possession, he shall not be heard to say that he claims to hold by virtue of a title paramount to that of his landlord; and 2. That as long as the tenant is in possession, so long is the seisin of the freehold undisturbed." *Lindley*, An Introduction to the Study of Jurisprudence (1855), S. 284.

137 „Few educated persons are so little versed in legal literature as not to have heard that the language of the Roman jurisconsults on the subject of Possession long occasioned the greatest possible perplexity, and that the genius of Savigny is supposed to have chiefly proved itself by the solution which he discovered for the enigma." *Maine*, Ancient Law (1. Aufl., 1861), S. 291.

138 Daneben hatte sich (wohl) auch *Amos*, A Systematic View of the Science of Jurisprudence (1872), S. 153 f. an der Besitzlehre Savignys orientiert.

139 *Markby*, Elements of Law (1. Aufl., 1871), S. 165.

durch körperliche Berührung, dies sei aber nicht allein ausschlaggebend[140]. Entscheidend sei vielmehr – in Anlehnung an *Savignys* Herrschaftstheorie[141] – „the possibility of dealing with a thing as we like, and of excluding others"[142] bzw. „the power to exclude others from the use of the thing"[143].

Markby und *Holland* gingen darüber hinaus so weit, *Savignys* Formel zur Bestimmung des subjektiven Tatbestandsmerkmales, dem „animus domini", eine universelle Geltung zu bescheinigen. Diese Formel sollte bei *Savigny* dem Umstand Rechnung tragen, daß das römische Recht nur Eigenbesitzern, also insbesondere nicht Mietern oder Pächtern, possessorische Rechtsbehelfe zur Verfügung stellte. Dabei bestand in den 1870er Jahren weitgehend Einigkeit, daß auch Bailees und Termors die possessorischen Rechtsbehelfe des Common Law zustanden[144]. Diese Personengruppen waren aber unzweifelhaft nicht von der *Savigny'schen* Formel des „animus domini" erfaßt.

Dies erkannten auch *Markby* und *Holland*. Während sich bei *Markby* diese Erkenntnis eher zwischen den Zeilen findet, formulierte *Holland* ausdrücklich:

> „A different view seems to have guided the jurists of the Teutonic races. [...] Under the Salic Law the person from whose custody cattle were stolen, irrespectively of his having any further interest in them, seems to have been the only person entitled to have them restored to him; and Bracton says that, in suing for stolen goods, it makes no difference whether the goods belonged to the plaintiff or not, provided only they had been in his custody."[145]

Gleichwohl stellten beide ihren Lesern die *Savigny'sche* Formel des „animus domini" vor und kamen dabei zu dem einhelligen Ergebnis: „The English Law would, I think, generally coincide with this" (*Markby*)[146] und „The view taken by English law [...] is not dissimilar"[147] (*Holland*). Sie fanden dabei einen, wenn auch ganz unterschiedlichen Weg, diesen augenscheinlichen Widerspruch zu beseitigen.

Markby bestritt vom Grundsatz her, daß Bailees und Tenants in den Quellen des Common Law eindeutig possessorische Rechtsbehelfe zuerkannt waren. Für ihn setzte die Possession ein subjektives Element voraus, das dem „animus domini" *Savignys* entsprach:

---

140 „Corporal contact, therefore, is not the physical element which is involved in the conception of possession", *Markby*, Elements of Law (1. Aufl., 1871), S. 167 f.; vgl. *Holland*, The Elements of Jurisprudence (1. Aufl., 1880), S. 125.

141 Vgl. dazu im 1. Kapitel II) 1. a).

142 *Markby*, Elements of Law (1. Aufl., 1871), S. 167 f.

143 *Holland*, The Elements of Jurisprudence (1. Aufl., 1880), S. 125.

144 Vgl. zur geltenden Rechtslage bereits in diesem Kapitel unter I) 2.

145 *Holland*, The Elements of Jurisprudence (1. Aufl., 1880), S. 128.

146 *Markby*, Elements of Law (1. Aufl., 1871), S. 185.

147 *Holland*, The Elements of Jurisprudence (1. Aufl., 1880), S. 129.

„In order to constitute possession in a legal sense, there must exist, not only the physical power to deal with the thing as we like, and to exclude others, but also the determination to exercise this physical power on our own behalf.“[148]

Bei seiner knappen Darstellung des römischen Besitzrechts legte *Markby* einen Schwerpunkt auf *Savignys* Theorie vom abgeleiteten Besitz. Er erkannte zutreffend, daß *Savigny* den abgeleiteten Besitz als Ausnahme betrachtete, die nur in bestimmten vom römischen Recht vorgegebenen Fällen möglich sein sollte:

„Savigny thinks that under the Roman Law in the case of the agent, the borrower, the hirer, and the bailee, the possession is never transferred; but that in the case of the pledgee it is. And he makes no distinction between land and moveables.“[149]

An dieser Stelle spannte *Markby* den Bogen zum Englischen Recht und kam zu dem Ergebnis, daß auch dieses einem Bailee keine Possession zuerkenne[150]. Lediglich hinsichtlich eines „tenants of land“ habe das Common Law scheinbar eine ähnliche Ausnahme zugelassen:

„It would seem as if it were impossible to deny that the tenant has, in contemplation of law, the possession of the land which he holds under his tenancy. Nevertheless this is not so.“[151]

Gleichwohl gelte auch im Common Law, daß der bloße Tenant eines Grundstücks niemals Possessor sei:

„The view of the English Law was from the first, and still is, that the occupier of land for purposes of cultivation has no interest in, and therefore, a *fortiori*, if he accepts that position, no possession, of the land which he occupies.“[152]

Der Tenant habe ursprünglich eine dem römischen Colonus vergleichbare sklavenähnliche Position innegehabt. Diese rechtlose Stellung sei durch die Jahrhundert hindurch beibehalten und sogar noch ausgeweitet worden[153]. Dies habe dazu geführt, daß einem Tenant im Common Law niemals die Possession zugestanden worden sei, nicht einmal in ihrer abgeleiteten Form:

„But so far from this, if I grant land to you for a term of years, however long, and whether for cultivation or for any other purpose, you take, as grantee, no interest in the land whatever; and taking no interest in the land, you can only have *detention* of it, and not *possession*, under the grant. You cannot even have derivative possession of it; and you must, therefore, hold it only as my representative, and I must remain in possession.“[154]

148 *Markby*, Elements of Law (1. Aufl., 1871), S. 176.
149 *Markby*, Elements of Law (1. Aufl., 1871), S. 185.
150 *Markby*, Elements of Law (1. Aufl., 1871), S. 185.
151 *Markby*, Elements of Law (1. Aufl., 1871), S. 185.
152 *Markby*, Elements of Law (1. Aufl., 1871), S. 185.
153 *Markby*, Elements of Law (1. Aufl., 1871), S. 186.
154 *Markby*, Elements of Law (1. Aufl., 1871), S. 186 f.

Daß diese Prämissen hinsichtlich des Common Law unzutreffend waren, hat *Markby* ab der 5. Auflage (1896) zumindest in Ansätzen eingeräumt[155].

Im Gegensatz zu *Markby* akzeptierte *Holland*, daß das Common Law einem Bailee oder Tenant die Possession zuerkannt hatte und interpretierte die Lehre *Savignys* zu seinen Gunsten um. *Holland* sah sich – anders als *Markby* – von Anfang an mit dem Problem konfrontiert, daß das Common Law seit seinen Anfängen Bailees und Tenants eigene Schutzbehelfe gegen die Wegnahme der ihnen anvertrauten Sache zur Verfügung stellte, während das römische Recht einem Mieter oder Pächter die Possessio (und auch den von *Savigny* ins Spiel gebrachten abgeleiteten Besitz) gerade verweigerte.

Trotz der unterschiedlichen Behandlung einer ganzen Personengruppe war *Holland* bereit, die Besitzlehre *Savignys* auch für das Common Law als Erklärungsansatz heranzuziehen. Um diese These zu veranschaulichen, differenzierte *Holland* – und zwar allgemein für Common Law und Civil Law – nach der Willensrichtung des Possessors zwischen drei Formen der Possession.

Als echter „Possessor" könne nur eine Person gelten, deren Willen darauf gerichtet ist, kein höheres Recht einer anderen Person an der Sache anzuerkennen[156]. Dies entsprach dem „animus domini" bei *Savigny*. Keine „Possession" im eigentlichen Sinne (und somit auch keinen entsprechenden Schutz) könne hingegen ein „Servant" beanspruchen[157]. Daneben gebe es, so *Holland*, aber noch die Fallgruppe der „Derivative Possession":

> „A higher degree of intention is exhibited by those persons, other than servants, to whom objects are delivered for various purposes. A borrower, the lessee of land, the usufructuary, a carrier, all intend to dispose of the object over which they are given a

---

155 Markby wollte seine Grundthese vom „animus domini" für das Common Law nicht völlig aufgeben. Er bestritt weiterhin, daß ein Tenant „in legal possession of the land" sei; daß die überwiegende Meinung dies anders sehe, sei „scarcely intelligible". Zwar gelang es Markby, gute Argumente gegen eine pauschale Bejahung der Possession eines Bailees zu finden; daß das Common Law einem Bailee aber zumindest in manchen Fällen die „legal possession" zuerkannt habe, mußte auch Markby eingestehen. *Markby*, Elements of Law (5. Aufl., 1896), S. 198 ff.

156 „The highest degree of intention is a denial of the right of any other than the possessor himself; inasmuch as the possessor means to pay no regard to any other right than his own. This is the intention manifested, on the one hand, by a person who thinks himself, rightly or wrongly, to be the owner of the object in question, and on the other hand by a thief who well knows that he has stolen it." *Holland*, The Elements of Jurisprudence (1. Aufl., 1880), S. 126 f.

157 „When the mental element in possession is manifested in its lowest degree, the holder of the object goes merely to the length of meaning to protect it against violence, without any assertion of a right over it on his own behalf. The intention of a servant who is entrusted with the property of his master is admittedly of this nature, and is fitly described as 'representative.'" *Holland*, The Elements of Jurisprudence (1. Aufl., 1880), S. 126 f.

control otherwise than as they may be from time to time directed, although none of them deny the title of the person who has delivered the objects to them to be still outstanding. The amount of possession which has passed to each of them – and some amount has certainly passed – may be called 'derivative.'"[158]

Zwar sei nicht klar, ob man bei der „Derivative Possession" wirklich von echter „Possession" sprechen könne. Gleichwohl hätten aber im römischen Recht „Possessores" dieser Kategorie durchaus eigene Schutzbehelfe zur Verfügung gestanden[159]. Das entscheidende Kriterium sei dabei die Bedeutung gewesen, die ein potentieller „Possessor" dem Objekt in seiner Obhut beigemessen habe:

> „The test of his having such an interest was said by the Roman lawyers to be whether or no the safety of the object possessed was of importance to him. This may occur in two ways; either because the object is directly useful to him, as is a pledge to a creditor, or a slave to a person who has a usufruct in him; or because the loss of it renders him liable to an action for not having kept it safely, as would be the case with a hirer, a borrower, or a tradesman who has goods given him to repair. A depositary, since he does not guarantee safe-keeping [...] has no right of action against any one who steals the deposit."[160]

Holland spielte hier zum einen auf die vier Personengruppen an, denen *Savigny* den abgeleiteten Besitz zusprach, zum anderen auf die Personengruppen, die im römischen Recht zwar keine Possessio hatten, denen gleichwohl aber ein dem Interdiktenschutz vergleichbarer Schutz durch quasi-possessorische Interdikte gewährt wurde[161]. Insofern sei das römische Recht dem Common Law „not dissimilar."[162]

Zwar hielt *Holland* weiterhin am Erfordernis eines „animus domini" für die Zuerkennung der Possession fest. Durch die Erweiterung des Blickwinkels auf sämtliche Personengruppen, die einen der Possession vergleichbaren, wenn nicht gleichen Schutz beanspruchen konnten, nannte man sie nun „Possessor" oder nicht, verlor dieses Erfordernis aber an praktischer Bedeutung. Damit wich *Holland* entscheidend von *Savigny* ab: Ob ein „Bailee" nun die echte „Possession" habe oder nur eine „derivative form", ließ *Holland* bewußt offen. Für *Savigny* hingegen, dem es entscheidend auf die Erfassung der Voraussetzungen der „Possessio" ankam, war die Abgrenzungsfrage, wer (schon) die „Possessio" und

---

158 *Holland*, The Elements of Jurisprudence (1. Aufl., 1880), S. 126.

159 „Whether or no the 'derivative' possessor is to be regarded as 'possessor' in the fullest sense, there is no doubt that he has at any rate, in most cases, a possessory interest which the law will recognise, and for any interference with which he is entitled to redress by way of damages." *Holland*, The Elements of Jurisprudence (1. Aufl., 1880), S. 128.

160 *Holland*, The Elements of Jurisprudence (1. Aufl., 1880), S. 128 f.

161 Dazu zählten der Nießbraucher, der Erbbauberechtigte und der Inhaber von bestimmten Dienstbarkeiten. Vgl. dazu *Savigny*, Das Recht des Besitzes (1. Aufl., 1803), §§ 23 ff.; *Kaser*, Das Römisches Privatrecht, 1. Abschn. (1955), §§ 94, 96.

162 *Holland*, The Elements of Jurisprudence (1. Aufl., 1880), S. 129.

wer (lediglich) abgeleiteten Besitz bzw. die „Quasi-possessio“ hatte, von erheblicher Bedeutung. Daß all diese Personengruppen letztendlich einen vergleichbaren Interdiktenschutz beanspruchen konnten, spielte für ihn eine untergeordnete Rolle. *Holland* mißachtete *Savignys* Mahnung, der abgeleitete Besitz sei eine Ausnahme, die vom positiven Recht vorgegeben werden müsse. Bei konsequenter Anwendung der Theorie *Savignys* hätte einem Bailee nicht einmal der abgeleitete Besitz zuerkannt werden dürfen.

Holland behielt die Orientierung an *Savignys* Lehre bis zur 4. Auflage seines Buches (1888) bei. Ab der 5. Auflage (1890) distanzierte er sich – wenn auch ähnlich zurückhaltend wie *Markby* – für das Common Law von der Ansicht *Savignys*[163]. Seine Ansicht wurde aber noch bis ins 20. Jahrhundert hinein von *William H. Rattigan* in seinem Lehrbuch, das sich an indische Studenten richtete, vertreten[164].

---

163 „We have to consider, in the first place, the view of the question taken by the Roman lawyers and modern civilians by whom the enquiry has till quite lately been exclusively conducted; and, secondly, how far similar ideas have influenced other legal systems, and more especially the common law.
(1) There is no doubt that the classical Roman jurists recognised two degrees of control over an object, the lower of which they described by such phrases as, 'in possessione esse,' 'naturaliter possidere,' 'corporaliter tenere,' 'alieno nomine possidere.' The higher degree was alone recognised by them as 'posessio,' properly so called, and such possession alone was protected by the Interdicts, irrespectively of the justice or injustice of its origin, against any one from whom it had not been acquired 'vi clam aut precario.' The lower degree of possession is called by modern civilians 'Detentio' (Inhabung), while they distinguish the higher as 'Possessio,' properly so called (Besitz). [...]
(2) The jurists of the Teutonic races seem never to have recognised the two grades of possession which have given so much trouble to the civilians. They granted possessory remedies without scruple to persons who in Roman law could never have profited by the Interdicts. Under the Salic law the person from whose custody cattle were stolen, irrespectively of his having any further interest in them, seems to have been the only person entitled to have them restored to him; and Bracton says that, in suing for stolen goods, it makes no difference whether the goods belonged to the plaintiff or not, provided only they had been in his custody.
The theory of English law at the present day is not dissimilar. Possessory rights are, it is true, denied to servants; but, with this exception, the common law ignores the distinction between Detention and Possession, granting possessory remedies to all persons in occupation of land or having custody of goods.“ *Holland*, The Elements of Jurisprudence (5. Aufl., 1890), S. 166 ff.

164 „This Right of Possession is called "jus possessionis" and involves in its conception both a physical and mental element [...] In contemplation of Law, two persons cannot at the same time fully and completely possess the same thing; and as the servant has no such complete right by reason of the want of "animus," while the master has never relinquished the "animus" to maintain his own "right," the Law regards the legal possession as still vested in the master. This sort of Possession is called "Representative" or "Constructive Possession," and is also applied in the case of infants and persons of unsound mind. These persons, although themselves incapable of making any determi-

Es bestehen keine Anhaltspunkte dafür, daß *Markby* oder *Holland* bewußt das englische Recht oder die Theorie *Savignys* verzerrt darstellten. Es ist wahrscheinlicher, daß sie – der allgemeinen Stimmung dieser Zeit folgend – dem römischen Recht und der deutschsprachigen Literatur dazu allzu positiv gegenüberstanden. Der einzige Vorwurf, den man ihnen (wenn überhaupt) aus heutiger Sicht machen kann, ist die nicht vollständig zu Ende gedachte Übernahme einer Theorie zum römischen Besitzrecht auf das Common Law of Possession. *Markby* und *Holland* mußten erhebliche Kunstgriffe machen, um über Ausnahmen in der *Savigny'schen* Theorie das englische Besitzrecht erklären zu können. Wären sie hingegen stattdessen einen Schritt zurückgegangen und hätten sich gefragt, ob das Common Law nicht möglicherweise von einem in welchem Maße auch immer anders gearteten Besitzbegriff ausgeht und daher die Theorie nicht paßt, so wären ihre Aussagen wahrscheinlich erheblich differenzierter ausgefallen.

Nur allzu leicht konnte man ihre durchaus vorhandenen Einschränkungen und Zweifel übersehen. Was blieb war der Gesamteindruck „not dissimilar", also praktisch identisch. Der logisch nächste Gedankenschritt mußte folgender sein: Wenn römisches und englisches Besitzrecht vom praktischen Resultat her vergleichbar sind, sind sie auch wesensverwandt und damit ist das englische Besitzrecht auf das römische Recht zurückzuführen. Zwar sagten *Markby* und *Holland* dies nicht ausdrücklich. Ihre Ausführungen verleiten aber geradezu zu dieser Schlußfolgerung. Denn wenn eine Theorie zum römischen Besitzrecht augenscheinlich ohne Probleme das anglo-amerikanische Law of Possession erklären kann, fehlt dem anglo-amerikanischen Besitzrecht gegenüber dem römischen Recht ein eigenständiges Moment.

cc) Um eine Verwandtschaft, zumindest aber eine Nähe zwischen römischem und anglo-amerikanischen (Besitz-)Recht aufzuzeigen, versuchten manche Autoren, unbekannte Erscheinungsformen des römischen Rechts durch (vermeintlich) analoge Institute des Common Law zu veranschaulichen. So wurde die

---

nation of the will, have their mental incapacity supplied by their parents, guardians, or curators, and through them they can legally exercise a Right of Possession. The representative himself has no Possession of the thing in his physical control; the real possession is that of his principal. This is the element which distinguishes "Representative" from "Derivative Possession." The latter is true legal Possession, because the holder of the thing combines in his person both the physical and mental elements which are necessary to constitute it. He holds the physical control over the thing, and he intends to hold it as his own. Thus a creditor has a "Derivative Possession" of the articles pledged with him, the bailee of the goods bailed, a pawnbroker of the goods pawned, and a watchmaker of the watch entrusted to him for repair, so long as anything is due to him for his labour. In each of these the derivative holder has a special qualified Right transferred to him, which is in the nature of a Jus in re aliena, and available against all the world. Indeed, the owner himself may commit a theft if he dishonestly removes the property out of the Possession of the derivative possessor." Hier *Rattigan*, The Science of Jurisprudence (3. Aufl., 1899), S. 135 ff.

Possessio des römischen Rechts gerne zur Equity in Bezug gesetzt. Am Anschaulichsten liest man dies bei *William Hunter* (1876):

> „As the Praetor was the great fountain of equity in the Roman Law, and as all interdicts were special emanations – of his magisterial authority (*imperium*), we may, without impropriety, call the possession protected by the interdict – EQUITABLE OWNERSHIP. […] "Possession" may be regarded as equitable ownership, in the sense of being a creation of the Praetor, and having no recognition from the *jus civile*; but it did not depend upon *dominium* in the same way as an English equitable estate requires to be supported by a legal estate. Although the Roman Praetor and the English Chancellor were guided by a similar spirit in establishing equitable interests, there are considerable differences in the results of their activity, owing to the very different circumstances with which they had to deal."[165]

Auch *Edward Poste* (1871) ist in diesem Zusammenhang zu nennen[166].

Ab Ende der 1870er Jahre verloren die kontinentalen Besitzlehren als Modell für eine Strukturierung des Law of Possession an Popularität. Die Tendenz ging dahin, eigene Erklärungsansätze zu finden und sich bewußt von den Theorien des Kontinents zu distanzieren[167]. Diese Strömung ist insbesondere mit einem Namen verbunden: *Oliver Wendell Holmes*.

---

165 *Hunter*, A Systematic and Historical Exposition of Roman Law (1876), S. 202.

166 „If possessory interdicts were in fact regarded by the Roman jurists rather as actions ex delicto than as real actions, this may be paralleled with the fact that the actions of Trover and Detinue, though brought for the recovery of movable property, and consequently, in the eye of a Roman jurist, real actions, are nevertheless in English law (perhaps because damages or compensation for detention, and not restitution, are the only things that can certainly be recovered) two forms of action on trespass, that is to say, not of real action but of action ex delicto. And even Ejectment, practically the sole real action for the recovery of land, is theoretically a species of Trespass. The ground of the possibility of these anomalies is, that every action whatever is founded on Delict, in a large acceptation of the word [...], and hence, with the help of a little distortion and violence, any action may be pushed out of its proper place, and made to appear as an action ex delicto in the narrower acceptation." *Poste*, Elements of Roman Law by Gaius (1871), S. 502. Vgl. insbesondere dort auch S. 517 ff.

167 Vereinzelt gab es aber weiterhin vermittelnde Ansichten. So z.B. in einer nicht zuzuordnenden Anmerkung im Harvard Law Review des Jahres 1892/93 zur „Possession of Aerolites": „There are two essential elements to actual possession of a chattel: (1) the power of control, which is a question of fact; and (2) an intention to make a use inconsistent with the right of another to immediate control. The second element includes, of course, the intention to prevent others from interfering with the proposed use. The intention governs, and has been considered from either of two points of view. Holmes believes it to be the intention to exclude others; while the German writers look upon it as the intention to use for one's own purposes, without reference to others."
Der Verfasser war nun der Meinung, daß sich diese beiden Ansichten nicht ausschlössen, sondern vielmehr ergänzten: „In other words, it is best not to look at the element of intention from either of the above-mentioned points of view exclusively: for actual possession of a chattel there must be power of control; an intention to make a use inconsistent with possession in any one else; and an intention to exclude every one else

b) *Die germanistische Phase – Die Emanzipation des Law of Possession*

Holmes zählte zu einer Gruppe von Gelehrten, die bemüht waren, sich von den römisch rechtlichen Vorgaben zu lösen, und durch eine unabhängige Quellenrecherche herausfinden wollten, wie das Besitzrecht des Common Law wirklich aussah.

aa) *Der Ansatz von Holmes*

Die Monographie „The Common Law" von *Oliver Wendell Holmes* war, in den Worten von *Reimann* eine „Programmschrift zur Rettung des anglo-amerikanischen Rechts aus drohender Gefahr"[168]. *Holmes* nahm darin den Kampf gegen zwei Entwicklungen auf, gegen die Übernahme romanistischer Begriffe und Lehren und gegen das Vordringen abstrakten Systemdenkens. Hier interessiert zunächst *Holmes'* Einstellung zum Verhältnis des Common Law zum römischen Recht, wie sie insbesondere in seinen Ausführungen zum Tatbestand des Besitzes im Common Law zum Ausdruck kommt.

Holmes befaßte sich bereits in dem Aufsatz „Possession", der 1878 im American Law Review erschien, mit dem Besitzrecht[169]. Dieser Aufsatz ging drei Jahre später in erweiterter und überarbeiteter Form als Kapitel „Possession" in seine Monographie ein[170].

Welche Elemente waren notwendig, um eine Person als „possessor" bezeichnen zu können? Wie schon *Savigny* fast 80 Jahre zuvor, analysierte auch *Holmes* die Besitzerlangung. Er kam zu dem Ergebnis, daß im römischen wie im anglo-amerikanischen Recht zwei Elemente, ein objektives und ein subjektives, erforderlich seien[171].

Anders als das subjektive Element war dabei das objektive Element nach *Holmes* eher ungeeignet, um die Eigenständigkeit des Besitzrechts im Common Law herauszuarbeiten. Das objektive Element definierte *Holmes* wie folgt:

> „The physical relation to others is simply a relation of manifested power coextensive with the intent [...] But, besides our power and intent as towards our fellow-men, there must be a certain degree of power over the object. If there were only one other

---

from interfering with such use. These two intentions must be joined, for they are complementary." *Anonymous*, in: 6 Harvard Law Review (1892/93), S. 443 f.

168 *Reimann*, Historische Schule und Common Law (1993), S. 148.

169 *Holmes*, in: 12 American Law Review (1878), S. 688 ff.

170 *Holmes*, The Common Law (1881), S. 206 ff.

171 „To gain possession, then, a man must stand in a certain physical relation to the object and to the rest of the world, and must have a certain intent." *Holmes*, The Common Law (1881), S. 216; *Holmes*, in: 12 American Law Review (1878), S. 688, 699.

man in the world, and he was safe under lock and key in jail, the person having the key would not possess the swallows that flew over the prison."[172]

Die „power as to third persons" werde entscheidend durch das subjektive Element, den „intent", bestimmt:

> „This is naturally a power coextensive with the intent. But we must bear in mind that the law deals only or mainly with manifested facts; and hence, when we speak of a power to exclude others, we mean no more than a power which so appears in its manifestation."[173]

Holmes erkannte die Schwierigkeit, aus den überlieferten Fällen eine gemeinsame Formel für die „power over the object" zu finden[174]. Deshalb formulierte er vorsichtig:

> „But the difference between the power over the object which is sufficient for possession, and that which is not, is clearly one of degree only, and the line may be drawn at different places at different times on grounds just referred to."[175]

---

172 *Holmes*, The Common Law (1881), S. 216; *Holmes*, in: 12 American Law Review (1878), S. 688, 699.

173 *Holmes*, The Common Law (1881), S. 234; vgl. *Holmes*, in: 12 American Law Review (1878), S. 688, 712.
Holmes illustrierte dies dann an folgendem oft zitierten Beispiel:
„A powerful ruffian may be within equal reach and sight when a child picks up a pocket-book; but if he does nothing, the child has manifested the needful power as well as if it had been backed by a hundred policemen." *Holmes*, The Common Law (1881), S. 235; vgl. *Holmes*, in: 12 American Law Review (1878), S. 688, 712. Siehe zu diesem Beispiel u.a. *Thayer*, in: 23 Law Quarterly Review (1907), S. 175, 185 f.; *Thayer*, in: 18 Harvard Law Review (1904/05), S. 196, 202 ff.; *Pollock/Wright*, An Essay on Possession in the Common Law (1888), S. 15.

174 „This element is illustrated by cases of capture, although no doubt the point at which the line is drawn is affected by consideration of the degree of power obtained as against other people, as well as by that which has been gained over the object. The Roman and the common law agree that, in general, fresh pursuit of wild animals does not give the pursuer the rights of possession. Until escape has been made impossible by some means, another may step in and kill or catch and carry off the game if he can. Thus it has been held that an action does not lie against a person for killing and taking a fox which had been pursued by another, and was then actually in the view of the person who had originally found, started, and chased it. The Court of Queen's Bench even went so far as to decide, notwithstanding a verdict the other way, that when fish were nearly surrounded by a seine, with an opening of seven fathoms between the ends, at which point boats were stationed to frighten them from escaping, they were not reduced to possession as against a stranger who rowed in through the opening and helped himself." *Holmes*, The Common Law (1881), S. 217; vgl. *Holmes*, in: 12 American Law Review (1878), S. 688, 699 f.

175 *Holmes*, The Common Law (1881), S. 217; vgl. *Holmes*, in: 12 American Law Review (1878), S. 688, 700.

Aus diesem Grund sei beim objektiven Element eine klare Abgrenzung zum römischen Recht nicht möglich:

> „Thus we are told that the legislature of New York enacted, in 1844, that any one who started and pursued deer in certain counties of that State should be deemed in possession of the game so long as he continued in fresh pursuit of it, and to that extent modified the New York decisions just cited. So, while Justinian decided that a wild beast so badly wounded that it might easily be taken must be actually taken before it belongs to the captors, Judge Lowell, with equal reason, has upheld the contrary custom of the American whalemen in the Arctic Ocean, mentioned above, which gives a whale to the vessel whose iron first remains in it, provided claim be made before cutting in."[176]

Der entscheidende Anknüpfungspunkt, um die Wesensverschiedenheit von römischem und anglo-amerikanischem (Besitz-)Recht zu beweisen, war für *Holmes* die unterschiedliche Bestimmung des subjektiven Elements.

Holmes beschrieb das römische Recht, wie es sich aus den Werken der deutschsprachigen Juristen darstellte, zutreffend wie folgt:

> „We are told that, of the many who might have the actual charge or custody of a thing, the Roman law recognized as possessor only the owner, or one holding as owner and on his way to become one by lapse of time. In later days it made a few exceptions on practical grounds. But beyond the pledgee and the sequester (a receiver appointed by the court) these exceptions are unimportant and disputed. Some of the Roman jurists state in terms that depositaries and borrowers have not possession of the things entrusted to them. [...] Following this out, it was said by Savigny, the only writer on the subject with whom English readers are generally acquainted, that the *animus domini*, or intent to deal with the thing as owner, is in general necessary to turn a mere physical detention into juridical possession. We need not stop to inquire whether this modern form or the ψνχη δεσποξοντος (*animus dominantis, animus dominandi*) of Theophilus and the Greek sources is more exact; for either excludes, as the civilians and canonists do, and as the German theories must, most bailees and termors from the list of possessors."[177]

Im Gegensatz dazu habe das Common Law seit seinen Anfängen auch allen „Bailees" (wie Mieter, Pächter, Entleiher, Verwahrer) besitzrechtliche Rechtsbehelfe[178], und damit auch die „Possession" gewährt:

> „The meaning of the rule that all bailees have the possessory remedies is, that in the theory of the common law every bailee has a true possession, and that a bailee recovers on the strength of his possession, just as a finder does, and as even a wrongful possessor may have full damages or a return of the specific thing from a stranger to the ti-

176 *Holmes*, The Common Law (1881), S. 217 f.; vgl. *Holmes*, in: 12 American Law Review (1878), S. 688, 700.

177 *Holmes*, The Common Law (1881), S. 209 ff.; vgl. *Holmes*, in: 12 American Law Review (1878), S. 688, 698, 700.

178 *Holmes*, The Common Law (1881), S. 211; vgl. *Holmes*, in: 12 American Law Review (1878), S. 688, 697; s. ausführlich dazu bei *Holmes*, The Common Law (1881), S. 164 ff. (Kapitel „The Bailee at Common Law").

tle. […] The point which is essential to understanding the common-law theory of possession is now established: that all bailees from time immemorial have been regarded by the English law as possessors, and entitled to the possessory remedies."[179]

Daher definierte *Holmes* das subjektive Element der „Possession" wie folgt:

> „If what the law does is to exclude others from interfering with the object, it would seem that the intent which the law should require is an intent to exclude others. I believe that such an intent is all that the common law deems needful, and that on principle no more should be required."[180]

Jedoch dürfe dieser „intent to exclude others" keineswegs als synonym zu „animus domini" mißverstanden werden.

> „It may be asked whether this is not simply the *animus domini* looked at from the other side. If it were, it would nevertheless be better to look at the front of the shield than at the reverse. But it is not the same if we give to the *animus domini* the meaning which the Germans give it, and which denies possession to bailees in general. The intent to appropriate or deal with a thing as owner can hardly exist without an intent to exclude others, and something more; but the latter may very well be where there is no intent to hold as owner. […] If a bailee intends to exclude strangers to the title, it is enough for possession under our law, although he is perfectly ready to give the thing up to its owner at any moment; while it is of the essence of the German view that the intent must not be relative, but an absolute, self-regarding intent to take the benefit of the thing. Again, if the motives or wishes, and even the intentions, most present to the mind of a possessor, were all self-regarding, it would not follow that the intent towards others was not the important thing in the analysis of the law. But, as we have seen, a depositary is a true possessor under the common-law theory, although his intent is not self-regarding, and he holds solely for the benefit of the owner." [181]

Holmes nutzte diese Beobachtungen rhetorisch geschickt – wenn auch in einer Weise, die der deutschen Realität nicht vollständig gerecht wurde –, zum einen dazu, die Methodik der deutschsprachigen Gelehrten als antiquarisch und unbrauchbar zu entlarven[182]. Zum anderen instrumentalisierte er zugleich die allzu philosophischen Ausführungen mancher deutscher Gelehrter, um das römische Recht der „Possessio" als Musterbeispiel für das gesamte römische Recht zu diskreditieren. *Holmes* wollte damit zeigen, daß sowohl methodisch als auch

---

179 *Holmes*, The Common Law (1881), S. 174 f. Dies stellte einen für die Literatur des Common Law nicht untypischen Schluß von der Remedy auf das Right dar. Vgl. dazu schon in diesem Kapitel unter I) 2 (Einleitungsabschnitt).

180 *Holmes*, The Common Law (1881), S. 220; vgl. *Holmes*, in: 12 American Law Review (1878), S. 688, 702.

181 *Holmes*, The Common Law (1881), S. 220 f.; vgl. *Holmes*, in: 12 American Law Review (1878), S. 688, 702 f.
Es folgte dann eine mehrseitige Darstellung von „cases besides those of bailees and tenants, which will probably, although not necessarily, be decided one way or the other, as we adopt the test of an intent to exclude, or of the animus domini."

182 Darauf wird gleich unter 2. näher zurückzukommen sein.

hinsichtlich ihrer materiell-rechtlichen Ausführungen zum Besitzrecht „the German jurists unsatisfactory" seien[183].

Beinahe triumphierend erklärte *Holmes*, er habe den Grund gefunden, warum die deutschen Gelehrten – und zwar aus Prinzip und im Gegensatz zur herrschenden besitzrechtlichen Praxis im Deutschland des 19. Jahrhunderts[184] – auf der Notwendigkeit eines „animus domini" hätten bestehen müssen, auch wenn sie dadurch zahlreichen Personengruppen den Besitzschutz (zumindest theoretisch) genommen hätten. Dies sei die logische Konsequenz des Einflusses der *Kant'schen* Philosophie gewesen:

> „German theories must [exclude] most bailees and termors from the list of possessors. The effect of this exclusion as interpreted by the Kantian philosophy of law, has been to lead the German lawyers to consider the intent necessary to possession as primarily self-regarding. Their philosophy teaches them that a man's physical power over an object is protected because he has the will to make it his, and it has thus become a part of his very self, the external manifestation of his freedom. The will of the possessor being thus conceived as self-regarding, the intent with which he must hold is pretty clear: he must hold for his own benefit. Furthermore the self-regarding intent must go to the height of an intent to appropriate; for otherwise, it seems to be implied, the object would not truly be brought under the personality of the possessor."[185]

Das römische Recht, so wie es die Mehrheit der deutschen Gelehrten – allen voran *Savigny* – verstanden habe, habe dieses philosophisch abgeleitete Prinzip bereits vor Jahrhunderten festgeschrieben:

> „Here the prevailing view of the Roman law comes in to fortify principle with precedent [...] Philosophy by denying possession to bailees in general cunningly adjusted itself to the Roman law, and thus put itself in a position to claim the authority of that law for the theory of which the mode of dealing with bailees was merely a corollary."[186]

Holmes betrachtete es als „inconsistent with convenience"[187], einem Mieter oder Pächter (von ihm als „bailee" bezeichnet) den Besitz zu verweigern. Für ihn war der Weg, den das Common Law seit Jahrhunderten ging, plausibler. Dieser Ansatz sei moderner und letztlich der römischen Doktrin überlegen:

---

183 *Holmes*, The Common Law (1881), S. 218; *Holmes*, in: 12 American Law Review (1878), S. 688, 700.

184 Holmes bemerkte dazu zutreffend: „Modern statutes have followed in the same path so far as to give the possessory remedies to tenants and some others", *Holmes*, The Common Law (1881), S. 211.

185 *Holmes*, The Common Law (1881), S. 219; vgl. *Holmes*, in: 12 American Law Review (1878), S. 688, 701 f.

186 *Holmes*, The Common Law (1881), S. 209 ff.
1878 formulierte Holmes kürzer und prägnanter: „And thus philosophy confirms dogma, and dogma philosophy." *Holmes*, in: 12 American Law Review (1878), S. 688, 702.

187 *Holmes*, The Common Law (1881), S. 211.

> „Hence I say that it is important to show that a far more developed, more rational, and mightier body of law than the Roman, gives no sanction to either premise or conclusion as held by Kant and his successors.“[188]

Diese Beobachtung zum Besitzrecht baute *Holmes* zu einer allgemeinen Hypothese für das Verhältnis von Common Law und Roman Law aus:

> „But the interest attaching to the theory of possession does not stop with its practical importance in the body of English law. The theory has fallen into the hands of the philosophers, and with them has become the corner-stone of more than one elaborate structure. It will be a service to sound thinking to show that a far more civilized system than the Roman is framed upon a plan which is irreconcilable with the *a priori* doctrines of Kant and Hegel. Those doctrines are worked out in careful correspondence with German views of Roman law. And most of the speculative jurists of Germany, from Savigny to Jhering, have been at once professors of Roman law, and profoundly influenced if not controlled by some form of Kantian or post-Kantian philosophy. Thus everything has combined to give a special bent to German speculation, which deprives it of its claim to universal authority.“[189]

Bereits 1878 schrieb *Holmes* am Anfang seines Aufsatzes zur „Possession“:

> „Yet some rules, which we think clear, are against what the German civilians would regard as first principles, and it would therefore seem that a common lawyer should be able to add something to what has been said upon the Continent. This will appear the less impossible when it is shown that the differences between the English and Roman law are not the result of a few modern cases, but are due to the sturdy persistence of the early traditions of our race, and are in substance as old as the first feeble beginnings of our courts of law.“[190]

Ein Leser des anglo-amerikanischen Rechtskreises, der mit den Verhältnissen auf dem Kontinent nicht näher vertraut war, konnte nach dem Lesen dieser Ausführungen leicht zu dem Ergebnis kommen, *Holmes* habe sein Ziel, die deutschen Juristen als „unsatisfactory“ darzustellen, voll und ganz erreicht. Jedoch wäre ein solcher Schluß voreilig. *Holmes* stellte hier nämlich einen beinahe zwingenden Zusammenhang zwischen römischem Recht und der (Rechts)Philosophie des 19. Jahrhunderts her, der in dieser Form so nicht vorhanden war. Zwar spielte in der Besitzrechtsdiskussion auf dem Kontinent (insbesondere bei der Suche nach dem Grund des Besitzschutzes) die Philosophie durchaus eine Rolle. Dies hatte aber mit der Frage, ob im klassischen römischen Recht für den Erwerb der Possessio ein animus domini erforderlich war, nicht zwangsläufig etwas zu tun.

---

188 *Holmes*, The Common Law (1881), S. 210.

189 *Holmes*, The Common Law (1881), S. 206.

190 *Holmes*, in: 12 American Law Review (1878), S. 688.

Holmes These war (anders formuliert), daß die deutsche Literatur – als zwingende Konsequenz des Einflusses der *Kant'schen* Philosophie – gar nicht anders gekonnt hätte, als Mietern und Pächtern den Besitz zu verweigern:

> „On the principle of Kant, it is not enough that he has the custody of a thing. A protection based on the sacredness of man's personality requires that the object should have been brought within the sphere of that personality, that the free will should have unrestrainedly set itself into that object. There must be then an intent to appropriate it, that is, to make it part of one's self, or one's own."[191]

Der Bailee einer Sache (z. B. ein Mieter), der das bessere Recht des Bailors (z.B. des Vermieters) kenne und akzeptiere, könne diese Sache nicht seinem freien Willen unterwerfen. Somit könne er – nach *Kant* – niemals Besitzer sein. Das römische Recht – so *Holmes* – sei zu dem gleichen Ergebnis gekommen. Es habe auch als „possessores" nur Personen anerkannt, die einen „animus domini" besäßen.

Das Problem der These von *Holmes* ist, daß die Behandlung von Mietern im römischen Recht in der deutschen Diskussion nicht ein „corollary", eine Nebensache, der Bemühungen war, das Institut des Besitzes und besonders sein Wesen und seine Rechtsnatur philosophisch zu begreifen. Die Bestimmung des genauen Umfangs des Besitzwillens im römischen Recht war eine rein historisch-juristische Frage, die unmittelbar mit Philosophie wenig gemein hatte. Zumindest wurde sie kaum im Zusammenhang mit der Frage erörtert, ob das Erfordernis eines animus domini philosophisch sinnvoll oder gar zwingend sei.

Bei der Bestimmung des Besitzwillens in der deutschen Literatur vor *Holmes* ging es zunächst darum zu ermitteln, wer im römischen Recht überhaupt Besitz hatte. Der nächste Schritt war dann die Definition des Besitzbegriffs in einer Form, die die geschützten Personengruppen, aber lediglich diese, umfaßte. Die Literatur dieser Zeit warf (bis auf wenige Ausnahmen)[192] nicht einmal die Frage auf, ob die Regelung des römischen Rechts, Mietern keinen Besitzschutz zu gewähren, sinnvoll war. Dies wäre – wenn man so will – eine philosophische Frage gewesen, die aber nichts mit der Frage zu tun hat, wie das römische Recht den Besitzwillen definierte.

Liest man *Holmes*, entsteht der Eindruck, es gebe ein klassisches römisches Besitzrecht auf der einen Seite, während auf der anderen Seite die deutschen Juristenphilosophen ständen, die sich Gedanken über den Besitz gemacht hätten.

---

191 *Holmes*, The Common Law (1881), S. 209; vgl. *Holmes*, in: 12 American Law Review (1878), S. 688, 701. Dem hatte sich im Ergebnis auch Taylor angeschlossen, *Taylor*, The Science of Jurisprudence (1908), S. 546; vgl. auch *Macdonell*, in: Great Jurists of the World (1914), S. 590, 596 f.; *Reimann*, in: The Legacy of Oliver Wendell Holmes, Jr. (hg. von Gordon, 1992), S. 72, 89.

192 Dies waren *Roßhirt*, in: AcP 21 (1838), S, 242, 248 und *Bruns*, Das Recht des Besitzes (1848), S. 491 ff. (s. dazu im 1. Kapitel, IV) 1. a)).

Dies ist in gewisser Weise richtig, zugleich aber mißverständlich. *Holmes* erkannte zutreffend, daß es der deutschen Literatur des 19. Jahrhunderts um mehr ging als um bloße Aufarbeitung rechtshistorischer Quellen. Viele Rechtsgelehrte näherten sich dem Institut des Besitzes höchst philosophisch. *Holmes* gelang es jedoch nicht, klar genug zwischen den einzelnen Ebenen des Besitzrechtsstreites in Deutschland, seinen einzelnen Streitpunkten, seinen Epochen und den unterschiedlichen Motiven der einzelnen Gelehrten zu trennen.

Kant und *Hegel*, die sich im späten 18. bzw. frühen 19. Jahrhundert äußerten, verfolgten einen rein philosophischen Ansatz und interessierten sich nicht allzu sehr für das römische Recht. Ihnen war jedoch bekannt, daß seit römischer Zeit der bloße Besitzer einer Sache einen eigenständigen rechtlichen Schutz beanspruchen konnte. Sie versuchten zu begreifen, was das Besondere am Besitz war, besonders in dem Fall, in dem der Besitz mit dem Eigentum an einer Sache nicht zusammenfiel. Dies war die rein philosophische Ebene.

Savignys Monographie „Das Recht des Besitzes" aus dem Jahre 1803 war dagegen in erster Linie ein Buch über das römische Recht. Es wollte zum einen das römische Recht der Possessio systematisieren und bemühte sich daher, die objektiven und subjektiven Tatbestandsmerkmale herauszuarbeiten. Zum anderen wollte es für die hinter dem Institut der Possessio stehenden philosophischen Prinzipien Verständnis schaffen und den tieferen Sinn und Zweck dieses Instituts sowie seinen Platz in der Rechtsordnung begreifen. Das Werk nahm damit Zwitterstellung ein, denn es hatte sowohl eine materiell römisch-rechtliche als auch eine rein philosophische Ebene.

Gans, *Puchta* und später auch *Windscheid* und *Jhering* haben an einzelnen Ausführungen *Savignys* Kritik geübt. Diese Autoren haben sich mit ihren Thesen nicht – wie *Holmes* es behauptete – dem römischen Recht angepaßt. Sie haben vielmehr das römische Recht, genau wie *Savigny*, analysiert, um das komplexe System der Possessio sowohl von seinem materiellen Gehalt als auch von seinem tieferen Sinn her zu begreifen. Ihre Thesen bezogen sich auf das römische Recht und nicht auf irgendein davon losgelöstes Idealrecht. Es gab im 19. Jahrhundert (nach *Kant* und *Hegel*) nicht das römische Recht auf der einen und die Philosophen auf der anderen Seite. Die Philosophie war jedoch Werkzeug, um das römische Recht zu begreifen. Die Quellen waren größtenteils unvollständig und widersprüchlich. Die Rechtsphilosophie diente dazu, die Lücken zu füllen und ein zusammenhängendes Bild vom klassischen römischen Besitzrecht entstehen zu lassen.

Dies änderte sich erst langsam ab der Mitte des 19. Jahrhunderts, als vereinzelte und verhaltene Stimmen innerhalb des romanistischen Lagers begannen, die Ergebnisse des römischen Besitzrechts zu hinterfragen, und sich auf die Suche nach einem idealen Besitzrecht zu begeben. Diese Stimmen waren aber eindeutig in der Minderheit, und mit Ausnahme von *Bruns* (der dieser Frage aber auch nur eines von acht Kapiteln seiner Monographie „Das Recht des Besitzes" aus dem Jahr 1848 widmete) ging es allen von *Holmes* zitierten deutschen Juristen seit *Savigny* ausschließlich um das römische Besitzrecht.

Savigny, seine Anhänger und Gegner waren mit *Kants* philosophischer These, daß der Grund des Besitzschutzes in der Freiheit des menschlichen Willens zu suchen sei, wohl vertraut. Die Ausführungen *Kants* behandelten aber ausschließlich die Frage, warum der bloße Besitzer einer Sache, wenn er nicht zugleich Eigentümer war, seit römischer Zeit einen selbständigen Schutz beanspruchen konnte. An keiner Stelle machte *Kant* Ausführungen zu den objektiven oder subjektiven Tatbestandsmerkmalen des Besitzes im römischen Recht. Die deutschen Philosophen *Kant* und *Hegel* schienen sich für solche juristischen Details nicht zu interessieren. Für sie war „Besitzer" einer Sache eine Person, die nicht der Eigentümer der Sache war, aber gleichwohl rechtlichen Schutz gegen die Wegnahme der Sache beanspruchen konnte. Dies hätte nun durchaus auch ein Mieter sein können, denn das Gemeine Recht[193] zu ihren Lebzeiten gewährte – im krassen Gegensatz zum klassischen römischen Recht – dem Mieter einen eigenständigen rechtlichen Schutz. Es geht aus ihren Werken leider nicht klar hervor, welchen Besitzbegriff sie verwendet haben.

Laut *Holmes* implizierte *Kants* Ansatz allerdings notwendig eine bestimmte Definition des Besitzwillens. Diesen – gar nicht so fernliegenden – Schluß, den *Holmes* in die Ausführungen der deutschen Gelehrten hineinlas, zogen die meisten Gelehrten jedoch während der ersten Phase des Besitzrechtsstreites in Deutschland gerade nicht. Alle Autoren, *Savigny* eingeschlossen, trennten zunächst klar zwischen zwei Fragen: einer philosophischen (Warum ist der Besitz geschützt?) und einer juristischen (Welche Elemente erachteten die römischen Quellen für notwendig, um einer Person „possessio" zuzuschreiben?). Bei beiden Fragen kam der menschliche „Wille" ins Spiel. Beim „Grund des Besitzschutzes" stand der im Besitz verkörperte menschliche Wille als besonderer Wille des Besitzers dem allgemein anerkannten Willen, der den Besitzer zum Eigentümer werden ließ, gegenüber und war seiner selbst wegen schützenswert. Beim „materiellen Besitzbegriff" war der Wille eines der beiden Tatbestandsmerkmale, die Besitz entstehen ließen[194].

Diese beiden Begriffe des „Willens" waren weder identisch, noch setzte die Mehrheit der deutschen Autoren sie zueinander in Bezug. *Savigny*, „the only

---

193 Wie bereits im 1. Kapitel (Fn. 187) ausgeführt, gewährte das Gemeine Recht, das Elemente des klassisch-römischen Rechts, des kanonischen Rechts und einzelner lokaler Rechte in sich vereinte, einem Mieter oder Pächter die sogenannte „Spolienklage". Dieser Rechtsbehelf entsprach mutatis mutandis den possessorischen Interdikten der römischen Zeit.

194 Auf die Doppeldeutigkeit des Wortes „Wille" hat später auch Bond hingewiesen, *Bond*, in: 6 Law Quarterly Review (1890), S. 259, 261.

writer on the subject with whom English readers are generally acquainted"[195], beispielsweise, der als Besitzwillen einen „animus domini" forderte, war *Kants* Theorie von der Freiheit des menschlichen Willens als Grund des Besitzschutzes gerade nicht gefolgt. *Gans*, der ein großer Anhänger der Theorie von der Freiheit des menschlichen Willens als Grund des Besitzschutzes war, äußerte sich zur Frage des Besitzwillens als Tatbestandsvoraussetzung des Besitzes überhaupt nicht.

Kants und *Hegels* Theorien setzten zwar voraus, daß eine Art von Besitzwillen (als Ausdruck der Freiheit des menschlichen Willens) Tatbestandsvoraussetzung des Besitzes sein muß. Bezüglich des genauen Gehaltes – „animus domini" oder bloßer Fremdbesitzerwille – gaben sie aber keine Hinweise.

Der Schluß, den *Holmes* zog, war indes nicht neu. *Bruns* hatte bereits 1848 geschrieben:

> „Das Factum des Besitzes wird, weil es factisches Dasein des Willens ist, des allgemeinen Rechts des Willens wegen gegen Gewalt geschützt." Es verstehe sich daher von selbst, „daß der Schutz nur dann eintreten kann, wenn das physische Gewaltverhältnis als die Realisation, die Verkörperung, das äußere Dasein des Willens angesehen werden muß, also nur wenn der Detentor die Detention für sich selber hat. Denn wenn er nur für einen Andern detinirt, so wird auch durch die Verletzung der Detention nicht sein, sondern nur dessen Wille angegriffen."[196]

Diese Aussage stand jedoch zeitlich und inhaltlich in einem anderen Zusammenhang. *Bruns* stellte diese These in seiner Monographie „Das Recht des Besitzes" auf, und zwar im Kapitel „Philosophie des Besitzrecht" im Rahmen seiner Ausführungen zu einem idealen Besitzrecht, das nicht notwendigerweise mit dem römischen Recht der „possessio" identisch sein mußte. *Bruns* löste sich hier ausdrücklich vom römischen Recht und versuchte, einen idealen, in sich logischen philosophischen Besitzbegriff zu finden[197]. In *Bruns* Monographie findet sich wirklich eine historische römisch-rechtliche, und eine philosophische Ebene bei der Bestimmung des Besitzbegriffes. Mit Hinblick auf *Bruns* galt tatsächlich: „Philosophy by denying possession to bailees in general cunningly adjusted

---

195 *Holmes*, The Common Law (1881), S. 218; *Holmes*, in: 12 American Law Review (1878), S. 688, 701.

196 *Bruns*, Das Recht des Besitzes (1848), S. 491 ff.

197 Auch Puchta äußerte sich in seinem Pandektenlehrbuch seit 1838 kurz zur Philosophie des Besitzrechts. Puchta unterschied zwischen dem Besitz „nach seiner ursprünglichen Natur" und dem Besitz „In Folge juristischer Modifikationen". (*Puchta*, Pandekten (1. Aufl., 1838), Überschriften zu § 123 und § 124). Nur der Besitz mit „animus domini" sei die eigentliche Possessio: „Als ein selbständiges Recht gilt nur der Besitz mit dem animus domini, bey dem die Totalität des körperlichen Verhältnisses durch den eben so totalen Willen der Perosn gedeckt und von der Persönlichkeit geschirmt wird." (*Puchta*, Pandekten (1. Aufl., 1838), § 125). Das römische Recht habe diesen Grundsatz jedoch durchbrochen.

itself to the Roman law"[198]. *Holmes* erkannte nicht, daß *Bruns* eher die Ausnahme war. Vielleicht wollte er das auch nicht erkennen.

Jedenfalls gelang es *Holmes*, die im Common Law mit Skepsis beäugten philosophischen Ausführungen der deutschen Gelehrten mit einem der zentralen Unterschiede zwischen anglo-amerikanischem und römischem Besitzrecht zu verknüpfen.

Holmes machte aber noch einen weiteren Unterschied zwischen römischem und anglo-amerikanischem Recht aus, und zwar die dem Civil Law eigene strikte Trennung zwischen possessorischen und petitorischen Klagen[199]:

> „The English law has always had the good sense to allow title to be set up in defence to a possessory action. [...] The rule that you cannot go into title in a possessory action presupposes great difficulty in the proof [...], delays in the process, and importance of possession *ad interim*, – all of which mark a stage or society which has long been passed."[200]

Hinsichtlich des römischen Rechts waren die Beobachtungen von *Holmes* zutreffend. Ob dem anglo-amerikanischen Recht aber tatsächlich eine solche Dichotomie fremd war, bezweifelten anglo-amerikanische Autoren schon wenige Jahre später[201]. Jedenfalls rundeten diese Worte das Gesamtbild, das *Holmes* von der Überlegenheit des Common Law gegenüber dem römischen Recht zu schaffen suchte, ab.

Die Botschaft, die hinter all diesen Ausführungen stand, war deutlich zu vernehmen: Das Common Law sollte aus sich und seiner Geschichte heraus weiterentwickelt werden, anstatt romanistische, d.h. fremde und völlig verstaubte Kategorien und Begriffe zu übernehmen[202]. Es wundert daher nicht, daß in der Folgezeit zahlreiche Autoren des Common Law die Unabhängigkeit des Common Law of Possession von römisch-rechtlichen Einflüssen postulierten.

bb) Die Weiterentwicklung des Ansatzes von Holmes

Am deutlichsten war der Einfluß von *Holmes* bei den Beiträgen von *Frederick Pollock/Samuel E. Wright* (1888) und *Henry T. Terry* (1894) spürbar.

---

198 *Holmes*, The Common Law (1881), S. 210.

199 *Holmes*, The Common Law (1881), S. 209; vgl. *Holmes*, in: 12 American Law Review (1878), S. 688, 718.

200 *Holmes*, The Common Law (1881), S. 210 f.; vgl. *Holmes*, in: 12 American Law Review (1878), S. 688, 718.

201 Insbesondere von *Maitland*, in: 4 Law Quarterly Review (1888), S. 24 ff.; *Bond*, in: 6 Law Quarterly Review (1890), S. 259, 277 f., s. dazu gleich unter c) bb) (3) (b).

202 Vgl. dazu schon *Reimann*, Historische Schule und Common Law (1993), S. 65 f.

(1) Den Gedanken einer „native doctrine of possession“ griff zunächst *Pollock* in dem von ihm zusammen mit *Wright* im Jahr 1888 herausgegebenen „Essay on Possession“ auf und baute ihn weiter aus. Dieses Werk war die erste und, soweit ersichtlich, bis heute einzige Monographie zur englischen Besitzrechtsdoktrin. Dieser „Essay on Possession“ war kein in sich geschlossener Beitrag, er bestand vielmehr aus einem Einleitungskapitel nebst dem Kapitel „Of Possession Generally“ von *Frederick Pollock* und einem Kapitel „Possession and Trespass in Relation to the Law of Theft“ von *Robert Samuel Wright*[203].

Pollock umriß im Vorwort das von ihm und *Wright* verfolgte Ziel klar:

> „Our purpose has been to show that a fairly consistent body of principles is contained in the English authorities, not to exhibit all the applications of those principles, nor to enter on the comparison of the Common Law with any other system. Speaking for myself, I feel that I owe much both to the classical Roman texts on Possession and to the ingenuity of their modern expounders in Germany. But I have also felt that if there is, as I believe there is, a native doctrine of Possession in our law, the only way to make it manifest is to state it on its own independent footing and verify it in its own light. Comparison is profitable after the several things to be compared have been ascertained; if attempted earlier, it is hazardous at best.“[204]

Dieser Ansatz durchzog das ganze Werk wie ein roter Faden, so daß die spätere Anmerkung *Pollocks* eigentlich überflüssig gewesen wäre:

> „Indeed, the rules are quite different in the Roman law and the Common Law, so that the detailed comparison of them is profitable, here as elsewhere, only when we bear in mind that each stands on its own ground.“[205]

Über dieses gemeinsame Ziel bestand zwischen *Pollock* und *Wright* Einigkeit. Hinsichtlich des Besitzbegriffes waren die Ansätze der beiden Co-Autoren aber unterschiedlicher als sie augenscheinlich zuzugeben bereit waren[206].

---

203 Pollock hatte bei seinen Forschungen zur Besitzrechtsdoktrin des Common Law festgestellt, daß Wright bereits mit einer Studie zu diesem Thema begonnen hatte, die mittlerweile reif für die Veröffentlichung war. Man hatte sich darauf entschlossen, beide Beiträge zusammen zu veröffentlichen, wohlwissend, daß ein solches Vorhaben nicht unproblematisch war: „It is a composite, not a joint work. We should have preferred for many reasons to combine our researches in a single and uniform exposition, but we found that such a plan would require an amount not only of continuous but of simultaneous leisure beyond what we could command. Accordingly we have been content to divide the work as it now stands; and, although we have discussed many parts of the subject together, and seen one another's contributions in every stage, each of us is alone answerable for that which is ascribed to him on the title-page. Whatever defects are the necessary consequence of this arrangement may be taken as confessed, with the excuse that the substance, be its value more or less, could not have been produced on any other terms.“ *Pollock/Wright*, An Essay on Possession in the Common Law (1888), S. v.

204 *Pollock/Wright*, An Essay on Possession in the Common Law (1888), S. vi.

205 *Pollock/Wright*, An Essay on Possession in the Common Law (1888), S. 16.

Frederick Pollock orientierte sich an dem von *Savigny* populär gemachten kontinentalen Begriffspaar „Detention – Besitz", das er mit „Possession in Fact – Possession in Law" übersetzte.

> „Possession in fact is *prima facie* evidence of possession in law. This might be expressed still more shortly, but at the cost of using a terminology not familiar in our authorities, by saying *Possession is presumed from Detention.*"[207]

Pollock begann mit einer Analyse der Possession in Fact, um zu einer Definition der Possession in Law zu gelangen.

Anders als seine Kapitelüberschrift („Physical and mental elements in de facto possession") glauben läßt, war *Pollock* – im Gegensatz zu *Holmes* – nicht der Auffassung, daß für die Possession ein objektives und ein subjektives Element erforderlich sei. Er ging vielmehr von einem rein objektiven Tatbestand („effective occupation or control") aus[208]. Das subjektive Element („exercise or assertion of dominion") hatte für *Pollock* keine eigenständige Bedeutung, sondern war lediglich Indiz – und zwar aus der Sicht eines Dritten – für das Vorliegen des objektiven Elements[209].

Diese Verquickung von „physical" und „mental element" setzte sich bei *Pollocks* Definition der „Possession in Law" fort:

> „When the fact of control is coupled with a legal claim and right to exercise it in one's own name against the world at large, we have possession in law as well as in fact. We

206 Andrerer Auffassung hingegen Fifoot: „But it is clear from Wright's contribution that he was satisfied to accept his companion's analysis." *Fifoot*, Judge and Jurist in the Reign of Victoria (1959), S. 92.

207 *Pollock/Wright*, An Essay on Possession in the Common Law (1888), S. 20.

208 „De facto possession, or Detention as it is currently named in Continental writings, may be paraphrased as effective occupation or control. Now it is evident, that exclusive occupation or control, in the sense of a real unqualified power to exclude others, is nowhere to be found. All physical security is finite and qualified. [...] We may say then that, in common understanding, that occupation at any rate is effective which is sufficient as a rule and for practical purposes to exclude strangers from interfering with the occupier's use and enjoyment. Much less than this will often amount to possession in the absence of any more effectual act in an adverse interest. [...] To determine what acts will be sufficient in a particular case we must attend to the circumstances, and especially to the nature of the thing dealt with, and the manner in which things of the same kind are habitually used and enjoyed." *Pollock/Wright*, An Essay on Possession in the Common Law (1888), S. 12 f.

209 „And, in order to ascertain whether acts of alleged occupation, control, or use and enjoyment, are effective as regards a given thing we may have to consider – (a) of what kinds of physical control and use the thing in question is practically capable: (b) with what intention the acts in question were done: (c) whether the knowledge or intention of any other person was material to their effect, and if so, what that person did know and intend." *Pollock/Wright*, An Essay on Possession in the Common Law (1888), S. 14.

say as against the world at large, not as against all men without exception. For a perfectly exclusive right to the control of anything can belong only to the owner, or to some one invested with such right by the will of the owner or some authority ultimately derived therefrom, or, exceptionally, by an act of the law superseding the owner's will and his normal rights."[210]

Pollock war es damit gelungen, einen Besitzbegriff für das Common Law zu entwerfen, der sich von den bisherigen Ansätzen des Common Law und den Lehren des Kontinents abhob. Zwar übernahm *Pollock* zahlreiche Begrifflichkeiten von *Savigny* und war von dessen Trennung zwischen objektivem und subjektivem Element beeinflußt. Jedoch ging er nicht mehr, so wie *Holmes*, von der gleichberechtigten Stellung von „physical" und „mental element" aus[211]. Der „Intent" hatte bei *Pollock* nur noch die Hilfsfunktion, nachzuweisen, ob das objektive Element, die „effective occupation or control" vorlag[212].

Samuel Wright, der seine Theorie in weiten Teilen bereits 1873 entwickelte[213], ging im zweiten Teil des gemeinsamen Buches einen Schritt weiter. *Wright* unterschied ebenfalls zwischen Possession in Fact und Possession in Law, die er aber als „physical possession" und „possession in a legal sense" bezeichnete. Die Possession in Fact stand auch bei ihm am Ausgangspunkt der Überlegungen. Auch für *Wright* war die „control" das entscheidende Abgrenzungskriterium für die Frage, ob eine Person die „physical possession" einer Sache habe. Er ging jedoch – im Gegensatz zu *Pollock* – in diesem Zusammenhang mit keinem Wort auf ein subjektives Element, den „intent" ein[214].

Auch bei der dann folgenden Analyse des Erwerbs- und Übertragungstatbestandes der „Possession in a legal sense"[215] erwähnte er ein subjektives Element

210 *Pollock/Wright*, An Essay on Possession in the Common Law (1888), S. 16.

211 Aus diesem Grund wird die Nähe Pollocks zu Savigny von *Fifoot*, Judge and Jurist in the Reign of Victoria (1959), S. 92 zu Unrecht überbetont.

212 Pollock formulierte es ein Jahr später in einem Brief an Jhering so: „Wir haben hier [im englischen Gemeinrecht] gar keine Besitztheorie von subjectiver Art, wie Sie solche bekämpfen. Die Detention, wenn sie nur nicht ganz unbewußt ist – d.h. das in irgend einem eigenen Interesse ausgeübte Innehaben – erzeugt normaler Weise Besitz." Brief von Pollock an Jhering vom 30. 7. 1889, zitiert nach *Graziadei*, in: The Reception of Continental Ideas in the Common Law World 1820-1920 (hg. von Reimann, 1993), S. 115, 154.

213 *Pollock/Wright*, An Essay on Possession in the Common Law (1888), S. 159.

214 „It may perhaps be generally described by stating that when a person is in such a relation to a thing that, so far as regards the thing, he can assume, exercise or resume manual control of it at pleasure, and so far as regards other persons, the thing is under the protection of his personal presence, or in or on a house or land occupied by him, or in some receptacle belonging to him and under his control, he is in physical possession of the thing." *Pollock/Wright*, An Essay on Possession in the Common Law (1888), S. 119.

215 Die Definition der „physical possession" gelte im Grundsatz auch für die „possession in a legal sense", jedoch sei hierbei zu beachten: „It may exist without physical pos-

nicht. Für *Wright* war allein entscheidend, daß der alte Besitzer bereit war, die „control" an der Sache aufzugeben, damit der neue Besitzer diese „control" und damit den Besitz erlangen konnte.

> „When a person who has the possession of a thing delivers it to or permits it to be taken away by a second person, and the question arises whether the second person has thereby acquired the possession, the answer will depend principally on whether the first person intended to part with the possession and to transfer a separate and undivided and exclusive control for the time being to the second person."[216]

Während das subjektive Element bei *Pollock* noch eine wenn auch untergeordnete Rolle spielte, schien *Wright* es für gänzlich irrelevant zu erachten. *Wright* entwickelte damit einen Ansatz, der nicht der dem römischen Recht entnommenen Trennung des Besitztatbestandes in „corpus" und „animus" verhaftet war. Seine Thesen hatten – soweit ersichtlich – weder im Civil noch im Common Law einen unmittelbaren Vorgänger. *Wright* gelang es, für das Common Law eigene Kriterien zur Beantwortung der Frage, wer rechtlich geschützter Besitzer sei, zu entwickeln.

Diese Konzentration auf das objektive Element erinnert stark an die Besitzlehre *Jherings*. Allerdings waren die zitierten Auffassungen im Common Law zeitlich vor der Veröffentlichung der Thesen *Jherings* entstanden[217].

Die These *Wrights*, daß es auf ein subjektives Element nicht ankäme, fand in der Folgezeit Anhänger.[218] Obwohl *Wright* diesen revolutionären Ansatz als erster veröffentlicht und damit den weitesten Schritt in Richtung einer Emanzipation des Besitzrechts des Common Law von kontinentalen Einflüssen machte, erlangte er in der Besitzrechtsdiskussion nie die Bedeutung wie etwa *Holmes* oder sein Co-Autor *Pollock.*

(2) Auch *Henry T. Terry* versuchte 1894 in der Monographie „Some Leading Principles of Anglo-American Law Expounded with a View to Its Arrangement

---

session, as for instance when a man is away from home his household effects do not cease to be in his possession." *Pollock/Wright*, An Essay on Possession in the Common Law (1888), S. 119.

216 *Pollock/Wright*, An Essay on Possession in the Common Law (1888), S. 119.

217 Dies kann zu der These verleiten, Jhering habe seine neue Lehre aus dem Common Law übernommen, sich zumindest dabei von den Ausführungen Pollocks und Wrights inspirieren lassen. Zwar stand Jhering mit namhaften Common Lawyers, insbesondere Pollock, in regem Briefkontakt (vgl. *Graziadei*, in: The Reception of Continental Ideas in the Common Law World 1820-1920 (hg. von Reimann, 1993), S. 115, 154). Konkrete Anhaltspunkte gibt es für einen solchen Zusammenhang jedoch nicht.

218 So z.B. von Holdsworth, für den es einzig auf die „physical control exercised by a person over a thing" ankam, *Holdsworth*, A History of English Law, Bd. 3 (1. Aufl., 1909), S. 85; s. auch *Holdsworth*, A History of English Law, Bd. 7 (1926), S. 478 ff. Ähnlich (wohl) auch *Taylor*, The Science of Jurisprudence (1908), S. 547 f.

and Codification", die Prinzipien des Law of Possession aus den englischen Quellen herauszuarbeiten und einen Rückgriff auf das römische Recht tunlichst zu vermeiden. *Terry* war sich durchaus bewußt, daß die einzigen brauchbaren Darstellungen zum Besitzrecht aus Deutschland kamen und sich auf das römische Recht bezogen. Obwohl er dies nicht in Abrede stellen wollte, spielte er die Bedeutung dieser Werke für die von ihm verfolgten Zwecke herunter:

> „The writers on the civil law are the only ones who have treated of possession separately, systematically and in detail. But their labors do not throw much light upon the nature of possession under our own law, because of the great difference between the two systems in their view of it."[219]

Ganz im Sinne von *Holmes* fügte *Terry* hinzu, daß die beiden Rechtssysteme im Hinblick auf das Besitzrecht nicht nur verschieden seien, sondern daß das englische Besitzrecht (das wohl kaum römischen Einflüssen ausgesetzt gewesen sei) demgegenüber auch einfacher und praktikabler sei[220].

In der Sache orientierte sich *Terry* weitgehend an der Besitzlehre von *Holmes*, insbesondere seiner Aufteilung des Erwerbstatbestandes in ein objektives und ein subjektives Element.

> „Any power to use and exclude others, however small, will suffice, if accompanied by the *animus possidendi*, provided that no one else has also the *animus possidendi* and an equal or greater power. If only one person has the necessary *animus*, he will be in actual possession, if he has any power at all of use and exclusion. If more persons than one have the will, the one who manifests the most power is the possessor."[221]

Dabei betonte *Terry*, daß er unter dem subjektiven Element nicht den „animus domini" des Kontinents verstehe:

> „Generally speaking all persons who have the requisite physical control and will to exclude others are possessors, even though the *animus domini* be wanting. Thus lessees, factors, carriers, tenants at will, agistors of cattle, depositaries and other gratuitous bailees are all considered to have possession and may use the possessory actions."[222]

---

219 *Terry*, Some Leading Principles of Anglo-American Law (1884), S. 260.

220 „In the English law, on the other hand, which drew its rules on this subject chiefly from native sources and was probably not greatly affected by Roman theories, and which was free from the disturbing influences above named, the idea of possession remained separate and simple." *Terry*, Some Leading Principles of Anglo-American Law (1884), S. 260.

221 *Terry*, Some Leading Principles of Anglo-American Law (1884), S. 267 f.

222 *Terry*, Some Leading Principles of Anglo-American Law (1884), S. 260 f.

Durch eine historische Untersuchung untermauerte *Holdsworth* 1909 die von *Holmes, Pollock/Wright* und *Terry* aufgestellte These einer „native doctrine of the law of possession“[223].

cc) Bewertung der Ansätze von Holmes, Terry und Pollock/Wright

Waren die Werke dieser Autoren wirklich „free from the perverting influence of Roman models“? Diese These ist bei näherer Betrachtung nicht haltbar. Die Beiträge dieser Autoren waren stärker von römisch-rechtlichen Modellen bzw. von den kontinentalen Lehren zum römischen Besitzrecht beeinflußt, als sie zuzugeben bereit waren.

Dies zeigt sich zum einen in der in diesem Maße kaum zu rechtfertigenden Übernahme der lateinischen Terminologie[224].

Zum anderen hielten auch die Common Lawyers an der Zweiteilung des Besitztatbestandes in ein objektives und ein subjektives Element fest. *Holmes*, *Terry* und *Pollock* gingen wie selbstverständlich davon aus, daß die Possession neben der „power“ oder „control over the thing“ ein eigenständiges subjektives Element voraussetze. Zwingend notwendig war eine solche Zweiteilung des Tatbestandes der Possession des Common Law nicht, wie die Besitzlehren von *Wright*

---

223 „The germs of the mediaeval doctrines as to seisin can be traced back to the common basis of Germanic custom which we find in those parts of the Anglo-Saxon laws which relate to the possession of chattels. Those doctrines have been developed and modified by the invention of new remedies for the protection of possession, borrowed in the first instance from Roman law; and with those remedies some of the law as to the nature and consequences of possession has also been borrowed. But the basis of primitive doctrine has never been lost, and it has exercised the most permanent influence upon the law. The conditions of the working of the mediaeval jury system fell in with a set of primitive ideas which laid the greatest stress upon the fact of seisin; and the cessation of the influence of Roman law in the fourteenth century, which ensured the peculiar development of the jury system, prevented any further borrowing from the Roman ideas of dominium and possessio. Thus it has happened that at the end of this period the common law has worked out a wholly original set of doctrines as to the possession and ownership of land – doctrines the contents of which are perhaps the most striking of all testimonies to its essential continuity. Seisin is prima facie ownership. The person seised has all the rights of an owner: the person disseised has the right to get seisin by entry or action; but, till he has got it, he has none of the rights as an owner. In other words, the law recognizes, not dominium and possessio, but seisin only.“ *Holdsworth*, History of English Law, Bd. 3 (1. Aufl., 1909), S. 83 f.

224 Terry verwendete durchweg die Begriffe „detention“, „corpus“ und „animus“; Pollock unterschied durchweg zwischen „de facto possession“ und „possession in law“. Auch finden sich bei ihm lateinische Phrasen wie „plures eandem rem solidum possidere non possunt“. Selbst bei Holmes trifft man häufiger auf den Begriff „animus“.

und insbesondere von *Albert S. Thayer* (ab 1894) zeigten[225]. *Fifoot* kam 1959 durch eine Analyse von Gerichtsurteilen des 19. Jahrhunderts zu dem Ergebnis, daß dem Common Law eine solche Zweiteilung des Besitztatbestandes fremd gewesen sei[226].

Die Übernahme der *Savigny'schen* Zweiteilung des Besitzbegriffes hatte eine Konsequenz, die *Holmes* weder vorhersah noch beabsichtigte: Die Besitzrechtsdoktrin des Common Law wurde anfällig für neue kontinentaler Einflüsse. Was als Abgrenzung gegenüber dem Kontinent dienen sollte, machte eine breitere Zahl von Lesern mit kontinentalem Gedankengut erst vertraut. Da Begrifflichkeiten und Grundkonzeption weitgehend identisch waren, lag es nahe, weiterhin mit einem Auge auf die Literatur des Kontinents zu schielen, die Entwicklungen

---

225 Albert S. Thayer vollzog in zwei Aufsätzen von 1904/05 und 1907 den Bruch mit der konventionellen Betrachtung des Begriffs der Possession. *Thayer*, in: 18 Harvard Law Review (1904/05), S. 196 ff.; *Thayer*, in: 23 Law Quarterly Review (1907), S. 175 ff. Entscheidender als die Suche nach einer genauen technischen Definition des Besitzes war für Thayer vielmehr die Idee, die hinter dem Begriff der Possession stehe, und die im Zweifel für die Beantwortung der Frage herangezogen werden könne, ob die Possession gegeben sei oder nicht. Diese Idee sei der „Consensus" der Allgemeinheit: „An appropriator's power of dealing with a thing is not only physical power but moral power. His appropriation gives him, as against the generality, possession ex consensu. And he has a power of dealing with the thing due not only to the submission of his adversaries, but to a moral consensus on the part of his fellows generally. We may think of his legal possession against his fellows as the consequence of his power of dealing with the thing, and if we ignore his moral power we may deem it a consequence merely of his physical power of dealing with the thing. But the real basis for his legal possession against his fellows generally is not his power of dealing with the thing, physical or moral, but such moral consensus. If the common conscience ordained a general respect to his will. His title or "natural right" to legal possession would not be affected by the fact that he had neither will nor power to deal with the thing itself." *Thayer*, in: 18 Harvard Law Review (1904/05), S. 196, 212.
Dennoch wagte Thayer einen Definitionsvorschlag: „When I say I have the right of possession because I possess, I mean I have the right of possession because I am dealing with the thing to the exclusion of everybody else. This continuous dealing with the thing to the exclusion of everybody else which we conceive to exist as a consequence of having taken it, we call possession. Possession is omnipotence as to the res, unlimited power of dealing with it, a power involving power to shut out everybody else." *Thayer*, in: 23 Law Quarterly Review (1907), S. 175, 184.

226 „It suggests that the common lawyers have normally thought of Possession in terms of physical control and that, save for those still influenced, consciously or though vain repetition, by Roman or German analogies, it is not necessary nor desirable, to search for any animus, bold or faint, plausible or laborious. It may be admitted that no person will be granted the legal advantages of possession unless he is exercising a conscious control either of a particular object or at least of the area in which that object happens to be. But if this relation must be assumed to comprise a mental element, the animus involved is itself neither more nor less than an aspect of corpus – one of the factors upon which the claim to control rests." *Fifoot*, Judge and Jurist in the Reign of Victoria (1959), S. 94 f.

dort mitzuverfolgen und daraus gewonnene neue Ideen auf das Besitzrecht des Common Law zu übertragen. Genau das geschah ab den 1890er Jahren, als die Besitzlehre *Jherings* ins Common Law vordrang.

Holmes wählte das Besitzrecht als eines der Kernthemen aus, an dem er die Eigenständigkeit des Common Law in rechtshistorischer Hinsicht beweisen und als Programm für die Zukunft postulieren wollte. Daher verwundert es nicht, daß die Gegenbewegung, die ab Ende der 1880er Jahre versuchte, (wieder) ganz allgemein ein Näheverhältnis zwischen römischem Recht und Common Law im Hinblick auf gemeinsame Wurzeln oder als Programm für die Zukunft herzustellen, in besonderem Maße am Besitzrecht ansetzte.

c) Jhering und das Wiedererstarken des romanistischen Lagers

Die Gegenbewegung ist besonders mit *John M. Lightwood* und *Henry Bond* verbunden, die über die neue Besitzlehre *Jherings* die Unabhängigkeit des englischen Rechts von kontinentalen Einflüssen wieder einschränken wollten.

aa) Der Weg der Besitzlehre Jherings ins Common Law

Jhering entwickelte seine Besitzlehre schrittweise. In der Monographie „Über den Grund des Besitzschutzes" aus dem Jahre 1868 stellte er die These vom „Besitz als der Thatsächlichkeit des Eigenthums" auf, die sowohl die Bestimmung des objektiven Elements der „possessio" als auch den Grund des Besitzschutzes beeinflußte. 1889 veröffentlichte *Jhering* seine zweite besitzrechtliche Monographie „Der Besitzwille", in der er die These vom „Besitz als der Thatsächlichkeit des Eigenthums" ausbaute, verfeinerte und bei der Bestimmung des subjektiven Elements des Besitzes ins Spiel brachte[227].

Parallel dazu gelangten *Jherings* Ideen in zwei Phasen ins Common Law. 1887 stellte *John M. Lightwood* in dem Aufsatz „Possession in the Roman Law" den Common Lawyers zunächst die Thesen *Jherings* von 1868 vor.

> „It is for the sake of the owner that the interdicts are granted, and when, passing on from this we enquire what is the relation to the thing which shall constitute possession, we find it not in physical control [as argued by Savigny], but in the fact that it is the external, visible form (*Thatsächlichkeit*) of ownership."[228]

1889 schloß sich eine Buchnotiz *Lightwoods* zu *Jherings* zweiter Monographie an, die kurz auf die Weiterentwicklung der *Jhering'schen* Formel vom „Besitz als der Thatsächlichkeit des Eigentums" einging:

---

227 Vgl. zur Besitzlehre Jherings ausführlich im 1. Kapitel, II) 1. b).

228 *Lightwood*, in: 3 Law Quarterly Review (1887), S. 32, 33.

„The present work deals with the *animus domini*, and is designed to show that this constitutes no element in legal possession.“[229]

Henry Bond setzte sich 1890 in dem Aufsatz „Possession in the Roman Law“ ausführlicher mit der zweiten Monographie *Jherings* auseinander. Diese Beiträge schafften es, den anglo-amerikanischen Rechtskreis mit den Ideen Jherings vertraut zu machen, so daß eine breitere Auseinandersetzung mit ihnen möglich wurde.

bb) Jhering und das (Besitz-)Recht des Common Law

(1) *John M. Lightwood* gelang es mit seinem ersten Beitrag „Possession in the Roman Law“ von 1887 zunächst (zumindest ein Stück weit), die Ressentiments abzubauen, die aufgrund der von *Holmes* überbetonten philosophischen Einkleidung viele anglo-amerikanischen Kollegen gegenüber den Besitzlehren des Kontinents hegten. Das war Voraussetzung dafür, daß sich diese wieder für das römische Recht interessierten und mit ihm auseinandersetzten. Im nächsten Schritt versuchte *Lightwood*, ein materiell-rechtliches Näheverhältnis zwischen englischem und römischem Besitzrecht aufzuzeigen. Die Besitzlehre *Jherings* erschien ihm als geeignetes Bindeglied.

Um das römische Besitzrecht vom negativen Image der Abstraktheit zu befreien, verfolgte *Lightwood* einen für seine Zeit ungewöhnlichen Ansatz, den man heute als funktionale Rechtsvergleichung bezeichnen würde[230]: Welche Funktionen

---

229 *Lightwood*, in: 5 Law Quarterly Review (1889), S. 315.

230 Lightwood hatte damit frühzeitig das Prinzip der Funktionalität, das heute gerne als das „methodische Grundprinzip der gesamten Rechtsvergleichung“ bezeichnet wird, erkannt. S. zu diesem Prinzip ausführlich *Zweigert/Kötz*, Einführung in die Rechtsvergleichung (3. Aufl., 1996), S. 33. Vgl. auch *Esser*, Grundsatz und Norm (3. Aufl., 1974), S. 349: „Nicht das ist der Weg der Rechtsvergleichung: isolierte Züge des einen Systems in einem anderen wieder aufzufinden, um sie dann mehr oder weniger schief aus diesem letzteren als eine 'ähnliche' Lösung zu begreifen; auch das nicht: aus den mehreren positiven Systemen ein leeres Gebäude doktrinärer Prinzipien zu rekonstruieren, von denen die Theorie hier wie dort ‘unvollkommene’ positive Ausdrucksformen zu erblicken behauptet; sondern das: in gleichen Ordnungsaufgaben unter vergleichbaren gesellschaftlichen Zuständen die Gemeinsamkeit von Lösungen zu entdecken, die je von ihrer Entstehungsgeschichte her in ihrer Systembedingtheit dem gleichen Ordnungsziel dienen.“
Dieses Prinzip, demzufolge im Recht nur vergleichbar ist, was dieselbe Aufgabe, dieselbe Funktion erfüllt, war für das 19. Jahrhundert ungewöhnlich. Auch viele Common Lawyers dachten zunächst – ganz im Sinne der früheren Entwicklung auf dem Kontinent – in Begriffskategorien und verglichen – im hier relevanten Zusammenhang – schlichtweg „Possessio“ und „Possession“ miteinander. Es war insbesondere der Einfluß von Jhering, der bei manchem zu einer Art Umdenken führte. Vgl. dazu *Zweigert/Siehr*, in: American Journal of Comparative Law 19 (1971), S. 215, 220 f.

hatte die Possessio im klassischen römischen Recht? Welchen Platz und welche Bedeutung nahm sie dort ein, und wie kam es dazu? Gibt es (oder zumindest gab es) einen Begriff im Common Law, der funktionell mit der Possessio vergleichbar war?

Dieses vergleichbare Institut des anglo-amerikanischen Rechtskreises fand *Lightwood* in der „old exclusive form of possession", der Seisin[231].

> „With us the term possession has acquired a wider meaning, but in its old exclusive form of seisin we have the same intimate connection with ownership."[232]

Die Seisin habe ein ähnliches Schicksal erlitten wie die Possessio des römischen Rechts:

> „In just the same way in our law seisin was too closely tied to ownership for the connection to be broken by the extension of possessory remedies to tenants."[233]

Der Hauptunterschied in der Entwicklung zwischen der Possessio und der Seisin sei, daß es im Common Law zwei Gerichtssysteme gegeben habe:

> „With us equitable interests have grown up under the influence of the Court of Chancery, and this has never had control of the seisin: when therefore it has wished to interfere with the strict legal title it has left the seisin in the legal owner, but has compelled him to allow the actual detention to be in someone else. It is not difficult to imagine how different this would have been had Law and Equity, as in Rome, been under the control of one court. Then, instead of the equitable estate being raised outside of and in opposition to the seisin, it might have been raised upon and by means of it. Every equitable estate, except where the trustee was really appointed for safe custody, would have carried the seisin, and the doctrine of seisin would have had its position in our law correspondingly extended. But in this case no one would have thought of describing seisin as equitable ownership; apart from the seisin which was sanctioned by equity there would still have been the seisin which was simply the actual form of ownership and which might or might not rest upon a legal title."[234]

Auch bei Pollock, der 1888 auf die Gemeinsamkeit der „nature of the problems to be solved" hinwies, sind erste Ansätze einer funktionellen Rechtsvergleichung spürbar. Vgl. dazu Fn. 275.

231 Lightwood verknüpfte mit seinem Vergleich von Possessio und Seisin darüber hinaus den Blick in die Geschichte des eigenen Rechts mit dem Blick „on the other side" verknüpft. Auch dieser Ansatz war neu – und ist auch heute noch aktuell. Gerade im Zusammenhang mit der Idee eines europäischen Privatrecht auf der Grundlage des Ius Commune wird die Verbindung von Rechtsgeschichte und Rechtsvergleichung vielfach gefordert und diskutiert. Vgl. dazu *Kötz*, in: JZ 1992, S. 20 ff.; *Reimann*, in: ZEuP 7 (1999), S. 496 ff.; *Zimmermann*, Savignys Vermächtnis (1998), S. 68 ff.

232 *Lightwood*, in: 3 Law Quarterly Review (1887), S. 32, 34.

233 *Lightwood*, in: 3 Law Quarterly Review (1887), S. 32, 35.

234 *Lightwood*, in: 3 Law Quarterly Review (1887), S. 32, 36.

Um seinen Lesern den Umfang und die Bedeutung der Possessio im römischen Recht vor Augen zu führen, bediente sich *Lightwood* einer Hypothese:

> „It occupied in Roman law the position which seisin would occupy in our own law at the present day, if all ordinary real actions were strictly possessory, if they excluded, that is, the question of title; if delivery of seisin was still the usual form of conveyance; if a large portion of equitable estates rested upon a seisin separate from and opposed to the ownership; if a continuous seisin was necessary to raise a title by prescription, instead of this effect being produced as it is by limitation of actions; and, finally, if, [...] seisin still applied to movables as well as immovables."[235]

Ein solcher Ausflug in die Rechtsgeschichte war an sich unverdächtig. Er versuchte damit, weder einen Begriff des Common Law auf das römische Recht zurückzuführen, noch Prinzipien des Kontinents ins Common Law zu importieren. *Lightwood* befand lediglich zwei Institute, die beide in ihrer Reinform gar nicht mehr existierten, von ihren Funktionen her für vergleichbar.

Gleichwohl dürfte dieses Stilmittel seine Wirkung auf den Streit um das Verhältnis von Common und Civil Law nicht verfehlt haben. Das Hauptproblem in dieser Diskussion bestand darin, daß man über Institute des Civil Law sprach, von denen man zum großen Teil gar nicht wußte, wie sie aussahen, welchen Anwendungsbereich sie hatten und welche Prinzipien ihnen zugrunde lagen.

Indem *Lightwood* behauptete, die Possessio habe im alten Rom den Platz eingenommen, den die Seisin heute im Common Law eingenommen hätte, wenn nicht bestimmte Entwicklungen dazwischen getreten wären, wurde der unbekannte Begriff der Possessio plötzlich greifbar, beinahe sogar vertraut[236]. Diese historische Bewertung sollte erst einen objektiven Vergleich der Situation im 19. Jahrhundert ermöglichen.

Denn *Lightwood* interessierte vor allem das Verhältnis zwischen der klassisch-römischen Possessio und dem geltenden Common Law of Possession. *Lightwood* vermutete, daß *Jherings* Formel vom „Besitz als der Thatsächlichkeit des Eigentums" auch für das Common Law gelte. *Lightwood* führte drei von *Holmes* genannte Fälle auf, bei denen dieser für das Common Law diskutierte, ob eine Person Possession hatte. Er kam zu dem Ergebnis, daß bei zweien *Jherings*

---

235 *Lightwood*, in: 3 Law Quarterly Review (1887), S. 32, 36.

236 Inhaltlich erscheint die These Lightwoods nicht unproblematisch. Eine nähere Auseinandersetzung würde aber den Rahmen dieser Arbeit sprengen.
Diese These fand noch im 20. Jahrhundert Anhänger: Fifoot formulierte 1959: „Comparisons between different legal systems in different ages are as perilous as they are alluring. But, if English is to be compared with Roman law, seisin is much nearer to Roman possessio than the latter is to English possession", *Fifoot*, Judge and Jurist in the Reign of Victoria (1959), S. 109 f.; vgl. zuvor schon *Laughlin*, in: Essays in Anglos Saxon Law (hg. von Adams, 1905), S. 183, 233 ff.

Formel zum gleichen Ergebnis führe wie die von *Holmes*, nicht jedoch bei dem dritten Fall[237]. Gleichwohl lautete sein Fazit:

> „It is possible that the criterion adopted by Jhering may be usefully employed in both systems."[238]

Lightwood zog daraus die Konsequenz, daß kein so großer Unterschied zwischen römischem und anglo-amerikanischem Recht bestehe:

> „We have said that [in Roman law] the *animus domini* is in general presumed. Of course in Roman law it might be shown that the occupier held as tenant or bailee, and then, however much he might appear as owner, the possessory remedies would be denied him. But a person holding by precarium, by emphyteusis, under a mortgage, or a sequester, was not liable to this disadvantage. We have simply then to extend this list to include tenants and bailees generally, and we are in English law."[239]

Mit dem letzten Satz („simply extend this list") hatte *Lightwood* zwar Recht. Hält man sich aber vor Augen, daß *Holmes* gerade in der unterschiedlichen Behandlung von „tenants and bailees" einen unüberbrückbaren Gegensatz sah, lag im Ausdruck „simply" eine heftige Untertreibung. *Lightwood* machte – genau wie *Holmes* – die Stelle ausfindig, an der der Ansatz des Civil Law von dem des Common Law am weitesten entfernt war, zog daraus aber einen völlig anderen Schluß. Während *Holmes* den Unterschied dazu benutzte, die Unabhängigkeit des Common Law von römisch-rechtliche Einflüssen und dessen Überlegenheit aufzuzeigen, nivellierte *Lightwood* diese Differenz.

Zwar schränkte *Lightwood* sein bereits zitiertes Fazit abschließend stark ein:

> „Whether this criterion [adopted by Jhering] can really be justified in English law it is beyond my province to enquire."[240]

Gleichwohl erreichte *Lightwood* durch sein Fazit eine erneute Annährung des englischen Rechts an das römische. Indem *Lightwood* vom praktischen Ergebnis her eine in dieser Form schwerlich vorhandene Ähnlichkeit zwischen beiden Be-

---

237 „Take the cases which Mr. Justice Holmes mentions, and ask who is apparent to the world as owner. A pocket-book was left on the barber's table. A third party might well suppose this to be the barber's, and so it was held that he was in possession. A pocket-book was dropped on the floor of a shop by a customer and picked up by another customer. Here the shopkeeper would hardly be said to be the apparent owner, and so the finder first got possession. So far the tests agree. But there is another case of the finding of bank-notes hid in a crevice of a safe which had been lent to the finder. Here the finder was held to have possession, though on grounds with which Mr. Justice Holmes does not agree. But according to our test the notes, being in an unusual position, did not raise a presumption of ownership in the lender, and so he had no possession." *Lightwood*, in: 3 Law Quarterly Review (1887), S. 32, 52.

238 *Lightwood*, in: 3 Law Quarterly Review (1887), S. 32, 52.

239 *Lightwood*, in: 3 Law Quarterly Review (1887), S. 32, 52.

240 *Lightwood*, in: 3 Law Quarterly Review (1887), S. 32, 52 f.

sitzrechten postulierte, konnte er auf polemische Äußerungen zu der Frage, welches Rechtssystem – das römische oder das anglo-amerikanische – „superior" sei, verzichten. Rückblickend bestand der Verdienst von Lightwood darin, der *Holmes'schen* These von der „superiority" des Common Law allmählich den Nährboden zu entziehen. Ihm war es (bereits mit diesem Aufsatz, verstärkt in seiner Monographie „A Treatise on Possession of Land" von 1894 fort) gelungen, das römische Recht und den Gelehrtenstreit auf dem Kontinent im Common Law wieder hoffähig zu machen. Dazu dürfte auch sein eher unspektakulärer aber damit glaubhafter Stil beigetragen haben.

Obwohl *Lightwood* die Unterschiede zwischen Possessio und Possession herunterzuspielen suchte, blieb ein gewichtiger Unterschied zwischen englischem und römischem Recht bestehen, nähmlich das Erfordernis eines „animus domini", wie es die herrschende Lehre (ausgehend von *Savigny*) aufgrund einer Analyse der römischen Quellen für das römische Recht forderte. Da das Common Law aber einen animus domini nicht verlangte, konnte eine grundlegende Übereinstimmung beider Besitzrechte nur postuliert werden, wenn man annahm, daß das römische Recht – zumindest dem Grunde nach und entgegen dem ersten Anschein der Quellen – ebenfalls keinen animus domini verlangte. Dies war – vereinfacht gesprochen – die Auffassung von *Rudolf von Jhering*, wie sie in seiner Monographie „Der Besitzwille" 1889 zum Ausdruck kam.

(2) Diese Bedeutung der neuen Besitzlehre *Jherings* für das Verhältnis von anglo-amerikanischem und römischem (Besitz-)Recht erkannte *Lightwood* als einer der ersten. Bereits wenige Monate nach dem Erscheinen von *Jherings* Monographie veröffentlichte *Lightwood* 1889 dazu eine Buchnotiz im Law Quarterly Review[241]. Dort wandte er sich gezielt dem Verhältnis zwischen Possessio und Possession zu:

> „So far as we can at present judge, a position, even more definitely approaching the rules of our Common Law, has now been taken up, and the author is prepared to prove that the mere external fact of possession, defined positively by the possibility of actual control over the thing and negatively by the exclusion of others, was always enough to confer a right to possessory remedies, unless the other side could prove that the possessor stood in some relation, such as that of a borrower or hirer, in which the law recognised only detention. His point is that a possessor was never in fact bound to prove an *animus domini*, and that the theoretical requirement of this has been entirely without influence on practice."[242]

War *Jherings* Ansatz korrekt, standen Possessio und Possession tatsächlich in dem Näheverhältnis zueinander, das *Lightwood* in seinem ersten Aufsatz schon heraufbeschworen hatte. Dann machte es wirklich Sinn, die Possessio nicht nur mit der Seisin, sondern auch mit der Possession zu vergleichen, und zu erörtern,

241 *Lightwood*, in: 5 Law Quarterly Review (1889), S. 315.
242 *Lightwood*, in: 5 Law Quarterly Review (1889), S. 315.

ob *Jherings* Formel vom Besitz als der „Thatsächlichkeit des Eigenthums" auch ein für das Common Law brauchbares Abgrenzungskriterium zwischen Possession und bloßer Custody bilden konnte.

Gleichwohl blieb *Lightwood* zunächst eher skeptisch. *Jherings* Ansatz, der den jahrzehntelangen Streit um die genaue Bestimmung des „animus domini" auf dem Kontinent als Farce erschienen ließ, war zu revolutionär, als daß man sich ihm ohne einen tieferen Einstieg in seine Ausführungen anschließen konnte. *Lightwood* formulierte daher vorsichtig:

> „The preface [of Von Jhering's book] warns us that the contest upon which Professor Von Jhering has entered is *à outrance*, and that his own name will suffer irremediable damage if the assault he has made on Savigny is not substantiated. We shall be excused therefore for taking further time to consider the issues which are raised."[243]

Diese Zeit nahm *Lightwood* sich. Erst fünf Jahre später griff er in seiner Monographie „A Treatise on Possession of Land" (1894) die Theorie *Jherings* wieder auf[244]. Zwar sagte *Lightwood* dort nichts über gemeinsame Wurzeln und betonte, daß das römische und das anglo-amerikanische Besitzrecht in mehr als nur bloßen Detailfragen voneinander abwichen[245]. Insbesondere die Darstellung der Erwerbstatbestände erweckte jedoch den Anschein einer Harmonie zwischen Possessio und Possession, die die Annahme einer historischen Querverbindung geradezu heraufbeschwor.

---

243 *Lightwood*, in: 5 Law Quarterly Review (1889), S. 315.

244 Zwar lautete der Titel der Monographie „A Treatise on Possession of Land"; jedoch war der erste Teil dieses Werkes nicht auf die Possession of Land beschränkt, sondern setzte sich ganz allgemein mit dem Besitzbegriff des Common Law und in diesem Zusammenhang mit den Besitzlehren Savignys und Jherings zum römischen Recht auseinander. *Lightwood*, A Treatise on Possession of Land (1894), S. 10 ff.
Lightwood ging Jahre später noch einmal kurz auf die Besitzlehren des Kontinents ein: *Lightwood*, in: 27 Law Quarterly Review (1911), S. 491 ff. (Buchbesprechung von Salvatore Riccobonos „La Teoria Romana dei Rapporti di Possesso. La Dottrine dei Moderni e le Legislazioni"). Inhaltlich enthielt dieser Beitrag aber nichts grundlegend Neues.

245 „The Roman law, with its marked distinction between ownership and possession, and its limited range of possessory remedies, forms a useful contrast to English law. In English law, possession in the form of seisin, is the foundation of a right of possession which is equivalent to ownership as against strangers, and for the assertion of this right an extensive system of possessory remedies was devised. It was an incident of the system that the possessor might be protected against the true owner, and, since ejectment also was possessory, the same result was possible after ejectment had come to be substituted in practice for the possessory real actions. [...] With regard to the acquisition of ownership by possession, it is unnecessary to refer to the Roman law further than to show that the rules of usucapion and prescription are quite inapplicable to English law." *Lightwood*, A Treatise on Possession of Land (1894), S. iv f.

Lightwood gelangte in dieser Untersuchung zum einen zu dem Ergebnis, daß *Jherings* Lehre am besten in der Lage sei, das römische Recht zu erklären[246]. Zum anderen war *Lightwood* nun überzeugt, daß der Besitzbegriff *Jherings* geeignet sei, die überlieferten Fälle des Common Law auf eine gemeinsame Formel zu bringen.

> „But the fact of possession does not always determine the legal incidents of possession. Possession which is recognised by the law [...] is known as civil possession, and although ordinarily the actual and the civil possession coincide, yet the civil possession, and with it the advantages of possession, may be ascribed to a person who has no actual possession. [...] But for the purpose of a general statement of the nature of possession, it is convenient, and perhaps sufficiently accurate, to say that actual possession is deemed to confer civil possession [...] unless the possessor holds in a character which disqualifies him. Remembering then that actual possession depends on the two elements of physical control and intention, there are three points to be considered – physical control, intention, and the character in which possession is held."[247]

Zu den Punkten „physical control", „intention" und „character" stellte *Lightwood* zunächst ein allgemeines Prinzip auf, das sowohl für das römische als auch das anglo-amerikanische Recht gelten sollte: „These general remarks hold good in different degrees both of the Roman and the English law"[248]. Diese Kernthese zog sich wie ein roter Faden durch die gesamte Monographie.

Es ist bemerkenswert, wie *Lightwood* dabei Ausführungen zum römischen Recht mit solchen zum englischen Recht verknüpfte, als ob es ein und dasselbe Recht sei. Besonders deutlich wird dies beim objektiven Element, der „physical control", bei dem *Holmes* – der sich in diesem Zusammenhang ausschließlich zum Common Law äußerte – ergänzend zu den sich einzig auf das römische Recht beziehenden Ausführungen von *Windscheid* (!) ins Felde geführt wurde:

> „The physical element in possession consists in the exercise of control by the possessor to the exclusion of other persons. There are thus two sides to it, a positive and a

---

246 „A theory more in accordance with the facts was suggested by Ihering, of whose work, Der Besitzwille, an account has been given by Mr. Bond. [...] Ihering saw that in practice the nature of the animus possidendi is no test of civil possession. Indeed, the element of intention rarely comes in question in controversies touching the possession. An intention to possess is a necessary element, but in general the intention sufficiently appears from the facts relied upon to show physical control. When such control is established, the civil possession does not depend on the nature of the intention, but, as stated above, on the character in which the occupier claims to possess, on the causa possessionis. Hence Ihering's rule that detention is to be taken to be possession – that is, civil possession – unless one of the causae excluding possession is proved. Thus the tenant and bailee are refused the protection of the interdicts not from any defect in their intention to possess, but because the causa possessionis is one with which the law refuses to associate civil possession." *Lightwood*, A Treatise on Possession of Land (1894), S. 21 f.

247 *Lightwood*, A Treatise on Possession of Land (1894), S. 2, 10.

248 *Lightwood*, A Treatise on Possession of Land (1894), S. 2.

negative side. This is recognised by Savigny, who defines the physical element as "the physical power of dealing with the subject immediately, and of excluding any foreign agency over it" [...]; but the definition is in each part open to criticism. An immediate power of dealing with the thing is a necessary but not a sufficient test of possession. [...] The power of dealing with the thing only confers possession when such power has been exercised, or in some way made manifest, and inasmuch as the person exercising such power is ordinarily the owner, we have the practical rule that possession is shown by the exercise of acts of ownership. This is recognised in the Code, where the expression "*omnia et dominum gesisse*" is used to explain the meaning of *in possessione* [...]; and it is the root of Ihering's explanation of possession as the realization of ownership. [...] Moreover, as to the latter part of Savigny's definition, it has been objected that the requirement of a power to exclude foreign agencies goes too far. It is sufficient if no foreign interference has in fact taken place. "It is not necessary," says Windscheid [...], "that the possessor should be more powerful than any stranger who may desire to appropriate the thing for himself, but that at the present moment no foreign power should exclude his own." Mr. Justice Holmes attempts to supply the necessary qualification by saying that the power of exclusion must be manifested. "We must bear in mind that the law deals only, or mainly, with manifested facts; and hence, when we speak of a power to exclude others, we mean no more than a power which so appears in its manifestation." [...] And he instances the case of a powerful ruffian being within equal reach and sight when a child picks up a pocket book. "If he does nothing, the child has manifested the needful power as well as if it had been backed by a hundred policemen." But it may be doubted whether the child has manifested any power of exclusion at all. He acquires control of the pocket book before the ruffian interferes, and it seems better to rely upon this actual absence of interference, than to mention a power of exclusion which inevitably suggests power to exclude in the future.

The physical element in possession may be said then to consist positively, in the exercise of control by the possessor, and, negatively, in the exclusion of other. Control is shown by acts of ownership and in ascertaining whether in any given instance possession of land can be proved, we must inquire (1) whether the alleged possessor is exercising suitable acts of ownership; (2) whether other persons are excluded."[249]

Hinsichtlich der vom Besitzschutz erfaßten Personen („character") stellte *Lightwood* zwar heraus, daß in beiden Rechtssystemen ganze Personengruppen anders behandelt wurden. Gleichwohl wird – wie bereits in seinem Aufsatz von 1887 – der Eindruck aufrechterhalten, daß beide Rechtssysteme von einem gemeinsamen Grundprinzip auszugehen schienen und die unterschiedliche Behandlung lediglich ein gleichsam zu vernachlässigendes Detail sei[250]. Dieses Er-

249 *Lightwood*, A Treatise on Possession of Land (1894), S. 10 ff.

250 „When actual possession has been established by proof of the requisite physical control and intention, it is necessary further to have regard to the character in which the actual possession is held. Possession held in certain characters is civil possession; held in others it is not. Possession by an owner or a tenant at will in Roman law gave possessio; not so possession by an ordinary lessee. Possession by the freeholder in English law gives seisin; not so posession by a copyholder, tenant for years or otherwise, or bailiff. Possession by any person gives trespass-possession, unless he is a bailiff or a servant. The general rule is that actual possession is taken to be also civil possession,

gebnis stand in klarem Gegensatz zu den Schlußfolgerungen, die *Holmes* 16 Jahre zuvor aus exakt den gleichen Beobachtungen gezogen hatte.

(3) Die zeitliche Lücke, zwischen Buchnotiz und Monographie *Lightwoods* füllte *Henry Bond* aus, der mit seinem Aufsatz „Possession in the Roman Law" von 1890 der erste war, der *Jherings* Monographie „Der Besitzwille" (1889) ausführlich einem breiteren anglo-amerikanischen Publikum vorstellte. Er kam zu dem Ergebnis, daß nach der – aus seiner Sicht – korrekten Sichtweise *Jherings* vom römischen Besitzrecht die römische Possessio und die anglo-amerikanische Possession weitgehend übereinstimmten.

Bond nannte ein eher praktisches Motiv für seine Beschäftigung mit dem römischen Recht im allgemeinen und mit der Theorie *Jherings* zur Possession im Besonderen: Zwar habe das römische Recht im anglo-amerikanischen Raum „little more than an academic importance", jedoch müsse beachtet werden:

> „There are [...] many students of Roman law in our universities, and they should at least be acquainted with the general drift of continental opinion on this topic."[251]

Jedoch ging es *Bond* um mehr. Er wollte wohl das römische Recht von den von *Holmes* vorgebrachten „reproaches" befreien. Insbesondere störte sich *Bond* an der *Holmes'schen* These, daß Common Law sei als „far more civilized system than the Roman [...] framed upon a plan which is irreconcilable with the *a priori* doctrines of Kant and Hegel"[252]. *Bond* bemerkte dazu beinahe zynisch:

> „It would indeed be strange and disheartening if the legal system of the greatest nation of modern times could show no advance on that which was framed by the rulers of the world fifteen hundred years ago. But the recollection of the procedure and in particular the system of pleading, by which the merits of our Common Law were for centuries obscured, might well help to check any tendency to undue self-gratulation."[253]

---

unless held in one of the characters which exclude the particular civil possession in question." *Lightwood*, A Treatise on Possession of Land (1894), S. 26.
Liest man Lightwood, so entsteht der Eindruck, jeder „tenant at will" habe im römischen Recht die Possessio zugeschrieben bekommen. Dies trifft so nicht zu. Lightwood bezieht sich hier wohl auf den Prekaristen (als einer der vier von Savigny genannten Ausnahmen vom Erfordernis eines „animus domini"; vgl. dazu *Savigny*, Das Recht des Besitzes (1. Aufl., 1803), § 9). Zwar kann man das Wesen des Prekariums durchaus mit „tenancy at will" übersetzen. Jedoch hat dieser Begriff im Common Law eine viel weitere Bedeutung. Er kann sich zum Beispiel auch auf einen „ordinary lessee" eines Grundstücks beziehen, sofern dieses Miet- oder Pachtverhältnis nur jederzeit vom Vermieter bzw. Verpächter gekündigt werden kann. Es mag sein, daß Lightwood hier bewußt eine unscharfe Formulierung wählte, um die Unterschiede zwischen Possessio und Possession zu kaschieren.

251 *Bond*, in: 6 Law Quarterly Review (1890), S. 259.

252 *Holmes*, The Common Law (1881), S. 206.

253 *Bond*, in: 6 Law Quarterly Review (1890), S. 259.

Bond wollte insbesondere[254] wieder eine Annährung zwischen römischem und anglo-amerikanischem Besitzrecht erreichen:

> „Several German writers, and notably Jhering, have tried to clear the Roman law from Mr. Justice Holmes's implied reproach, and whatever the value of his own positive theory may be, Jhering has fully succeeded in showing that the Roman law of possession was framed upon a plan quite as irreconcilable with the doctrines of Kant and Hegel as was our Common Law."[255]

Inhaltlich erschien *Bond* die neue Lehre *Jherings* zur Erklärung des römischen Rechts besser geeignet als der Ansatz *Savignys*:

> „Of the various attempts to explain the Roman law of possession, with which I am acquainted, Jhering's seems to me by far the most satisfactory."[256]

Jedoch blieb *Bond* zurückhaltend:

> „Supposing that Savigny's work does not give a satisfactory explanation of the Roman law of possession, cannot the same be said of Jhering's attempts at reconstruction and of those of every other jurist? Is there in fact any possibility of building from the materials at hand a structure which can withstand the blows of the first critic? German ci-

---

254 Daneben ging es Bond insbesondere um Jherings neuen methodischen Ansatz, s. dazu gleich unter 2. a) cc).

255 *Bond*, in: 6 Law Quarterly Review (1890), S. 259 f.

256 *Bond*, in: 6 Law Quarterly Review (1890), S. 259, 278.
Im einzelnen führte er aus: „Ihering [...] declares that [...] the intent which is a necessary constituent of every legal act, is the same in the case of both possessor and detentor. Wherever the fact of possession exists there is legal possession, unless a rule of law exceptionally enacts that there shall be only detention. The 'Besitzwille' or animus possidendi never comes into question in the decision of an actual case. [...] On Ihering's theory the task of the judex is simple: his instructions are – assume legal possession wherever the fact of possession exists, unless one of the causae detentionis, which you will find enumerated in any treatise on the Pandects, is proved. The causae detentionis are positive rules of law, based in all cases on practical utility. They are objective rules, that is to say, they rest on considerations outside the person of the detentor, and not, as the prevalent doctrine teaches, on some deficiency in his will." *Bond*, in: 6 Law Quarterly Review (1890), S. 259, 271.
Bond zeichnete dann die Argumente Jherings nach, bevor er zusammenfassend feststellte: „Ihering asserts that practical considerations determined the nature of the possessory relation, and in order to prove this he examines carefully the various cases in which possessory remedies were given or refused, treating them not as mere legal entities but as living Roman institutions. By means of his unrivalled power of making dry bones live, he makes us [them] understand [...], and with every example he leaves us more firmly convinced that the secrets of Roman law are not to be discovered by logical deduction from obiter dicta of the jurists, but by realising as fully as our knowledge permits the actual facts of Roman life." *Bond*, in: 6 Law Quarterly Review (1890), S. 259, 276.

> vilians have generally made the mistake of expecting too much from the Roman jurists and legislators."[257]

Bond wagte einen Vergleich zwischen Possessio und Possession:

> „It may be said without fear of contradiction, that [Jhering's] is the only German theory of possession in which an English lawyer would recognise the principles which underlie our own Common Law. This similarity is nowhere more striking than in the branch of law we have been considering, for side by side with weakness in definition and doctrine, the Roman law of possession displays all that casuistic skill, united with practical good sense, which has made almost possible the hopeless task of continental legislators to adapt the law of the first five centuries to the civilization of the nineteenth."[258]

Bond sprach damit aus, was *Lightwood* in seinen ersten Beiträgen schon angedeutet hatte: Von den Grundprinzipien her stimmten römisches und angloamerikanisches Besitzrecht weitgehend überein. Dies konnte zwar nur gelten, wenn *Jherings* Theorie zum römischen Recht korrekt war. Während *Lightwood* diesen Vorbehalt ausdrücklich machte, fand er sich bei *Bond* eher zwischen den Zeilen.

Dagegen sagte *Bond* ausdrücklich, daß *Holmes* zu Unrecht von der Überlegenheit des Common Law (of Possession) ausgegangen sei. Bei *Lightwood* klang diese These bereits an. Bei *Bond* fand sie zunächst ihren Ausdruck darin, daß er dem römischen Recht die gleichen Attribute zuschrieb, die sonst eigentlich nur für das Common Law angeführt wurden: „casuistic skill, united with good sense". Darüber hinaus griff *Bond* an mehreren Stellen die *Holmes'sche* These, daß das Common Law „far more civilized" sei, unmittelbar an:

(a) Zum einen vertrat *Bond* für das römische Recht die Auffassung, der Grund des Schutzes der Possessio beruhe auf dem unvollkommenen Schutz des Eigentums im alten Rom. Gleiches galt nach *Bond* auch für die Bedeutung und Funktion der Possession sowie für ihren Platz im Gesamtsystem des Common Law. Die Possessio und die Possession (bzw. ihre alte Form, die Seisin) hätten ihren gemeinsame historische Grund[259] in der notwendigen Ergänzung des Eigentumsschutzes:

> „We know that primitive societies looked at the matter from a totally different point of view: in their eyes ownership and possession are very much the same thing: possession is to them ownership visible. Prof. Maitland in his article on Seisin has pointed out that the position of a possessing non-owner was often practically better than that of a non-possessing owner of land under our early English procedure. And yet it is certain that the introduction of possessory actions was in the interest of owners, for it is

257 *Bond*, in: 6 Law Quarterly Review (1890), S. 259, 265.

258 *Bond*, in: 6 Law Quarterly Review (1890), S. 259, 279.

259 Zu der methodischen Besonderheit Bonds, bei der Suche nach dem Grund des Besitzschutzes am historischen Grund anzuknüpfen vgl. gleich ausführlich unter 2. a) cc).

perhaps not too much to say that in ninety-nine cases out of a hundred the actual possessors of property are also the rightful owners."[260]

Wenn aber beide Institute einen gemeinsamen historischen Grund haben, kann hieraus nicht die Überlegenheit eines der Institute resultieren.

(b) Zum anderen wandte sich *Bond* gegen die von *Holmes* seiner Ansicht nach überbetonte Trennung zwischen possessorischen und petitorischen Klagen auf dem Kontinent. *Holmes* machte den tieferen Grund für die intensive Beschäftigung mit der Suche nach dem Grund des Besitzschutzes insbesondere in der für ihn antiquarischen und sinnlosen Trennung zwischen possessorischen und petitorischen Klagen, die dem Common Law fremd sei, aus[261]. *Bond* wies zum einen darauf hin, daß erstens *Holmes*' These bezüglich des Common Law in ihrer Pauschalität nicht zutreffe: *Maitland* habe nachgewiesen, „the English law of Bracton's time and still later did not allow the plea of title in possessory actions"[262]. Zum anderen, so *Bond*, bestehe überhaupt kein Grund, schon aufgrund dieser Beobachtung die Überlegenheit des anglo-amerikanischen Besitzrechts zu konstatieren:

> „The exclusion of the question of title is expedient in early stages of society: it is only a mistake now, because it is almost as easy to prove title as to prove possession, or in other words, because the value of possessory remedies is a thing of the past. The reason for the exclusion of pleas of title was this very simplification of proof and procedure, and there was ample justification for it at a certain period both in the English and Roman systems."[263]

Bond war es mit diesen beiden Aussagen gelungen, *Holmes*' These, daß das Common Law „far more civilized" sei als das römische Recht, zu relativieren. Er erreichte dies dadurch, daß er römisches und anglo-amerikanisches Recht in einen korrekten (oder zumindest korrekteren) zeitlichen Bezug setzte. Es macht selbstverständlich einen Unterschied, ob man den Zustand eines modernen Rechtssystems des 19. Jahrhunderts mit einem zwar gleichfalls in seiner Zeit modernen aber gleichwohl mehr als Tausend Jahre altem Rechtssystem vergleicht, oder ob man sich die gesellschaftlichen Gegebenheiten vor Augen führt, die jeweils zum Entstehen von bestimmten rechtlichen Instituten führten.

Bonds Ergebnis mag für manchen Common Lawyer ernüchternd geklungen haben: Auch das Common Law habe in seinen „early stages" Erscheinungsformen gehabt, die im 19. Jahrhundert als überholt und antiquiert erscheinen mußten. Und in eben dieser frühen Zeit – so *Bond* – habe es mit dem römischen Recht

260 *Bond*, in: 6 Law Quarterly Review (1890), S. 259, 263.
Bonds Verweis auf den schon zu diesem Zeitpunkt angesehenen Maitland war geeignet, die Glaubhaftigkeit seiner Aussagen zu untermauern.

261 S. dazu Fn. 200.

262 *Bond*, in: 6 Law Quarterly Review (1890), S. 259, 277 Fn. 1.

263 *Bond*, in: 6 Law Quarterly Review (1890), S. 259, 277 f.

auf einer gleichen (oder zumindest vergleichbaren) Entwicklungsstufe gestanden.

Damit verloren *Holmes'* polemische Ausführungen gegen die Antiquiertheit des römischen Rechts ihre Schlagkraft. Der unüberbrückbare Gegensatz zwischen Possessio und Possession, den *Holmes* insbesondere mit diesem Argument erzeugte, begann zu schwinden. Andererseits war damit aber noch nichts hinsichtlich gemeinsamer Wurzeln von englischem und römischem Recht gesagt. Derartige Ausführungen sucht man bei *Bond* – wie auch schon zuvor bei *Lightwood* – vergebens. In der Tat standen die Thesen von *Bond* nicht notwendigerweise in Widerspruch zu *Holmes'* und *Pollocks* Postulat einer anglo-amerikanischen „native doctrine of possession". Mit *Bond* war lediglich festgestellt, daß anglo-amerikanisches und römisches Recht einem vergleichbaren Personenkreis einen vergleichbaren gerichtlichen Schutz gegen die unberechtigte Wegnahme einer Sache bzw. eines Grundstücks zur Verfügung stellten.

Gleichwohl mußten die Thesen von *Bond* Wasser auf die Mühlen derjenigen sein, die auf gemeinsame Wurzeln zwischen englischem und römischem Recht pochten. Ein zeitgenössischer Leser, der vor dem Hintergrund der immer noch allgegenwärtigen Diskussion über die Herkunft des Common Law den Beitrag von *Bond* las, konnte leicht zu dem Schluß kommen, daß wenn die beiden Rechtssysteme hinsichtlich ihres Besitzrechtes bis in Detailfragen hinein übereinstimmten, eine Querverbindung bestehen mußte.

cc) Die Reaktion auf diese Gegenbewegung

(1) Von der Dogmatik her fand *Jherings* Theorie im Common Law rasch Anhänger. Die Zustimmung bezog sich dabei nicht nur, wie gezeigt, auf die Übertragbarkeit seines Ansatzes auf das Besitzrecht des Common Law, sondern auch auf seine Thesen hinsichtlich des römischen Rechts der „Possessio"[264]. Gleichwohl gab es Common Lawyers, die sich zwar mit der neuen Besitztheorie *Jherings* auseinandersetzten, ihr im Ergebnis aber kritisch gegenüberstanden[265].

264 So z.B. bei *Smith*, in: 11 Political Science Quarterly Review (1896), S. 278, 289; vgl. auch Markby: „It is quite possible that Ihering's theory is, as he endeavours to prove, more consonant to the Roman law than that of Savigny." *Markby*, Elements of Law (5. Aufl., 1896), S. 196.

265 So schrieb Holland: „The arguments of von Ihering will have to be reckoned with by any future writer upon the subject, but it would as yet be premature to proclaim the victory of his views over those of Savigny as to the true meaning of the classical jurists. It is also important to remember that a theory more nearly approaching that of Savigny than that of his critic has derived new interest from its long acceptance in the countries ruled by modernized law, and especially from the ineffaceable imprint which it has left upon modern codes." *Holland*, The Elements of Jurisprudence (5. Aufl., 1890), S. 168 f.
Ähnlich auch Markby: „The language of the English law upon the subject of possession is not very clear. There are certainly some English judges who think that intention

Durchsetzen konnte sich *Jherings* Theorie im Common Law nicht. In der Folgezeit wurde sie dort nicht einmal mehr ernsthaft diskutiert[266].

(2) Im Hinblick auf das Verhältnis von Common Law und Civil Law erschütterten die Beiträge von *Lightwood* und *Bond* die von *Holmes* aufgestellte These einer unüberbrückbaren Distanz zwischen Possessio und Possession und einer Überlegenheit der anglo-amerikanischen Besitzrechtsdoktrin in wesentlichen Punkten. Es stellt sich daher die Frage, wie die Verfechter einer Eigenständigkeit des Common Law of Possession darauf reagierten.

(a) *Holmes* machte die Unvereinbarkeit von englischem und römischem Besitzrecht und die Überlegenheit des Common Law am Erfordernis eines „animus domini" im römischen Recht fest. Wie sah es aber nun aus, wenn *Jhering* Recht hatte und das römische Recht tatsächlich einen solchen „animus domini" nicht verlangte und Bailees wie Mietern und Pächtern lediglich aus sozialen Gründen im alten Rom den Besitzschutz verweigerte?

Man kann spekulieren, ob *Holmes*' Sichtweise vom römischen Recht der Possessio im Verhältnis zum Law of Possession differenzierter ausgefallen wäre, hätte er *Jherings* Werk „Der Besitzwille" (1889) vor seinen eigenen Veröffentlichungen lesen können. *Holmes* erkannte durchaus, daß die Mehrzahl der zeitgenössischen deutschen Gesetzbücher – im Gegensatz zur Tradition des klassischen römischen Rechts – die possessorischen Rechtsbehelfe auf Mieter und Pächter ausdehnten. *Holmes* zitierte *Bruns*, der schrieb, daß für diese Regelung eine „gewisse Billigkeit und praktische Zweckmäßigkeit" spreche, „allein wenn man darauf Rücksicht nehmen will, so soll man eben das Princip ändern"[267]. *Holmes* bemerkte dazu kritisch:

> „But I cannot see what is left of a principle which avows itself inconsistent with convenience and the actual course of legislation."[268]

---

may be a necessary element in the acquisition of possession: but very likely they had not, when they expressed that opinion, the arguments on the other side present to their minds. Still there can be no doubt that it is true to say that by the animus of the person who is in physical possession it is frequently determined whether or no that person is in legal possession also. Ihering seems to think that this is undesirable, but I doubt whether it could be got rid of: and, unless it can be got rid of, the language of Savigny seems to me to be appropriate." *Markby*, Elements of Law (5. Aufl., 1896), S. 196 f.

266 Vgl. zur weiteren Beschäftigung mit dem Institut der Possession im Common Law insbesondere *Pound*, Jurisprudence, Bd. 5 (1959), S. 79 ff.; *Fitzgerald*, Salmond on Jurisprudence, (12. Aufl., 1966), S. 365 ff. (jeweils m.w.N.). Es blieb weiterhin streitig, ob für die Possession ein subjektives Element vorliegen müsse oder ob es lediglich auf die „control" über die Sache bzw. das Grundstück ankomme. Die überwiegende Ansicht schien zu letzterem zu tendieren.

267 *Bruns*, Das Recht des Besitzes (1848), S. 494.

268 *Holmes*, The Common Law (1881), S. 211.

Es scheint, daß sich *Holmes* (neben den Ausflügen der deutschsprachigen Gelehrten in den Bereich der Rechtsphilosophie) besonders an der Impraktikabilität des römischen Besitzrechts störte. Hätte das römische Recht tatsächlich – wie *Jhering* es postulierte – prinzipiell allen Bailees den Besitzschutz zugesprochen und Mieter lediglich aus sozial-politischen Gründen ausgeklammert, wäre *Holmes*' These vom Common Law als „a far more developed, more rational, and mightier body of the law than the Roman" nur schwerlich haltbar gewesen. Denn das Common Law schloß, wie *Holmes* selbst ausführlich darstellte, aus ebenfalls historisch-politischen Gründen alle Servants von den possessorischen Rechtsbehelfen aus[269].

Die neue Besitzlehre *Jherings* hätte damit eine Reaktion von *Holmes* geradezu herausfordern müssen. Gleichwohl äußerte sich *Holmes* in der Folgezeit an keiner Stelle öffentlich zu *Jherings* „Der Besitzwille", noch ist er nach der Veröffentlichung dieses Buches erneut öffentlich auf das Verhältnis von Possessio und Possession eingegangen. Es findet sich in den Quellen lediglich ein versteckter Hinweis auf *Holmes*' Reaktion in privatem Kreise. In einem Brief, den *Frederick Pollock* an *Rudolf von Jhering* am 30. Juli 1889 schrieb, heißt es unter Bezugnahme auf ein Gespräch zwischen ihm, *Pollock*, und *Holmes*: „Was die Hauptsache betrifft, wir dürfen mit Ihnen getrost und lustig rufen: Pereat animus domini!"[270]

Wie *Holmes* aber genau zu *Jherings* Ausführungen stand, ob er sie insbesondere zum Anlaß nahm, seine eigenen Thesen zu überdenken, ergibt sich aus diesem Brief *Pollocks* nicht. *Pollock* und *Holmes* erörterten die Monographie *Jherings* wohl ausschließlich mündlich. Insbesondere finden sich in dem umfangreichen Briefwechsel zwischen *Holmes* und *Pollock*, den *DeWolfe Howe* zusammenstellte, keine schriftlichen Stellungnahmen von *Holmes* zu *Jhering*[271]. *Holmes* besuchte seinen Freund *Pollock* nachweislich im Frühjahr 1889 in England[272]. Kurz darauf schrieb *Pollock* an *Jhering* den zitierten Brief.

Man mag allenfalls in dem Fehlen einer ausdrücklichen öffentlichen Stellungnahme schon selbst eine Reaktion erblicken. Man erinnere sich nur an *Savigny*, der sich erst Jahre, nachdem *Gans* seine Besitztheorie heftigst angegriffen hatte, genötigt sah, selbst zu der gegen ihn gerichteten Kritik Stellung zu beziehen. Jedoch sind solche Hypothesen reine Spekulation. *Holmes* nahm jedenfalls seine Aussagen zum Verhältnis vom römischen und anglo-amerikanischem Recht im allgemeinen und zum Besitzrecht im Besonderen nach 1889 weder öffentlich zurück noch schränkte er sie ein.

---

269 *Holmes*, The Common Law (1881), S. 227 ff.

270 Brief von Pollock an Jhering vom 30. 7. 1889, zitiert nach *Graziadei*, in: The Reception of Continental Ideas in the Common Law World 1820-1920 (hg. von Reimann, 1993), S. 115, 154.

271 *Howe*, Holmes-Pollock Letters (1941).

272 *Howe*, Holmes-Pollock Letters (1941), S. xviii.

(b) *Pollock* hingegen reagierte. Betonte er noch 1888 die Gegensätze zwischen Possessio und Possession über[273], wiegelte er 1896 in seinem „First Book of Jurisprudence" ab:

> „Further historical and comparative details would be out of place here. Perhaps we have been too much tempted in that direction already. But it may be worth remarking in general terms that the relations of possession and ownership in Roman and English law, the difficulties arising out of them, and the devices resorted to for obviating or circumventing those difficulties, offer an amount of resemblance even in detail which is much more striking than the superficial and technical differences."[274]

Allerdings wollte er offensichtlich nicht *Holmes* in den Rücken fallen oder Wasser auf die Mühlen derjenigen gießen, die das Common Law auf das römische Recht zurückführen wollten. *Pollock* räumte zwar ein, daß Ähnlichkeiten bestanden. Der Grund dafür liege aber ausschließlich in „the nature of the problems to be solved":

> „We cannot doubt that these resemblances depend on the nature of the problems to be solved and not on any accidental connection. One system of law may have imitated another in particular doctrines and institutions, but imitation cannot find place in processes extending over two or three centuries, and whose fundamental analogies are externally disguised in almost every possible way."[275]

Damit gestand er einerseits ein, daß die Gegensätze zwischen römischem und englischem Besitzrecht nicht unüberbrückbar waren. Andererseits gelang es ihm so, seine These einer „native doctrine of possession"[276] aufrechtzuerhalten.

Durch die Trennung von vergleichbaren praktischen Ergebnissen und dem eigentlich naheliegenden Schluß einer gemeinsamen Wurzel gelang es ihm, eine starke Gegenposition gegen *Lightwood* und *Bond* aufzubauen. Diese hatten versucht, durch das Aufzeigen von Parallelen zwischen englischem und römischem Besitzrecht wieder eine positivere Grundhaltung gegenüber dem römischen Recht herzustellen. *Pollock* erkannte wohl, daß sich gegen diese sich allmählich wieder einstellende Grundhaltung schwerlich etwas unternehmen ließ. Die Gefahr bestand aus *Pollocks* Sicht darin, daß man im Common Law wieder dazu neigte, von Ähnlichkeiten in der Doktrin auf gemeinsame Wurzeln zu schließen. Dieser augenscheinlich zwingenden Schlußfolgerung wirkte *Pollock* mit seiner These der „nature of the problems to be solved" entscheidend entgegen.

---

273 Vgl. weiter oben, Fn. 205.

274 *Pollock*, A First Book of Jurisprudence for Students of the Common Law (1896), S. 179.

275 *Pollock*, A First Book of Jurisprudence for Students of the Common Law (1896), S. 179.

276 Vgl. weiter oben, Fn. 204.

(c) *John W. Salmond* griff den *Pollock'schen* Ansatz ab 1902 in seiner Monographie „Jurisprudence or the Theory of Law“ auf und verfeinerte ihn.

Salmond stellte von vornherein klar, daß es ihm nicht darum gehe, das Besitzrecht einzelner Rechtsordnungen (also insbesondere Possessio und Possession) miteinander zu vergleichen oder gar das eine auf das andere zurückzuführen. Er war vielmehr der Auffassung, daß eine Art ideales Besitzrecht existieren müsse. Es gebe allen Rechtsordnungen gemeinsame besitzrechtliche Grundprinzipien, die wohl aus der Natur der Sache folgen sollten (oder, wie *Pollock* es formulierte, aus der „nature of the problems to be solved“) und die in der konkreten Ausgestaltung innerhalb der verschiedenen Rechtsordnungen in Einzelfragen durchaus voneinander abweichen konnten. Dieses gleichsam ideale Besitzrecht bezeichnete *Salmond* als „possession in fact“. Wie einzelne Rechtsordnungen es konkret ausgestalteten, bezeichnete er als „possession in law“. *Salmond* ging es ausschließlich um die „possession in fact“[277].

---

277 "It is necessary to bear in mind from the outset the distinction between possession in fact and possession in law. We have to remember the possibility of more or less serious divergences between legal principles and the truth of things. Not everything which is recognised as possession by the law need be such in truth and in fact. And conversely the law, by reasons good or bad, may be moved to exclude from the limits of the conception facts which rightly fall within them. There are three possible cases in this respect. First, possession may and usually does exist both in fact and in law. The law recognises as possession all that is such in fact, and nothing that is not such in fact, unless there is some special reason to the contrary. Secondly, possession may exist in fact, but not in law. Thus the possession by a servant of his master's property is for some purposes not recognised as such by the law, and he is then said to have detention or custody rather than possession. Thirdly, possession may exist in law, but not in fact; that is to say, for some special reason the law attributes the advantages and results of possession to some one who as a matter of fact does not possess. [...] In consequence of this divergence, partly intentional and avowed, partly accidental and unavowed, between the law and the fact of possession, it is impossible that any abstract theory should completely harmonise with the detailed rules to be found in any concrete body of law. Such harmony would be possible only in a legal system which had developed with absolute logical rigour, undisturbed by historical accidents, and unaffected by any of those special considerations which in all parts of the law prevent the inflexible and consistent recognition of general principles.
It follows from the discordance between law and fact, that a complete theory of possession falls into two parts: first an analysis of the conception itself, and secondly an exposition of the manner in which it is recognised and applied in the actual legal system. It is with the first of these matters that we are here alone concerned.
It is to be noticed that there are not two ideas of possession – a legal and a natural. Were this so, we could dispense altogether with the discussion of possession in fact. There is only one idea to which the actual rules of law do more or less imperfectly conform. There is no conception which will include all that amounts to possession in law, and will include nothing else, and is impossible to frame any definition from which the concrete law of possession can be logically deduced. Our task is merely to search for the idea which underlies this body of rules, and of which they are the imper-

Damit stellte sich gar nicht die Frage, welches Recht auf welches Recht zurückzuführen sei, welches Recht besser, überlegener oder antiquierter sei. *Salmond* konnte auf Unterschiede zwischen Possessio und Possession hinweisen, ohne sich zu einer Wertung genötigt zu fühlen. *Salmond* stellte – ganz im Sinne der *Pollock'schen* Hypothese – Unterschiede nur nüchtern dar und erläuterte kurz, daß sie von seiner Vorstellung einer „possession in fact" abwichen. Besonders deutlich wird dies bei der Bestimmung des subjektiven Tatbestandsmerkmales der „possession in fact". *Salmond* führte dazu unter anderem aus:

> „3. The *animus possidendi* need not amount to a claim or intent to use the thing *as owner*. A tenant, a borrower, or a pledgee may have possession no less real than that of the owner himself. Any degree or form of intended use, however limited in extent or in duration, may, if exclusive for the time being, be sufficient to constitute possession.
> 4. The *animus possidendi* need not be a claim on one's own behalf. I may possess a thing either on my own account or on account of another. A servant, agent or trustee may have true possession, though he claims the exclusive use of the thing on behalf of another than himself."[278]

Salmond wußte aber nur zu gut, daß weder das römische Recht noch das Common Law mit dieser Vorstellung übereinstimmten. Deshalb schrieb er:

> „It must be remembered that we are speaking of possession in *fact*. Whether possession in law and the various advantages conferred by it are to be attributed to all possessors in fact or only to some of them is a different question with which we are not here concerned. Roman Law, save in exceptional cases, allowed *possessio corporis* only to those who possessed as owners and on their own behalf. In English Law, on the other hand, there is no such limitation of legal possession; though even here the possession of a *servant* sometimes fails to obtain legal recognition."[279]

Bei der Lektüre der Ausführungen *Salmonds*, wie das Besitzrecht idealerweise aussehen sollte, mußte einem zeitgenössischen Leser, der mit der Materie vertraut war, auffallen, daß er dabei in entscheidenden Punkten *Holmes'* Theorie zur Possession des Common Law folgte. Ohne dies ausdrücklich zu sagen, beanspruchte *Salmond* damit nicht nur für seine eigene Theorie, sondern auch für die *Holmes'schen* Ausführungen zum Besitzrecht des Common Law universelle Gültigkeit. Zwar räumte *Salmond* ein, daß auch das Common Law of Possession in Einzelfragen von der „possession in fact" abwich[280]. Der Gesamteindruck war aber ein anderer: Das Besitzrecht des Common Law stimmte mit dem Besitzrecht, daß sich aus der Natur der Sache (der „truth of things") ergeben sollte, weitgehend überein.

---

fect and partial expression and application." *Salmond*, Jurisprudence (1. Aufl., 1902), S. 289 ff.

278 *Salmond*, Jurisprudence (1. Aufl., 1902), S. 296 f.

279 *Salmond*, Jurisprudence (1. Aufl., 1902), S. 297 Fn. 1.

280 So z. B. beim Servant, vgl. oben Fn. 279.

Die Ausführungen von *Salmond* enthielten zwar keinen ausdrücklichen Hinweis auf eine „native doctrine of possession". Gleichwohl lassen seine Thesen – zumindest zwischen den Zeilen – Argumente gegen eine unreflektierte Übernahme römisch-rechtlicher Prinzipien erkennen: Wenn es in der Natur der Sache liegt, daß das Besitzrecht in verschiedenen Rechtsordnungen ähnlich ausgeprägt ist, kann aus Parallelen in den Erwerbstatbeständen noch nicht zwingend auf gemeinsame Wurzeln geschlossen werden. Dies war letztlich eine Übernahme des *Pollock'schen* Gedankens. Wenn darüber hinaus das Besitzrecht des Common Law der „truth of things" schon weitgehend gerecht wird, entfällt die Notwendigkeit, sich mit anderen Rechtssystemen (und dies bedeutete in diesem Zusammenhang mit der Literatur des Kontinents zum römischen Besitzrecht) auseinanderzusetzen oder gar Gedanken von dort zu importieren.

Diese Ansichten setzten sich wohl allmählich im Common Law durch. In der Folgezeit nahm die Auseinandersetzung mit der besitzrechtlichen Literatur des Kontinents jedenfalls spürbar ab. Sicherlich war dies nicht allein das Verdienst *Salmonds*. Insbesondere mit Ausbruch des Ersten Weltkrieges schwand im anglo-amerikanischen Rechtskreis die Bereitschaft, sich mit kontinentalem Gedankengut zu beschäftigen oder sich gar an diesem zu orientieren. Die Befürchtung, der *H. J. Randall* 1915 bei einer Besprechung einer Neuauflage von *Jherings* „Der Zweck im Recht" Ausdruck verlieh, war rasch eingetreten:

> „In these days, it is not superfluous to say that every English student of jurisprudence on both sides of the Atlantic should value the means of a first-hand acquaintance with Ihering's most original work. There has been a tendency of recent years to extol everything German to a degree far in excess of the merits of the case, and this tendency has been particularly marked among American jurists. The war will undoubtedly have the effect of producing an equal exaggeration in the opposite direction."[281]

Der Krieg fügte dem Image der deutschen Rechtswissenschaft insbesondere in Amerika Schaden zu[282]. In der besitzrechtlichen Literatur drückte sich dies vor allem darin aus, daß die vergleichende Analyse zwischen den anglo-amerikanischen und den kontinentalen Ansätzen, die eine große Zahl der anglo-amerikanischen Beiträge zum Law of Possession bis ins 20. Jahrhundert hinein kennzeichnete, praktisch zum Erliegen kam.

Der Streit über die Possessio auf dem Kontinent und insbesondere die neue Besitzlehre *Jherings* im Common Law wurden nicht nur bei der Frage nach der Herkunft des Common Law, sondern auch als Lehrbeispiel bei der Suche nach einer geeigneten Methode zur wissenschaftlichen Durchdringung des weitgehend ungeordneten Rechtsstoffs des Common Law herangezogen.

---

281 *Randall*, in: 31 Law Quarterly Review (1915), S. 228.

282 Vgl. dazu *Reimann*, Historische Schule und Common Law (1993), S. 270 ff.

2. „Why protected?"/„Right or Fact?" – Oder: die Suche nach einer geeigneten Methode zur Systematisierung des Common Law

a) Die Suche nach dem Grund des Besitzschutzes im Common Law[283]

aa) Die Zeit vor Holmes

In der Zeit vor *Holmes* fand eine Instrumentalisierung der Besitzlehren des Kontinents für methodische Fragen in der anglo-amerikanischen Literatur so gut wie nicht statt. Natürlich machten sich die meisten Gelehrten (wie z. B. *Markby* und *Holland*, später auch *Terry, Pollock* und *Salmond*) Gedanken über methodische Fragen[284]. *Reimann* arbeitete heraus, daß die Strömungen der Analytical jurisprudence bzw. des analytischen Zweiges der Classical Legal Science (und damit die Begriffsjurisprudenz Deutschlands) – wenn auch unterschiedlich stark – die Werke dieser Autoren insgesamt beeinflußten[285]. Dieser Einfluß spiegelt sich nicht nur im Aufbau der jeweiligen Monographien, sondern auch in der logisch-systematischen Darstellung des Besitztatbestandes wider. Das Besitzrecht war aber nur eines von mehreren Rechtsgebieten, das diese Autoren in ähnlicher Weise methodisch aufarbeiteten und darstellten.

Hinsichtlich des Grundes des Besitzschutzes stellten viele Verfasser im Common Law die unterschiedlichen philosophischen Ansätze des Kontinents dar und

283 Es geht hier um den Grund des Besitzschutzes im Common Law. Daneben gab es vereinzelte Beiträge, die sich ausschließlich zum Grund des Besitzschutzes im römischen Recht äußerten, z. B. *Hunter*, A Systematic and Historical Exposition of Roman Law (1876), S. 206, 221 f. und *Hunter*, Introduction to Roman Law (1880), S. 46 f. Hunter versuchte, die historischen Gründe für die Einführung der possesorischen Interdikte im römischen Recht aufzuspüren.

284 In den Einleitungskapiteln mancher Monographien finden sich Stellungnahmen hinsichtlich der methodischen Vorgehensweise. So z. B. bei Terry: „It is plain that the condition of our law, as to its form, is fast becoming unbearable. [...] The only remedy for this that I can see is a complete and systematic arrangement of the whole body of the law, not a mere general sketch in outline but specific and minute in detail so that the principle or rule applicable to any given case can be seen to have its proper place in it, generally accepted by lawyers, writers upon law and legislators. Probably this would be best accomplished in a code, which would have authority as well as persuasiveness; but before such a code as is needed could be made at all the substance of must already have become widely known and agreed upon." *Terry*, Some Leading Principles of Anglo-American Law (1884), S. v.
Vgl. auch Holland, der in der Einleitung zu seinen „Elements of Law" die Pandektistik lobte: „The legal systems of the continent owe to their common derivation from the law of Rome, not only a uniform legal nomenclature, but also a generally accepted method which at once assigns any newly developed principle to its proper place, and has greatly facilitated the orderly exposition of those systems in the form of codes." *Holland*, The Elements of Jurisprudence (1. Aufl., 1880), Preface.

285 *Reimann*, Historische Schule und Common Law (1993), S. 142 ff., 288 ff.; *Reimann*, in: 21 ZNR (1999), S. 357, 369 ff.

schlossen sich – je nach Präferenz – der einen oder anderen Theorie an. Mancher Verfasser stellte auf das von *Savigny* und *Rudorff* populär gemachte Argument des „Verbotes der Gewalt" ab[286], manche erachteten (wie schon, wenn auch nur zeitweilig, *Savigny*) den Besitz als präsumtives Eigentum[287], andere betrachteten den Schutz der Possession gar in einer an *Puchta* erinnernden Weise als notwendige Ergänzung des Persönlichkeitsrechts[288]. Ausdrückliche Hinweise auf methodische Fragen finden sich in diesem Zusammenhang aber nicht.

Die philosophischen Ansätze des Kontinents waren jedoch den meisten Gelehrten jenseits von Kanal und Atlantik zu abstrakt. Die Frage „Warum ist der Besitz geschützt?" war vielen fremd. Sieht man auf die Literatur vor der Mitte des 19. Jahrhunderts, verwundert dies nicht, denn die Frage, die man in diesem Zusammenhang statt dessen stellte, lautete: „Why can the bailee recover?"[289]

Es lassen sich bei Beantwortung dieser Frage zwei Argumentationslinien ausmachen: a) Neben der Possession an der Sache übertrage der Bailor dem Bailee noch ein „special" oder „qualified property", an das der Schutz des Bailees anknüpfe[290]. b) Dem Bailee seien die Schutzbehelfe wegen seiner absoluten Haf-

286 Manche Autoren (wie Holland) orientierten sich an der These Savignys und stellten auf die privatrechtliche Beziehung zum Possessor ab, andere (Amos) verwiesen ganz allgemein auf den „public peace". *Holland*, The Elements of Jurisprudence (1. Aufl., 1880), S. 129 f.; *Amos*, A Systematic View of the Science of Jurisprudence (1872), S. 153; vgl. auch *Amos*, The Science of Law (1875), S. 176 ff.

287 „For actual possession as owner is presumptive evidence proof of property, and is sufficient against a mere stranger who can not show any better title or authority." *Dicey*, A Treatise on the Rules for the Selection of the Parties to an Action (2. Aufl., 1886), S. 357.

288 „Rights of action of this sort are given in respect of the immediate and present violation of the possession of the plaintiff, independently of his right of property, and are an extension of the protection which the law throws round his person." *Dicey*, A Treatise on the Rules for the Selection of the Parties to an Action (2. Aufl., 1886), S. 376; vgl. dazu auch *Pollock/Wright*, An Essay on Possession in the Common Law (1888), S. 123.

289 Vgl. *Pollock/Maitland*, The History of English Law before the Time of Edward I, Bd. 2 (2. Aufl., 1923), S. 169 ff.

290 Diese Theorie findet sich schon bei William Blackstone und William Jones im 18. Jahrhundert. Sie wurde dann von James Kent in den 1820er Jahren wieder aufgegriffen und erhielt sich vereinzelt bis in die zweite Hälfte des 19. Jahrhunderts:
„In all these instances there is a special qualified property transferred from the bailor to the bailee, together with the possession. It is not an absolute property in the bailee, because of his contract for restitution; and the bailor hath nothing left in him but the right to chose in action, grounded upon such contract, the possession being delivered to the bailee. And, on account of this qualified property of the bailee, he may (as well as the bailor) maintain an action against such as injure or take away these chattels. The taylor, the carrier, the innkeeper, the agisting farmer, the pawnbroker, the distreinor, and the general bailee, may all of them vindicate, in their own right, this their possessory interest, against any stranger or third person." *Blackstone*, Commentaries on the Laws of England, Bd. 2 (1766), S. 453 f.

tung gegenüber dem Bailor bei Untergang der ihm anvertrauten Sache zuerkannt worden. Hier wurde auf eine dogmatische Begründung und die Hilfskonstruktion des „Special Property“ verzichtet[291].

Vor Mitte des 19. Jahrhunderts ging es weniger darum zu begreifen, warum die Possession als solche für schutzwürdig empfunden wurde. Die Common Lawyers suchten vielmehr (lediglich) eine Erklärung dafür, warum das mittelalterliche Common Law Personengruppen, die offensichtlich nicht Eigentümer waren, Schutzbehelfe gab. Den Grund dafür suchten die Common Lawyers nicht – und das ist der Unterschied zur Diskussion in Deutschland – in der Possession selbst, sondern in etwas anderem[292]. Insofern ging es nicht um den „Grund des Besitz-

---

„For every bailee has a temporary qualified property in the things, of which possession is delivered to him by the bailor, and has, therefore, a possessory action or an appeal in his own name, against a stranger, who may damage or purloin them.“ *Jones*, An Essay on the Law of Bailments (1781), S. 80.

„A qualified property in chattels may also subsist, when goods are bailed, or pledged, or distrained. In those cases, the right of property and the possession are separated, and the possessor has only a property of a temporary or qualified nature, which is to continue until the trust be performed, or the goods redeemed; and he is entitled to protect this property, while it continues, by action, in like manner as if he was absolute owner.“ *Kent*, Commentaries on American Law, Bd. 2. (1827), S. 283.

„It is an undisputed rule of law that naked possession, i.e., possession without even a claim of title, vests a sufficient right of property in the person who has such possession, as to permit him to hold the land against all the world except the true owner.“ *Tiedeman*, An Elementary Treatise on the American Law of Real Property (1884), S. 526; „A person, again, who has absolutely no title at all against the owner (e.g., the finder of goods which are lost), may have a right of possession against every one else. There may be a special property (i.e., a sort of temporary or provisional ownership) arising simply out of a not unlawful possession, which ceases when the true owner appears.“ *Dicey*, A Treatise on the Rules for the Selection of the Parties to an Action (2. Aufl., 1886), S. 377, insb. Fn. (q).

291 In der späteren anglo-amerikanischen Sekundärliteratur faßte man diese Kontroverse oft wie folgt zusammen: Die Frage sei gewesen, „whether the bailee was answerable over to the bailor, because he could sue, or whether he could sue because he was answerable over to the bailor“. S. dazu v.a. *Holmes*, The Common Law (1881), S. 170 ff., insb. 180 u. 243; *Holmes*, in: 12 American Law Review (1878), S. 688, 692 ff. (jeweils m.w.N.).

Ein Blick in die Quellen zeigt jedoch daß beide Begründungsansätze nicht in einem Ausschließlichkeitsverhältnis, sondern häufig nebeneinander standen und sich gegenseitig ergänzten. So fügte schon Blackstone seiner ersten These, gleichsam als Bestärkung, hinzu: „For, as such bailee is responsible to the bailor, if the goods are lost or damaged by his wilful default or gross negligence, or if he do not deliver up the chattels on lawful demand, it is therefore reasonable that he should have a right to recover either the specific goods, or else a satisfaction in damages, against all other persons, who may have purloined or injured them; that he may always be ready to answer the call of the bailor.“ *Blackstone*, Commentaries on the Laws of England, Bd. 2 (1766), S. 454.

292 Zur Klarstellung ist darauf hinzuweisen, daß auch in Deutschland viele den Grund des Besitzschutzes nicht im Besitz selbst suchten. Jhering unterschied daher bei dieser

schutzes", da der Schutz nicht an den bloßen Besitz, sondern an bestimmte weitere Faktoren anknüpfte, die zugleich mit der Possession in der Person des Bailee vorliegen sollten.

Dennoch suchte man sowohl auf dem Kontinent als auch im angloamerikanischen Rechtskreis nach einer Begründung für das gleiche Phänomen – die Gewährung von Schutzbehelfen an einen Besitzer, der nicht zugleich Eigentümer war. Der Blickwinkel, aus dem man sich dieser Frage näherte, war jedoch ein anderer[293].

Holmes fiel es daher nicht schwer, die ungewohnte Frage nach dem Grund des Besitzschutzes zu instrumentalisieren, um an ihr vermeintliche methodische Schwächen der deutschen Gelehrten aufzuzeigen und so zugleich die Methodenlehre des Common Law vor (weiterem) Schaden zu bewahren. Insgesamt wurde dieser Teilaspekt einer „zweiten Ebene" der Besitzrechtsdiskussion im Common Law aber erheblich subtiler und versteckter ausgetragen als die Hauptfrage nach

---

Frage absolute Theorien (die unmittelbar auf den Besitz, insbesondere auf den in ihm verkörperten Willen des Besitzers, abstellten) und relative Theorien (die den Grund des Besitzschutzes außerhalb des Besitzes suchten, also z. B. im Eigentum oder im Verbot der Gewalt). Gleichwohl war die Frage immer, warum der Besitz als solcher geschützt sei und was der Grund sei, daß ein Institut, das ein Minus gegenüber dem Eigentum darstellt, gleichwohl eine davon unabhängige rechtliche Bedeutung hat.

293 Die Common Lawyers dieser Zeit hingegen maßen der Possession als solcher bei der Frage, warum ein Bailee Rechtsbehelfe hatte, keine eigenständige Bedeutung bei.
Dies änderte sich erst ab den 1830er Jahren, augenscheinlich unter dem Einfluß der besitzrechtlichen Literatur nach Savigny.
Am Übergang zwischen beiden Strömungen stand Joseph Story: „In general, a mandatary cannot be said to have any special property in the thing, unless he has incurred expenses about it, for which he has a lien. In this respect he stands in the same situation as a depositary. But although neither of them has a special property in the thing bailed, it does not follow, as we shall presently see, that they may not have an action for any tort done to the thing while in their possession, especially if they are liable over to the bailor in such a case. [...] The general principle of the common law is, that possession with an assertion of right, and in many cases possession alone, is a sufficient title to enable the possessor to maintain a suit against a mere wrong-doer for any wrong or injury done to the thing." *Story*, Commentaries on the Law of Bailments (1832), S. 108 ff.
Die Hauptargumentationslinien zur „alten Streitfrage" fanden aber weiterhin ihren Platz in der Literatur, wenn auch zumeist in rechtshistorischen Werken oder in Abschnitten, die sich nicht mit der Possession im allgemeinen, sondern mit dem Institut des Bailment im Mittelalter beschäftigten, z. B. bei Holmes im Kapitel „The Bailee at Common Law", *Holmes*, The Common Law (1881), S. 170 ff.; *Pollock/Wright*, An Essay on Possession in the Common Law (1888), S. 123; *Pollock/Maitland*, The History of English Law before the Time of Edward I, Bd. 2 (2. Aufl., 1923), S. 170 f.; *Holdsworth*, A History of English Law, Bd. 3 (3. Aufl., 1927), S. 336 ff.; *Holdsworth*, A History of English Law, Bd. 7 (1926), S. 448 ff.; *Bordwell*, in: 29 Harvard Law Review (1916), S. 731 ff.; *Ames*, Lectures on Legal History (1913), S. 220 ff.

dem Verhältnis von römischem und anglo-amerikanischem Recht. Beide Aspekte waren aber durchaus miteinander verknüpft.

bb) Holmes contra Begriffsjurisprudenz

Schon der erste Absatz seiner Ausführungen zur Possession im „The Common Law" (1881) macht deutlich, daß es *Holmes* nicht um die Possession als solche, sondern vor allem um die Methodenlehre des Common Law ging: Der Einfluß der Philosophie *Kants* habe – so *Holmes* – das Denken der „German jurists" bei ihren besitzrechtlichen Untersuchungen entschieden beeinflußt. Wegen dieses Einflusses könne man nicht von einer Allgemeingültigkeit der deutschen Besitzrechtslehren ausgehen[294]. *Holmes* nutzte die Diskussion zum Grund des Besitzschutzes in Deutschland als Anschauungsobjekt einer falschen juristisch-methodischen Vorgehensweise. Dabei ging es ihm zum einen darum, über die Diskussion um das römische Besitzrecht das römische (Besitz-)Recht ganz allgemein zu diskreditieren. Zum anderen richtete sich seine Kritik an den „speculative jurists of Germany" gegen die Übernahme begriffsjurisprudentischen Denkens, wie es im Common Law zunächst in der Analytical Jurisprudence, aber auch noch in der Classical Legal Science zum Ausdruck kam.

Holmes begann mit einer umfassenden Darstellung des deutschen Meinungsstandes zur Frage nach dem Grund des Besitzschutzes[295]. Knapp zusammenge-

294 „Possession is a conception which is only less important than contract. But the interest attaching to the theory of possession does not stop with its practical importance in the body of English Law. The theory has fallen into the hands of the philosophers, and with them has become a corner-stone of more than one elaborate structure. It will be a service to sound thinking to show that a far more civilized system than the Roman is framed upon a plan which is irreconcilable with the a priori doctrines of Kant and Hegel. Those doctrines are worked out in careful correspondence with German views of Roman law. And most of the speculative jurists of Germany, from Savigny to Ihering, have been at once professors of Roman law, and profoundly influenced if not controlled by some form of Kantian or post-Kantian philosophy. Thus everything has combined to give a special bent to German speculation, which deprives it of its claim to universal authority." *Holmes*, The Common Law (1881), S. 206.

295 „Why is possession protected by the law, when the possessor is not also an owner? That is the general problem which has much exercised the German mind. Kant, it is well known, was deeply influenced in his opinions upon ethics and law by the speculations of Rousseau. Kant, Rousseau and the Massachusetts Bill of Rights agree that all men are born free and equal, and one or the other branch of that declaration has afforded the answer to the question why possession should be protected from that day to this. Kant and Hegel start from freedom. The freedom of the will, Kant said, is the essence of man. It is an end in itself; it is that which needs no further explanation, which is absolutely to be respected, and which is the very end and object of all government to realize and affirm. Possession is to be protected because a man by taking possession of an object has brought it within the sphere of his will. He has extended his personality into or over that object. As Hegel would have said, possession is the objective realization of free will. And by Kant's postulate, the will of any individual thus manifested is

faßt lautet das Ergebnis dieser – überraschend ausführlichen – Darstellung: Die Ausführungen der „Germans“ zu Besitz und Besitzschutz seien stark von den Lehren *Kants* beeinflußt. Dies zeige sich nicht nur bei der Suche nach dem Grund des Besitzschutzes, sondern insbesondere auch bei der Bestimmung der Tatbestandsmerkmale des Besitzes[296]. Dem Common Law hingegen sei von seinem Wesen her eine solch abstraktes, philosophisches Denken immer fremd gewesen:

> „Hence I say that it is important to show that a far more developed, more rational, and mightier body of law than the Roman, gives no sanction to either premise or conclusion as held by Kant and his successors.“[297]

Dies zeige sich insbesondere daran, daß es allen Bailees die Possession zuerkenne[298]. Die zeitgenössische Praxis des Kontinents sei ebenso verfahren[299].

---

entitled to absolute respect from every other individual, and can only be overcome or set aside by the universal will, that is, by the state, acting through its organs, the courts.
Savigny did not follow Kant on this point. He said that every act of violence is unlawful, and seemed to consider protection of possession a branch of protection to the person. But to this it was answered that possession was protected against disturbance by fraud as well as by force, and his view is discredited. Those who have been contented with humble grounds of expediency seem to have been few in number, and have recanted or are out of favor. The majority have followed in the direction pointed by Kant. Bruns, an admirable writer, expresses a characteristic yearning of the German mind, when he demands an internal juristic necessity drawn from the nature of possession itself, and therefore rejects empirical reasons. He finds the necessity he seeks in the freedom of the human will, which the whole legal system does but recognize and carry out. Constraint of it is a wrong, which must be righted without regard to conformity of the will to law, and so on in a Kantian vein. So Gans, a favorite disciple of Hegel, "The will is of itself a substantial thing to be protected, and this individual will has only to yield to the higher common will." So Puchta, a great master, "The will which wills itself, that is, the recognition of its own personality, is to be protected."
The chief variation from this view is that of Windscheid, a writer now in vogue. He prefers the other branch of the declaration in the Bill of Rights. He thinks that the protection to possession stands on the same grounds as protection against injuria, that every one is the equal of every other in the state, and that no one shall raise himself over the other. Ihering, to be sure, a man of genius, took an independent start, and said that possession is ownership on the defensive; and that, in favor of the owner, he who is exercising ownership in fact (i.e. the possessor) is freed from the necessity of proving title against one who is in an unlawful position. But to this it was well answered by Bruns, in his later work, that it assumes the title of disseisors to be generally worse than that of disseisees, which cannot be taken for granted, and which probably is not true in fact.“ *Holmes*, The Common Law (1881), S. 206 ff.; vgl. hierzu und zu den folgenden Zitaten *Holmes*, in: 12 American Law Review (1878), S. 688, 717 ff.

296 S. dazu bereits ausführlich in diesem Kapitel unter II) 1. b) aa).

297 *Holmes*, The Common Law (1881), S. 210.

298 „In the next place, [...] the Common law has always given the possessory remedies to all bailees without exception. The right to these remedies extends not only to pledgees, lessees, and those having a lien, who exclude their bailor, but to simple bailees, as they

Wenn die deutschen Gelehrten gleichwohl an dem Erfordernis eines „animus domini" (das seine Grundlage in philosophischen Ausführungen zum Grund des Besitzschutzes habe) festhielten, sei ihre Methode falsch:

> „Bruns says, as the spirit of the Kantian theory required him to say, that this is a sacrifice of principle to convenience. But I cannot see what is left of a principle which avows itself inconsistent with convenience and the actual course of legislation. The first call of a theory of law is that it should fit the facts. It must explain the observed course of legislation. And as it is pretty certain that men will make laws which seem to them convenient without troubling themselves very much what principles are encountered by their legislation, a principle which defies convenience is likely to wait some time before it finds itself permanently realized."[300]

Man müsse, so *Holmes*, eine andere Methode wählen, oder, um bei der Suche nach dem Grund des Besitzschutzes zu bleiben:

> „It remains, then, to seek for some ground for the protection of possession outside the Bill of Rights or the Declaration of Independence, which shall be consistent with the larger scope given to the conception in modern law."[301]

Die Analyse mehrerer Gerichtsentscheidungen[302] führte *Holmes* zum Ergebnis:

> „If courts adopt different rules on similar facts, according to the point at which men will fight in the several cases, it tends, so far as it goes, to shake an *a priori* theory of the matter."[303]

---

have been called, who have no interest in the chattels, no right of detention as against the owner, and neither give nor receive a reward." *Holmes*, The Common Law (1881), S. 211.

299 *Holmes*, The Common Law (1881), S. 211.

300 *Holmes*, The Common Law (1881), S. 211.

301 *Holmes*, The Common Law (1881), S. 211.

302 „The courts have said but little on the subject. It was laid down in one case that it was an extension of the protection which the law throws around the person, and on that ground held that trespass quare clausum did not pass to an assignee in bankruptcy. So it has been said, that to deny a bankrupt trover against strangers for goods coming to his possession after his bankruptcy would be "an invitation to all the world to scramble for the possession of them"; and reference was made to "grounds of policy and convenience." I may also refer to the cases of capture, some of which will be cited again. In the Greenland whale-fishery, by the English custom, if the first striker lost his hold on the fish, and it was then killed by another, the first had no claim; but he had the whole if he kept fast to the whale until it was struck by the other, although it then broke from the first harpoon. By the custom in the Gallipagos, on the other hand, the first striker had half the whale, although control of the line was lost. Each of these customs has been sustained and acted on by the English courts, and Judge Lowell has decided in accordance with still a third, which gives the whale to the vessel whose iron first remains in it, provided claim be made before cutting in. The ground as put by Lord Mansfield is simply that, were it not for such customs, there must be a sort of warfare perpetually subsisting between the adventurers." *Holmes*, The Common Law (1881), S. 212.

Ganz allgemein folge daraus:

> „Those who see in the history of law the formal expression of the development of society will be apt to think that the proximate ground of law must be empirical, even when that ground is the fact that a certain ideal or theory of government is generally entertained. Law, being a practical thing, must found itself on actual forces. It is quite enough, therefore, for the law, that man, by an instinct which he shares with the domestic dog, and of which the seal gives a most striking example, will not allow himself to be dispossessed, either by force or fraud, of what he holds, without trying to get it back again. Philosophy may find a hundred reasons to justify the instinct, but it would be totally immaterial if it should condemn it and bid us surrender with a murmur. As long as the instinct remains, it will be more comfortable for the law to satisfy it in an orderly manner, than to leave people to themselves. If it should do otherwise, it would become a matter for pedagogues, wholly devoid of reality."[304]

Aus seinem nächsten Satz ergibt sich, daß *Holmes* diese Aussagen nicht allein auf den Grund des Besitzschutzes beschränken wollte:

> „I think we are now in a position to begin the analysis of possession."[305]

Man kann sogar so weit gehen, und in diesen Satz hineinlesen: „to begin the analysis of any legal conception". *Holmes* verbarg in seiner These vom „instinct man shares with the domestic dog" eine Botschaft. Er wollte scheinbar den Gelehrten in Kontinentaleuropa aber auch seinen englischen und amerikanischen Kollegen – zurufen: Flieht nicht in die Philosophie! „Law, being a practical thing, must found itself on actual forces." Der Grund des Besitzschutzes könne (und müsse vielmehr) „outside the Bill of Rights or the Declaration of Independence" zu finden sein. Ausflüge in die Philosophie könnten zwar interessant und faszinierend sein – auch *Holmes* schienen es die philosophischen Ansätze des Kontinents durchaus angetan zu haben[306]. Bei der Suche nach rechtlichen Begriffen und Zusammenhängen könnten sie aber nicht weiterhelfen.

Holmes stellte den kontinentalen Gelehrtenstreit um den Grund des Besitzschutzes damit als abschreckendes Beispiel für eine falsche juristische Methode dar. Für einen zeitgenössischen Leser des anglo-amerikanischen Rechtskreises mußten die Ausführungen von *Holmes* beinahe zwangsläufig zu dieser Erkenntnis

---

303 *Holmes*, The Common Law (1881), S. 212 f.

304 *Holmes*, The Common Law (1881), S. 212.

305 *Holmes*, The Common Law (1881), S. 212. Vgl. dazu auch *Reimann*, in: The Legacy of Oliver Wendell Holmes, Jr. (hg. von Gordon, 1992), S. 72, 88 ff.

306 Zur Untermauerung seiner Thesen wäre es keineswegs notwendig gewesen, sich so detailliert mit der deutschen Kontroverse über den Grund des Besitzschutzes auseinanderzusetzen. Insbesondere bestand für Holmes keine Notwendigkeit, die Thesen der deutschen Gelehrten in einen größeren Zusammenhang einzuordnen und dabei auch noch die „Massachusetts Bill of Rights" ins Spiel zu bringen. Man kann sich daher des Eindrucks nicht erwehren, daß Holmes von der philosophischen Spekulation auf dem Kontinent weit mehr angetan war, als er bereit war zuzugeben.

führen. Bei genauerem Hinsehen erkennt man jedoch, daß *Holmes* bei seinen Thesen von Prämissen bezüglich der Diskussion auf dem Kontinent ausgeht, die einer näheren Überprüfung nicht standhalten.

Die Darstellung des deutschen Gelehrtenstreits um den Grund des Besitzschutzes (die einzelnen Pro- und Contra-Argumente eingeschlossen) ist durchaus im wesentlichen korrekt[307]. *Holmes* hätte zwar deutlicher herausstellen können, daß die Diskussion um den Grund des Besitzschutzes nicht ein kurzer Schlagabtausch war, sondern daß das von ihm zusammengefaßte Meinungsspektrum das Ergebnis einer über 60-jährigen Diskussion war. Jedoch führt weniger die Darstellung des Meinungsstreits selbst zu einem verzerrten Bild. Vielmehr rufen die Schlüsse, die er aus diesem Meinungsstreit zieht, Widerspruch hervor.

Holmes ist insoweit recht zu geben, daß ein abstrakt-logisches – und wenn man so will philosophisches – Systemdenken die deutsche Literatur zum Besitzrecht prägte. Die umfassende Suche nach dem Grund des Besitzschutzes ist vor diesem Hintergrund verständlich: Es galt, das Wesen des Besitzes umfassend (also seinem Wesen, seiner inneren Begründung und seiner Stellung im gesamten Rechtssystem nach) zu ergründen. Gleichwohl deutet die rein philosophische Beschäftigung mit der wenig praxisrelevanten Frage nach dem Grund des Besitzschutzes – isoliert betrachtet – nicht notwendigerweise auf eine falsche Methode bei Betrachtung des Besitzinstitut als ganzem hin. Wenn sich also die deutschen Gelehrten – aus welchen Motiven auch immer – jahrzehntelang über den Grund des Besitzschutzes stritten, mag man dies als Common Lawyer zwar belächeln. Das hat aber nicht notwendig etwas mit abstrakt-logischem Systemdenken bei der Bestimmung der Tatbestandsvoraussetzungen des Besitzes zu tun, wie *Holmes* es behauptete. Dieser Zusammenhang entsteht erst, wenn man – wie *Holmes* unterstellte – in der philosophischen Suche nach dem Grund des Besitzschutzes den Inbegriff einer bestimmten Methode erblickt, die ihrerseits zwangsläufig das Postulat eines „animus domini" bei der Bestimmung der Tatbestandsvoraussetzungen des Besitzes nach sich zieht.

Wie bereits näher dargelegt, lagen die Suche nach dem Grund des Besitzschutzes und die Frage nach den Tatbestandsvoraussetzungen der Possessio (im römischen Recht) aber auf zwei verschiedenen Ebenen. Man kann sehr wohl über den Grund des Besitzschutzes philosophieren und dennoch realitätsnah und historisch die Tatbestandsvoraussetzungen des Besitzes erörtern. Natürlich kann man nicht ausschließen, daß manchem Gelehrten das Erfordernis eines „animus domini" (das der Praxis des 19. Jahrhunderts gar nicht entsprach) vor dem Hintergrund der Thesen *Kants* plausibler erschien. Gleichwohl läßt sich ein zwangsläufiger Zusammenhang zwischen der Willenstheorie *Kants* und dem Erfordernis eines „animus domini" aus den Quellen nur schwer nachweisen. Es liegt im Gegenteil näher, von einer Unabhängigkeit beider Themenkomplexe auszuge-

---

307 Vgl. dazu im 1. Kapitel, II) 2.

hen[308]. Ein unmittelbarer, zwangsläufiger Zusammenhang, wie ihn *Holmes* unterstellte, bestand freilich nicht.

Zudem stellte *Holmes* nicht deutlich genug heraus, daß es manchem deutschen Gelehrten – hier ist insbesondere *Jhering* zu nennen[309] – auch bei der Suche nach dem „Grund des Besitzschutzes" nicht allein um die Frage ging, warum der Besitz (philosophisch) zu schützen war, sondern wie es – rein historisch betrachtet – im alten Rom zur Einführung der possessorischen Interdikte kam[310]. Auch weigerte sich *Holmes*, der Frage nachzugehen, ob die augenscheinlich rein theoretische Frage nach dem Grund des Besitzschutzes nicht doch Praxisrelevanz hatte[311]. *Holmes* erweckte vielmehr den Eindruck, als seien alle von ihm genannten German jurists in gleichem Maße von der Philosophie (die er mit abstrakter Logik gleichzusetzen und der er jeglichen praktischen Wert abzusprechen schien) infiziert und so vor der Realität erblindet.

Durch diese Pauschalisierungen gelang es *Holmes*, in anschaulicher Weise ein unpraktikables Ergebnis (die besitzrechtliche Schutzlosigkeit eines Mieters) einer bestimmten juristischen Methode zuzuschreiben. *Holmes* schien seinen anglo-amerikanischen Kollegen zurufen zu wollen: Seht her, dazu führt es, wenn man allzu lange, allzu logisch und allzu philosophisch über eine Frage nachdenkt, ohne dabei die Realität vor Augen zu haben. Wie töricht waren doch die „speculative jurists of Germany", die in einem Elfenbeinturm saßen. Ein Blick auf einen gemeinen Haushund hätte genügt, um eine Erklärung für ein Phänomen zu finden, über das diese sich jahrzehntelang hochphilosophisch den Kopf zerbrachen!

---

308 Vgl. dazu ausführlich in diesem Kapitel unter II) 1. b) aa).

309 Auch Jhering setzte sich mit der Frage nach dem Grund des Besitzschutzes auseinander. Jhering, der dabei den Schwerpunkt auf den historischen Grund des Besitzschutzes (also die praktische Notwendigkeit der Einführung der Interdikte) legte, kann der Vorwurf eines allzu abstrakt-logischen Denkens aber gerade nicht gemacht werden. Vgl. dazu bereits im 1. Kapitel, IV) 1. b) und gleich unter cc).

310 Vgl. dazu bereits im 1. Kapitel, II) 2.
Bzgl. Savigny ist Holmes ungenau. Savignys Monographie „Das Recht des Besitzes" kennzeichnete gerade das Nebeneinander von historischer Forschung und Philosophie. Diese eigentlich viel bedeutsamere Seite von Savigny blendete Holmes hier vollständig aus. Vgl. dazu auch *Reimann*, in: The Legacy of Oliver Wendell Holmes, Jr. (hg. von Gordon, 1992), S. 72, 99.

311 Eine solche könnte hier vor dem Hintergrund der Kodifikationsbewegung und dem Bestreben, daß Institut des Besitzes in den Gesamtzusammenhang des Rechts einzuordnen, zu sehen sein. Wer den Besitz als Sachenrecht ansah, für den lag es zum Beispiel näher, den Grund des Besitzschutzes im Näheverhältnis des Besitzes zum Eigentum zu erblicken. Auf diesen Zusammenhang ist schon bei der Suche nach der Praxisrelevanz der Frage „Faktum oder Recht" hingewiesen worden, vgl. dazu im 1. Kapitel, IV) 2.

Wenn *Holmes* auf diese Weise dem Kontinent einen (verzerrten) Spiegel vorhielt, war dies auf den ersten Blick nur eine Kritik an Gelehrten, die Tausende von Meilen entfernt waren und im Zweifel die *Holmes'schen* Worte gar nicht oder erst viel später wahrnahmen. Warum machte sich *Holmes* die Mühe, die Ansichten der deutschen Gelehrten zum Grund des Besitzschutzes, dem „general problem which has much exercised the German mind“[312], so ausführlich darzustellen? Es liegt nahe, daß es ihm um mehr ging, als sich schlicht polemisch über die „speculative jurists“ jenseits des Atlantik lustig zu machen.

Wie bereits dargestellt, war das abstrakt-logische Denken des Kontinents, das *Holmes* hier zu diskreditieren suchte, nicht nur eine exotische Erscheinung, der wenige „pedagogues devoid of reality“ im fernen Europa verhaftet waren. Es hielt vielmehr bereits seinen Einzug ins Common Law. Zwar interessierten sich die Common Lawyers vor *Holmes* wenig oder gar nicht für den Grund des Besitzschutzes[313]. Jedoch hatte die Methode, die *Holmes* mit der Suche nach dem Grund des Besitzschutzes so eng in Verbindung brachte, schon weitgehend Fuß gefaßt. Am abstrakt-logischen (und wenn man so will philosophischen) Systemdenken, das in der Begriffsjurisprudenz seine Blütezeit erlebte, orientierte sich im Common Law insbesondere die Analytical Jurisprudence. Aber auch die Classical Legal Science hatte es zur Zeit der Veröffentlichung von *Holmes'* Monographie bereits als eine ihrer zwei tragenden Säulen etabliert.

Indem *Holmes* Kritik an den deutschsprachigen Gelehrten übte, erhob er gleichzeitig einen warnenden Zeigefinger an seine anglo-amerikanischen Zeitgenossen: Hütet Euch vor den Fehlern, die in Europa gemacht wurden und betreibt das Recht nicht wie Mathematik, sondern erkennt die Interessen und Zweckmäßigkeitserwägungen, die „instincts“, die das Recht prägen: „The life of the law has not been logic: it has been experience“[314].

Ausdrücklich wandte sich *Holmes* nicht gegen die zeitgenössischen Anhänger der Begriffsjurisprudenz im Common Law, allen voran *Langdell.* Vor allem berufliche und taktische Gründe zwangen *Holmes* wohl zu diesem Umweg über *Puchta, Gans* und *Windscheid*[315]. Ein mit der Situation des Common Law ver-

312 *Holmes*, The Common Law (1881), S. 206.

313 Die philosophischen Lehren des Kontinents zu dieser Frage trug – soweit erkennbar – im Common Law in dieser Detailliertheit zum ersten Mal Holmes zusammen. Ironischerweise hatten die Ausführungen von Holmes, die der Abschreckung dienen sollten, bei manchem seiner Zeitgenossen einen gegenteiligen Effekt. Vgl. dazu in diesem Kapitel unter II) 2. a) cc) (3).

314 *Holmes*, The Common Law (1881), S. 1.

315 Langdell, der Hauptvertreter des hier von Holmes kritisch beäugten methodischen Ansatzes, war zu diesem Zeitpunkt Dekan der Harvard Law School. Holmes, der selbst Graduate dieser Law School war und darüber hinaus zeitweilig dort unterrichtete, konnte nicht den angesehensten und einflußreichsten Mann an seiner Alma Mater öffentlich kritisieren, ohne damit seinen persönlichen Ruf oder gar seine Karriere aufs

trauter Leser dürfte jedoch leicht erkannt haben, daß *Holmes* nicht nur die methodischen Ideen der weit entfernten „speculative jurists of Germany" zu bekämpfen suchte, sondern (auch und vielmehr) die bei ihnen entlehnten Ideen ihrer anglo-amerikanischen Anhänger. Eine öffentliche Bloßstellung dieser Gelehrten, allen voran *Langdells*, vermied *Holmes* somit.

Die rhetorisch geschickte und anschauliche Darstellung und Argumentation *Holmes'* hatte mit der kommentarlosen Einbeziehung *Jherings* in die Liste der „speculative jurists" eine angreifbare Stelle[316]. *Jhering*, dem es bei der Suche nach dem Grund des Besitzschutz mehr um eine historische als um eine philosophische Begründung ging, setzte sich bereits vor Veröffentlichung von *Holmes'* „The Common Law", insbesondere aber mit seiner Monographie „Der Besitzwille" (1889), selbst gegen die vorherrschenden abstrakt-logischen Denkmodelle des Kontinents zur Wehr[317]. *Lightwood* und *Bond* ist es in der Folgezeit gelungen, die Welt des Common Law mit den methodischen Gedanken *Jherings* vertraut zu machen. Wieder sollte es das Law of Possession sein, das als Bühne – diesmal für die Methodendiskussion – herhalten mußte.

cc) Jhering, der methodisch andere „German jurist"

Jherings Thesen zeigten einen alternativen methodischen Ansatz auf, der zwar ebenfalls von einem „German jurist" stammte, aber sich letztendlich gegen die gleichen Schwächen der herrschenden methodischen Lehre des Kontinents richtete, die auch *Holmes* kritisierte. Insoweit schlossen *Lightwood* und *Bond* mit *Holmes* die Schulter. Gleichzeitig war damit aber erreicht, daß man dem römischen Recht und dem Kontinent insgesamt wieder positiver gegenüberstand. Dies war indes wohl weniger im Sinne von *Holmes*.

Ins Common Law gelangten die methodischen Ansätze *Jherings* insbesondere durch zwei Aufsätze mit dem Titel „Possession in the Roman Law" (der eine von *John M. Lightwood* 1887, der andere von *Henry Bond* 1890 verfaßt). Diese Beiträge zeichnet aus, daß sie sich – unter Berufung auf die Ausführungen *Jherings* – dem römischen Recht der Possessio nicht abstrakt-philososphisch, sondern fallrechtlich näherten und es seines philosophischen Schleiers beraubten.

(1) *Lightwood* war – soweit ersichtlich – der erste Common Lawyer, der ausdrücklich darauf hinwies, daß sich die Ausführungen *Jherings* zur Possessio des

---

Spiel zu setzen. S. hierzu ausführlich *Reimann*, in: The Legacy of Oliver Wendell Holmes, Jr. (hg. von Gordon, 1992), S. 72, 91 ff.

316 Auch die Art, wie er Jherings Ansatz mit Hilfe der Ansicht Bruns' kritisierte, erscheint zweifelhaft. Vgl. *Lightwood*, in: 3 Law Quarterly Review (1887), S. 32, 39 f.

317 S. dazu bereits in Fn. 309.

römischen Rechts methodisch von den Beiträgen anderer deutschsprachiger Verfasser unterschieden[318]. 1887 äußerte sich *Lightwood* in seinem Aufsatz so:

> „Savigny deals with the ideas from which the Romans started, and by which they were in fact guided, except when the pressure of facts compelled them to inconsistency. Jhering, on the other hand, has picked out the principles to which they were tending, and by which alone the development of their rules can be understood. He looks in fact more at the real grounds of the decisions and less at the express grounds, obviously a dangerous course if pursued in isolated cases, but safe and instructive if it at once reconciles a number and is in harmony with the general tendency of the law.“[319]

Indem *Lightwood* den – dogmatischen und methodischen – Ansatz *Jherings* darstellte und ihn von den vorherrschenden Theorien des Kontinents abgrenzte, verfolgte er auch das Ziel, *Holmes'* methodische Kritik am Kontinent (und damit auch an der *Langdell'schen* Schule) zu relativieren.

Lightwood begann seine Ausführungen zur Frage nach dem Grund des Besitzschutzes (im römischen Recht) mit einem Seitenhieb auf *Holmes*:

> „Mr. Justice Holmes has briefly summarised what the civilians have said on the matter, but for him the trail of the metaphysicians is over it all, and he hastens from Bruns's yearning for an 'inner juristic necessity' to find refuge in the humble, though sure ground of expediency which he sees in the common law. But perhaps even this is delusive.“[320]

Zwar klinge *Holmes*‘ These einfach und verlockend:

> „Now this seems very plain and simple, yet we can only be sure of its application when the claim to possession is founded on either a legal or a moral title. [...] But when we come to a possessor who has no such claim, it is a mere accident whether the law does or does not protect him. In the case of the thief it might be thought better to risk violence rather than to show him any favour, yet the Roman law gave him protection. Curiously enough though the English law, with all its care for mere occupiers,

318 Jherings Ausführungen zum Grund des Besitzschutzes wichen in der Tat methodisch von den Ansätzen der anderen „German jurists“ ab. Zwar stellte Jhering in seiner Monographie die wesentlichen (und dabei überwiegend philosophischen) Theorien zum Grund des Besitzschutzes dar. Seine eigene Theorie unterschied sich jedoch vom methodischen Ansatz her von den herrschenden Vorstellungen. Neu war, daß Jhering die Frage nach dem Grund des Besitzschutzes mit der Bestimmung der Tatbestandsmerkmale der Possessio verknüpfte und damit letztlich historische und gesellschaftliche Gründe, die zur Entstehung der possessorischen Interdikte geführt hatten, in seine Überlegungen miteinbezog: „Die Aufgabe der folgenden Abschnitte dieser Abhandlung [...] besteht in dem Nachweis, daß das im Bisherigen nachgewiesene Motiv des Besitzschutzes die ganze Gestaltung der Besitzlehre bestimmt hat, d. h. daß die Beziehung des Besitzes auf das Eigenthum derjenige Gesichtspunkt gewesen ist, durch welchen sich die römischen Juristen bei Entwerfung der Besitztheorie haben leiten lassen.“ *Jhering*, Über den Grund des Besitzschutzes (2. Aufl., 1869), S. 143.

319 *Lightwood*, in: 3 Law Quarterly Review (1887), S. 32, 33.

320 *Lightwood*, in: 3 Law Quarterly Review (1887), S. 32, 39.

has no help to give to a tenant on sufferance. The fact is that violence is to be chiefly apprehended when the law will not help those who have right on their side. Mr. Justice Holmes shows a certain recognition of this when he attempts to refute Jhering's theory by remarking it is probably not true that the title of disseisors is worse than that of disseisees. In an unsettled state of society very likely not, but when possessory remedies are easy and expeditious, the truth of this may be doubted. Violent proceedings by persons entitled are then rare, and as a matter of fact the actual possession is, in the vast majority of cases, united to ownership or other inferior rights.“ [321]

Lightwood zog daraus folgenden Schluß:

„Perhaps the grounds of the protection of possession are really more composite then is implied in the above quotation. Something must be allowed for the desire of the law to favour persons with a legal interest, something for its willingness to turn a mere moral claim into a right, and something for its desire to repress violence and protect the person.“[322]

Hiermit schien *Lightwood* auf alte abstrakt-theoretische, philosophische Werte zurückzufallen. Um sich dieses Verdachts zu erwehren, begab er sich dann – dabei orientierte er sich an den Vorgaben *Jherings* – auf die Reise durch überlieferte Fälle des römischen Rechts, um damit zu belegen, daß der Grund des Schutzes von Possessio und Possession nicht so „plain and simple“ war, wie *Holmes* behauptete. Eine fallrechtliche Analyse des römischen Rechts sollte den wahren Grund des Besitzschutzes (zunächst im römischen Recht) ans Licht bringen[323].

Wenn *Lightwood* die Frage nach dem Grund des Besitzschutzes – die durchaus eine philosophische war – mit *Jhering* von einer technischen und dogmatischen Seite anging und die wesentlichen von *Holmes* (und *Jhering*) aufgeführten Theorien einer Prüfung im Hinblick auf überlieferte Fälle des klassischen römischen Rechts unterzog, war der „trail of the metaphysicians“ verlassen.

Vor dem Hintergrund der Ausführungen von *Holmes* liegt es nahe, daß *Lightwood* nicht nur die Theorien zum Grund des Besitzschutzes im römischen Recht darstellen wollte, sondern vielmehr ein verstecktes Bekenntnis gegen allzu übertriebene begriffsjurisprudentische Ansätze im Common Law enthielt, zugleich aber einen Mittelweg zwischen dem von *Holmes* eingeschlagenen Weg und den vorherrschenden Ansätzen des Common Law anbieten wollte.

---

321 *Lightwood*, in: 3 Law Quarterly Review (1887), S. 32, 39 f.

322 *Lightwood*, in: 3 Law Quarterly Review (1887), S. 32, 40.

323 „If we return now to the Roman law, it may be possible to settle, at any rate so far as it is concerned, what theory as to the ground of the protection of possession will most consistently explain the tendency of the cases.“ *Lightwood*, in: 3 Law Quarterly Review (1887), S. 32, 40.

Lightwood unterzog drei der vorherrschenden Theorien zum Grund des Besitzschutzes[324] einer seitenlangen Analyse. Methodisch entscheidend bei der Beantwortung der Frage, welche Theorie das (römische) Besitzrecht zutreffend charakterisiere, sei folgendes:

> „I have already said that the value of any such theory as the above depends on the assistance it gives us in understanding the law: it must be consistent with the actual decisions, and, more than this, it must explain their tendency. If then it be correct, these marks must appear in both of the two departments to which I have referred above; the interdicts, and the nature of possession."[325]

Die Ansätze von *Bruns* und *Savigny* würden diesem Anspruch nicht gerecht[326]. *Jherings* Theorie klinge zwar vielversprechender[327], doch auch hier stelle sich zunächst die Frage: „This being the theory, how does it fit the cases?"[328]

---

324 „We will restrict ourselves to three leading ones which may be associated with the names of Bruns, Savigny and Ihering" *Lightwood*, in: 3 Law Quarterly Review (1887), S. 32, 40.

325 *Lightwood*, in: 3 Law Quarterly Review (1887), S. 32, 45.

326 Die Theorie von Bruns habe „no foundation in the actual decisions of the Roman law": „Neither this nor any other body of law knows anything of the absolute freedom of the will, except so far as it keeps within legal bounds. When it asserts itself outside of these, it has universally been met by compulsion of some kind, and whether this compulsion has been applied by the State, representing the general will, or by another individual will, has been at all times a matter of history and convenience. Accordingly, we find this idea useless to explain the actual scope of the interdicts. It does not explain why they were given to the owner, but refused to the detentor alieno nomine; for the freedom of the will of the lessee or of the borrower was as much violated when he was deprived of possession as when the owner was. It does not explain the most frequent use of the uti possidetis in which there was no question of violation of anybody's will, but simply a dispute as to which of two parties had the better claim to possession." *Lightwood*, in: 3 Law Quarterly Review (1887), S. 32, 41.
Auch Savignys Ansatz sei unhaltbar. Lightwood führte folgendes Kernargument an: „If the element of delict is the chief thing, then the right to the interdicts must not be affected by the nature of the possession, either as regards the person or the thing, and further they can only be granted in case of injury done or threatened. But none of these requirements are complied with in the Roman law. It makes all the difference in what right a man is possessing; violence done to a tenant or bailee has in this way no remedy; only the owner it is who can gain redress for the violence done to him." *Lightwood*, in: 3 Law Quarterly Review (1887), S. 32, 42.

327 „Ihering takes quite a different view. Possession is a necessary completion of ownership; it exists in the interest of owners in order to facilitate proof of title. The rule is that ownership and possession go together, and hence justice will in general be most rapidly done by dealing in the first instance with possession only. There is much in this that fits the actual Roman law, and shows how the cases where they differ may be reconciled. This merit at least it has, whether it is or is not strictly true." *Lightwood*, in: 3 Law Quarterly Review (1887), S. 32, 42.

328 *Lightwood*, in: 3 Law Quarterly Review (1887), S. 32, 49.

Es folgte erneut eine mehrseitige Analyse der römisch-rechtlichen Quellen, an der er die Theorie *Jherings* („Possession is a necessary completion of ownership") einer kritischen fallrechtlichen Überprüfung unterzog. Das Ergebnis fiel klar zugunsten der Theorie *Jherings* aus[329]. *Lightwood* ging noch einen Schritt weiter und schrieb im Hinblick auf *Jhering* und das Common Law:

> „So far […] as possession does form the final ground of decision in a possessory action, it is possible that the criterion adopted by Ihering may be usefully employed in both systems."[330]

Zunächst war damit nur die Anwendbarkeit der Besitzlehre *Jherings* gemeint. Hält man sich aber vor Augen, daß *Lightwood* zu Beginn seines Aufsatzes die methodischen Unterschiede zwischen *Jhering* und den anderen deutschen Gelehrten herausstellte, dürfte sich diese Aussage auch auf die Methode *Jherings* beziehen, „which may be usefully employed in both systems".

Für das römische Recht war *Lightwoods* Beitrag sicher weniger bedeutend[331]. Seine Bedeutung lag mehr in der Art und Weise, wie er den Common Lawyers die deutsche Kontroverse zum römischen Recht näher brachte. *Holmes* hatte den Eindruck entstehen lassen, die Civil Lawyers hätten sich bei ihren Ausführungen zum Besitzrecht im Allgemeinen und zum Grund des Besitzschutzes im Beson-

329 „And, first, as to the interdicts. That the Roman jurists did in fact regard possessory remedies as merely preliminary to the question of ownership is clear from many passages, and is very noticeable in the fact that when an interdict is not thus preparatory, but really settles the matter once for all, they are careful to say so: And that they regarded them as primarily meant for the owner is clear from the manner in which an interdict is sometimes given to a possessor, even though he is not the owner (vel non dominus). […] We have still to consider the theory as applied to the nature of possession. Does it give us any help here, and especially does it explain how possession, which is supposed to be founded on physical control and intention, is yet able to dispense so easily with these requisites? To answer this question we have only to point to the complete parallel that exists between possession and ownership, and which enables us to define possession as the actuality of ownership, an actuality which may or may not be associated with physical control and real intention. The resemblance, as Ihering points out, exists in two directions; it is extensive and intensive. Extensively the limits of possession and ownership exactly correspond; where there is ownership there may be also possession, and where there is no ownership there can be no possession. […] And the resemblance is intensive, also, i. e. for the nature of possession we must examine the nature of ownership. In the marks which show the actual exercise of this we shall find the marks for the existence of possession." *Lightwood*, in: 3 Law Quarterly Review (1887), S. 32, 45 ff.

330 *Lightwood*, in: 3 Law Quarterly Review (1887), S. 32, 52.

331 Lightwood fand sicherlich nicht viel „Neues" für den Gelehrtenstreit auf dem Kontinent heraus. Er schloß sich – teils mit leicht abweichender Begründung – Jherings neuer Theorie zum Grund des Besitzschutzes an: „But if we grant this, and it is quite enough to show the value of the theory as giving a key to the cases, we need not at the same time attach the importance Ihering does to the facilitation of title that possessory remedies give." *Lightwood*, in: 3 Law Quarterly Review (1887), S. 32, 52.

deren von den praktischen Gegebenheiten und Notwendigkeiten gelöst, hätten weiterhin die Besitzschutzlosigkeit eines Mieters postuliert und seien in die Philosophie und ins Metaphysische abgedriftet. Nun veröffentlichte *Lightwood* einen Aufsatz über „Possession in the Roman Law", der insbesondere in der zweiten Hälfte von Fakten und Fallkonstellationen nur so wimmelte. Natürlich war die Frage nach dem „Grund des Besitzschutzes" in erster Linie eine philosophische. *Jherings* (und damit auch *Lightwoods*) Ansatz verknüpften jedoch die Suche nach dem Grund des Besitzschutzes mit der Bestimmung der Tatbestandsvoraussetzungen. Dies gab ihnen die Möglichkeit, ihre Thesen anhand überlieferter Fälle des klassischen römischen Rechts zu verifizieren. Es ging hierbei nicht um die Frage, wer Besitzer sein soll und worin rein theoretisch der Grund des Besitzschutzes liegen soll. *Jhering* und *Lightwood* stellten lediglich zusammen, wen die römischen Quellen tatsächlich als Possessor bezeichneten und wer tatsächlich die possessorischen Interdikte beanspruchen konnte. Aus diesen Fällen versuchten sie, eine gemeinsame Formel sowohl für die Bestimmung des objektiven Tatbestandsmerkmales der Possessio als auch für den Grund für den Besitzschutz abzuleiten.

Damit ergab die Frage nach dem Grund des Besitzschutzes einen praktischen Sinn: Die „German jurists" (zumindest aber *Jhering*) betrieben die Philosophie nicht (nur) um der Philosophie wegen, sondern auch, um dogmatische Erkenntnisse für die Bestimmung der Tatbestandsmerkmale zu gewinnen. *Jhering* ließ die Diskussion damit in einem anderen Licht erscheinen. Dies dürfte auch *Holmes* nicht entgangen sein, der allerdings die Andersartigkeit des Ansatzes von *Jhering* in seiner Darstellung geflissentlich überging. *Lightwood* gelang es, den für einen im Case Law verhafteten Common Lawyer vertrauteren methodischen Ansatz *Jherings* anschaulich darzustellen und damit aufzuzeigen, daß es einen namhaften deutschen Gelehrten gab, der anders war als die übrigen „speculative jurists of Germany". Durch diese Differenzierung weckte *Lightwood* wohl bei manchem Anhänger von *Holmes* wieder die Bereitschaft, sich mit der deutschen Literatur zu beschäftigen. Dort gab es nämlich – dafür war *Jhering* das prominenteste Beispiel – auch Gelehrte, die sich an einer allzu abstrakt-logischen, philosophischen Analyse rechtlicher Begriffe störten.

Vom Ergebnis waren sich *Holmes* und *Lightwood* einig: Ein sinnloses Abdriften in die Philosophie könne mehr schaden als nützen. Eine Theorie, die das geltende Recht nicht erklären könne, sei nutzlos[332]. Während *Holmes* sich aber pauschal gegen das abstrakt-logische Systemdenken des Kontinents wendete und dabei a priori die Philosophie aus dem Recht ausklammern wollte[333], suchte *Lightwood* nach einem Mittelweg. Die Art und Weise, wie *Jhering* eine scheinbar rein theoretische oder philosophische Frage zur Erklärung der „tendency of

---

332 Vgl. dazu einerseits Lightwood, *Lightwood*, in: 3 Law Quarterly Review (1887), S. 32, 45 und andererseits Holmes, *Holmes*, The Common Law (1881), S. 211.

333 Vgl. *Holmes*, The Common Law (1881), S. 212 f.

the cases" verwendete, schien ihm dabei am vielversprechendsten zu sein, das überlieferte englische Case Law wissenschaftlich zu durchdringen.

(2) *Jherings* Monographie „Über den Grund des Besitzschutzes" (1868) enthielt lediglich einen methodischen Ansatz, jedoch keine explizit dargestellte, ausgefeilte Methodenlehre. Dies sollte sich zwanzig Jahre später mit der Monographie „Der Besitzwille" (1889) ändern. *Lightwood* erkannte diese Bedeutung und schrieb in einer kurzen Buchbesprechung noch im gleichen Jahr:

> „His [Jhering's] chief quarrel is with the formal or dialectical methods now current in jurisprudence, mere logical deductions of one rule from another, which he regards as altogether unfruitful. For these he would substitute methods based upon the real ends which rules and institutions are meant to serve, and the subject of possession is merely selected as a convenient and interesting topic by which to illustrate his doctrine."[334]

Bond übernahm es 1890 in seinem Aufsatz „Possession in the Roman Law", seinen anglo-amerikanischen Kollegen diese Methodenlehre näherzubringen. *Jhering* schloß – bewußt oder unbewußt – mit *Holmes* die Schulter: Auch er warf den deutschen Gelehrten methodische Schwächen vor. Sein eigener methodischer Ansatz war in gewisser Hinsicht das kontinentale Äquivalent zu *Holmes*' These „Law, being a practical thing, must found itself on actual forces"[335]. Aber *Jhering* überbrückte nicht nur methodisch den Graben zwischen Common Law und Civil Law. Seine Theorie rückte auch inhaltlich das römische Recht der Possessio an die Possession des Common Law heran[336].

Bond erkannte diese doppelte Bedeutung der *Jhering'schen* Monographie „Der Besitzwille" für das Common Law. Sein Verdienst bestand darin, seinen anglo-amerikanischen Kollegen eine Besitzrechtstheorie vorzustellen, in der – sowohl inhaltlich als auch methodisch – „an English lawyer would recognise the principles which underlie our own Common Law"[337]. Hier interessiert insbesondere die Darstellung des neuen methodischen Ansatzes *Jherings*[338].

Bond faßte das Ziel *Jherings* treffend wie folgt zusammen:

> „In 'Der Besitzwille' he takes possession as a definite branch of the law on which to prove the truth of this principle and at the same time to point out the error of the purely logical treatment of law which has so long prevailed in Germany."[339]

---

334 *Lightwood*, in: 5 Law Quarterly Review (1889), S. 315.

335 *Holmes*, The Common Law (1881), S. 213; s. dazu näher in diesem Kapitel unter II) 2. a) bb).

336 S. dazu schon in diesem Kapitel unter II) 1. c) bb).

337 *Bond*, in: 6 Law Quarterly Review (1890), S. 259, 260.

338 Zur Darstellung der Besitzdogmatik Jherings bei Bond siehe schon in diesem Kapitel unter II) 1. c) bb) (3).

339 *Bond*, in: 6 Law Quarterly Review (1890), S. 259, 276.

Bond erkannte, wie revolutionär der Ansatz *Jherings* war:

> „It is almost impossible for an Englishman unfamiliar with the legal literature of Germany to understand the revolution in ideas which must take place before this proposition, which may seem to many a self-evident one, could be accepted in that country.“[340]

Ähnlich wie *Lightwood*, scheute sich *Bond* allerdings davor, die Logik aus dem Recht völlig auszuklammern:

> „The truth no doubt lies somewhere between Jhering and the jurists whom he criticises, for although the broad outlines of every legal system are determined by practical interests, there are hundreds of rules the immediate source of which is juristic logic and not any practical motive, though the two frequently coincide. It cannot be doubted that much of what Savigny terms the 'technical' as distinguished from the 'popular' element in law has been the work of jurists in whose eyes law-making, whether disguised or not as 'interpretation,' is a purely intellectual process. How many rules which conflict with sound principles of legislation has not our law owed to the scholastic subtleties of Coke. The presence in the draft German Code of the ghost of the *animus domini*, presiding as it were over the very rules which have destroyed its real existence, shows that even in the stronghold of the practical, the modern code, 'Die Vernunft im Recht' (so-called), is still keeping up the struggle against the all-pervading 'Zweck.'“[341]

Trotz dieser Kritik ließ es sich *Bond* nicht nehmen, den Wert der Theorie *Jherings* für einen Leser des Common Law zu betonen:

> „But no one can read any of Ihering's later writings without recognising the great value, especially to those of us who are strangers to law in its practical aspects, and are therefore prone to take a purely intellectual view of its rules and principles.“[342]

Bond nutzte – ganz im Sinne *Jherings* – den Streit um den Grund des Besitzschutzes (ergänzt um die Frage nach dem Erfordernis eines „animus domini“) für eine Studie juristischer Methodenlehre. Ähnlich packte schon *Holmes* das Problem an. Dieser hatte die These aufgestellt, die philosophische Suche nach dem Grund des Besitzschutzes (und dabei insbesondere die Willenstheorie von *Bruns*) habe zwingend das Postulat eines „animus domini“ nach sich gezogen[343]. So weit ging *Bond* nicht. Aber auch er machte deutlich, daß ein allzu abstrakt-logisches, philosophisches Denken zu falschen dogmatischen Schlüssen führen könne. *Bond* sticht weniger durch diese These hervor, die sich schon bei *Lightwood* findet und daher an sich nichts Neues war, als vielmehr durch die Art und Weise seiner Darstellung. Durch messerscharfe Beobachtungen hält er seinen Kollegen auf dem Kontinent einen methodischen Spiegel vor, der sowohl ihnen

---

340 *Bond*, in: 6 Law Quarterly Review (1890), S. 259, 276.

341 *Bond*, in: 6 Law Quarterly Review (1890), S. 259, 276 f.

342 *Bond*, in: 6 Law Quarterly Review (1890), S. 259, 277.

343 S. dazu bereits weiter oben in diesem Kapitel unter II) 1. b) aa).

– aber wohl auch den Common Lawyers – zeigen soll, in welche Fallstricke man geraten kann.

In Anspielung auf die von *Holmes* gestellte Frage „Why is possession protected by the law when the possessor is not also an owner? That is the general problem which has much exercised the German mind“ schrieb *Bond*:

> „The German mind was, I believe, really exercised by two problems which it failed to distinguish, viz., 'Why should possession be protected?' and 'Why was possession protected in the Roman Law?' These two questions are clearly distinct, for while many reasons may be given why possession should be protected, some of them, though quite satisfactory if possessory remedies were now on their trial, would certainly not have been present to the minds of the early jurists with whom these remedies took their rise. The inveterate German habit of regarding the Roman law as 'formulated reason' must be held responsible for the confusion.“[344]

Bond stellte *Pollocks* Ansatz zur Frage nach dem Grund des Besitzschutzes[345] den Ansätzen namhafter deutschsprachiger Gelehrter (*Bruns*, *Savigny*, *Puchta*) gegenüber. *Bond* kam dabei zu dem Ergebnis:

> „German jurists, on the other hand, seem to treat the problem as if it were a mathematical one to which there can be only one solution, and each seems persuaded that he alone has worked it out correctly. It is evident that the so-called philosophical ground for the protection of possession is a question to which many different answers have been and probably always will be given.“[346]

Das gleiche Problem habe sich bei der Frage nach dem historischen Grund des Besitzschutzes gestellt:

> „The other question, that is concerning the historical ground for the possessory remedies in Roman law, is scarcely less difficult to answer; but much of the variety of opinion upon it arises from the confusion of this question with the previous one. If the German civilians, while drawing their picture of the early Roman law of possession, had dismissed their philosophic guides and had kept steadily before their minds the practical Roman farmer for whom, and we may say by whom, the possessory interdicts were devised, something like a historical theory might have reconciled us to the loss of much ingenious philosophizing.“[347]

Das Common Law habe sich – jedenfalls bisher – vor diesem Fehler gehütet:

344 *Bond*, in: 6 Law Quarterly Review (1890), S. 259, 260.

345 Pollock schrieb: „Why the law should ascribe possession to wrongdoers may be difficult to explain completely. [...] The truth is that many reasons of convenience concur to outweigh the apparent anomaly, and of these sometimes one and sometimes another may have in fact been the decisive reason in virtue of historical conditions, or may be regarded as decisive according to the individual genius of this or that philosophical student.“ *Pollock/Wright*, An Essay on Possession in the Common Law (1888), S. 3.

346 *Bond*, in: 6 Law Quarterly Review (1890), S. 259, 261.

347 *Bond*, in: 6 Law Quarterly Review (1890), S. 259, 261.

> „It is just this possibility of the triumph of the *mala fide* possessor over the real owner, the victory of wrong over right by the aid of legal process, which is to the German mind the riddle of the institution of possession, and the attribution to the early Praetors of a Kantian desire to protect the freedom of the individual will is a desperate attempt towards its solution. The English lawyer has no need to resort to such explanations, for to him this stumbling-block of the philosopher presents no difficulty at all. His training may not have been an ideal one, but at least it has saved him from the common German error of looking upon law as a product of pure reason, and the all-importance of seisin in our early law of property has taught him to regard the wrongful possessor as an inevitable and characteristic feature of a developed possessory system.“[348]

Als Negativbeispiele unter deutschen Gelehrten nannte *Bond* besonders *Bruns* und *Puchta*[349]. Ihren Ausführungen zur Possessio fehle der Realitätsbezug:

> „We seem to be listening to an echo of the Naturrecht of the eighteenth century, for this is a possession which never was on land or sea: its dwelling-place is that abstract region 'wo die reinen Formen wohnen'; its creator is one who draws his legal principles not from actual life, but by logical deduction from premises of his own; the source of law in his sense is not the market-place and the law-court, but the study of the Professor. If we may judge a tree by its fruit, there must be a defect somewhere in the methods of the German historical school, for Puchta and Bruns are justly classed among its ablest representatives.“[350]

Bond war der Auffassung, daß gerade beim römischen Besitzrecht der dialektisch-logische Ansatz nicht weiterhelfe. Dafür seien zu viele Details bekannt, die sich nicht auf eine gemeinsame Formel bringen ließen.

> „If the Roman law of possession had come down to us in as fragmentary a condition as the XII Tables, and the German jurists were therefore free to indulge their taste for reconstruction, they might have given us a logical doctrine, though it would to a certainty have hopelessly broken down in practice.“[351]

Savignys Ansatz sei da schon korrekter gewesen:

> „Savigny himself seldom forgot, as many of his disciples do, that his purpose was to expound the Roman law, and not to lay down principles with which that law must conform at the peril of professorial censure.“[352]

Bonds Aussagen sind – zumindest im Kern – zutreffend. *Bond* erkannte, daß es verschiedenen Strömungen innerhalb der deutschen Gelehrtenwelt gab. Wie

---

348 *Bond*, in: 6 Law Quarterly Review (1890), S. 259, 263 f.

349 „Bruns and the other upholders of the Will theory explain the exclusion of bailees from possession by assuming a deficiency in their will: they accept the rules of the Roman law on this point as 'formulated reason,' and set to work to find a philosophical explanation for them. No one can be a 'true' possessor who recognises the ownership of another.“ *Bond*, in: 6 Law Quarterly Review (1890), S. 259, 268.

350 *Bond*, in: 6 Law Quarterly Review (1890), S. 259, 270.

351 *Bond*, in: 6 Law Quarterly Review (1890), S. 259, 269.

352 *Bond*, in: 6 Law Quarterly Review (1890), S. 259, 270.

schon bei Untersuchung der Aussagen von *Holmes* näher ausgeführt, waren manche Gelehrte auf der Suche nach einem „idealen" Besitzbegriff, während andere – wie *Savigny* – sich viel stärker an römischen Quellen orientierten[353]. Gleichwohl scherte *Bond* – wie schon *Holmes* – alle Vetreter der Willenstheorie über einen Kamm. Zwar sind *Bonds* Beobachtungen zu *Bruns* und *Puchta* durchaus richtig. Dennoch gab es auch Vertreter der Willenstheorie, die zwar dem Willen eine entscheidende Bedeutung bei der Bestimmung des Grundes des Besitzschutzes beimaßen, daraus aber keine Rückschlüsse auf den Tatbestand der Possessio zogen[354].

Die meisten Autoren der ersten Hälfte des 19. Jahrhunderts suchten nach einem einheitlichen Besitzbegriff des römischen Rechts, der alle von den Interdikten erfaßten Fälle der Possessio unter einer gemeinsamen Formel vereinte. *Savigny* war insofern eine Ausnahme, als er die Behandlung von Pfandgläubieger, Sequester, Prekarist und Erbpächter im römischen Recht ausdrücklich als „Anomalien" anerkannte. Die Stimmung in Deutschland hin zu einer pragmatischeren Sichtweise änderte sich erst in den 1870er Jahren, als man zunehmend zu der Erkenntnis gelangte, die Definition eines einheitlichen Besitzbegriffes für das römische Recht sei ein vergebliches Unterfangen[355]. Danach erörterte man diese Frage in der deutschen Literatur (bis zum Erscheinen von *Jherings* Monographie „Der Besitzwille") kaum mehr näher.

Die Ausführungen von *Bruns* lagen schon über 40 Jahre zurück. Der Vorwurf, den *Bond* den deutschen Gelehrten machte, betraf also nicht seine Zeitgenossen, sondern die Generation vor *Bond* und *Jhering*. Das Klischee vom „Juristen-Philosophen" war in Deutschland zwischenzeitlich längst von der Realität überholt. Dies verschwieg *Holmes* geflissentlich. Auch *Bond* stellte nicht klar heraus, daß die kritisierten Auffassungen schon mehrere Jahrzehnte alt waren.

Jedoch beschränkte sich auch bei *Bond* die Zielrichtung wohl nicht allein auf den Kontinent. Wenn er beispielsweise schrieb, daß eine logische, zusammenhängende Besitzrechtsdoktrin für das römische Recht allenfalls dann möglich gewesen wäre, „if the Roman law of possession had come down to us in as fragmentary a condition as the XII Tables", bedarf es keiner großen Transferleistung, zu folgern, daß auch das Common Law (of Possession) nicht in fragmentarischer Gestalt vorliegt, sondern in Form zahlloser überlieferter Fälle. Begibt man sich gleichwohl an die Herkulesaufgabe der Errichtung einer logischen, zusammenhängenden Doktrin, würde dies „to a certainty have hopelessly broken down in practice".

---

353 S. dazu bereits weiter oben in diesem Kapitel unter II) 1. b) aa).

354 S. auch dazu bereits weiter oben in diesem Kapitel unter II) 1. b) aa).

355 Vgl. *Meischeider*, Besitz und Besitzschutz (1876), S. 19; *Windscheid*, Lehrbuch des Pandektenrechts, Bd. 1 (4. Aufl., 1875), § 149 a. E.

Die Worte *Bonds* sind auch als Mahnung gegen allzu begriffsjurisprudentisches Denken im Common Law zu verstehen. Daher stimmte *Bond* in der Grundhaltung zwar mit *Holmes* überein. Gleichwohl wandte sich *Bond* gegen die Pauschalität, mit der *Holmes* seine Kritik gegen das abstrakt-logische Denken des Kontinents (und gleichzeitig auch einer Vielzahl seiner anglo-amerikanischen Kollegen) richtete und versuchte *Holmes* zu widerlegen. Dies gelang ihm in eindrucksvoller Weise, indem er die einzelnen Ebenen, auf denen der Streit um den Grund des Besitzschutzes auf dem Kontinent abgelaufen war und deren Zusammenhang weder *Holmes* noch viele zeitgenössische deutsche Gelehrte vollständig durchblickten, herausarbeitete und voneinander abgrenzte.

Ausgangslage war *Jherings* Theorie vom „Besitz als Thatsächlichkeit des Eigenthums". *Bond* wollte zeigen, daß diese Theorie am besten in der Lage sei, den Grund des Besitzschutzes im römischen Recht zu erklären. Dies war *Bond* gelungen. Darüber hinaus schaffte er es aber auch, den deutschen Streit um den Grund des Besitzschutzes in einem viel differenzierteren Licht erscheinen zu lassen, als dies bisher – selbst in den Ausführungen *Lightwoods* – zum Ausdruck gekommen war.

Wie *Lightwood*, setzte sich auch *Bond* zunächst kurz mit den herrschenden Ansichten auseinander, bevor er ausführlicher auf *Jherings* Theorie einging. *Bond* brachte an dieser Stelle *Holmes* ins Spiel, der geschrieben hatte:

> „Jhering, to be sure a man of genius, took an independent start, and said that possession is ownership on the defensive; and that in favour of the owner he who is exercising ownership in fact (i e. the possessor) is freed from the necessity of proving title against one who is in an unlawful position. But to this it was well answered by Bruns in his later work, that it assumes the title of disseisors to be generally worse than that of disseisees, which cannot be taken for granted, and which probably is not true in fact."[356]

Scheinbar ging es *Bond* im Folgenden in einem ersten Schritt darum, *Holmes*' Vorwurf zu entkräften, um dann in einem zweiten Schritt die Richtigkeit des *Jhering'schen* Ansatzes zu beweisen. Die Art und Weise, wie er dies zu bewerkstelligen suchte, ist bemerkenswert: Soweit ersichtlich, war *Bond* der erste Gelehrte im englischsprachigen Raum, der zunächst die auch in Deutschland kaum gestellte Frage untersuchte, was unter der „Frage nach dem Grund des Besitzschutzes" eigentlich zu verstehen sei:

> „Before we can consider the aptness of Bruns' answer, we must first determine what was the question to be answered. Was Jhering discussing the philosophical ground for the protection of possession taken generally, or the grounds on which the legislator ought to protect possession, or, thirdly, was he seeking for the principle on which the Roman Praetor acted when he introduced the possessory interdicts?"[357]

---

356 *Holmes*, The Common Law (1881), S. 208.
357 *Bond*, in: 6 Law Quarterly Review (1890), S. 259, 262.

Bond arbeitete dann zutreffend heraus, daß der Einwand, den *Holmes* gegen die *Jhering'sche* Ansicht anführte, nicht stichhaltig sein konnte:

> „Jhering, however, states most distinctly that it is with the third question alone that his (first) book is concerned, namely, – 'Why did the Romans protect the possessor?' and he protests against the introduction of some ideal system into a discussion upon Roman law possession. This being the case, the answer of Bruns is no answer at all, for even if, as he says, it cannot be taken for granted that the title of disseisors is generally worse than that of disseisees, the old Romans may nevertheless have practically made this assumption, and there is every reason to suppose that they did."[358]

Diese Verwirrung ist weniger *Holmes* vorzuhalten, als vielmehr *Bruns*. Es mußte beinahe wie Hohn klingen, daß *Bond*, ein Common Lawyer, den deutschen Gelehrten erklären mußte, worüber sie eigentlich diskutierten. Beschämenderweise waren *Bonds* Beobachtungen zutreffend. Es geht aus den meisten deutschen Quellen des 19. Jahrhunderts in der Tat nicht deutlich hervor, welche der drei von *Bond* aufgeworfenen alternativen Fragen man bei der Suche nach dem „Grund des Besitzschutzes" eigentlich zu beantworten bemüht war: Suchte man a) den philosophischen Grund des Besitzschutzes; b) den Grund, warum ein Gesetzgeber heute den Besitz schützen soll, oder c) den historischen Grund für die Einführung der possessorischen Interdikte im alten Rom?

Vielleicht war aber manch „speculative jurist of Germany" durchaus der Auffassung, die Antwort falle für alle drei Fragen gleich aus. Es erscheint möglich, daß man – zumindest teilweise – das römische Recht als solch ideales Leitbild ansah, welches durch bestimmte logische Prinzipien geprägt sei, die selbstverständlich noch im 19. Jahrhundert Gültigkeit besitzen sollten.

Jhering, der bereits 1868 die Haupttheorien zum Grund des Besitzschutzes ausführlich zusammentrug und systematisierte, merkte zu diesem Zeitpunkt bereits, daß viele seiner Kollegen allzu philosophisch an die Frage nach dem Grund des Besitzschutzes herangingen und die römische Realität aus den Augen verloren. Er selbst stellte dem damals schon einen eher historischen Begründungsansatz gegenüber. Aber so ausdrücklich und messerscharf wie *Bond* brachte selbst *Jhering* nicht zum Ausdruck, welche Fragen die Gelehrten vor ihm nicht klar genug auseinanderhielten. In diesem Punkt zeigt sich deutlich, daß die distanzierte Betrachtung eines Gelehrtenstreites „from the other side" durchaus seine Vorteile hat.

Bond präsentierte seinen anglo-amerikanischen Zeitgenossen mit der Monographie *Jherings* damit einen methodischen Ansatz, der die Unzulänglichkeiten der von *Holmes* kritisierten *Langdell'schen* Schule vermied, gleichwohl aber von einem „German jurist" stammte, der so gar nicht in das klischeehafte Bild vom Kontinent paßte. Gerade bei der Frage nach der Bestimmung des Grundes des

---

358 *Bond*, in: 6 Law Quarterly Review (1890), S. 259, 263.

Besitzschutzes fand der *Jhering'sche* Ansatz Nachahmer in England und Amerika. Die philosophischen Ansätze des Kontinents wurden nun seltener zur Begründung der Schutzbehelfe der Possessors herangezogen. Man ging zu pragmatischeren, und insbesondere historischen Begründungsansätzen über.

(3) Zwar findet sich trotz der harschen Kritik *Holmes* vereinzelt eine Orientierung an den „alten" philosophischen Ansätzen des Kontinents; die Grundstimmung änderte sich jedoch. Dies zeigt sich besonders bei *Pollock* in der zusammen mit *Wright* herausgegebenen Monographie „An Essay on Possession" (1888). Nach *Pollock* gab es nicht eine einzige Erklärung für den Grund des Besitzschutzes. Es gehe vielmehr um das Zusammenspiel mehrerer Faktoren:

> „Why the law should ascribe possession to wrongdoers may be difficult to explain completely. [...] The truth is that many reasons of convenience concur to outweigh the apparent anomaly, and of these sometimes one and sometimes another may have in fact been the decisive reason in virtue of historical conditions, or may be regarded as decisive according to the individual genius of this or that philosophical student."[359]

Pollock nannte einige der Ansätze, die auf dem Kontinent für eine Erklärung des Grundes des Besitzschutzes im römischen Recht herangezogen wurden[360], ohne diese aber ausdrücklich als Gedankengut des Civil Law zu klassifizieren oder gar mit Namen in Verbindung zu bringen[361]. *Pollock* wollte sich bei der Frage

---

359 *Pollock/Wright*, An Essay on Possession in the Common Law (1888), S. 3; vgl. auch *Pollock/Maitland*, The History of English Law before the Time of Edward I, Bd. 2 (2. Aufl., 1923), S. 40 ff.

360 Zu diesen Begründungen des Schutzes der bloßen Possession zählten nach Pollock: „indispensable for the adequate protection of true ownership" (dies entsprach Jherings Ansatz), „the interest of public peace and order" (dies war an Savignys Hauptargument angelehnt), „the possessor is presumed to be or to present the true owner" (dies entsprach der früheren Begründung von Savigny) und „the mere will of a possessor to hold the object for himself is in the eye of the law relatively meritorious as against any one not showing a better title" (dies kam dem Ansätzen von Gans, Puchta, Bruns und Windscheid nahe). *Pollock/Wright*, An Essay on Possession in the Common Law (1888), S. 3 f.
Erst in der „History of English Law", die er ab 1895 zusammen mit Maitland herausgab, ordnete er den einzelnen Ansichten auch Namen zu. *Pollock/Maitland*, The History of English Law before the Time of Edward I, Bd. 2 (2. Aufl., 1923), S. 40 ff.

361 Ähnlich äußerte sich Pollock 1896 noch einmal: „What the law has to do is to confirm and protect, so far as is thought proper, the relations of control, use, and enjoyment, which exist or may exist in fact. That a man who is peacably enjoying land or goods shall not be disturbed by mere wanton greed or spite may be taken as an elementary need of society. What more the law can and should do may stand over. Possession – actual and peacable use of things as one's own – must be protected to some extent. [...] When possession as such is regarded as a proper subject of protection, that is to say, when dispossession without just cause (apart from any violence or physical damage incidental to the act) is treated as calling for a remedy, then the relation to ownership becomes apparent." *Pollock*, A First Book of Jurisprudence for Students of the Common Law (1896), S. 162 ff.

nach dem Grund des Besitzschutzes wohl nicht allzu sehr durch die Diskussion um das römische Recht beeinflussen lassen. Die Denkmodelle der Autoren des Civil Law stellten für ihn zwar inspirierende Ansätze dar, aber nicht mehr. *Pollock* ging es nicht um einen Vergleich, sondern darum, das Institut der Possession als eigenständiges Institut des Common Law zu begreifen.

Seine Ausführungen zeigen, daß er *Savigny*, *Jhering* und die anderen Theorien zu dieser Frage gut kannte. Jedoch schien er *Holmes*' Vorwurf, man solle nicht in die Philosophie abschweifen, beherzigen zu wollen:

> „However, the comparative worth of the philosophical or semi-philosophical theories of Possession cannot be weighed to much purpose until one has mastered in some detail the actual contents of the law."[362]

In einer Fußnote gab er seinen Lesern dennoch einen Hinweis, wie man einen tieferen Einstieg in diese „Philosophie" finden könne:

> „The speculative literature of the subject, which for modern readers may be said to date from Savigny, shows no sign of coming to an end. The best way of getting on track on it, if desired, is to consult the latest current edition of a good German book of ‚Pandektenrecht', such as Arndts. And see Holmes, The Common Law, Lect. vi."[363]

Ironischerweise hatte *Pollock* durchaus recht: *Holmes*' Monographie war nämlich diejenige anglo-amerikanische Quelle, die den besten Einstieg in die philosophischen Ansätzen des Kontinents gab, die *Holmes* bekämpfen wollte.

Die Zeit nach *Holmes* war jedenfalls durch pragmatischere und insbesondere historische Begründungen gekennzeichnet. Neben der Theorie *Jherings*[364] waren insbesondere dem Common Law eigene Begründungen, die sich nicht an Modellen des Kontinents orientierten, populär. Dabei verschob sich die Akzentsetzung von der Frage nach dem Sinn und Zweck des Schutzes der Possession hin zu der Frage wie es historisch zum Schutz der Possession bzw. des bloßen Possessors gekommen war. Es finden sich mehrere in verschiedenen Nuancen aufkommende Begründungen[365]. Am populärsten waren dabei „the evils of violent self-help must be discouraged"[366], die „serious imperfection of early proprietary

---

[362] *Pollock/Wright*, An Essay on Possession in the Common Law (1888), S. 4.

[363] *Pollock/Wright*, An Essay on Possession in the Common Law (1888), S. 4 Fn. 1.

[364] Gegen Jhering fanden sich aber auch kritische Stimmen: „The suggestion that possession was protected because possessors are in most cases rightful owners, is hardly in accordance with legal history." *Holland*, The Elements of Jurisprudence (5. Aufl., 1890), S. 173.
Kritisch äußerte sich auch Holmes. Jedoch war er bezüglich der Theorie Jherings zumindest bereit, sachlich zu argumentieren. S. dazu schon Fn. 295.

[365] Einen guten Einstieg gibt *Salmond*, Jurisprudence (1. Aufl., 1902), S. 328 ff.

[366] Die Nachteile der gewaltsamen Selbsthilfe habe man als so schwerwiegend erachtet, daß man einer Person, die Selbsthilfe übte, alle erlangten Vorteile wieder entziehen wollte: Jeder, der einen anderen gewaltsam aus dem Besitz verdrängt hatte, sollte die

remedies“ bzw. die „difficulty of the proof of ownership“[367] und der „moral consensus“ der Allgemeinheit[368].

Bei der Frage nach dem Grund des Schutzes der Possession löste sich die Literatur des Common Law Ende des 19. Jahrhunderts damit stärker als bei der Bestimmung der Tatbestandsmerkmale der Possession von den Einflüssen *Savignys* und der Pandektistik. Dies dürfte im Sinne von *Holmes* gewesen sein. Ob dieser Umschwung aber letztlich auf *Holmes* oder – indirekt – auf *Jhering* zurückzuführen ist, ist aus heutiger Sicht schwer zu sagen.

---

ursprüngliche Situation zunächst wieder herstellen müssen – selbst gegenüber einem Dieb. Dies sollte abschrecken. *Salmond*, Jurisprudence (1. Aufl., 1902), S. 328.

367 Diese Argumentation war an Jherings Ansatz angelehnt, auch wenn Jhering mit keinem Wort erwähnt wurde. Die Einführung der possessorischen Rechtsbehelfe habe dazu gedient, das bestehende Verfahren, sich gegen Dritte zur Wehr zu setzen, zu erleichtern. Insbesondere sollten die verfahrensrechtlichen Schwächen in der Position eines Eigentümers, der eine Sache bzw. ein Grundstück zurückerlangen wollte, kompensiert werden.
Salmond formulierte es so: „The procedure by which an owner recovered his property was cumbruous, dilatory, and inefficient. [...] The part of plaintiff in such an action was one of grave disadvantage, and possession was nine points of the law. No man, therefore, could be suffered to procure for himself by violence the advantageous position of defendant, and to force his adversary by such means to assume the dangerous and difficult post of plaintiff. The original position of affairs must first be restored; possession must first be given to him who had it first; then, and not till then, would the law consent to discuss the titles of the disputants to the property in question.“ *Salmond*, Jurisprudence (1. Aufl., 1902), S. 329.
Einen Mittelweg schlug Holdsworth ein: „In the case of land, the nature of the remedies provided has emphasized the proprietary aspect of the protection of possession; while in the case of chattels, the nature of the remedies provided has emphasized its delictual aspect.“ *Holdsworth*, A History of English Law, Bd. 7 (1926), S. 465 ff.; vgl. auch *Holdsworth*, A History of English Law, Bd. 3 (1. Aufl., 1909), S. 84.
Vgl. später auch Lightwood, der den Aspekt der Verfahrenserleichterung aber losgelöst von den damit verbundenen Vorteilen für den Eigentümer der Sache betrachten wollte: „It does not seem that the interest of owners really requires a system of possessory remedies.“ *Lightwood*, A Treatise on Possession of Land (1894), S. 146 f.

368 „Now this power of dealing with a thing is commonly referred to as physical power. [...] But an appropriator's power of dealing with a thing is not only physical power but moral power. His appropriation gives him, as against the generality, possession ex consensu. And he has a power of dealing with the thing due not only to the submission of his adversaries, but to a moral consensus on the part of his fellows generally. We may think of his legal possession against his fellows as the consequence of his power of dealing with the thing, and if we ignore his moral power we may deem it a consequence merely of his physical power of dealing with the thing. But the real basis for his legal possession against his fellows generally is not his power of dealing with the thing, physical or moral, but such moral consensus." *Thayer*, in: 18 Harvard Law Review (1904/05), S. 196, 212.

b) „Right or Fact?" oder „Faktum oder Recht?"

Holmes machte die aus seiner Sicht unzulängliche Methode der deutschen Gelehrten noch an einem zweiten Punkt fest, nämlich an der für ihn sinnlosen Fragestellung des Kontinents, ob der Besitz ein Faktum oder ein Recht sei. Es wird zu zeigen sein, daß *Holmes* (und mit ihm andere Gelehrte des Common Law) diese Fragestellung nicht vollständig erfaßten und an der eigentlichen Frage des Kontinents mehr oder weniger vorbeischrieben[369].

aa) Das Mißverständnis

Das Mißverständnis, dem *Holmes* und andere Autoren erlagen, ist nachvollziehbar, wenn man den Hintergrund beleuchtet, vor dem diese Gelehrten sich der Frage „Ist der Besitz ein Faktum oder ein Recht?" näherten.

Den deutschen Gelehrten ging es hierbei insbesondere um die Rechtsnatur des Besitzes oder, anders ausgedrückt, darum, an welcher Stelle der Besitz im System des Rechts – gerade vor dem Hintergrund einer neu zu schaffenden Zivilrechtskodifikation für Deutschland – einzuordnen war. War der Besitz ein „Recht", vielleicht gar ein „Sachenrecht", lag es nahe, ihn neben andere Sachenrechten (wie dem Eigentum) zu stellen. War er hingegen nur etwas Faktisches, war eine eindeutige Zuordnung nicht ohne weiteres möglich[370].

Der Streit um die Rechtsnatur des Besitzes ist im Common Law auf zwei verschiedene Weisen fehlgedeutet worden: Manche Gelehrte des angloamerikanischen Rechtskreises mißverstanden das Begriffspaar „Faktum" und „Recht" (übersetzt mit „fact or right") als Synonym für „Tatbestand" und „Rechtsfolge". Andere gaben ihm die Bedeutung von „natürlicher Besitz" („possession in fact") gegenüber „juristischem Besitz" („possession in law").

Als Synonym für „Tatbestand und Rechtsfolge" deutete insbesondere *Oliver W. Holmes* das Begriffspaar „Faktum und Recht". *Holmes* war der erste, der ausführlicher zum Streit unter den deutschen Gelehrten, ob der Besitz ein Faktum oder ein Recht sei, Stellung bezog. Für *Holmes* machte diese Frage, die er mit „is possession a fact or a right" übersetzte, wenig Sinn. In seiner Monographie schrieb er 1881:

> „Is possession a fact or a right? This question must be taken to mean, by possession and right, what the law means by those words, and not something else which philosophers or moralists may mean by them; for as lawyers we have nothing to do with ei-

[369] Vgl. dazu auch *Reimann*, in: The Legacy of Oliver Wendell Holmes, Jr. (hg. von Gordon, 1992), S. 254 (note 83).

[370] S. dazu schon ausführlich im 1. Kapitel, II) 3.

ther, except in a legal sense. If this had always been borne steadily in mind, this question would hardly have been asked."[371]

Grund dafür war, daß *Holmes* unter „right" „Rechtsfolge" verstand:

> „Every right is a consequence attached by the law to one or more facts which the law defines, and wherever the law gives any one special rights not shared by the body of the people, it does so on the ground that certain special rights, not true of the rest of the world, are true of him. When a group of facts thus singled out by the law exists in the case of a given person, he is said to be entitled to the corresponding rights; meaning, thereby, that the law helps him to constrain his neighbors, or some of them, in a way in which it would not, if all the facts in question were not true of him."[372]

Jeder rechtliche Begriff, so *Holmes*, beziehe sich zum einen auf „facts", also auf einen Lebenssachverhalt oder Tatbestand, zum anderen aber auch auf „rights", also auf die Rechtsfolgen, die eben an diese „facts" geknüpft seien. Dies gelte für alle rechtlichen Begriffe, also auch für die Possession:

> „Hence, any word which denotes such a group of facts connotes the rights attached to it by way of legal consequences, and any word which denotes the rights attached to a group of facts connotes the group of facts in like manner. The word ‚possession' denotes such a group of facts."[373]

Wenn man, so *Holmes*, eine Person als „possessor" bezeichne, „we affirm directly that all the facts of a certain group are true of him, and we convey indirectly or by implication that the law will give him the advantage of the situation".[374] Zwar unterscheide sich dabei die Possession in Nuancen von anderen „notions of law" wie Contract oder Property:

> „Contract, or property, or any other substantive notion of the law, may be analyzed in the same way, and should be treated in the same order. The only difference is, that, while possession denotes the fact and connotes the consequence, property always, and contract with more uncertainty and oscillation, denote the consequences and connote the facts."[375]

---

371 *Holmes*, The Common Law (1881), S. 213. Drei Jahre zuvor formulierte er noch viel drastischer: „Assuming that this means, by possession and right, what the law means by those words, and not something else which philosophers or moralists may mean by them, the question never should have been asked", *Holmes*, in: 12 American Law Review (1878), S. 688, 698.

372 *Holmes*, The Common Law (1881), S. 214; vgl. *Holmes*, in: 12 American Law Review (1878), S. 688, 698.

373 *Holmes*, The Common Law (1881), S. 214; vgl. *Holmes*, in: 12 American Law Review (1878), S. 688, 698.

374 *Holmes*, The Common Law (1881), S. 214; vgl. *Holmes*, in: 12 American Law Review (1878), S. 688, 698.

375 *Holmes*, The Common Law (1881), S. 214 f. Diese Unterscheidung zwischen Possession, Contract und Property findet sich erst 1881.
Dieses Zitat wirft die interessante Frage auf, wie die Rechtsbegriffe „Property", „Contract" und „Possession" im englischsprachigen Raum verstanden wurden und was

Gleichwohl sei es völlig irrelevant zu fragen, ob der Begriff Possession mehr die Tatbestands- oder mehr die Rechtsfolgenseite betone:

> „It is wholly immaterial that one element is accented by one word, and the other by the other two. We are not studying etymology, but law. There are always two things to be asked: first, what are the facts which make up the ground in question; and then, what are the consequences attached by the law to that group.“[376]

Auch unter den deutschen Gelehrten hätte wohl – sofern man sich darüber Gedanken gemacht hätte – Einigkeit dahingehend bestanden, daß jeder Rechtsbegriff, also auch der „Besitz“, eine Tatbestands- und eine Rechtsfolgenseite voraussetze und es müßig sei, zu fragen, welche davon durch den Rechtsbegriff stärker betont werde. Genau darum ging es bei der analogen Fragestellung in Deutschland, die auf die Rechtsnatur des Besitzes abzielte, gerade nicht.

Das Mißverständnis, dem *Holmes* erlegen war, ist nachvollziehbar, macht man sich klar, welche Literatur um diese Zeit im Common Law zur Verfügung stand. Die Diskussion um die Rechtsnatur des Besitzes erlebte ihre Blütezeit mehr als 40 Jahre vor dem Erscheinen von *Holmes*‘ Ausführungen.

Es lagen *Holmes* – mit Ausnahme der Monographie *Savignys* – keine Primärquellen aus dieser Zeit vor[377]. Zwar bezog *Bruns*, mit dem *Holmes* wohl vertraut war, in seiner Monographie „Das Recht des Besitzes“ selbst zur Frage der Rechtsnatur des Besitzes Stellung, jedoch betonte *Bruns* gleichzeitig: „Eine ausführliche Darstellung derselben entbehrt schon jetzt des Interesses.“[378]

Holmes, der nicht verstand, warum es überhaupt zu diesem Streit gekommen war, mußte damit auf *Savignys* eigene Ausführungen zurückgreifen. Nur waren gerade *Savignys* Formulierungen äußerst mißverständlich. Die deutschen Gelehrten der ersten Hälfte des 19. Jahrhunderts, die die Bedeutung der Streitfrage „Faktum oder Recht“ kannten und sich ihre eigene Meinung dazu gebildet hatten, wurden aus den doppeldeutigen Formulierungen *Savignys* selbst nicht recht

---

sie genauer bezeichneten: eher den Lebenssachverhalt, die Tatbestandsseite, oder eher die Rechtsfolgenseite. Es mag in der Tat so sein, daß man mit dem Begriff „Possession“ eher die Tatbestandsseite und mit dem Begriff „Property“ eher die Rechtsfolgenseite assoziiert. Eine nähere Beschäftigung mit dieser Problematik würde jedoch den Rahmen dieser Arbeit sprengen. Vgl. ausführlich zu den Thesen von Holmes *Leonhard*, in: Gierke-Festschrift (1911), S. 19, 36 ff.

376 *Holmes*, The Common Law (1881), S. 215.

377 S. zur Literatur, die Holmes im einzelnen benutzte *Holmes*, The Black Book of OWH (1936); es handelt sich dabei um das Facsimile eines Manuskripts, in dem Holmes die Bücher, die er las, aufschrieb.

378 *Bruns*, Das Recht des Besitzes (1848), S. 415 f. Fn. 3.

schlau und rätselten jahrelang, welche Position *Savigny* bei diesem Streitpunkt eigentlich eingenommen hatte[379].

Ein zweites Problem bestand in der englischen Übersetzung des Wortes „Faktum“ mit „fact“. Das Werk *Savignys* lag *Holmes* in der englischen Übersetzung von *Perry* vor. Die mißverständliche Stelle zur Frage nach der Rechtsnatur des Besitzes in *Savignys* Monographie lautete dort folgendermaßen:

> „It is clear, that Possession in itself, according to the original notion of it, is a simple fact; it is just as certain that legal consequences are bound up with it. Therefore, it is at the same time both a right and a fact, namely fact according to its nature, and equivalent to a right in respect of the consequences by which it is followed, and this double relation is a very important one to keep in view throughout.“[380]

Holmes, verwurzelt in einer Tradition, der abstrakte Begriffe wie „Rechtsinstitute“ weitgehend fremd waren, konzentrierte sich auf die Begrifflichkeiten, die ihm vertraut waren. „Right“ stand damit ausschließlich für „Rechtsfolge“. „Facts“ verstand er – dem üblichen Sprachgebrauch des Wortes entsprechend – im Sinne von „Fakten“ oder „Tatbestand“. Daß *Perry* den Begriff „fact“ als Übersetzung für „Faktum“, also im Sinne von „etwas Tatsächliches“ oder „Nicht-Recht“, damit in einer völlig anderen Weise verwandte, als es in der angloamerikanischen Literatur üblich war, übersah *Holmes*[381].

---

379 Wie bereits im 1. Kapitel, II) 3. a) näher dargelegt, verwendete Savigny den Begriff „Recht“ in seiner Monographie (wohl) zum einen im Sinne von „Rechtsfolge“, zum anderen im Sinne von „Sachenrecht“. Savigny formulierte es so: „Was das erste betrifft, so ist es klar, daß der Besitz an sich, seinem ursprünglichen Begriffe nach, ein bloßes Factum ist: eben so gewiß ist es, daß die Gesetze rechtliche Folgen damit verbunden haben. Demnach ist er Factum und Recht zugleich, und dieses zweyfache Verhältniß ist für das ganze Detail ungemein wichtig.“ *Savigny*, Das Recht des Besitzes (1. Aufl., 1803), S. 22 f.

380 *Perry*, Von Savigny's Treatise on Possession (1848), S. 17.

381 Möglicherweise schrieb Holmes auch lediglich bei Hunter ab, der 1876 in seiner Monographie „A Sytematic and Historical Exposition of Roman Law in the Order of a Code“ zum römischen Recht schrieb: „The word "possessio" is itself used in two different senses. It designates both the investitive fact and the rights created by that fact. In speaking of ownership we have two terms – dominium, signifying the totality of rights; and, say, traditio, the name of the investitive fact. But unfortunately the word possessio is used indifferently for the investitive fact – namely, obtaining physical control over a thing – and for the right to enjoy the undisturbed possession of the thing, which is the legal effect of obtaining physical control. It would not be easy to exaggerate the mischief arising from this ambiguity. Possession – is it a Fact or a Right? – is a question that has been discussed almost interminably. Some authors say it is a fact, which is true; others say it is a right, which is also true; and others say it is both a fact and a right; meaning neither, but a confused jumble of both.“ *Hunter*, A Systematic and Historical Exposition of Roman Law (1876), S. 202. Holmes erwähnte das Werk Hunters, obwohl er es kannte (vgl. z.B. *Holmes*, The Common Law (1881), S. 232 Fn. 2), in diesem Zusammenhang mit keinem Wort.

Jedoch war *Holmes* bei weitem nicht der einzige, der sich durch die mißverständlichen Quellen auf Abwege führen ließ. So schlossen sich *Henry T. Terry*[382], *Frederick Pollock*[383] und *Henry Bond*[384] dem *Holmes'schen* Verständnis von „Faktum und Recht" ausdrücklich an.

Als Synonym für „natürlicher und juristischer Besitz" mißverstanden darüber hinaus manche Common Lawyers „Faktum und Recht". Dieser Ansatz findet sich vor allem bei *Frederick Pollock* und *Henry Bond*[385]. Sie wollten mit der Gleichsetzung von „Faktum" mit natürlichem Besitz und „Recht" mit juristischem Besitz dem Umstand Rechnung tragen, daß in beiden Rechtssystemen – dem römischen wie dem anglo-amerikanischen – nicht jeder Person, die nach der Verkehrsanschauung eigentlich Besitz haben müßte, auch der Besitz im rechtlichen Sinne zuerkannt wurde. Im römischem Recht betraf dies insbesondere den Mieter oder Pächter, im Common Law den Servant.

Pollock deutete dies 1888 vorsichtig an:

---

382 Auch für Terry war die Frage „Whether Possession is a Fact or a Right" schlicht „one [...] of nomenclature": „Although learned jurists have differed in their opinions, it does not seem to me to be undue presumption [...] to say without hesitation that the answer is simple and evident. Every legal right is based on investitive facts, that is, is the legal consequence of a group of facts which the law defines. Whoever these facts are true of has the right. The two exist in connection, but are distinct in nature [...] We can, and must, still discriminate between them, and for purposes of legal analysis contemplate each part from the other." *Terry*, Some Leading Principles of Anglo-American Law (1884), S. 261 f.

383 „Every legal relation is or may be an affair both of facts and of right: there are not two separate and incommunicable spheres, the one of fact and the other of right. Facts have no importance for the lawyer unless and until they appear to be, directly or indirectly, the conditions of of legal results, of rights which can be claimed and of duties which can be enforced. Rights cannot be established or enforced unless and until the existence of the requisite facts is recognized." *Pollock/Wright*, An Essay on Possession in the Common Law (1888), S. 10. Wright äußerte sich zur Problematik „Faktum oder Recht" nicht.

384 „The term possessio in Roman law, like our possession, is used in several senses. It denotes a certain relation of a person to a thing, and though it is for the law to decide to what particular relation legal consequences shall be annexed, the existence of the relation is clearly a matter of fact. But it also denotes an aggregate of legal consequences springing from the fact of possession in the former sense, and the Roman jurists frequently used the term jus possessionis to denote the sum of these consequences." *Bond*, in: 6 Law Quarterly Review (1890), S. 259, 264 f.

385 Auch Salmond unterschied zwischen einem Besitz im Sinne der Verkehrsauffassung („possession in fact") und dem von den einzelnen Rechtsordnungen tatsächlich rechtlich geschützten Besitz („possession in law"), *Salmond*, Jurisprudence (1. Aufl., 1902), S. 289 f. Diese leicht mißverständliche Formulierung darf aber nicht darüber hinwegtäuschen, daß Salmond sehr wohl verstanden hatte, worum es bei dem Streit „Faktum oder Recht" auf dem Kontinent gegangen war. Vgl. dazu gleich in diesem Abschintt unter bb).

„Apply these general notions to the matter in hand, and it will be seen that, even after we have fixed the meaning of the term Possession, we cannot completely separate, though we may and must distinguish, the elements of fact and of law in a given case. Whether legal possession shall follow physical possession or not is a point of law. Whether there exists, at the date in question, between a given person and a given thing the relation of physical possession or occupation, is wholly or mainly a matter of fact. But this in turn may be disputed, and then it must be settled whether the specific facts admitted or proved will suffice to establish the existence of the *de facto* relation of control or apparent dominion required as the foundation of the alleged right: and here we get the kind of question said expressively if not with dialectic exactness to be of mixed law and fact."[386]

Bond ergänzte zwei Jahre später zunächst auf das römische Recht beschränkt:

„When the *interdicta ret. poss.* were first introduced, the Praetors probably thought the notion conveyed by *possidere* as simple and certain as *apud quem esse*. But with regard to the possession of land, cases must soon have occurred in which the question *uter possessor* was not so easily answered. When the answer to a question, which hitherto has seemed to answer itself, has to be sought from judicial authority, a *res facti* has become a *res juris*, and this was the case with possession."[387]

Wie schon *Holmes*, konstatierte auch *Bond* die Sinnlosigkeit der Debatte auf dem Kontinent: Die Verwendung des Wortes Possession in einem natürlichen und rechtlichen Sinne sei durchaus nebeneinander möglich. Es komme eben darauf an, in welchem Zusammenhang das Wort gebraucht werde:

„The whole discussion was essentially one of words, and its origin, like that of many another, may be traced to the myriads of philosophic germs with which the air of a German University teems, and which infect the neighbouring lecture-rooms."[388]

Im Gegensatz zu *Holmes* hütete sich *Bond* jedoch vor einer falschen Überheblichkeit: Das Common Law, so räumte er ein, sei von einer „confusion" des Wortes „possession"ebenfalls nicht frei:

386 *Pollock/Wright*, An Essay on Possession in the Common Law (1888), S. 10.

387 *Bond*, in: 6 Law Quarterly Review (1890), S. 259, 267.
Bond illustrierte dies dann näher am Beispiel der „possessio plurium in solidum": „Paulus [...] treats possession as a mere fact, which is as completely independent of the influence of the judge or legislator as are the rules of arithmetic or the state of the weather. He says two people can no more possess the same thing than they can stand on the same spot. Ulpian, on the other hand, is thinking of possession as an aggregate of rights or legal consequences, which is in reality the creation of the legislator and which can be attributed to more persons than one in different degrees. The question with him is not – Is possession by two persons of the same thing physically possible? but – Can the jus possidendi be attributed to two people? [...] If the latter, then stronger and weaker rights of possession may be given to two persons over the same thing." *Bond*, in: 6 Law Quarterly Review (1890), S. 259, 267 f.

388 *Bond*, in: 6 Law Quarterly Review (1890), S. 259, 265.

„It must be admitted that the language of our authorities is anything but clear and uniform, and sometimes a bailor and bailee are spoken of as both having possession. In such passages the word is used in a double sense. This is just what happened in Roman Law."[389]

Die Beobachtungen von *Pollock* und *Bond* waren durchaus zutreffend. In der Tat gab es auf dem Kontinent – wenn auch gut hundert Jahre zuvor – umfangreiche Erörterungen zur doppeldeutigen Verwendung des Begriffes „possessio" in den römischen Quellen[390].

bb) Die Beantwortung der Frage „Faktum oder Recht" für das Common Law

Auf das Common Law übertragen ging es beim Streit des Kontinents um die Frage: Ist die Possession ein „substantive right" und insbesondere ein „property right"? Manche Gelehrte des Common Law erkannten dies durchaus und trugen bewußt den Streit der „German jurists" ins Common Law. Andere Autoren des Common Law sahen sich ebenfalls dazu veranlaßt, Ausführungen zu der Frage zu machen, ob Possession denn nun ein „property right" sei. Einige von ihnen waren sich dabei offensichtlich nicht im Klaren, daß sie damit nichts anderes taten, als die alte Streitfrage des Kontinents für das Common Law zu beantworten.

Ähnlich wie schon bei der Diskussion auf dem Kontinent, fand sich auch im Common Law ein breites Meinungsspektrum zur Rechtsnatur der Possession. Die Auffassungen reichten von „relation of fact"[391] über „not a legal right"[392] bis hin zum „right". Wer die Possession zum Recht erhob, hätte – wie es die Civil Lawyer durchweg taten – begründen müssen, ob sich die Rechtsnatur der Possession beispielsweise aus der Nähe zum Eigentum oder aus dem Persönlichkeitsrecht des Besitzers herleiten ließ. Eine Herleitung versuchten jedoch nicht alle. Manche stellten nur fest, daß die Possession ein „right" oder gar ein „substantive right"[393] sei. Zahlreiche Stimmen brachten die Possession mit dem Ei-

[389] *Bond*, in: 6 Law Quarterly Review (1890), S. 259, 268.

[390] Diese Erörterungen sind unter dem Schlagwort „Streit über possessio civilis und naturalis" in die Literatur eingegangen. S. dazu ausführlich *Savigny*, Das Recht des Besitzes (1. Aufl., 1803), § 7.

[391] „Corporeal possession is clearly some form of continuing relation between a person and a material object. It is equally clear that it is a relation of fact and not one of right. It may be, and commonly is, a title of right; but it is not a right itself." *Salmond*, Jurisprudence (1. Aufl., 1902), S. 293.

[392] „Possession in itself is not a legal right at all. If this were the case, law-books would be spared one of their most difficult chapters; but, as a matter of fact, all legal systems treat possession, under certain circumstances, as a right, distinct from and independent of ownership, and guarantee it protection." *Moyle*, Imperatoris Iustiniani Institutionum (1883), S. 321.

[393] Markby betrachtete die Possession (wohl) als „right": „Possession is treated in law, not only as a fact, which is a consequence of the right of ownership, but as a right in

gentum in Zusammenhang[394]; vereinzelt stellte man auf das Persönlichkeitsrecht des Possessors ab[395]. Zur Stellung der Possession im Gesamtsystem des Zivil-

---

itself. From possession, under certain conditions, important legal consequences are derived." *Markby*, Elements of Law (1. Aufl., 1871), S. 166.
Lightwood betrachtete die Possession (wohl) als „right", nicht jedoch als „property right": „Primarily possession is a fact, but mere possession frequently secures for the possessor a certain measure of legal protection, and hence it becomes the source of a right known as the right of possession (jus possessionis). [...] But the protection being thus limited, the right of possession does not rank as a right of property." *Lightwood*, A Treatise on Possession of Land (1894), S. 1 u. 150.
Austin hingegen hatte bereits Jahre zuvor differenziert: Für ihn konnte nur die Form der Possession, die bei der Adverse Possession erforderlich war (also der berechtigte Eigenbesitz) die Qualität eines Rechtes haben. „The right of possession strictly and properly so called, or the right of possession considered as a substantive right, is a right that arises exclusively from the fact of an adverse possession." Die Form der Possession, die durch die Rechtsbehelfe wie „Ejectment" geschützt sei, aber nicht den Anforderungen der Adverse Possession genüge, habe noch keine Rechtsqualität: „The so called right of possession which arises from an actual possession not adverse, being a property of another right, or being an integrant part of another right." *Austin*, The Province of Jurisprudence Determined (2. Aufl., 1861), S. lxxxviii.
Nicht eindeutig legte sich Rattigan fest: „As the influence of law began to be felt, that which before was a mere physical condition, began to assume a more formal character. And thus, even before a mere Possession is converted by prescription into a right of Ownership, it is in itself a right which, both according to the old Roman Law and the present Law of British India, is protected by special summary remedies." *Rattigan*, The Science of Jurisprudence (3. Aufl., 1899), S. 134.

394 Poste war der Meinung, daß – für das römische Recht – die Auffassung Puchtas die richtige gewesen sei, *Poste*, Elements of Roman Law by Gaius (1871), S. 501 f. Bezüglich des Common Law tendierte er in Richtung „property": „An Englishman, remembering the old division in English law of real actions into possessory and droitural, may perhaps be inclined to co-ordinate possession and possessory interdicts rather with Dominion and real actions than with Primordial rights and actions ex delicto. It then will become necessary to invent some term (such as Tenure) including Possession and Dominion, and, as relating to a certain portion of the external material world, contradistinguishing these rights from Primordial rights, which have no such relation". *Poste*, Elements of Roman Law by Gaius (1871), S. 502.
Amos brachte die Possession (wohl) mit der Ownership in Verbindung: „The last class of Rights of Ownership is the most evanescent and ephemeral of all. It includes all the Rights which arise from the mere fact of Possession." *Amos*, A Systematic View of the Science of Jurisprudence (1872), S. 153.
Holland bezeichnete die Possession ausdrücklich als „proprietary right": „Proprietary rights are extensions of the power of a person over portions of the physical world. [...] The essence of all such rights lies not so much in the enjoyment of the thing, as in the legal power of excluding others from interfering with such enjoyment. [...] What had up to this time been a mere fact begins, by the aid of the law, to assume the character of a right. In its lowest form it is a right of Possession, in its highest form a right of Ownership. The former is indeed included in the latter, but may also exist apart from it; in which case its nature is so peculiar that some deny it to be a right at all." *Holland*, The Elements of Jurisprudence (1. Aufl., 1880), S. 122 f.

rechts äußerte sich nur *Holland* ausdrücklich. Er kam – wie schon *Gans* – zu dem Ergebnis, daß der Besitz unter die „iura in re" falle[396].

Für Campbell war die Possession „a part of the right of property": „As the right of possession is a part of the right of property – not at any time a mere "fact" [...] – as actual possession usually, though not always, attends ownership, being essential to most kinds of use and enjoyment; and as the delivery of possession generally marks the point of time when the right of property passes, actual possession is a natural badge of property." *Campbell*, The Science of Law (1887), S. 162.
Holdsworth betonte, daß die Possession „prima facie evidence of ownership" sei: „Possession in English law is prima facie evidence of ownership; and so, though founded on the fact of physical control, it is essentially a right, for it gives to the possessor the rights of ownership. And we have seen that, even in those systems of law in which possession is regarded as something quite distinct from ownership, the fact that it is protected by the law gives it the qualities of a right." *Holdsworth*, A History of English Law, Bd. 7. (1926), S. 478.

395 So schrieb Hannis Taylor: „From the consideration of rights that relate to no tangible external object we must pass to those proprietary rights that represent the extension of the power of an individual over portions of the physical world. When the state is organized the strong hand of law gives to the mere fact of possession that protection which the savage, who has hidden the game he has killed in his cave, can hope for only so long as it is undiscovered, or "so long as he watches to defend it, or is stronger than his rivals." In all law systems the fact of being the first finder, discoverer, or possessor of a thing has invariably enforced in favor of such a person the claim to actual proprietorship." *Taylor*, The Science of Jurisprudence (1908), S. 543 f.
Einen Sonderweg schlug Albert Thayer ein: „Rights may be divided into negative rights to act, positive rights to act, and rights to action; and if we adopt this division the right of possession will come under the head of positive rights to act. Rights which do not impose duty may be called negative rights. [...] Rights which impose duty may be called positive rights. A positive right may impose a duty to act or a duty not to act. Rights which impose duty not to act are rights to act without the hindrance of others, and may be called positive rights to act. [...] Under the head of positive right to act we may place positive right to deal with a thing, that is to say, right to deal with it without the interference of others. This right imposes a duty of non-interference; but as, in a general way, another's dealings with a thing do interfere with my dealing with it, A's positive right to deal with a thing may be taken to impose the duty upon another, or others, of not dealing with it. The right of possession is positive right to deal with a thing as against everybody. If I have this right everybody else is under duty to me to leave the thing alone. This is our idea of the right of possession, although we may call a right which does not conform exactly to our idea a right of possession, just as we may call a thing round which does not conform exactly to our idea of roundness. I may say, for instance, that A has a right of possession when everybody except B is under duty to A to leave the thing alone. Such a right may be called an imperfect right of possession." *Thayer*, in: 23 Law Quarterly Review (1907), S. 175 f.

396 „As to the place which the doctrine of possession should occupy in a body of law, Savigny is of opinion that since it only comes in question as a condition to the granting of Interdicts, it belongs to the department of 'obligationes ex maleficio.' By what has preceded, it will have sufficiently appeared that we agree rather with those who, like Alciatus, Halm and Gans, class possession among the 'iura in re.'" *Holland*, The Elements of Jurisprudence (1. Aufl., 1880), S. 130.

Insgesamt waren die Ausführungen derer, die den beinahe als klassisch zu bezeichnenden Streit des Kontinents ins Common Law übertragen wollten, erheblich knapper, sachlicher und weniger ausgearbeitet als die Stellungnahmen ihrer deutschen Kollegen ein halbes Jahrhundert zuvor.

Interessant ist in diesem Zusammenhang, daß sich bei *Holmes*, *Terry* und *Pollock*, die den Sinn der Frage „Faktum oder Recht“ auf dem Kontinent mißverstanden, gleichwohl Ausführungen fanden, die in Richtung einer Beantwortung dieser Frage für die Possession des Common Law gingen.

Holmes bezeichnete zumindest die „protection which the law attaches to possession“ ausdrücklich als „legal right“:

> „Hence it is almost tautologous to say that the protection which the law attaches by way of consequence to possession, is as truly a right in a legal sense as those consequences which are attached to adverse holding for the period of prescription, or to a promise for value or under seal. If the statement is aided by dramatic reinforcement, I may add that possessory rights pass by descent or devise, as well as by conveyance, and that they are taxed as property in some States.“[397]

Pollock nannte sogar die Possession selbst ausdrücklich ein „definite legal right“[398]. *Terry* teilte das gesamte Privatrecht in drei große Bereiche ein, in „definitions and general principles“, „rights and duties“ (mit „rights in rem“ und „rights in personam“, zu denen auch „obligations“ gehörten), und „remedies“. Die Possession, so *Terry*, spiele an zwei Stellen eine Rolle:

> „Possession as a fact, but not the rights of possession, which fall under property, would also need to be described [under definitions and general principles].“[399]

Liest man diese Zitate isoliert, entsteht der Eindruck, *Holmes*, *Pollock* und *Terry* hätten sehr wohl verstanden, worum es in der Debatte auf dem Kontinent ging, und versuchten nun – wie zahlreiche ihrer Kollegen im Common Law – ebenfalls Stellung zu beziehen. Dagegen sprechen jedoch ihre klaren Aussagen hinsichtlich der Sinnlosigkeit des Gelehrtenstreits.

---

397 *Holmes*, The Common Law (1881), S. 215.
Der deutsche Rechtsgelehrte Leonhard folgerte 1911 daraus gar, Holmes habe die „Possession“ mit den „wahren Vermögensrechten“ gleichgestellt, *Leonhard*, in: Gierke-Festschrift (1911), S. 19, 38 f.

398 *Pollock/Wright*, An Essay on Possession in the Common Law (1888), S. 22. Vgl. auch folgendes Zitat: „Accordingly it is held that a possessor acting as owner has not only a personal interest, but a title which is effective against all outsiders, and ensures to the benefit of all who may hereafter be able to show a title derived from it by any form of bequest, devolution, or conveyance, appropriate to the nature of the subject-matter.“ *Pollock/Wright*, An Essay on Possession in the Common Law (1888), S. 22 f.

399 *Terry*, Some Leading Principles of Anglo-American Law (1884), S. 627.

Die Frage, „whether possession is a fact or a right“ spaltete die Gelehrten des anglo-amerikanischen Rechtskreises in zwei Lager. Sofern man diese Problematik überhaupt ansprach, orientierte man sich meist an der Argumentation der Gelehrten des Kontinents und untersuchte, ob die Possession ein „fact“ oder ein „legal right“, möglicherweise gar ein „proprietary right“ sei. Die Common Lawyers, die sich speziell mit der Possession auseinandersetzten (insbesondere *Holmes*, *Pollock* und *Bond*), mißverstanden die Fragestellung des Civil Law augenscheinlich und kamen infolgedessen zu dem nachvollziehbaren Ergebnis, daß diese Frage keinen Sinn mache. Warum die Autoren, die die Frage richtig verstanden, nicht darauf hinwiesen, daß *Holmes*, *Pollock* und *Bond* mit ihrer Kritik an der Sinnlosigkeit der Debatte auf dem Kontinent den eigentlichen Kern der Frage „Faktum oder Recht“ gar nicht getroffen hatten, ist unklar.

Unterstellt man, *Holmes'* Sichtweise wäre korrekt, so wäre der deutsche Streit um „Faktum oder Recht“ in der Tat überflüssig gewesen. Dieser Streit wäre dann aber viel besser geeignet gewesen, die methodischen Schwächen der deutschen (und anglo-amerikanischen) Gelehrten aufzuzeigen als die doch ferner liegende Frage nach dem Grund des Besitzschutzes. Dies mag ein Indiz dafür sein, daß sich *Holmes* mit seiner Einschätzung der Bedeutung der Diskussion um Faktum und Recht nicht völlig sicher war.

Festzuhalten bleibt, daß die auf den ersten Blick doch identische Fragestellung „Is possession a fact or a right?“/„Ist der Besitz ein Faktum oder ein Recht?“ im Common Law und im Civil Law zu Erörterungen führte, die letztlich – zumindest teilweise – auf verschiedenen Ebenen lagen.

c) Die weitere Entwicklung

Die positive Grundstimmung gegenüber dem Kontinent, die trotz der Thesen von *Holmes* nie ganz zum Erliegen kam und durch das Vordringen der Thesen *Jherings* wieder einen Aufschwung erlebte, war nicht von langer Dauer. Zwar fand *Jherings* Methodenlehre vereinzelt ausdrückliche Zustimmung; in ihrer Reinform konnte sie jedoch nicht im Common Law Fuß fassen.

Um die Zeit des Ersten Weltkrieges schwand das Ansehen der deutschen Jurisprudenz und Rechtskultur sowohl in England als auch in den USA: Die Common Lawyers beschäftigten sich kaum noch mit dem römischen Recht und die Orientierung am abstrakt-logischen Denken des Kontinents kam aus der Mode[400]. Die politischen Ereignisse waren aber nicht der einzige, womöglich nicht einmal der entscheidende Grund für die Abkehr von der Rechtswissenschaft des Kontinents. Vielmehr ist in dieser Zeit allgemein ein Methodenwechsel festzu-

---

[400] Siehe dazu ausführlich *Reimann*, Historische Schule und Common Law (1993), S. 250 ff., 275; *Herget*, American Jurisprudence, 1870-1970 (1990), S. 147 ff. Vgl. dazu schon im in diesem Kapitel, II) 1. c) cc) am Ende.

stellen. Man distanzierte sich zunehmend von der Idee der Classical Legal Science, aus der historischen Entwicklung allgemeine Prinzipien herauszudestillieren. Damit verlor die deutsche Methode von Pandektenwissenschaft und Begriffsjurisprudenz ihre Vorbildfunktion.

Das konkrete rechtstheoretische Vorbild der neuen Ansätze kam wieder aus Deutschland. Die Ideen *Jherings* und seiner Nachfolger übten starken Einfluß auf die neuen Ideen in Amerika aus. Auf den von *Holmes* geschaffenen Grundlagen und im Zusammenspiel mit Pragmatismus standen Interessenjurisprudenz und Freirechtsschule sowie deutsche Rechtssoziologie Pate bei Entstehung von „Sociological Jurisprudence" und „Legal Realism"[401].

Wie die geschichtlich-systematische Jurisprudenz der historischen Schule zur Herausbildung der Classical Legal Science beigetragen hatte, half das nachklassische deutsche Rechtsdenken, diese wieder zu überwinden. Wenn man so will, trug damit die weitere Entwicklung der deutschen Jurisprudenz zu ihrer schwindenden Popularität im Common Law (und insbesondere in Amerika) zu einem guten Stück selbst bei. Ironischerweise wurde insbesondere *Jhering*, der im Besitzrecht zwischenzeitlich Mittler zwischen Dogmatik und Methodik beider Rechtskreise war, als Vertreter der Interessenjurisprudenz zum Wegbereiter des schwindenden Interesse der Common Lawyers an der deutschen, auf dem römischen Recht basierenden Jurisprudenz.

3. *Zum Stil und zeitlichen Ablauf der Diskussion im Common Law*

In der Zeit von 1870 bis zum Ersten Weltkrieg beschäftigten sich die Common Lawyers intensiver mit dem Institut der Possession, indem sie nach ihren Tatbestandsvoraussetzungen, dem Grund ihres Schutzes und – auch wenn dies eine geringere Rolle spielte – danach fragten, ob die Possession „a fact or a right" sei. Lediglich die zweite Fragestellung (ins englische Recht übertragen: „Why can a Bailee sue?") wurde schon ab dem 18. Jahrhundert intensiver untersucht.

Mit ihrer rund 45-jährigen Dauer war die Besitzrechtsdiskussion im Common Law kürzer als der Gelehrtenstreit auf dem Kontinent. Die meisten – teils rechtsvergleichenden – Ausführungen zum Besitzrecht des Common Law stammen aus der zweiten Hälfte des 19. Jahrhunderts. Ihren Höhepunkt erreichte die Diskussion zwischen 1878 (Veröffentlichung des Aufsatzes „Possession" von *Oliver W. Holmes*) und 1891 (Vordringen der neuen Besitzlehre *Jherings* ins Common Law durch Aufsätze von *Lightwood* und *Bond*). Entschieden trieb sie die Veröffentlichung der Monographie „An Essay on Possession" von *Pollock* und *Wright* im Jahre 1888 voran.

---

401 Vgl. dazu bereits in diesem Kapitel, I) 3. b) am Ende. S. dazu ausführlich *Herget/Wallace*, in: 73 Virginia Law Review (1987), S. 399 ff.

Bei den Fragen nach den materiellen Voraussetzungen der Possession und nach dem Grund des Besitzschutzes läßt sich in der Besitzrechtsdiskussion des Common Law eine zeitliche Entwicklung ausmachen[402]. Die Chronologie der Besitzrechtsdiskussion in der anglo-amerikanischen Literatur war durch eine Veränderung der Einstellung der Common Lawyers zu den vorherrschenden Besitztheorien auf dem Kontinent bestimmt.

Hinsichtlich der Frage nach den *materiellen Voraussetzungen der Possession* läßt sich der Gelehrtenstreit im Common Law in drei zeitliche Phasen gliedern: 1) eine romanistische Phase, die sich weitgehend an die Besitzrechtstheorie *Savignys* anlehnte (ab 1870); 2) eine anglo-amerikanische Phase, die die kontinentalen Theorien und insbesondere die Lehren *Savignys* (mehr oder weniger ausdrücklich) ablehnte und die Eigenständigkeit der Besitzrechtsdogmatik des Common Law betonte (ab 1878); und 3) eine an Vermittlung interessierte Strömung, die sich an der Besitzrechtstheorie *Jherings* orientierte und davon ausgehend auf Ähnlichkeiten zwischen römischen und anglo-amerikanischem Besitzrecht hinwies (ab 1891).

Auch bei der Frage nach dem *Grund des Besitzschutzes* finden sich drei unterschiedliche Phasen: 1) eine frühe anglo-amerikanische Strömung, die eine Begründung außerhalb des Instituts der Possession suchte (bis 1870); 2) eine kurze Zwischenströmung, die die Possession als solche in den Mittelpunkt ihrer Überlegungen stellte und sich dabei weitgehend an philosophischen Denkmodellen des Kontinents orientierte (bis 1880); und 3) eine spätere Strömung, die pragmatischere Lösungsansätze bevorzugte und einen Schwerpunkt auf die Suche nach den historischen Gründen für die Gewährung von Rechtsbehelfen an bloße Fremdbesitzer wie einen Bailee legte (ab 1878). Damit näherte man sich der ersten Strömung zwar an, war nun aber bereit, die Possession selbst als Anknüpfungspunkt für die Begründung des Rechtsbehelfe heranzuziehen.

Im Gegensatz zur Diskussion auf dem Kontinent erfolgte in allen Phasen des Besitzrechtsstreits im Common Law die Auseinandersetzung in vergleichbarem Stil. Eine Wellenbewegung wie auf dem Kontinent, wo einer Phase großer Polemik (von der gar die Tagespresse Notiz nahm) rein akademische Auseinandersetzung folgte, bevor wieder zunehmend persönliche Anfeindungen stattfanden[403], ist in der Diskussion um die Possession nicht zu beobachten. Der Stil war durchweg sachlicher und zurückhaltender. Die Polemik richtete sich – wenn überhaupt – nur gegen die Gelehrten auf dem Kontinent.

402 Anders war es hingegen bei der Frage, ob der Besitz „a fact or a right" sei. Hier war die Argumentation unabhängig von dem Zeitpunkt, zu dem sie vorgebracht wurde. Vgl. dazu weiter oben in diesem Kapitel unter II) 2. b).

403 Vgl. dazu im 1. Kapitel, Abschnitt III).

Natürlich konnte es einem aufmerksamen Leser nicht entgehen, daß sich auch in der Literatur des Common Law verschiedene Ansichten zu den einzelnen Fragestellungen kurzzeitig gegenüberstanden. Gleichwohl fand hier eher eine Entwicklung in Strömungen statt, die sich zwar teilweise überschnitten, im Wesentlichen aber schlicht einander ablösten. Es kam nicht zu einer Polarisierung von Ansichten, die über Jahrzehnte hinweg aufeinanderprallten. Leicht vereinfacht stand eine zeitliche Phase im Ablauf der Diskussion für die in dieser Phase meist vertretene Meinung.

Hinsichtlich der Art der Darstellung fällt auf, daß die Common Lawyers kaum auf (frühere) abweichende Ansichten anderer anglo-amerikanischer Gelehrter eingingen. Der einzige Autor, auf den – wenn überhaupt – Bezug genommen wurde, war *Holmes*. Man griff besonders sein Beispiel vom „powerful ruffian within equal reach and sight when a child picks up a pocket-book" auf[404].

Holmes ist dabei als eine Art „Savigny des Common Law" anzusehen. Zumindest was die Popularität seiner Monographie und seine Bedeutung für die Entwicklung des Besitzrechts des Common Law angeht, liegt ein solcher Vergleich nahe. Gleichwohl trifft eine Beobachtung, die man in der deutschen Literatur nach *Savigny* machen konnte, auf die Reaktionen auf *Holmes'* „Common Law" nicht zu. Kennzeichnend zumindest für die erste Hälfte des deutschen Gelehrtenstreits war, daß man nicht „in der Luft" diskutierte, sondern *Savignys* Monographie (gleichsam als zweite Quelle neben den römischen) als Anknüpfungspunkt nahm. Was *Savigny* wohl gemeint haben könnte, wurde bereits zu seinen Lebzeiten heftig diskutiert. *Holmes* hingegen wurde in den auf ihn folgenden Beiträgen zum Besitzrecht nie zu einer solchen Angriffsfigur. Man hat im Gegenteil den Eindruck, die anglo-amerikanischen Gelehrten scheuten sich vor einem offenen Disput mit *Holmes*[405].

Ein Grund dafür mag sein, daß *Holmes'* Monographie zumindest in den ersten Jahren nach ihrem Erscheinen insbesondere in Amerika, aber auch in England ein Höchstmaß an Ansehen besaß. Ein ähnliches Phänomen läßt sich für die ers-

---

404 Vgl. dazu weiter oben, Fn. 173.

405 Ein besonders anschauliches Beispiel hierfür lieferte Bond (als er Holmes' Einwand gegen die Jhering'sche Theorie zum Grund des Besitzschutzes widerlegte): „Mr. Justice Holmes was only indirectly concerned with possession in the civil law, and it would hardly be fair to take this sentence as representing his deliberate summing up of the value of Ihering's contribution to the literature of possession." *Bond*, in: 6 Law Quarterly Review (1890), S. 259, 262.
Die einzige deutliche Kritik an der Besitzlehre von Holmes findet sich bei Thayer in einem Aufsatz aus dem Jahre 1904/05. „A relation of manifested power co-extensive with the intent" is not always a condition of legal possession, however, and Mr. Justice Holmes has selected for illustration of his theory a case where he is wrong, I think, in supposing this condition to exist." *Thayer*, in: 18 Harvard Law Review (1904/05), S. 205.

ten 20 Jahre nach Erscheinen von *Savignys* „Das Recht des Besitzes" feststellen. Die Verfasser dieser Zeit würdigten zunächst breit die Verdienste *Savignys*, bevor sie – sich gleichsam entschuldigend – vorsichtig auf die Problematik der *Savigny'schen* Theorie vom „animus domini" hingewiesen haben[406]. Die längere Dauer der Besitzrechtsdiskussion in Deutschland ist wohl dafür verantwortlich, daß man dort mit größerem zeitlichem Abstand weit schärfer die Theorie *Savignys* angriff als man im Common Law den Ansatz *Holmes* diskutierte.

Wich man in der Besitzrechtsdiskussion im Common Law von der Ansicht *Holmes* (oder anderer Gelehrter ab), stellte man seine eigene Auffassung nur dar und machte die Abweichung entweder nicht kenntlich[407] oder führte seine Ansicht als alternativen Begründungsansatz bzw. als Ergänzung daneben an[408].

---

406 Vgl. dazu im 1. Kapitel, III) 1. a).

407 Symptomatisch ist die Vorgehensweise von Terry, der (im Jahre 1884) bei der Frage, ob ein Bailor denn nun die Possession haben könne oder nicht, von der von Holmes (in den Jahren 1878 und 1881) vertretenen Ansicht abwich. Gleichwohl erwähnte er dessen Namen nicht einmal. *Terry*, Some Leading Principles of Anglo-American Law (1884), S. 265 f.

408 Vgl. z.B. Lightwood: „The physical element in possession consists in the exercise of control by the possessor to the exclusion of other persons. There are thus two sides to it, a positive and a negative side. This is recognised by Savigny, who defines the physical element as "the physical power of dealing with the subject immediately, and of excluding any foreign agency over it" […]; but the definition is in each part open to criticism. An immediate power of dealing with the thing is a necessary but not a sufficient test of possession. […] The power of dealing with the thing only confers possession when such power has been exercised, or in some way made manifest, and inasmuch as the person exercising such power is ordinarily the owner, we have the practical rule that possession is shown by the exercise of acts of ownership.
Mr. Justice Holmes attempts to supply the necessary qualification by saying that the power of exclusion must be manifested. "We must bear in mind that the law deals only, or mainly, with manifested facts; and hence, when we speak of a power to exclude others, we mean no more than a power which so appears in its manifestation." […] And he instances the case of a powerful ruffian being within equal reach and sight when a child picks up a pocket book. "If he does nothing, the child has manifested the needful power as well as if it had been backed by a hundred policemen." But it may be doubted whether the child has manifested any power of exclusion at all. He acquires control of the pocket book before the ruffian interferes, and it seems better to rely upon this actual absence of interference, than to mention a power of exclusion which inevitably suggests power to exclude in the future.
The physical element in possession may be said then to consist positively, in the exercise of control by the possessor, and, negatively, in the exclusion of other. Control is shown by acts of ownership and in ascertaining whether in any given instance possession of land can be proved, we must inquire (1) whether the alleged possessor is exercising suitable acts of ownership; (2) whether other persons are excluded. We are speaking now of the mere fact of possession, apart from any question of the continuance or transfer of a possession once established." *Lightwood*, A Treatise on Possession of Land (1894), S. 10 ff.

Besonders auffällig ist die Zurückhaltung bei der Frage, ob die Possession „a fact or a right" sei. Wie bereits dargestellt, übersetzten zahlreiche Common Lawyers den entsprechenden Streitpunkt unter deutschen Gelehrten falsch. *Holland* hingegen erkannte genau, worum es bei der Fragestellung des Kontinents ging, und versuchte, diese Frage für das Common Law zu beantworten. Er dürfte damit auch erkannt haben, daß beispielsweise *Holmes* in diesem Zusammenhang einem Mißverständnis erlegen war. *Gans* hätte einen solchen „Fehler" bei *Savigny* sicherlich zum Anlaß genommen, jeden Satz der entsprechenden Ausführungen zu analysieren und das Mißverständnis aufzuspüren. *Holland* hingegen stellte (noch 1924) schlichtweg seine Ansicht dar und ging mit keinem Wort darauf ein, daß die Mehrheit seiner Kollegen an diese Fragestellung abweichend herangegangen war[409].

Trotz dieses eher versöhnlichen Stils darf man nicht den voreiligen Schluß ziehen, es sei den Gelehrten des Common Law bei ihrer Beiträgen zum anglo-amerikanischen Besitzrecht ausschließlich um die nüchterne Erkenntnis über die Voraussetzungen der Possession oder den Grund ihres Schutzes gegangen. Man trug vielmehr anhand des Besitzrechts einen subtilen, oft nur auf den zweiten Blick erkennbarer Streit um jenseits des Besitzrechts liegende Fragen aus. Der Schein einer sachlichen Einmütigkeit war trügerisch.

4. *Warum gerade das Besitzrecht?*

Wie kam es dazu, daß die beiden Grundsatzfragen der anglo-amerikanischen Gelehrten (a) die Suche nach den Wurzeln des Common Law; b) die Suche nach der richtigen Methode zur wissenschaftlichen Durchdringung des ungeordneten Rechtsstoffs des Common Law) insbesondere im auf den ersten Blick doch eher nebensächlichen Teilgebiet des Besitzrechts erörtert wurden?

Es scheinen mehrere Gründe zusammenzutreffen. Zunächst hat das Besitzrecht (nicht nur im Common Law) eine erhebliche praktische Relevanz[410].

---

409 *Holland*, The Elements of Jurisprudence (13. Aufl., 1924), S. 207.

410 Salmond faßte dies treffend zusammen: „In the whole range of legal theory there is no conception more difficult than that of possession. [...] Nor is the question one of mere curiosity or scientific interest, for its practical importance is not less than its difficulty. The legal consequences which flow from the acquisition and loss of possession are many and serious. Possession, for example, is evidence of ownership; the possessor of a thing is presumed to be the owner of it, and may put all other claimants to proof of their title. Long possession is a sufficient title even to property which originally belonged to another. The transfer of possession is one of the chief methods of transferring ownership. The first possession of a thing which as yet belongs to no one is a good title of right. Even in respect of property already owned, the wrongful possession of it is a good title for the wrongdoer, as against all the world except the true owner. Possession is of such efficacy, also, that a possessor may in many cases confer a good title on another, even though he has none himself; as when I obtain a banknote from a

Dies mag zwar eine umfassende Beschäftigung mit der Possession erklären, läßt aber nicht zwangsläufig darauf schließen, daß es sinnvoll war, gerade anhand dieses Instituts zentrale Fragen für den weiteren Weg des Common Law zu erörtern. Andere Begriffe wie Contract oder Property waren doch mindestens genauso wichtig. Der Hauptgrund für diese Instrumentalisierung des Law of Possession dürfte vielmehr außerhalb des Common Law im Gelehrtenstreit um das Recht des Besitzes auf dem Kontinent zu suchen sein. Dieser Streit, der sich schwerpunktmäßig mit der Possessio des römischen Rechts beschäftigte, bot nicht nur eine Fülle von Fragestellungen und Erklärungsansätzen. Er war – insbesondere in seiner frühen Phase – auch dadurch gekennzeichnet, daß man nicht bei der Erörterung einzelner Phänomene stehenblieb, sondern vielmehr bemüht war, eine zusammenhängenden Besitzrechtsdoktrin zu entwickeln.

Wenn die Common Lawyers ihre (der Hoffnung vieler zufolge römischen) Wurzeln suchten, lag es nahe, sich auf ein (überschaubares) Institut zu konzentrieren, das sowohl im römischen als auch englischen Recht augenscheinlich in ähnlicher Weise existierte und hinsichtlich dessen man zudem über Informationen bezüglich des römischen Rechts verfügte. Das Besitzrecht bot sich für eine solche Untersuchung geradezu an. Zum einen existierte das Institut des Besitzes unstreitig mit vergleichbaren Funktionen in beiden Rechtsordnungen. Zum anderen war die „Possessio“ – wie kaum ein anderes Institut des römischen Rechts – auf dem Kontinent bereits umfassend analysiert worden. Das Hauptwerk zum Besitzrecht, *Savignys* „Das Recht des Besitzes“, lag gar in englischer Übersetzung vor. Dies erleichterte den sprachlichen Zugang.

Hinzu kam, daß (auch) auf dem Kontinent das Besitzrecht in den Dienst der Beantwortung weitergehender Fragen gestellt wurde, insbesondere in methodischer Hinsicht: Die von *Savigny* begründete und von anderen Gelehrten fortgeführte Doktrin der Possessio, so vorbildlich sie inhaltlich auch gewesen sein mag, hatte ein methodisches Manko. Dies erkannte *Jhering*, der gerade deshalb das Besitzrecht (auf dem Kontinent) in besonderem Maße als Anschauungsobjekt für juristische Methodenlehre geeignet hielt[411].

thief, or goods from a factor who disposes of them in fraud of his principal. These are some, though some only, of the results which the law attributes to possession, rightful or wrongful. They are sufficient to show the importance of this conception, and the necessity of an adequate analysis of its essential nature.“ *Salmond*, Jurisprudence (1. Aufl., 1902), S. 288 f.

411 „Dasselbe [das Besitzrecht] eignet sich dazu in einer Weise, wie keine andere juristische Lehre. Nirgends hat die Rechtslogik so sehr ihr Unwesen getrieben und so gründlich Banquerott gemacht wie bei der Theorie vom animus domini. Zu dieser Erwägung, welche meine Wahl allein schon hätte leiten können, gesellte sich noch das literarhistorische Interesse hinzu, welches gerade die Besitzlehre für die Richtung, die ich zu exemplificieren gedenke, in Anspruch nehmen kann. An ihr ist dieselbe am Anfang unseres Jahrhunderts mit Savigny, wenn auch nicht überall zuerst, so doch in einer Weise zu Tage getreten, daß wir die Geltung, derer sie sich seitdem erfreut, auf ihn zurückzuführen haben. Sein Werk über das Recht des Besitzes hat durch die bestechen-

Daraus ergab sich eine zweite Stellvertreterfunktion des Law of Possession: Es diente als Anschauungsobjekt eines methodischen Ansatzes zur wissenschaftlichen Durchdringung des ungeordneten Rechtsstoffs des Common Law. Dies galt zunächst im Sinne eines Vorbildes für eine augenscheinlich perfekte abstrakt-logische Erfassung der Possessio auf dem Kontinent. Mit *Holmes* und *Jhering* traten dann die Nachteile, später sogar die Nutzlosigkeit einer übertriebenen abstrakt-logischen Systematisierung in den Vordergrund.

In einer Hinsicht fällt in der Diskussion im Common Law eine Besonderheit im Vergleich zum Gelehrtenstreit des Kontinents auf: Die anglo-amerikanischen Gelehrten legten (insbesondere in der frühen Phase der Diskussion) viel stärker noch als ihre deutschen Kollegen bei ihren Untersuchungen den Schwerpunkt auf die Schutzfunktion der Possession[412]. Möglicherweise erklärt sich dies aus der gesellschaftlichen Situation in England und in den USA am Ende des 19. Jahrhunderts, die ganz allgemein durch eine „search for order" gekennzeichnet war. Die Veränderung der Lebensbedingungen durch Industrialisierung und Urbanisierung sowie zunehmende soziale Konflikte haben die Menschen in dieser Zeit verunsichert. In Amerika brachte auch der allmähliche Verlust der gesellschaftlichen Homogenität durch starke Einwanderungen die herkömmliche Ordnung ins Wanken. Dort spielte schließlich auch das Trauma des Bürgerkrieges eine Rolle, der die Sehnsucht nach geordneten Verhältnissen hervorrief. Auch im Recht sollte Ordnung herrschen, damit dieses von allen Konflikten unberührt neutral funktionieren könne[413]. Vielleicht übte der Aspekt des Besitzes, der auf die Schaffung eines provisorischen Rechtsfriedens abzielte, deshalb eine besondere Faszination aus.

Zusammenfassend läßt sich feststellen, daß mancher Common Lawyer, der sich mit dem Law of Possession und in diesem Zusammenhang mit dem Gelehrtenstreit um das Recht des Besitzes in Deutschland auseinandersetzte, von Motiven geleitet war, die über ein rein rechtsvergleichendes Interesse hinausgingen. Der deutsche Gelehrtenstreit wurde instrumentalisiert, um bei der Beantwortung von Grundsatzfragen, die allein das anglo-amerikanische Recht betrafen, als Hilfsmittel herzuhalten. Es existierte damit in den meisten Beiträgen zur Possession des Common Law eine zweite Ebene, die oft erst ein zweiter Blick sichtbar machte. Es ging in der Diskussion um das Law of Possession um mehr als nur dogmatische Fragen. Mancher Autor verfolgte mit seinen Thesen einen Anspruch auf jenseits des Besitzrechts liegende Allgemeingültigkeit.

---

den Vorzüge, deren es sich rühmen kann, die deutsche Rechtswissenschaft in die Bahn gelenkt, auf der er ihr darin vorangegangen war." *Jhering*, Der Besitzwille (1889), S. XI.

412 Vgl. zu den einzelnen Funktionen der Possession schon in der Einleitung und eben im Zitat von Salmond, Fn. 410.

413 Vgl. dazu *Reimann*, Historische Schule und Common Law (1993), S. 127.

Der Besitzrechtsstreit am Ende des 19. Jahrhindert bereicherte das Common Law in dogmatischer, in rechtsvergleichender und in methodischer Hinsicht. Der Gelehrtenstreit auf dem Kontinent trug dazu – als Hilfsmittel – entscheidend bei. Es bleibt zu untersuchen, ob und gegebenenfalls in welcher Hinsicht, wir heute auf dem Kontinent – genau umgekehrt – aus der Diskussion im Common Law Erkenntnisse für das 21. Jahrhundert gewinnen können.

3. Kapitel: Die Bedeutung der Besitzrechtsdiskussion im Common Law für das 21. Jahrhundert

Dieses Kapitel mag als Anregung dienen, wie sich aus der Kontroverse um das Law of Possession im 19. Jahrhundert Erkenntnisse für die gegenwärtige Diskussion um ein gemeinsames europäisches Privatrecht gewinnen lassen.

I) Auf dem Weg zu einem gemeinsamen europäischen Privatrecht

Die vergleichende Rechtswissenschaft Europas ist heute auf der Suche nach einem „europäischen Privatrecht". Vor dem Hintergrund gemeineuropäischer Rechtstradition tauchte dabei die Frage auf, ob nicht gerade die Rechtsgeschichte bei dieser Suche hilfreich sein kann. Diese Überlegung löste in den Reihen der Rechtshistoriker eine Grundsatzdiskussion aus: Soll man Rechtsgeschichte nur um der wissenschaftlichen Erkenntnis selbst willen betreiben, oder soll Rechtsgeschichte im Dienste des modernen Rechts, insbesondere der Normgewinnung und Dogmatik stehen? Im kontinentaleuropäischen Rechtskreis wird darüber heute heftig diskutiert.

Dabei ist – gerade im Hinblick auf ein europäisches Privatrecht – in den letzten Jahren die Forderung nach der Nutzbarmachung von Erkenntnissen rechtshistorischer Forschung für das geltende Recht lauter geworden[1]. Dieser Ansatz wird von *Reinhard Zimmermann* wie folgt charakterisiert:

> „Aber wir können fragen, ob nicht, der nationalen Fragmentierung von Recht und Rechtswissenschaft zum Trotz, hinter den verwirrenden Verästelungen unserer modernen Rechtsregeln auch heute noch gemeinsame systematische, begriffliche, dogmatische und ideengeschichtliche Grundlagen verborgen sind. Sie würden den gemeinsamen Kern des europäischen Rechts bilden, eine Art europäisches Naturrecht, wie Paul Koschacker dies einmal genannt hat – Naturrecht nämlich nicht im Sinne eines Regelsystems von axiomatischem Geltungsanspruch, sondern im Sinne gewisser Prinzipien, Argumente und Institutionen, die die europäischen Rechtsordnungen aufgrund ihrer gemeinsamen geschichtlichen Entwicklung miteinander teilen."[2]

Doch dieser Ansatz blieb nicht unwidersprochen. *Caroni* etwa mahnte, die Rechtsgeschichte um der wissenschaftlichen Erkenntnis selbst willen zu betreiben, denn sonst bestehe die Gefahr, daß der historischen Forschung eine „Vororientierung" aufgezwungen werde. *Caroni* sieht die vorurteilsfreie Geschichtsforschung gefährdet, wenn die Rechtshistoriker unter Erfolgsdruck stehen, weil

---

1 *Zimmermann*, in: JZ 1992, S. 8 ff.; *Kötz*, in: JZ 1992, S. 20 ff.; vgl. auch *Luig*, in: Ius Commune 20 (1993), S. 193 ff.; *Schulze*, in: Europäische Rechts- und Verfassungsgeschichte (hg. von Schulze), S. 3 ff.

2 *Zimmermann*, Savignys Vermächtnis (1998), S. 65.

sie in der Vergangenheit nur gerade jenes Bild suchen, das sie der Zukunft als Modell gern bieten möchten[3].

Die Common Lawyers gingen dieses Problem schon seit jeher von der praktischen Seite an. Zutreffend schrieb *Maitland*:

> „What the lawyer wants is authority [...]; what the historian wants is evidence."[4]

Es kommt also darauf an, welchen Zweck man gerade erreichen will: Will man die Gestaltung heutiger Normen – wie z.B. ein europäisches Privatrecht – diskutieren, ist die Geschichte Mittel zum Zweck. Aus den historischen Erfahrungen sollen Erkenntnisse für die Gegenwart gewonnen werden. Will man dagegen – aus rein wissenschaftlichem Interesse – Verständnis des Rechts vergangener Epochen gewinnen, erfolgt die Forschung aus dem reinen Zweck der Gewinnung wissenschaftlicher Erkenntnisse, ohne daß ein konkreter Nutzen ersichtlich ist[5].

Der eine wie der andere Ansatz erscheint gleichermaßen legitim. Man muß sich nur der jeweiligen Zielrichtung bewußt sein. Man sollte nicht als vorurteilsfreie Geschichtsforschung ausgeben, was der Begründung eines rechtspolitischen Ziels dienen soll und darf auf der anderen Seite von reiner Geschichtsforschung keinen konkreten Nutzen erwarten.

Bis zu diesem Punkt war diese Arbeit reine rechtshistorische Forschung, die sich lediglich für ein kurioses Phänomen der Rechtsgeschichte interessierte – die Instrumentalisierung eines Gelehrtenstreites „on the other side" über die Gewinnung rein dogmatischer Erkenntnisse hinaus für die Beantwortung von Grundsatzfragen. Nun soll die Zielrichtung gewechselt werden, und es stellt sich die Frage, ob sich aus dieser – zunächst zweckfrei erfolgten – Forschung Erkenntnisse für das heutige Recht – genauer: für die Diskussion um ein europäisches Privatrecht – gewinnen lassen.

Ein gemeinsames europäisches Privatrecht ist – auch wenn es für den am BGB geschulten, am Code civil ausgebildeten oder im englischen Common Law trainierten heutigen Juristen so scheinen mag – durchaus nichts Neues: Erst im

---

3 *Caroni*, in ZNR 16 (1994), S. 85, 88, 97. Ähnlich auch *Rückert*, in: Rechtshistorisches Journal 11 (1992), S. 122 ff.; *Grossi*, in: Quaderni Fiorentini 23 (1994), S. 1, 4; siehe zum Streitstand *Caroni/Dilcher*, in: Norm und Tradition (hg. von Caroni/Dilcher, 1998), S. 9 ff. Nicht zu übersehen ist, daß bei dieser Diskussion in Deutschland der alte Streit zwischen Romanisten und Germanisten durchschimmert. Dies wird beispielsweise bei *Caroni*, ZNR 16 (1994), S. 85, 96 f. deutlich.

4 *Maitland*, in: The Collected Papers of Frederic William Maitland (hg. von Fisher), Bd. 1 (1911), S. 480, 491.

5 Vgl. dazu *Reimann*, in: Norm und Tradition (hg. von Caroni/Dilcher, 1998), S. 209, 222 ff.

18. und 19. Jahrhundert setzte sich auf dem Kontinent die „Nationalisierung" der Rechtswissenschaft durch, zu der *Jhering* damals bedauernd bemerkte:

> „Die Wissenschaft ist zur Landesjurisprudenz degradiert, die wissenschaftlichen Grenzen fallen in der Jurisprudenz mit den politischen zusammen. Eine demüthigende, unwürdige Form für eine Wissenschaft."[6]

Vor diesem Hintergrund verwundert es nicht, daß die Rechtshistoriker zum Teil heute den vor dieser Zeit bestehenden Zustand – das sogenannte „Ius commune" – als eine Art Vorbild für ein zukünftiges europäisches Privatrecht bemühen[7].

Seitdem das Europäische Parlament 1989 die europäische Privatrechtswissenschaft und die Kommission das erste Mal aufforderte, sich mit der Schaffung eines Europäischen Zivilgesetzbuches zu befassen[8], ist einiges geschehen: 1997 wurde in Den Haag eine internationale Konferenz „Towards a European Civil Code" zusammengerufen, die unter anderem die Organisation eines solchen Projekts und mögliche Regelungsgegenstände diskutierte[9]. Ein Jahr später, 1998, wurde die „Study Group on a European Civil Code" gegründet, die im Juli 1999 ihre Arbeit aufnahm und deren Ziel die Herausgabe eines Professorenentwurfs für ein „Europäischen Zivilgesetzbuches" ist[10]. Dabei kann sich die Study Group auf die Arbeiten der „Commission on European Contract Law" (auch, nach ihrem Vorsitzenden, „Lando-Kommission" genannt) stützen, deren „Principles of European Contract Law" in zwei Teilen 1995 und 2000 erschienen sind[11].

Nachdem der Europäische Rat in Tampere 1999 die Angleichung zivilrechtlicher Vorschriften zum Thema machte, reagierte inzwischen die Kommission. Sie forderte alle interessierten Kreise zu Stellungnahmen zu einem Europäischen Vertragsrecht auf und stellte Optionen für ein künftiges Vorgehen vor[12].

---

6 *Jhering*, Der Geist des römischen Rechts, Teil 1 (5. Aufl., 1891), S. 15.

7 Zuerst *Coing*, in: NJW 1990, S. 937, 939; vgl. auch *Zimmermann*, Savignys Vermächtnis (1998), S. 64 f.

8 Siehe die Entschließung des Europäischen Parlaments, ABl. EG 1989 C 158/400. Weitere Entschließungen folgten 1994 (ABl. EG 1994 C 205/518) und zuletzt am 15.11.2001 (KOM(2001) 398 – C5-0471/2001 –2001/2187 (COS)).

9 *Schmidt-Kessel*, in: JZ 1997, S. 1052.

10 *V. Bar*, in: Festschrift für Dieter Henrich zum 70. Geburtstag (2000), S. 1.

11 *Lando/Beale*, Principles of European Contract Law. Part I (1995) und *Lando/Beale*, Principles of European Contract Law, Parts I and II (2000). Vgl. dazu *Zimmermann*, in: ZEuP 8 (2000), S. 391 ff.
Einen über den europäischen Rahmen hinausgehenden Ansatz bieten die Ende 1994 erschienen „Principles of International Commercial Contracts" des International Institute for the Unification of Private Law (Unidroit). Vgl. dazu z.B. *Zimmermann*, in: JZ 1995, S. 477, 479 f.

12 Vgl. IPRax 2001, S. V und Mitteilung der Kommission an den Rat und das Europäische Parlament zum europäischen Vertragsrecht, KOM (2001) 398 vom 11. Juli 2001.

In diesem Zusammenhang stellt sich die entscheidende Frage, ob die Unterschiede zwischen Common Law und Civil Law bei der Rechtsvereinheitlichung ein ernst zu nehmendes Hindernis darstellen, oder ob auch der Common Law-Rechtskreis dem Einflußbereich des Ius Commune zuzuordnen ist. Dabei versuchen die Befürworter einer europäischen Rechtsvereinheitlichung, die Unterschiede zwischen Common Law und Ius Commune herunterzuspielen, und betonen, wie sehr auch das Common Law vom kontinentaleuropäischen Ius Commune beeinflußt sei[13]. Andere, einer Privatrechtsvereinheitlichung eher skeptisch gegenüberstehende Rechtswissenschaftler dagegen betonen die Unterschiede[14].

Soweit eine europäische Privatrechtsvereinheitlichung bereits in Angriff genommen wurde, rückte meist das Vertragsrecht in den Blickpunkt. Dies hat zum einen einen rein praktischen Grund. Die Europäische Gemeinschaft war zunächst als Wirtschaftsgemeinschaft konzipiert. Für das Wirtschaftsrecht spielt naturgemäß das Vertragsrecht eine weit größere Rolle als das eher ortsbezogene Sachenrecht oder das in der nationalen Rechtskultur weit mehr verankerte Familienrecht. Auch in Deutschland wurden mit der Allgemeine Deutschen Wechselordnung von 1848 und dem Allgemeinen Deutschen Handelsgesetzbuch von 1861 vor Reichsgründung bereits vertragsrechtliche Aspekte des Wirtschaftsrechts geregelt. Das Sachenrecht vereinheitlichte man dagegen erst mit Erlaß des BGB[15].

Dennoch zeigen sich erste Ansätze auch für die Entwicklung eines gemeinsamen Sachenrechts. *Helmut Coing* widmete in seinem Werk zum Europäischen Privatrecht bereits 1989 ein Kapitel dem Sachenrecht. Die Untersuchung beschränkt sich hierbei – ausgehend vom Ius Commune – jedoch auf den kontinentaleuropäischen Bereich[16]. Auf der Konferenz zum European Civil Code in Den Haag wurde auch das Sachenrecht thematisiert. Dabei wies der Referent – *Antonio Gambaro* – darauf hin, daß es im Rahmen eines European Civil Code vor allem darum gehen müsse, die allgemeine Regeln für die Übertragung und den Schutz des Eigentums aufzustellen, womit aber – unter anderem – auch die Fra-

---

13 So insbesondere *Zimmermann*, Savignys Vermächtnis (1998), S. 34 ff.; *Zimmermann*, in: Europäische Rechts- und Verfassungsgeschichte (hg. von Schulze, 1991), S. 61, 73 f.; vgl. auch *Gordley*, in: ZEuP 1 (1993), S. 498 ff.

14 S. z. B. *Limmer*, in: MittBayNot 1999, S. 325 f.; *Samuel*, in: ZEuP 3 (1995), S. 375 ff. *Legrand*, in: 60 Modern Law Review (1997), S. 44 ff.; *Legrand*, in: 45 International and Comparative Law Quarterly (1996), S. 52 ff.
Insbesondere die eher europaskeptischen Engländer betonen ihre rechtliche Eigenständigkeit. So z. B. *Baker*, An Introduction to English Legal History (3. Aufl., 1990), S. 35: „And so English law flourished in noble isolation from Europe." Dabei geben allerdings auch die Common Lawyers kein durchweg einheitliches Meinungsbild ab. Vgl. dazu ausführlich *Reimann*, in: ZNR 1999, S. 357 ff.

15 Vgl. *Zimmermann*, Savignys Vermächtnis (1998), S. 13 ff.

16 *Coing*, Europäisches Privatrecht, Bd. I (1985), S. 271 ff.; Bd. II (1989), S. 367 ff.

ge des Besitzschutzes und der Besitzübertragung verbunden sei. Dabei kam *Gambaro* zu dem Ergebnis:

> „In fact, on the one hand [...] we are forced to conclude that one cannot really create a viable code absent an acceptable section governing property. On the other hand, the comparative approach points to the presence of sharp divergences profoundly rooted in the legal traditions of the various nations."[17]

Trotz dieser Schwierigkeiten beginnt sich die „Study Group on a European Civil Code", soweit es zur Ermittlung allgemeiner Grundsätze des Europäischen Vermögensrechts erforderlich ist, derzeit auch mit Fragen des Sachenrechts zu beschäftigen[18]. *Christian v Bar*, Initiator der Gruppe, meinte bereits im November 1999, das Sachenrecht sei nach dem Schuldrecht als nächster Schritt in Angriff zu nehmen:

> „Die sich neu formierende Wissenschaft vom europäischen Privatrecht hat sich bislang vorwiegend mit dem Obligationenrecht befaßt. Inzwischen ist die Zeit gekommen, sich auch dem zweiten Grundpfeiler des Vermögensrechts zuzuwenden, nämlich dem Eigentums- oder, wie man in Deutschland sagt, dem Sachenrecht."[19]

Diese neue Tendenz zeigt sich auch auf der Ebene der Europäischen Union. In einem aktuellen Berichtsentwurf ersucht der Rat die Kommission zu prüfen, „ob die unterschiedlichen Rechtsvorschriften der Mitgliedstaaten in den Bereichen außervertragliche Haftung und Sachenrecht konkrete Hindernisse für das reibungslose Funktionieren des Binnenmarktes darstellen"[20].

II) Der Ertrag der Besitzrechtsdiskussion im Common Law für diesen Weg

1. Die Existenz gemeinsamer besitzrechtlicher Prinzipien?

Betrachtet man die Besitzrechtsdiskussion im Common Law, mag man auf den ersten Blick geneigt sein, zu behaupten, es gebe keine oder zumindest kaum gemeinsame europäische besitzrechtliche Prinzipien im Hinblick auf die Schutzfunktion des Besitzes. Zu groß sind die Unterschiede im geschützten Personenkreis. Diese ergeben sich weniger aus den objektiven als vielmehr aus den subjektiven Tatbestandsmerkmalen des Besitzes: Das römische Recht verlangt einen „animus domini", das Common Law nicht. Gerade daraus leiteten im 19. Jahrhundert viele Common Lawyers die wesensmäßige Verschiedenheit des

---

17 *Gambaro*, in: ERPL 5 (1998), S. 497, 503.

18 *Zimmermann*, in: ZEuP 8 (2000), S. 391, 392 f.; *v. Bar*, in: Festschrift für Dieter Henrich zum 70. Geburtstag (2000), S. 1, 3 ff.

19 *V. Bar*, Sachenrecht in Europa, Bd. 1 (2000), Vorwort.

20 Entwurf eines Berichts des Rates über die Notwendigkeit einer Angleichung der zivilrechtlichen Vorschriften der Mitgliedstaaten, 29.10.2001, 13017/01.

anglo-amerikanischem und kontinentalem (römischen) Besitzrecht ab und zogen damit einen Schluß, der auch heute nicht fernliegend erscheint.

Ein zweiter Blick zeigt aber, daß das Ergebnis so einfach nicht ist. *Holmes* und seine Anhänger müssen sich nämlich die Frage gefallen lassen, was sie miteinander verglichen haben und ob der von ihnen durchgeführte Vergleich für die Frage nach dem Verhältnis von Civil Law und Common Law im besitzrechtlichen Bereich Sinn macht. Hier gilt es, einen methodischen Fehler der Common Lawyers des 19. Jahrhunderts aufzuzeigen, vor dem auch in der gegenwärtigen Diskussion um ein europäisches Privatrecht zu warnen ist: Die Common Lawyers ließen sich dazu hinreißen, „to compare apples with oranges", um ein englisches Sprichwort zu benutzen. Sie ließen den historischen Kontext der Erörterungen auf dem Kontinent außer Acht und verglichen die Besitzrechte verschiedener Epochen miteinander. Das so gefundene Ergebnis war damit für die Frage nach dem Verhältnis von (zeitgenössischem) Civil Law und Common Law nur sehr eingeschränkt verwertbar.

Es mag banal klingen: Wenn man das Institut des Besitzes, wie es sich im Gelehrtenstreit auf dem Kontinent darstellte, als Vergleichsobjekt für das Verhältnis von Civil Law und Common Law heranzog, mußte man sich zunächst darüber im Klaren sein, um welches Besitzrecht es den deutschen Gelehrten eigentlich ging. Anders als im Common Law, wo die Erörterung der Dogmatik des Law of Possession einen unmittelbar praktischen Bezug hatte (nämlich die Erforschung und Systematisierung des geltenden anglo-amerikanischen Besitzrechts), war die Lage auf dem Kontinent diffiziler: Dort ging es nämlich keineswegs – zumindest nicht am Anfang und oft nicht unmittelbar – um geltendes Recht. Anknüpfungspunkt für alle Autoren (von *Friedrich Carl v. Savigny* über *Eduard Gans*, *Carl Georg Bruns*, *Georg Friedrich Puchta* und *Bernhard Windscheid* bis hin zu *Rudolf v. Jhering*) war immer das römische Recht. Man verfolgte in erster Linie das Ziel, das römische Besitzrecht zu systematisieren und dabei seine inneren Zusammenhänge zu begreifen. Zwar wurden vereinzelt auch Referenzen zum Gemeinen Recht, zu den neuen Kodifikationen und, später, zum BGB-Entwurf gemacht. Jedoch lag der Schwerpunkt auf dem römischen Recht. Obwohl man sich zumeist vor ausdrücklichen Stellungnahmen scheute, wünschten sich wohl viele, das reine römische Besitzrecht als ideales Besitzrecht auch in Deutschland einzuführen. Dann war die Suche nach dem Verständnis des römischen Besitzrechts zugleich auch die Suche nach dem zukünftigen idealen deutschen Besitzrecht. Generell kann man jedoch sagen: Wer vom „Besitz" sprach, hatte grundsätzlich die römische „Possessio" im Blick.

Die Common Lawyers verglichen durch ihre Bezugnahme auf den Gelehrtenstreit auf dem Kontinent also das im 19. Jahrhundert geltende Law of Possession mit dem klassischen römischen Recht. Obwohl es gerade in der Rechtsvergleichung wichtig ist, daß man sich über das Vergleichsobjekt im Klaren ist, bemerkte zwar ein Teil der Common Lawyers diesen Umstand, störte sich aber nicht daran. Dies verwundert insoweit nicht, da ein solcher Vergleich im Hinblick auf die Fragestellung der Common Lawyers nicht völlig abwegig erscheint: Schließlich war man auf der Suche nach römisch-rechtlichen Wurzeln des Common Law. Dennoch rechtfertigt auch diese Zielsetzung nicht, daß man bei einem Vergleich des Common Law des 19. Jahrhunderts mit dem klassischen römischen Recht die knapp 2000jährige Zeitdifferenz außer Acht läßt und aus den festgestellten Unterschieden allgemein folgert, daß Common Law und Civil Law hinsichtlich des verglichenen Problemkreises weit auseinanderliegen. Bei einem derartigen Vergleich muß man unüberbrückbare Differenzen feststellen, denn die Zeitumstände prägen das Recht mit. Bei *Bond* klang dies indirekt an. Die Mehrheit der Common Lawyers – allen voran *Holmes* – ließ jedoch die Zeitunterschiede außer Betracht. Das Ergebnis „unüberbrückbare Differenzen" war damit vorprogrammiert.

Sinnvoller wäre es daher gewesen, das römische Recht, nicht in seiner klassischen Form, sondern wie es im 19. Jahrhundert als Ius Commune in Kontinentaleuropa in Erscheinung trat, mit dem zu dieser Zeit geltenden Common Law zu vergleichen. Diesem Vergleichsobjekt wendeten sich die Common Lawyers – von einzelnen kurzen, in ihrer Gesamtheit aber unerheblichen Hinweisen z.B. bei *Holmes* abgesehen – durchweg nicht zu. Gerade vor dem Hintergrund der gegenwärtigen Diskussion um ein europäisches Privatrecht, bei der sich die moderne europäische Privatrechtswissenschaft nicht etwa auf das klassische römische Recht, sondern auf das Ius Commune in seiner Weiterentwicklung beruft[21], erscheint ein solcher Vergleich aber geboten.

Wählt man als Vergleichsobjekt zum Common Law des 19. Jahrhunderts also das Ius Commune der gleichen Zeit, erscheinen die Unterschiede im Hinblick auf das Besitzrecht in seiner praktischen Anwendung weit weniger unüberbrückbar. Eine ausführliche Erörterung dieser Frage, die insbesondere eine umfassende Analyse von Gerichtsurteilen voraussetzt, würde den Rahmen dieser Arbeit sprengen. Jedoch zeichnet sich aus der hier vorgenommenen Sichtung des Materials folgendes Ergebnis ab:

Während dogmatisch durchaus Unterschiede vorhanden waren, ähnelten sich beide Besitzrechte in ihrer praktischen Anwendung. Dem Common Law scheint dogmatisch die Zweiteilung des Besitztatbestandes in ein objektives und ein subjektives Element fremd gewesen zu sein[22]. Der objektive Tatbestand von Possessio unterschied sich nicht wesentlich von entsprechenden Elementen der Possession. Während das Common Law jedoch seit dem Mittelalter Mieter und Pächter als echte Besitzer betrachtete, hatte sich das Ius Commune im Vergleich

21 Auch die moderne europäische Privatrechtswissenschaft sollte dabei nicht unberücksichtigt lassen, daß seit der Ersetzung des Ius Commune durch nationale Kodifikationen ein- bis zweihundert Jahre ins Land gegangen sind.

22 Vgl. *Fifoot*, Judge and Jurist in the Reign of Victoria (1959), S. 94 ff.

zum klassischen römischen Recht nicht verändert: Rein dogmatisch waren Mieter und Pächter weiterhin keine Besitzer. Damit scheint die alte englische „seisin“ dogmatisch der römischen Possessio näher gestanden zu haben als die Possession.

Jedoch hatten die aufgezeigten dogmatischen Unterschiede keine praktischen Auswirkungen. Wie das Common Law gewährte auch das Ius Commune seit dem Mittelalter Mietern und Pächtern mit der Spolienklage einen vergleichbaren Schutzbehelf. Das Besitzrecht, wie es im 19. Jahrhundert in den einzelnen deutschen Staaten tatsächlich zur Anwendung kam (sei es nach Gemeinem Recht, sei es nach den neuen Kodifikationen), wich gerade im Hinblick auf das Erfordernis eines „animus domini“ vom klassischen römischen Recht ab und näherte sich, wenn man so will, der Entwicklung im Common Law an. Zumeist wurden die possessorischen Schutzbehelfe auf den bloßen Inhaber einer Sache ausgedehnt oder einem Mieter oder Pächter wurde über vergleichbare Rechtsbehelfe im Ergebnis ein entsprechender Schutz zuteil[23]. Im Ergebnis verzichtete damit auch das Ius Commune hinsichtlich des Schutzes von Nicht-Eigentümern auf das Erfordernis eines „animus domini“. In beiden Rechtsordnungen war dagegen der bloße „servant“ oder „Besitzdiener“ von besitzrechtlichen oder besitzrechtsähnlichen Schutzbehelfen ausgeschloßen. Bei der Schaffung des BGB wollte sich der Gesetzgeber schließlich „vor allem von praktischen und weniger von dogmatischen und historischen Rücksichten“[24] leiten lassen und erhob auch einen Mieter oder Pächter zum „Besitzer“.

In der zweiten Hälfte des 19. Jahrhunderts, der Zeit des Gelehrtenstreits im Common Law, hatten sich in der Praxis die besitzrechtlichen Unterschiede zwischen Civil Law und Common Law damit längst relativiert. Zwar bestanden bis zum Erlaß des BGB überwiegend weiterhin dogmatische Unterschiede in der Definition der Tatbestandsvoraussetzungen des Besitzes. Hinsichtlich der Schutzfunktion kam man aber – über dogmatische Umwege – letztlich zu einer weitgehenden Gleichbehandlung des geschützten Personenkreises.

Der Besitzrechtsstreit im Common Law ist daher eher als umfassende Quellensammlung und als Vorarbeit für eine Untersuchung über das wahre Verhältnis von Besitzrechtsprinzipien des Kontinents und des Common Law anzusehen und kann nicht bereits eine solche Untersuchung selbst ersetzen.

Der Besitzrechtsstreit im Common Law verdeutlicht aber zumindest, daß beide Rechtsordnungen – das Common Law wie auch das römische Recht – von der Notwendigkeit des Schutzes von Personen, die nicht Eigentümer waren, ausgingen. Er zeigt, daß beide Rechtsordnungen in ihrer frühen Entwicklung vor ver-

---

23 Vgl. dazu schon im 1. Kapitel, IV) 1. a).

24 *Schubert*, Entstehung der Vorschriften des BGB über Besitz und Eigentumsübertragung (1966), S. 95. Vgl. dazu im 2. Kapitel, IV) 3.

gleichbaren praktischen Bedürfnissen gestanden haben, die bis in die Gegenwart – wenn auch in leicht veränderter Form – fortbestehen[25].

Esser wies schon früh darauf hin, daß – insbesondere anhand des Besitzrechts – eine solche Gemeinsamkeit an Bedürfnissen gegeben ist:

> „So kann endlich – das ist bei IHERING kein Geheimnis – die Gesamtstruktur einer Institution von deren Zweckgedanken so durchdrungen sein, daß wir auch in der Dogmatik noch weithin gleichmäßige Formen und remedies vorfinden. Es kann z.B. nicht erstaunen, daß der Besitz, selbst in so disparaten Systemen wie dem römischen und dem englischen Recht, gleichartige Beweiswirkungen, kongruente Erwerbstatbestände und analoge Selbst- und Gerichtsschutzbehelfe findet. Denn seine Funktionen als Publizitätsmittel, „root of title" und Rechtsfriedensprovisorium müssen stets und überall auffallen."[26]

Allein diese mag schon zu einer europäische Vereinheitlichung – zumindest der Schutzfunktion – des Besitzrechts motivieren. Im Hinblick auf die „Ius Commune"-Idee ist dem jedoch noch etwas hinzuzufügen: Begibt man sich heute auf die Suche nach einem gemeinsamen europäischen besitzrechtlichen Prinzip, darf die unterschiedliche dogmatische Behandlung von Mietern und Pächtern im Common Law und im Ius Commune nicht überbewertet werden. Es handelt sich dabei eher um ein sprachliches als um ein praktisches Problem. Zu seiner Überwindung muß man daher den Begriff des Besitzes aus den Grenzen des klassisch-römischen Begriffs der „Possessio" befreien und eine Annäherung an einen „neuen" Besitzbegriff auf der Grundlage der „Possession" des Common Law einerseits sowie auf der Grundlage der im Ius Commmune mit „possessorischen" Rechtsbehelfen ausgestatteten Nicht-Eigentümer andererseits erreichen.

Zwar mag dies in Detailfragen schwieriger sein als es sich anhört. Insgesamt gesehen erscheint vor diesem Hintergrund die Schaffung eines gemeinsamen europäischen Besitzrechts – zumindest im Hinblick auf dessen Schutzfunktion – kein unmögliches Unterfangen.

2. *Der Besitzrechtsstreit als methodische Hilfestellung*

Neben inhaltlichen Aspekten darf der Ertrag des Besitzrechtsstreits als methodische Hilfestellung für die heutige Rechtsvereinheitlichung nicht übersehen werden. Während sich im Besitzrechtsstreit durchaus auch positive methodische

---

25 Vgl. dazu *Esser*, Grundsatz und Norm (4. Aufl., 1990), S. 358 f: „Gleicher Bedarf zwingt verschieden strukturierte Rechte nicht zur Entwicklung gleicher Figuren, sondern nur gleicher Ordnungsgrundsätze, die mit disparaten Figuren bewältigt werden. [...] Es ist die Einheit des Problems, nicht der Begriffskategorien, welche den Vergleichswinkel schafft."

26 *Esser*, Grundsatz und Norm (4. Aufl., 1990), S. 363.

Ansätze finden[27], sind es insbesondere die Schwächen der Common Lawyers, aus denen die heutige vergleichende Rechtswissenschaft lernen kann.

a) Wie bereits erwähnt verglichen die Common Lawyers, zum Teil ohne sich darüber bewußt zu sein, das Recht verschiedener Epochen miteinander. Dieser Vorwurf läßt sich verallgemeinern: Die Common Lawyers neigten generell dazu, den (nicht nur rechtshistorischen) Kontext der Quellen, auf die sie Bezug nahmen, außer Acht zu lassen. Viele Common Lawyers machten sich nicht die Mühe, zu fragen, was die deutschen Gelehrten in ihrem Ausführungen zum Besitzrecht eigentlich genau analysierten, mit welcher Absicht und vor welchem (historischen) Hintergrund. Dies führte nicht nur zu dem bereits dargestellten verzerrten Bild vom Verhältnis des Besitzrechts in Civil Law und Common Law, sondern auch zu einer teils verzerrten und sinnentstellenden Übertragung der Diskussion um die Frage, ob der Besitz ein Faktum oder ein Recht sei, ins Common Law[28]. Hätten die Common Lawyers das fremde Recht aus der Perspektive des fremden Rechts betrachtet[29], hätten sich diese Mißverständnisse vermeiden lassen.

b) Die Ausführungen der Common Lawyers zeigen darüber hinaus eine weitere Gefahrenquelle für die Rechtsvergleichung auf. Wunschdenken kann in die Irre führen. Eine allzu starre Erwartungshaltung hinsichtlich eines bestimmten Ergebnisses, daß aus den Quellen herausgelesen werden soll, kann schädlich sein. Die meisten Common Lawyers waren weit davon entfernt, zweckfreie Forschung zu betreiben. Der Gelehrtenstreit auf dem Kontinent interessierte nicht der reinen wissenschaftlichen Erkenntnis wegen, sondern vielmehr untersuchte man ihn mit der Absicht, ihn für weitergehende Zwecke zu instrumentalisieren. An sich ist ein solches Vorgehen durchaus legitim. Auch die Befürworter der Rechtsvereinheitlichung sind auf diese Methode angewiesen. Das Problem bei der Erörterung des deutschen Gelehrtenstreits war aber, daß so mancher Common Lawyer von Vornherein mit einer bestimmten Erwartungshaltung an die deutschen Quellen heranging, von der er sich dann nicht wieder abbringen ließ.

---

27 Als positive methodische Ansätze sind insbesondere die Verbindung von Rechtsvergleichung und Rechtsgeschichte sowie die Tatsache, daß sich in der Besitzrechtsdiskussion erste Spuren funktioneller Rechtsvergleichung finden, hervorzuheben. Vgl. dazu bereits im 2. Kapitel unter Fn. 230 und 231.

28 Dies heißt aber nicht, daß ein Blick aus der Distanz (gleichsam „from the other side") per se die Gefahr von Mißverständnissen in sich birgt. Daß ein solcher Blick auch durchaus etwas Befruchtendes an sich haben kann, hat Bond deutlich gemacht: Bond hat nämlich seinen Kollegen auf dem Kontinent gleichsam einen Spiegel vorgehalten und ihnen erklärt, wie sie teilweise bei der Frage nach dem Grund des Besitzschutzes aneinander vorbeigeschrieben haben – was denn ja auch in der Zeit vor Bond zu Mißverständnissen im Common Law geführt hatte. Seine entlarvende Darstellung hat in der Folgezeit denn ja auch im Common Law zu einer sachlicheren Auseinandersetzung mit der Frage nach dem Grund des Besitzschutzes beigetragen. Vgl. dazu im 2. Kapitel, II) 2. a) cc) (2).

29 Vgl. *Zweigert/Kötz*, Einführung in die Rechtsvergleichung (3. Aufl., 1996), S. 34.

Die meisten Autoren des anglo-amerikanischen Rechtskreises betrachteten die Diskussion auf dem Kontinent und das dahinterstehende römische Besitzrecht durch eine vom Common Law gefärbte Brille, die entweder den Blick in Richtung „zuviel" oder „überhaupt keine" Gemeinsamkeiten lenkte, ohne dabei die genaue Entwicklung der Diskussion in Deutschland und die hinter den einzelnen, in Deutschland vertretenen Auffassungen stehenden, außerhalb des Besitzrechts liegenden Motive einzelner deutscher Autoren näher begreifen zu wollen.

Diese Unzulänglichkeiten sind allerdings nicht alleine den Common Lawyers anzulasten. Ein Grund dafür dürfte auch sein, daß es zu einem eigentlichen Gedankenaustausch mit den deutschen Gelehrten – sieht man einmal von privaten Korrespondenzen ab[30] – kaum gekommen ist. Man interessierte sich zwar im anglo-amerikanischen Rechtskreis für die Schriften der deutschen Gelehrten zur Possessio, umgekehrt zeigten aber die deutschen Gelehrten kein Interesse an der anglo-amerikanischen Possession. Symptomatisch ist die Formulierung von *Randa*, der noch 1895 – unter Verweis auf die Monographie „Das Englische Privatrecht" von *Gundermann* aus dem Jahre 1864 – anmerkte:

> „Das englische Recht kennt einen Besitz (possessio) im Sinne des römischen Rechtes und der heutigen kontinentalen Gesetzgebungen nicht. [...] Bei dieser Grundverschiedenheit des englischen und kontinentalen Besitzrechtes kann eine Vergleichung, obgleich interessant im Einzelnen, nicht fruchtbar verwerthet werden."[31]

Ein solcher Gedankenaustausch hätte die Gefahr der Mißverständnisse, denen die meisten Common Lawyers erlagen, sicherlich eingedämmt.

Es war die Leistung der Autoren des anglo-amerikanischen Rechtskreises, das Law of Possession in einer Weise zu systematisieren, die heute einen leichten Zugang und einen Vergleich mit dem römischen Recht der Possessio und den zeitgenössischen deutschen Besitzrechtsvarianten ermöglicht. Die Diskussion im Common Law, die von einigen ihrer Protagonisten als Forum für eine Abgrenzung des Common Law vom kontinentaleuropäischen Recht benutzt wurde, kann heute genau entgegengesetzten Zwecken dienen: als Hilfsmittel zur Findung gemeinsamer besitzrechtlicher Prinzipien – und damit letztlich als kleiner Schritt in Richtung eines gemeinsamen europäischen Privatrechts.

---

30 So stand Pollock ja in regem Briefkontakt mit Jhering. Vgl. dazu im 2. Kapitel, II) 1. c) cc) (2) (a).

31 *Randa*, Der Besitz nach österreichischen Rechte (4. Aufl., 1895), S. 18, Fn. 13 b.
Das Desinteresse an anderen Rechtskreisen war insbesondere bei den Vertretern der historischen Schule weit verbreitet, die das Studium anderer Rechte als des römischen und germanischen zurückgewiesen hatten. Vgl. dazu *Zweigert/Kötz*, Einführung in die Rechtsvergleichung (3. Aufl., 1996), S. 49.
Auch noch in jüngerer Zeit wird bei rechtsvergleichenden Erörterungen zum Besitzrecht das Law of Possession gerne ausgeblendet. So finden sich z. B. bei *Coing*, Europäisches Privatrecht, Bd. I (1985), S. 271 ff.; Bd. II (1989), S. 367 ff. bei den Ausführungen zum Besitz keine Bezugnahmen auf das Common Law.

Ergebnis der Untersuchung

I) In der zweiten Hälfte des 19. Jahrhunderts herrschten im Common Law – nicht nur in besitzrechtlicher Hinsicht – chaotische Zustände, deren Ursache im Zerfall der alten Strukturen des Common Law, in der zunehmenden Einmischung des Gesetzgebers und in der schier unüberschaubaren Menge von Gerichtsentscheidungen lag. Unter den Gelehrten des Common Law herrschte weitgehend Ratlosigkeit, wie man diesem Mißstand begegnen sollte und wie man dem Common Law eine neue Systematik geben könne.

In diesem Zusammenhang erlangte die Beantwortung von zwei Grundsatzfragen entscheidende Bedeutung:

1. Wie ist das Verhältnis von römischem Recht und Common Law zu sehen? und
2. Was ist die geeignete Methode zur wissenschaftlichen Durchdringung des ungeordneten Rechtsstoffs im Common Law?

Bei der ersten Frage ging es insbesondere darum, ob in Zweifelsfällen das römische Recht als Auslegungshilfe oder gar als weitere Rechtsquelle ergänzend herangezogen werden könne. Die Suche nach den Wurzeln des Common Law im römischen Recht kam ab den 1860er Jahren auf, als die sogenannte Historical Jurisprudence (als Ausdruck historischen und evolutionistischen Rechtsdenkens) die zuvor populäre Analytical Jurisprudence (welche die Erscheinungen des Rechts ohne Rücksicht auf ihre Entwicklung in einer sehr schematisch-uniformen Weise betrachtete) abzulösen begann. Im Hinblick auf die Frage nach der Herkunft des Rechts stand die Historical Jurisprudence jedoch vor einem Problem. Wenn das Recht nicht aus Befehl oder Vernunft, sondern aus Geschichte und Charakter eines Volkes erwachse, woher stammte dann das eigene Recht, das Common Law? Damit wurde die Frage, ob das Common Law auf das römische Recht zurückgehe und daher dem Civil Law wesensmäßig verwandt sei, oder ob es angelsächsische Ursprünge habe und sein Wesen demnach germanisch sei, zu einem Hauptstreitpunkt.

Auch bei der Frage nach einer geeigneten Methode zur wissenschaftlichen Durchdringung des Common Law begegnete man in der zweiten Hälfte des 19. Jahrhunderts unter den anglo-amerikanischen Gelehrten mehreren zum Teil widerstreitenden Ansätzen. Zum einen wirkte noch immer das naturrechtliche Denken nach. Hauptsächlich konkurrierten jedoch auch hier die Ansätze der Analytical Jurisprudence und der Historical Jurisprudence. In der sogenannten Classical Period der anglo-amerikanischen Rechtswissenschaft (also in der Zeit zwischen 1860 und 1920) unternahm die Classical Legal Science den Versuch, das historisch-evolutionistische Rechtsverständnis der Historical Jurisprudence mit der analytisch-begrifflichen Methode der Analytical Jurisprudence zu verbinden. Gerade für die an Fallrecht und Analogieschlüsse gewöhnten Common Lawyers war diese Art des Denkens in abstrakten Begriffen ungewohnt. So setzte ab den 1880iger Jahren eine Gegenbewegung gegen die Classical Legal Science ein, die das abstrakt-logische Systemdenken durch „Experience" ersetzen wollte und damit die Betonung auf gesellschaftliche und wirtschaftliche Zwecke, die das Recht bestimmt haben sollten, legte.

II) Die Beschäftigung mit diesen Grundsatzfragen bildet das Spannungsfeld, in dessen Rahmen auch der Gelehrtenstreit um das Law of Possession einzuordnen ist. Die Diskussion um das anglo-amerikanische Besitzrecht setzte in den 1870iger Jahren ein und dauerte bis zum Ausbruch des ersten Weltkrieges. Protagonisten dieser Kontroverse, die auf beiden Seiten des Atlantik in nahezu gleicher Intensität geführt worden ist, waren neben *Oliver W. Holmes* insbesondere *William Markby, Thomas Holland, Frederick Pollock, Robert S. Wright, John M. Lightwood, Henry Bond* und *John W. Salmond.*

Holmes faßte 1881 Fragestellung und Ausmaß dieser Kontroverse treffend zusammen:

> „Why is possession protected by the law, when the possessor is not also an owner? That is the general problem which has much exercised the German mind."[1]

Die Common Lawyers versuchten nicht nur das Institut der Possession (und dabei besonders seine Schutzfunktion) zu begreifen. Sie richteten vielmehr ihren Blick auch auf den Kontinent und wollten einen Gelehrtenstreit über das Institut des römischen Besitzes (der Possessio) ergründen, der ab den 1820iger Jahren in Deutschland als Reaktion auf *Friedrich Carl von Savignys* Monographie „Das Recht des Besitzes" im Jahre 1803 entbrannt war und mit wechselnder Intensität bis zum Inkrafttreten des Bürgerlichen Gesetzbuchs am 1. Januar 1900 fortdauerte.

1. Die deutschen Gelehrten (neben *Friedrich Carl von Savigny* insbesondere *Eduard Gans, Georg Friedrich Puchta, Carl Georg Bruns* und später *Bernhard Windscheid* und *Rudolf v. Jhering*) setzten sich bei ihrer Untersuchung der römischen Possessio insbesondere mit drei Fragestellungen auseinander: Wer galt im römischen Recht als Besitzer? Worin liegt der Grund des Besitzschutzes? Wie ist die Rechtsnatur des Besitzes zu bestimmen – ist er ein Faktum oder ein Recht?

a) Ausgangspunkt der Diskussion waren jeweils die Thesen *Savignys*, der unter anderem behauptete:
aa) Die Possessio setze zwei Elemente voraus, ein objektives – die sogenannte Detention – und ein subjektives – den sogenannten Animus Possidendi. Da das römische Recht neben denjenigen Personen, die eine Sache als für sich selbst gehörig besitzen wollten, in vier Fällen auch Fremdbesitzern (dem Pfandgläubi-

---

1 *Holmes*, The Common Law (1881), S. 206.

ger, dem prekaristischen Besitzer, dem Sequester und dem Erbpächter) die Possessio zubilligte, jedoch insbesondere Mieter und Pächter aus dem Schutzbereich der Possessio ausgeklammerte, definierte Savigny das subjektive Element wie folgt: Als Besitzer könne nur der gelten, der die Sache als Eigentümer behandele, also einen Animus Domini habe; bei den vier Ausnahmen handele es sich um Anomalien, die zu keinem wahren, sondern lediglich zu einem abgeleiteten Besitz führten.
bb) Der Grund des Besitzschutzes bestehe im Verbot der Gewalt und darin, daß der Besitz als wahrscheinliches Eigentum geschützt sei.
cc) Seinem ursprünglichen Begriffe nach sei der Besitz ein bloßes Faktum. Da die Gesetze aber rechtliche Folgen mit ihm verbunden hätten, sei er Faktum und Recht zugleich.

b) Hinsichtlich der Definition der Tatbestandsmerkmale der Possessio richtete sich in der Folgezeit die Kritik – neben der genauen Bestimmung des objektiven Merkmales – besonders gegen Savignys Definition des Besitzwillens als Animus Domini. Hier versuchten die Kritiker insbesondere, statt mit einer Anomalie mit einer allgemeinen Formel zu arbeiten, die es schaffte, die vier Ausnahmen des römischen Rechts und die Besitzlosigkeit von Mietern und Pächtern auf einen gemeinsamen Nenner zu bringen. *Jhering* brachte 1889 mit einem Verzicht auf die eigenständige Bedeutung des subjektiven Elements einen neuen Aspekt in die Diskussion ein. Für ihn war für die Abgrenzung zwischen Detention und juristischem Besitz nicht mehr der Inhalt des Willens entscheidend. Wer objektiv als Besitzer feststand, galt als Besitzer. Jeder Detentor, also auch jeder typische Fremdbesitzer wie ein Mieter oder Pächter hatte damit die Possessio, und *Jhering* mußte nun begründen, warum insbesondere Mieter und Pächter im römischen Recht nicht als Besitzer galten. Er führte dafür nicht einen juristisch-dogmatischen, sondern einen historischen Grund an: Das persönliche Abhängigkeitsverhältnis des Pächters im alten Rom.

Bei der Frage nach dem Grund des Besitzschutzes stellte man der Theorie *Savignys* zahlreiche andere Ansätze gegenüber. Besondere Popularität erlangte die auf dem Gedankengut von *Kant* beruhende und von *Gans* populär gemachte Ansicht, der Grund des Besitzschutzes beruhe auf dem im Besitz verkörperten menschlichen Willen. *Jhering* stellte diesem, eher philosophischen Ansatz 1868 mit seiner Formel vom Besitz als Tatsächlichkeit des Eigentums einen historischen Begründungsansatz gegenüber.

Hinsichtlich der Frage, ob der Besitz ein Faktum oder ein Recht sei, spaltete sich die Gelehrtenwelt in zwei Lager: Unter Berufung auf *Savigny* betonte ein Teil der Autoren, der Besitz sei ein bloßes Faktum. *Gans* führte eine Gegenbewegung an, die den Besitz als Recht qualifizierte. Diese auf den ersten Blick rein theoretische Frage nach der Rechtsnatur des Besitzes hatte eine praktische Bedeutung für die Beantwortung der Frage, an welcher Stelle im Gesamtsystem des Rechts (in Lehrbüchern oder in einem zu schaffenden Gesetzbuch) der Besitz einzuordnen sei, etwa im Allgemeinen Teil, im Obligationen- oder im Sachenrecht?

Insbesondere anhand der Frage nach der Rechtsnatur des Besitzes ist der akademische Streit zwischen *Savigny*, *Gans* und ihren jeweiligen Anhängern so eskaliert, daß selbst die nicht juristisch vorgebildete, interessierte Öffentlichkeit hiervon Notiz nahm. Der Eifer, mit dem bestimmte Positionen vertreten wurden, legt nahe, daß es den deutschen Gelehrten bei ihrer Diskussion um das Besitzrecht nicht nur um rein dogmatische Fragen ging, sondern daß sie diese Diskussion als Bühne für die Austragung von über das Besitzrecht hinausgehenden Fragen verwendeten. *Jhering* sagte es ausdrücklich: Für ihn war der Streit um die Definition der Tatbestandsmerkmale der Possessio zugleich ein Streit um die richtige juristische Methode. Dabei begriff er Savignys Lehre vom Animus Domini als Ausdruck der formalistischen oder dialektischen, seinen eigenen Besitzbegriff als Ausdruck der realistischen oder teleologischen Methode. Der Verzicht auf den Animus Domini galt für manchen Autor als symbolische Befreiung eines Mieters oder Pächters aus seiner sozialen Abhängigkeit. Im Streit um Faktum oder Recht spiegelt sich (wohl) die Auseinandersetzung zwischen philosophischer und historischer Rechtsschule wider.

2. Diese drei Fragestellungen übertrugen die anglo-amerikanischen Gelehrten – wenn auch teils mit leicht verschobener Akzentsetzung – ins Common Law. Sie lauteten nun: a) Who is Possessor? b) Why is Possession protected by the law when the possessor is not also an owner? c) Is Possession a fact or a right?

a) Eine Analyse der Quellen brachte den Common Lawyers rasch die Erkenntnis, daß das anglo-amerikanische Besitzrecht in einem entscheidenden Punkt vom römischen abwich: Seit den Anfängen des Common Law galt auch ein Mieter oder Pächter einer beweglichen Sache oder eines Grundstücks (als bailee bzw. tenant bezeichnet) als Possessor und konnte auf die entsprechenden gerichtlichen Schutzbehelfe zurückgreifen.

Gleichwohl setzten manche Gelehrte des anglo-amerikanischen Rechtskreises den „possessor“ des Common Law mit dem römischen „possessor“ gleich. Insbesondere *Holland* und *Markby* gingen zumindest in ihren frühen Beiträgen grundsätzlich von einem einheitlichen Besitzbegriff für anglo-amerikanisches und römisches Besitzrecht aus. Abweichungen, wie insbesondere die unterschiedliche Behandlung des Mieters oder Pächters, spielten sie entweder herunter oder sahen sie als Ausnahmen an, die der grundsätzlichen Übereinstimmung der Besitzbegriffe beider Rechtskreise keinen Abbruch tun sollten.

Die Mehrheit der englischen und amerikanischen Gelehrten – allen voran *Oliver W. Holmes* – nahm zwar die Besitzrechtstheorien des Kontinents zur Kenntnis, war gleichwohl aber bemüht, die überlieferten Fälle des Common Law unvoreingenommen zu analysieren und dabei – mehr oder weniger triumphierend – zu einer eigenständigen Besitzrechtsdoktrin zu gelangen. Insbesondere die früheren Arbeiten wie die von *Holmes* und *Terry*, aber auch die Arbeit von *Salmond* übernahmen dabei gleichwohl die römisch-rechtliche Aufteilung des Tatbestandes des Besitzes in ein objektives und subjektives Element. Dem traten unter anderem die Beiträge von *Pollock*, *Wright* und *Thayer* entgegen, die die Possession ausdrücklich nach objektiven Kriterien bestimmen wollten. In diesen Beiträgen emanzipierte sich in der Sache das anglo-amerikanische Law of Possession am Weitesten von römisch-rechtlichen Einflüssen. Gleichwohl finden sich auch in diesen Beiträgen noch zahlreiche sprachliche Spuren der römisch-rechtlichen Doktrin. So hielt man an der Terminologie „animus", „corpus", etc. mehr als nur punktuell fest.

Auch wenn *Holmes* und seine Anhänger es gerne anders gesehen hätten – in den 1880iger Jahren hatte sich die Diskussion um das Law of Possession noch nicht gänzlich von den Einflüssen des Kontinents lösen können. Es verwundert daher nicht, daß man den Aufruhr, den *Jherings* neue Theorie zum römischen Besitzrecht in Deutschland 1889 verursachte, auch im anglo-amerikanischen Raum wahrnahm. *John M. Lightwood* und *Henry Bond* stellten der anglo-amerikanischen Gelehrtenwelt *Jherings* Theorie ohne nennenswerte zeitliche Verzögerung vor. Bedingt durch die Nähe der Thesen *Jherings* zu den neueren Tendenzen im Common Law und *Jherings* fallorientierten Stil war man in England und Amerika wieder bereit, einem Civil Lawyer Gehör zu schenken. Erst mit Ausbruch des Ersten Weltkrieges kam die Bereitschaft, sich mit den Lehren der deutschen Gelehrten auseinanderzusetzen, praktisch völlig zum Erliegen.

b) Viele Common Lawyers begaben sich zudem auf die Suche nach dem Grund des Besitzschutzes. Auch in diesem Zusammenhang konnte ein großer Teil von ihnen der Versuchung nicht wiederstehen, sich an Denkmodellen des Kontinents zu orientieren. Unter Federführung von *Holmes* wandte man sich aber zunehmend von diesen Ansätzen ab. Die Ausführungen vieler deutscher Gelehrter schienen zu abstrakt, zu theoretisch und zu philosophisch. *Holmes* setzte mit seiner These vom „instinct man shares with the domestic dog" einen Kontrapunkt, der aber selbst vielen, nach pragmatischen Lösungen suchenden Common Lawyers zu banal war. Einen Kompromiß fanden viele im Ansatz *Jherings*. Auch wenn seine These vom „Besitz als der Thatsächlichkeit des Eigenthums" nur vereinzelt ins Common Law übernommen wurde, fand sein methodischer Grundgedanke, nach dem *historischen* Grund des Besitzschutzes zu suchen, jenseits von Kanal und Atlantik Zuspruch.

c) Die Übernahme der Fragestellung, ob der Besitz ein Faktum oder ein Recht sei, führte eher zur Verwirrung als zu konstruktiven Lösungsansätzen. Die Mehrzahl der Common Lawyers, die sich mit der Problematik auseinandersetzten, mißverstanden die kontinentale Fragestellung augenscheinlich und setzten zum Beispiel Faktum und Recht mit Tatbestand und Rechtsfolge gleich. Sie kamen deshalb zu dem aus ihrer Sicht nachvollziehbaren Ergebnis, daß diese

Frage keinen Sinn mache. Unbewußt erkannte ein Teil von ihnen gleichwohl die Probleme, die mit dieser Frage auf dem Kontinent angesprochen waren, und beantwortete sie in der einen oder der anderen Weise. Die verzerrte Übernahme der Frage „Faktum oder Recht" ist nur ein, aber wohl das herausragendste Beispiel dafür, wie aufgrund sprachlicher Mißverständnisse im Common Law ein unscharfes Bild von der Diskussion auf dem Kontinent präsentiert wurde.

3. Wenn die Common Lawyers in ihren Ausführungen (expressis verbis oder auch zwischen den Zeilen) auf die Diskussion um das römische Besitzrecht auf dem Kontinent Bezug nahmen, diente dies nicht allein der Gewinnung dogmatischer Erkenntnissen für das Besitzrecht des Common Law. Teilweise benutzte man das Law of Possession als Bühne, auf der jenseits der reinen Dogmatik liegende Grundsatzfragen ausgetragen wurden. In diesem Zusammenhang erlangten die Verweise auf den Gelehrtenstreit auf dem Kontinent eine Schlüsselfunktion.

a) Einer Vielzahl der Beiträge zur Possession des Common Law war gemein, daß sie Stellungnahmen zur Frage nach dem Verhältnis von Common Law und Civil Law im allgemeinen und zum Verhältnis zwischen Possession und Possessio im besonderen waren. Das Besitzrecht sollte dabei als Nachweis und Beispiel für die jeweilige Sicht vom Einfluß des Civil Law auf das Common Law dienen. In der Zeit vor 1880 überwogen in der anglo-amerikanischen Literatur die Stimmen, die ein Näheverhältnis zwischen römischen und anglo-amerikanischen Besitzrecht behaupteten. Neben vereinzelten Stimmen, die ausdrücklich das Law of Possession auf das römische Recht der Possessio zurückzuführen suchten, erfolgte eine Stellungnahme zumeist implizit. Zum einen lehnte man sich an die Ideen *Savignys* bei der Bestimmung der Tatbestandsvoraussetzungen der Possession des Common Law an, zum anderen versuchte man, unbekannte Erscheinungsformen des römischen Rechts durch (vermeintlich) verwandte Institute des Common Law zu veranschaulichen.

Ab Ende der 1870iger Jahre verloren die kontinentalen Besitzlehren an Popularität. Es war insbesondere *Holmes*, der es sich ab 1878 zur Aufgabe machte, die Wesensverschiedenheit von römischem und anglo-amerikanischem Besitzrecht zu beweisen. Anknüpfungspunkt war dabei die unterschiedliche Behandlung von Mietern und Pächtern in beiden Rechtssystemen. Aufgrund eines (wohl unbeabsichtigten) Mißverständnisses gelang es *Holmes*, das Erfordernis eines Animus Domini mit der Philosophie *Kants* und den philosophischen Denkmodellen des Kontinents zur Frage nach dem Grund des Besitzschutzes (genauer: der Willenstheorie) zu verknüpfen. Damit brandmarkte er nicht nur das Civil Law, das er insofern mit dem römischen Recht gleichsetzte, als antiquarisch, denn im Common Law gewährte man schon lange auch Mietern und Pächtern ohne Animus Domini Besitzschutz. Auch die Gelehrten des Kontinents – und allen voran *Savigny* – kritisierte *Holmes* so als lebensfremde Philosophen, die entgegen der englischen, US-amerikanischen und selbst der gemeinrechtlichen Praxis auf dem Kontinent weiterhin die Besitz(schutz)losigkeit eines Mieters oder Pächters postulierten. Daß es *Savigny*, aber auch der Mehrzahl seiner Mitstreiter, bei den jeweiligen Ausführungen zum Animus Domini – die im übrigen losgelöst waren, von der Frage nach dem Grund des Besitzschutzes – um das klassische römische Recht ging, übersah *Holmes* dabei.

Den Eindruck, den *Holmes* mit diesen Ausführungen hinterließ, war jedoch nachhaltig. Es verwundert daher nicht, daß in der Folgezeit zahlreiche Autoren des Common Law ebenfalls auf die Unabhängigkeit des Law of Possession von römisch-rechtlichen Einflüssen pochten.

Die Stimmung änderte sich erst nach Bekanntwerden der neuen Besitzlehren *Jherings*. Da das Common Law eindeutig keinen Animus Domini verlangte, konnte man eine grundlegende Übereinstimmung der Besitzrechte beider Rechtssysteme nur unterstellen, wenn man annahm, daß das römische Recht – zumindest dem Grunde nach – ebenfalls keinen Animus Domini verlangt hätte. Genau dies war – auf den Punkt gebracht – 1889 die Aussage *Jherings*, die *Lightwood* und *Bond* im darauffolgenden Jahr in England und Amerika vorstellten. Damit war die von *Holmes* aufgestellte These einer unüberbrückbaren Distanz zwischen Possessio und Possession und einer Überlegenheit der anglo-amerikanischen Besitzrechtsdoktrin in wesentlichen Punkten erschüttert.

Um die These einer Eigenständigkeit des Common Law (zumindest im Besitzrecht) nicht zu gefährden, nahm man in der Folgezeit davon Abstand, Gemeinsamkeiten oder Unterschiede im Tatbestand zu betonen, sondern fragte nach der „nature of the problems to be solved." Man nahm zur Kenntnis, daß das Institut des Besitzes in beiden Rechtsordnungen eine wichtige praktische Funktion habe, billigte aber Unterschiede in der konkreten Ausgestaltung der einzelnen Besitztatbestände zu.

Es hatte sich damit eine Entwicklung von einer Instrumentalisierung des Besitzrechts für die Frage nach dem Verhältnis hin zu ersten Ansätzen einer funktionalen Rechtsvergleichung vollzogen.

b) Der Gelehrtenstreit auf dem Kontinent galt vielen Common Lawyers zudem zunächst als Vorbild für einen abstrakt-logischen Ansatz, der auch in England und Amerika als geeignete Methode zur Durchdringung des ungeordneten Rechtsstoffs des Case Law erschien. Mit der Entwicklung weg von begriffsjurisprudentischen Denken und hin zu an Zwecken und der sozialen Wirklichkeit orientierten Ansätzen wandelte sich dann seine Rolle zu einem abschreckenden Beispiel eines allzu philosophischen und lebensfremden Denkmodells. Insbesondere *Holmes* nutzte die deutsche Diskussion um den Grund des Besitzschutzes als Anschauungsobjekt für einer verfehlten juristische Methode. Neben einer Warnung vor einer Übernahme materiell-rechtlicher Prinzipien richtete er sich mit seiner Kritik an den „speculative jurists of Germany“ in subtiler Weise gegen die Übernahme begriffsjurisprudentischen Denkens. Wieder sollte ihm dabei sein Schluß von den Theorien zum Grund des Besitzschutzes auf die Notwendigkeit des Postulats eines Animus Domini einen entscheidenden Dienst erweisen. Seine Kernaussage lautete dabei: Ausflüge in die Philosophie können zu lebensfremden Ergebnissen führen. *Holmes* war es damit gelungen, ein unpraktikables Ergebnis (die besitzrechtliche Schutzlosigkeit eines Mieters) einer juristischen Methode zuzuschreiben. Damit ermahnte er gleichzeitig seine amerikanischen Zeitgenossen, sich vor den Fehlern zu hüten, die im fernen Europa gemacht wurden. Man sollte sich vielmehr auf die Suche begeben nach den Interessen und Zweckmäßigkeitserwägungen, den „instincts“, die das Recht geprägt haben.

Unabhängig von *Holmes* wählte auch *Jhering* auf dem Kontinent das Besitzrecht als Anschauungsobjekt einer juristischen Methodenlehre. *Jherings* Forderung, den Zweckgedanken als Leitstern zu nehmen und nach den praktischen Motiven und Erscheinungen zu forschen, stieß bei den Common Lawyers, die durch Holmes entsprechend sensibilisiert worden waren, auf reges Interesse. Wieder waren es *Lightwood* und *Bond*, die den Lehren Jherings den Weg nach England und Amerika ebneten.

III) Der Besitzrechtsstreit des Common Law bereicherte den angloamerikanischen Rechtskreis inhaltlich und methodisch. Man kann wohl noch einen Schritt weiter gehen und sagen, daß sich aus diesem Gelehrtenstreit mit seinen Bezügen zum Kontinent Erkenntnisse für das 21. Jahrhundert gewinnen lassen. Dabei ist insbesondere an die gegenwärtige Diskussion um ein gemeinsames europäisches Privatrecht zu denken. Denn schließlich wagten es die Common Lawyers des 19. Jahrhunderts, ein Institut des Privatrechts – das in der rechtsvergleichenden und rechtsvereinheitlichenden Literatur der Gegenwart bisher eher am Rande behandelt wurde – rechtsvergleichend, teils gar im Sinne einer Rechtsvereinheitlichung, zu analysieren.

Die Methode der Common Lawyers ist jedoch durch zum Teil erhebliche Unzulänglichkeiten gekennzeichnet: Hierzu gehört die mangelnde Kenntnis des rechtshistorischen Zusammenhangs der analysierten Quellen ebenso wie die starre, zweckorientierte Erwartungshaltung hinsichtlich eines bestimmten Ergebnisses, das man, womöglich der Vernunft zum Trotz, aus den Quellen herauslesen wollte. Die Thesen der Common Lawyers zum Verhältnis von Common Law und Civil Law entstanden dabei zum Teil eher aufgrund Wunschdenkens als aufgrund einer nüchternen Analyse der Quellen.

Wegen dieser Schwächen kann der Gelehrtenstreit auch inhaltlich weniger als Maßstab für das wahre Verhältnis von Common Law und Civil Law dienen. Jedoch kann er eine zentrale Funktion als umfassende Quellensammlung einnehmen, auf der die heutige rechtsvergleichende Forschung dann zur Erlangung profunderer Erkenntnisse über das wahre Verhältnis von Possession und Possession aufbauen kann. Hierbei können die methodischen Unzulänglichkeiten der Common Lawyers der heutigen rechtsvergleichenden Forschung als Warnung dienen. Man sollte sich insbesondere davor hüten, mit bestimmten, klaren Vorstellungen an die Frage einer Rechtsvereinheitlichung in Europa heranzugehen. Die Wissenschaftlichkeit dieser Aufgabe verbietet es, mit Wunschdenken die Lösung eines Problems zu antizipieren, zu der objektive und wissenschaftliche Forschung erst den Weg bereiten muß.

Literaturverzeichnis

Ames, James Barr	Lectures on Legal History and Miscellaneous Legal Essays, Cambridge 1913
Ames, James Barr	The Disseisin of Chattels, in: 3 Harvard Law Review (1889/90), S. 23 ff.
Amos, Sheldon	A Systematic View of the Science of Jurisprudence, London 1872
Amos, Sheldon	The History and Principles of the Civil Law of Rome. An Aid to the Study of Scientific and Comparative Jurisprudence, London 1883
Amos, Sheldon	The Science of Law, New York 1875
Anonymous	Note on: Property. Bailments. Action by Bailee against Third Person, in: 15 Harvard Law Review (1901/02), S. 585
Anonymous	On the Schools of German Jurists, in: 6 The Monthly Law Magazine and Political Review (1839/40), S. 77 ff.
Anonymous	Ownership and Possession of Aerolites, in: 6 Harvard Law Review (1892/93), S. 443 f.
Anonymous	The Civil Law, in: 2 The American Jurist and Law Magazine (1829), S. 39 ff.
Anonymous	The German Historical School of Jurisprudence, in: 14 American Jurist and Law Magazine (1835/36), S. 43 ff.
Anonymus	Eduard Gans über den Besitz und seine neusten Gegner, in: Hallische Jahrbücher 206 (1839), Sp. 1641
Anonymus	Preußen (Korrespondentenbericht), in: Leipziger Allgemeine Zeitung 1839, S. 470
Anonymus	Zwölf Tage in Berlin, in: Zeitung für die elegante Welt 1839, S. 317 ff.

Apathy, Peter/ Klingenberg, Georg/ Stiegler, Herwig	Einführung in das Römische Recht, Wien u.a. 1994
Arndts, Ludwig Ritter v. Arnesberg	Lehrbuch der Pandekten, 8. Aufl., Stuttgart 1874
Austin, John	The Province of Jurisprudence Determined, Being the First Part of a Series of Lectures on Jurisprudence, or, the Philosophy of Positive Law, 2nd ed., London 1861-63
Baker, John Hamilton	An Introduction to English Legal History, 3rd ed., London 1990
Baker, John Hamilton	The Reports of Sir John Spelman, Vol. II., London 1978 (Publications of the Selden Society, Vol. 94, 1977)
Bar, Christian v.	Die Study Group on a European Civil Code, in: Festschrift fur Dieter Henrich zum 70. Geburtstag, 1. Dezember 2000 (hg. von Peter Gottwald/Erik Jayme/ Dieter Schwab), Bielefeld 2000, S. 1 ff.
Bar, Christian v.	Sachenrecht in Europa: systematische Einführungen und Gesetzestexte, Bd. 1, Osnabrück 2000
Baron, Julius	Abhandlungen aus dem preußischen Recht, Berlin 1860
Baron, Julius	Noch einmal der Besitzwille: in: Iherings Jahrbücher 30 (1891), S. 197 ff.
Baron, Julius	Pandekten, 1. Aufl. Leipzig 1872 2. Aufl. Leipzig 1876
Baron, Julius	Zur Lehre vom Besitzwillen, in: Iherings Jahrbücher 29 (1890), S. 192 ff.
Bartels, W.	Zweifel gegen die Theorie vom abgeleiteten Besitz, in: ZZP VI (1833), S. 177 ff.
Beach, Charles F.	The Civil Law in America. An historical outline – its place in the legal curriculum – not only the basis of

Modern Equity Jurisprudence, but also the substantial substratum of our whole body of law – its present importance and its prospective value to the American Lawyer, Address at the St. Paul College of Law, September 17, 1903, St. Paul 1903

Beale, Joseph H. — The Carrier's Liability: Its History, in: 11 Harvard Law Review (1897), S. 158 ff.

Becchi, Paolo — Ein Fragment Hegels über Savigny. Zur Geschichte der Besitzlehre am Anfang des 19. Jahrhunderts, in: ZNR 13 (1991), S. 145 ff.

Bekker, Ernst Immanuel — Das Recht des Besitzes bei den Römern: Festgabe an Johann Caspar Bluntschli zum Doktorjubiläum, Leipzig 1880

Bekker, Ernst Immanuel — Der Besitz beweglicher Sachen. Nach der Zweiten Lesung des Entwurfs eines bürgerlichen Gesetzbuchs für das Deutsche Reich, in: Iherings Jahrbücher 34 (1895), S. 1 ff.

Bekker, Ernst Immanuel — Zur Reform des Besitzrechts, in: Iherings Jahrbücher 30 (1891), S. 235 ff.

Bentham, Jeremy — A General View of a Complete Code of Laws, in: The Works of Jeremy Bentham (John Bowering ed.), Vol. III., Edinburgh 1843, S. 185 ff.

Bethell, Richard — Inaugural Address delivered to the Juridical Society 1854, in: 1 Papers Read Before the Juridical Society (1855-1858), S. 1 ff.

Bethmann-Hollweg, Moritz August v. — Rezension: Das Recht des Besitzes. Eine civilistische Abhandlung von Dr. Friedrich Carl von Savigny, Königl. Preuss. Geh. Oberrevisionsrath u.s.w. Sechste vermehrte und verbesserte Auflage. LXXII. und 668 S. Giessen 1837. bei Heyer, in: Jahrbücher für wissenschaftliche Kritik 2 (1838), S. 265 ff.

Bigelow, Melville Madison — History of procedure in England from the Norman conquest: the Norman period (1066-1204), London 1880

Bigelow, Melville Madison — Placita Anglo-Normannica: law cases from William I to Richard I, preserved in historical records, London 1879

Blackstone, William — Commentaries on the Law of England.
Book the Second: Of the Rights of Things, Oxford 1766
Book the Third: Of Private Wrongs, Oxford 1768

Böcking, Eduard — Institutionen. Ein Lehrbuch des römischen Privatrechts aus dem Standpuncte unseres heutigen Rechtssystems. Nebst Einleitung in das Studium des römischen Rechts. Erster Band. Die Einleitung und die Lehre von den Voraussetzungen des Privatrechts, Bonn 1843

Bond, Henry — Possession in the Roman Law, in: 6 Law Quarterly Review (1890), S. 259 ff.

Borchard, Edwin M. — Jurisprudence in Germany, in: 12 Columbia Law Review (1912), S. 301 ff.

Bordwell, Percy — Property in Chattels, in: 29 Harvard Law Review (1916), S. 374 ff., 501 ff., 731 ff.

Bornemann, Wilhelm — Systematische Darstellung des Preußischen Civilrechts mit Benutzung der Materialien des Allgemeinen Landrechts. Erster Band, 2. Aufl., Berlin 1842

Bracton, Henry de — De Legibus et Consuetudinibus Angliae, translated by Samuel E. Thorne, Vol. II., Cambridge 1968

Braun, Johann — Der Besitzrechtsstreit zwischen Friedrich Carl von Savigny und Eduard Gans, in: Judentum, Jurisprudenz und Philosophie, Bilder aus dem Leben des Juristen Eduard Gans (1797-1839), Baden-Baden 1997, S. 91 ff.

Braun, Johann — Der Besitzrechtsstreit zwischen Friedrich Carl von Savigny und Eduard Gans – Idee und Wirklichkeit einer juristischen Kontroverse, in: 9 Quaderni Fiorentini (1980), S. 457 ff.

Brinz, Alois v. — Lehrbuch der Pandekten,
1. Aufl., Erlangen 1857
Erster Band, 2. Aufl., Erlangen 1873

Bruns, Carl Georg — Das Recht des Besitzes im Mittelalter und in der Gegenwart, Tübingen 1848

Bruns, Carl Georg — Der Besitz, in: von Holtzendorff's Enzyklopädie der Rechtswissenschaft (2. Aufl., 1873), S. 356 ff.

Bruns, Carl Georg — Die Besitzklagen des römischen und heutigen Rechts, Weimar 1874

Bryce, James — Studies in History and Jurisprudence, New York/London 1901

Burchardi, Georg Christian — Possessio civilis ist weder gleichbedeutend mit possessio ad usucapionem, noch mit possessio ad interdicta, in: AcP 20 (1837), S. 14 ff.

Campbell, Edward L. — The Science of Law according to the American Theory of Government, Jersey City 1887

Campbell, Enid — German Influences in English Legal Education and Jurisprudence in the 19th Century, in: 4 University of Western Australia Law Review (1957-59), S. 357 ff.

Caroni, Pio — Der Schiffbruch der Geschichtlichkeit. Anmerkungen zum Neo-Pandektismus, in: ZNR 16 (1994), S. 85 ff.

Caroni, Pio/ Dilcher Gerhard — Norm und Tradition. Zur Situation und Aufgabe der Rechtsgeschichte als Teil einer europäischen Rechtswissenschaft, in: Norm und Tradition (hg. von Pio Caroni/Gerhard Dilcher), Köln u.a. 1998, S. 9 ff.

Clerk, John Frederic — Title to Chattels by Possession, in: 7 Law Quarterly Review (1891), S. 224 ff.

Coing, Helmut — Europäisches Privatrecht, Band I: Älteres Gemeines Recht (1500 bis 1800), München 1985; Band 2: 19. Jahrhundert. Überblick über die Entwicklung des Privatrechts in den ehemals gemeinrechtlichen Ländern, München 1989

Coing, Helmut — Europäisierung der Rechtswissenschaft, in: NJW 1990, S. 937 ff.

Curzon, Leslie Basil — English Legal History, 2nd ed., Estover 1979

Cushing, Luther S. — On the Law of Possession. „Analysis of Savigny's Treatise on the Law of Possession", by Professor L. A, Warnkönig, translated and introduced by L. S. Cushing, in: 19 The American Jurist and Law Magazine (1838), S. 13 ff.

Dernburg, Heinrich — Entwicklung und Begriff des juristischen Besitzes des Römischen Rechts, Festschrift zum fünfzigjährigen Stiftungsfest der Universität Zürich, Halle 1883

Dernburg, Heinrich — Pandekten, 1. Aufl., Berlin 1884

Dicey, Albert Venn — A Treatise on the Rules for the Selection of the Parties to an Action, 2nd American ed. (by Wilbur Aldrich), Jersey City 1886

Digby, Kenelm Edward — An Introduction to the History of the Law of Real Property with Original Authorities, Oxford 1875

Dillon, John E. — The Laws and Jurisprudence of England and America: Being a Series of Lectures Delivered Before Yale University, Boston 1894

Dorguth, Friedrich — Ein Paar Worte über den Besitz aus dem Standpunkte des Idealismus wie des Realismus, mit Rückblick auf die Gans'sche Kritik der v. Savigny'schen Besitzlehre, in: Centralblatt für Preußische Juristen 1839, Sp. 274

Ein preußischer Jurist — Darstellung der Lehre vom Besitz als Kritik des v. Savigny'schen Buches „Das Recht des Besitzes". 6., verbesserte Auflage, Berlin 1840

Esser, Josef — Grundsatz und Norm in der richterlichen Fortbildung des Privatrechts. Rechtsvergleichende Beiträge zur Rechtsquellen- und Interpretationslehre, 4. Aufl., Tübingen 1990

Fifoot, Cecil Herbert Stuart — History and Sources of the Common Law. Tort and Contract, London 1949

Fifoot, Cecil Herbert Stuart — Judge and Jurist in the Reign of Victoria, London 1959

Finlason, William Francis — Reeves' History of the English Law, from the Time of the Romans to the End of the Reign of Elizabeth, A

New American Edition. Vol. I.: From the Time of the Romans to the End of the Reign of John, Philadelphia 1880

Fitzgerald, Patrick John — Salmond on Jurisprudence, 12th ed., London 1966

Förster, Franz — Theorie und Praxis des heutigen gemeinen preußischen Privatrechts auf der Grundlage des gemeinen deutschen Rechts, III. Band, 3. Aufl., Berlin 1874

Freund, Ernst — Historical Jurisprudence in Germany, in: 5 Political Science Quarterly (1890), S. 468 ff.

Friedman, Lawrence M. — A History of American law, 2nd ed., New York 1985

Gambaro, Antonio — Perspectives on the codification of the law of property: an overview, in: ERPL 5 (1998), S. 497 ff.

Gans, Eduard — System des Römischen Civilrechts im Grundrisse nebst einer Abhandlung über Studium und System des römischen Rechts, Berlin 1827

Gans, Eduard — Über die Grundlage des Besitzes. Eine Duplik, Berlin 1839

Gierke, Otto Friedrich v. — Deutsches Privatrecht, Zweiter Band. Sachenrecht, Leipzig 1905

Glenn, William C. — The Practical Use of Roman Law, in: 11 Georgia Bar Association Journal (1894), S. 98 ff.

Goldtschmidt, Levin — Grundlagen der Besitzlehre (1884), in: Vermischte Schriften, Erster Band, Berlin 1901, S. 23 ff.

Goldtschmidt, Levin — Handbuch des Handelsrechts I, Erlangen 1864 (2. Aufl., Erlangen 1874)

Goldtschmidt, Levin — Studien zum Besitzrecht, in: Festgabe für Rudolf Gneist: Zum Doktorjubiläum am 20. 11. 1888. Gewidmet von Heinrich Brunner, Berlin 1888, S. 61 ff.

Gordley, James — Common law und civil law: eine überholte Unterscheidung, in: ZEuP 1 (1993), S. 498 ff.

Göschen, Johann Friedrich Ludwig	Vorlesungen über das gemeine Zivilrecht, 2, 1. Sachenrecht, Göttingen 1839
Graziadei, Michele	Changing Images of the Law in XIX Century English Legal Thought (The Continental Impulse), in: The Reception of Continental Ideas in the Common Law World: 1820 – 1920 (Mathias Reimann ed.), Berlin 1993, S. 115 ff.
Grossi, Paolo	Pagina Introduttiva, in: Quaderni Fiorentini 23 (1994), S. 1 ff.
Guyet, Carl Julius	Noch einige Bemerkungen über den Begriff des animus possidendi, in: ZZP IV (1831), S. 361 ff.
Guyet, Carl Julius	Ueber den animus possidendi, in: ZZP II (1829), S. 133 ff.
Hähn, Hans	Die herrschende und die Ihering'sche Theorie des Besitzes, Diss. Braunschweig 1896
Hasse, Johann Christian	Ueber das Wesen der actio, ihre Stellung im System des Privatrechts und über den Gegensaz der in personam und in rem actio, in: Rheinisches Museum 6 (1832), S. 154 ff.
Hastie, W.	Outlines of the Science of Jurisprudence. An Introduction to the Systematic Study of Law. Translated and Edited from the Juristic Encyclopedias of Puchta, Friedländer, Falck, and Ahrens, Edinburgh 1887
Hauser, Lorenz	Der Rechtscharakter des Besitzes und die rechtsgeschäftlichen Besitzmomente, in: Zeitschrift für Reichs- und Landesrecht I (1874), S. 28
Hauser, Lorenz	Stellvertretung im Besitze. Ein Beitrag zur Besitzlehre, Leipzig 1870
Hegel, Georg Wilhelm Friedrich	Die Philosophie des Rechts. Die Mitschriften Wannenmann (Heidelberg 1817/18) und Homeyer (Berlin 1818/19), Stuttgart 1983
Hegel, Georg Wilhelm Friedrich	Grundlinien der Philosophie des Rechts, Berlin 1821

Herget, James E.	American Jurisprudence, 1870-1970. A History, Houston 1990
Herget, James E./ Wallace, Stephen	The German Free Law Movement as the Source of American Legal Realism, in: 73 Virginia Law Review (1987), S. 399 ff.
Hirsch, Paul	Die Prinzipien des Sachbesitzerwerbes und –verlustes nach römischem Recht, Leipzig 1892
Hoelder, Eduard	Civilrecht. Zur Besitzlehre (Rezensionen), in: Kritische Vierteljahresschrift 34 (1892), S. 222 ff.
Hofacker, Karl Christoph	Principia Iuris Civilis Romano-Germanico, Tübingen 1788
Holdsworth, William Searle	A History of English Law, Vol. II., 1st ed., Boston 1909 Vol. II., 3rd ed., Boston 1923 Vol. III., 1st ed., London 1909 Vol. III., 3rd ed., Boston 1927 Vol. VII., 1st ed., London 1926 Vol. XV., 1st ed., London 1965
Holland, Thomas Erskine	The Elements of Jurisprudence, 1st ed., Oxford 1880, 5th ed., Oxford 1890, 13th ed., Oxford 1924
Holmes, Oliver Wendell	Langdell, A Selection of Cases on the Law of Contracts, 2nd ed. 1880, in: 14 American Law Review (1880), S. 233 ff.
Holmes, Oliver Wendell	Possession, in: 12 The American Law Review (1878), S. 688 ff.
Holmes, Oliver Wendell	The Bar as a Profession, in: Collected Legal Papers, New York 1920, S. 153 ff.
Holmes, Oliver Wendell	The Black Book of OWH, Boston 1936
Holmes, Oliver Wendell	The Common Law, Boston 1881

Holmes, Oliver Wendell — The Path of the Law, in: 10 Harvard Law Review (1896/97), S. 457 ff.

Honsell, Heinrich — Römisches Recht, 4. Aufl., Berlin u.a. 1997

Honsell, Heinrich/ Mayer-Maly, Theo — Römisches Recht, aufgrund des Werkes von Paul Joers; 4. Aufl., neu bearb. von Heinrich Honsell u.a., Berlin 1987

Höpfner, Ludwig — Die Besitzrechtsmittel und Besitzprocesse des heutigen gemeinen und des königlich sächsischen Rechts, Leipzig 1841

Howe, Mark de Wolfe — Holmes-Pollock Letters; the Correspondence of Mr. Justice Holmes and Sir Frederick Pollock, 1874-1932, Cambridge 1941

Howe, William Wirt — Studies in the Civil Law, and Its Relations to the Law of England and America, Boston 1896

Hübner, Rudolf — Grundzüge des Deutschen Privatrechts, 5. Aufl., Leipzig 1930

Hufeland, Gottlieb — Neue Darstellung der Rechtslehre vom Besitz, Giessen, 1816, in: Über den eigenthümlichen Geist des römischen Rechts im Allgemeinen und im Einzelnen (Gottlieb Hufeland), 2. Th., 1. Abth. (1816)

Hugo, Gustav — Rezension zu Savigny's Besitz (6. Auflage), in: Göttingische gelehrte Anzeigen 1837, S. 1323 ff.

Hunter, William Alexander — A Systematic and Historical Exposition of Roman Law. In the Order of a Code, London 1876

Hunter, William Alexander — Introduction to Roman Law, London 1880

Huschke, Eduard — Gans' Kritik gegen Herrn von Savigny, die Grundlage des Besitzes betreffend, erörtert von Friedrich Schaaf (Rezension), in: Kritische Jahrbücher für deutsche Rechtswissenschaft 3 (1839), S. 292 ff.

Huschke, Eduard — Über die Stelle des Varro von den Licinern (de re rust. I, 2 § 9) Nebst einer Zugabe über Fest. v. Possessiones und Possessio, Heidelberg 1835

Jhering, Rudolf v. — Der Besitzwille. Zugleich eine Kritik der herrschenden juristischen Methode, Jena 1889

Jhering, Rudolf v. — Der Geist des römischen Rechts auf den verschiedenen Stufen seiner Entwicklung, Teil 1, 5. Aufl., Leipzig 1891; Teil 3.1, 5. Aufl., Leipzig 1906

Jhering, Rudolf v. — Über den Grund des Besitzschutzes; eine Revision der Lehre vom Besitz, 2. Aufl., Jena 1869

Jones, William — An Essay on the Law of Bailments, London 1781

Kant, Immanuel — Die Metaphysik der Sitten, Königsberg 1797

Karlowa, Otto — Römische Rechtsgeschichte, Bd. II, Teil 1, Leipzig 1901

Kaser, Max — Das Römische Privatrecht.
Erster Abschnitt: Das altrömische, das vorklassische und klassische Recht, München 1955
Zweiter Abschnitt: Die nachklassischen Entwicklungen, 2. Aufl., München 1975

Kaser, Max — Eigentum und Besitz im älteren römischen Recht, 2. Aufl. Köln 1956 (Forschungen zum römischen Recht I)

Kaye, J. M. — Res Addiratae and Recovery of Stolen Goods, in: 86 Law Quarterly Review (1970), S. 379 ff.

Kent, James — Commentaries on American Law, Vol. II., New York 1827

Kierulff, Johann Friedrich Martin — Theorie des gemeinen Civilrechts, Altona 1839

Kindel, Wilhelm — Die Grundlagen des römischen Besitzrechts, Berlin 1883

Kindel, Wilhelm — Kritische Bemerkungen zu den Besitztheorien von Randa und Ihering in ihrem Verhältnis und Gegensatz zum Pandektenrecht, in: Beiträge zur Erläuterung des Deutschen Rechts 21 (1877), S. 411 ff.

Klein, Franz — Sachbesitz und Ersitzung. Forschungen im Gebiete des Römischen Sachenrechtes und Civilprocesses, Berlin 1891

Koch, Christian Friedrich — Die Lehre vom Besitz nach Preußischem Rechte, mit Rücksicht auf das gemeine Recht und die Materialien des Allgemeinen Landrechts, 2. Aufl., Breslau 1839

Köppe, A. — Zur Lehre vom Besitz, Berlin 1839

Kötz, Hein — Was erwartet die Rechtsvergleichung von der Rechtsgeschichte, in: JZ 1992, S. 20 ff.

Kroeschell, Karl — Deutsche Rechtsgeschichte, Bd. 3 (seit 1650), 3. Aufl., Wiesbaden 2001

Kuntze, Johannes Emil — Zur Besitzlehre für und wider Rudolf von Ihering, Leipzig 1890

Lando, Ole/Beale, Hugh — Principles of European Contract Law.
Part I: Performance, non-performance and remedies, Dordrecht u.a. 1995
Parts I and II, Den Haag 2000

Langdell, Christopher Columbus — A selection of cases on the law of contracts: with references and citations, Boston 1871

Laughlin, Laurence J. — The Anglo-Saxon Legal Procedure, in: Essays on Anglo-Saxon Law (Henry Adams ed.), Boston 1905, S. 183 ff.

Lenz, Gustav — Das Recht des Besitzes und seine Grundlagen. Zur Einleitung in die Wissenschaft des Römischen Rechts, Berlin 1860

Legrand, Pierre — Against a European Civil Code, in: 60 Modern Law Review (1997), S. 44 ff.

Legrand, Pierre — European Legal Systems are not Converging, in: 45 International and Comparative Law Quarterly (1996), S. 52 ff.

Leonhard, Rudolph — Ein amerikanisches Urteil über die deutsche Besitzlehre, in: Festschrift für Otto Gierke zum 70. Geburtstag, Weimar 1911, S. 19 ff.

Leonhard, Rudolph — Methods Followed in Germany by the Historical School of Law, in: 7 Columbia Law Review (1907), S. 573 ff.

Lightwood, John Mason — A Treatise on Possession of Land, with a Chapter on the Real Property Limitation Acts 1833 and 1874, London 1894

Lightwood, John Mason — Possession in the Roman Law, in: 3 Law Quarterly Review (1887), S. 32 ff.

Lightwood, John Mason — Review: Rudolf von Ihering's „Der Besitzwille. Zugleich eine Kritik der herrschenden juristischen Methode", in: 5 Law Quarterly Review (1889), S. 315

Lightwood, John Mason — Review: Salvatore Riccobono's „La Teoria Romana dei Rapporti di Possesso. Le Dottrine dei moderni e le Legislazioni", in: 27 Law Quarterly Review (1911), S. 491 ff.

Limmer, Peter — Europäisches Privatrecht – das Ende des Zeitalters der einheitlichen Zivilrechtskodifikation, in: MittBayNot 1999, S. 325 ff.

Lindley, Nathaniel — An Introduction to the Study of Jurisprudence; Being a Translation of the General Part of Thibaut's System des Pandekten Rechts, with Notes and Illustrations by Nathaniel Lindley, Philadelphia 1855

Luig, Klaus — Dogmengeschichte des Privatrechts als rechtswissenschaftliche Grundlagenforschung. Zwei Neuerscheinungen zur Geschichte der „clausula rebus sic stantibus", in: Ius Commune 20 (1993), S. 193 ff.

Macdonell, John — Rudolph von Ihering, in: Great Jurists of the World (John Macdonell/Edward Manson ed.), Boston 1914, S. 590 ff.

Mackeldey, Ferdinand — Lehrbuch des heutigen Römischen Rechts, 2. Aufl., Gießen 1818

Maine, Henry Sumner — Ancient Law. Its Connection with the Early History of Society and Its Relation to Modern Ideas, London 1861

Maitland, Frederic William — Equity: Also the Forms of Action at Common Law. Two courses of lectures, Cambridge 1932

Maitland, Frederic William — Possession for Year and Day, in: 5 Law Quarterly Review (1889), S. 253 ff.

Maitland, Frederic William — The Beatitude of Seisin, in: 4 Law Quarterly Review (1888), S. 24 ff., S. 286 ff.

Maitland, Frederic William — The Mystery of Seisin, in: 2 Law Quarterly Review (1886), S. 481 ff.

Maitland, Frederic William — The Seisin of Chattels, in: 1 Law Quarterly Review (1885), S. 324 ff.

Maitland, Frederic William — Why the History of English Law is Not Written, in: The Collected Papers of Frederic William Maitland: Downing professor of the Laws of England (hg. von Herbert Albert Laurens Fisher), Bd. 1, Cambridge 1911, S. 480 ff.

Markby, William — Elements of Law. Considered with Reference to Principles of General Jurisprudence,
1st ed., London 1871
5th ed., London 1896

Meischeider, Emil — Besitz und Besitzschutz: Studien über alte Probleme, Berlin 1876

Meyer's Lexikon — Meyer's Lexikon, Bd. 4, 8. Aufl., Leipzig 1938, S. 937 f.

Meysenbug, Emil v. — Das Meinen und Analysieren als Wissen und Methode der geschichtlichen Rechtsforschung, in: Servius. Blätter für juristische Kritik (hg. von Meysenbug), Berlin 1834, S. 3 ff.

Milsom, Stroud Francis Charles — Historical Foundations of the Common Law, 2nd ed., London 1981

Moyle, John Baron — Imperatoris Iustiniani Institutionum. Libri Quattuor. With Introductions, Commentary, Excursus and Translation by J. B. Moyle, Vol I., Oxford 1883

Mühlenbruch, Christian Friedrich	Lehrbuch des Pandektenrechts, 3. verbesserte Auflage, Zweither Theil, Halle 1840
Oertmann, Paul	Sachbesitz und Ersitzung (Rezension des Werkes von Klein) in: Zeitschrift für das Privat- und öffentliche Recht der Gegenwart (Grünhut's Zeitschrift) 20 (1893), S. 189 ff.
Ogris, Werner	Besitz, in: Handwörterbuch zur deutschen Rechtsgeschichte (HRG), hg.von Adalbert Erler, Bd. 1 (1971), Sp. 389
Pachmann, Theodor	Die Verjährung nach dem allgemeinen bürgerlichen Rechte in Österreich, Wien 1833
Pernice, Alfred	Literatur. E. Meischeider Besitz und Besitzschutz (Rezension) in: Zeitschrift für das gesammte Handelsrecht 22 (1877), S. 415 ff.
Perry, Erskine	Von Savigny's Treatise on Possession; or the Jus Possessionis of the Civil Law, 6th ed., Translated from the German by Sir Erskine Perry, London 1848
Pfeiffer, Karl	Was ist und gilt im römischen Rechte der Besitz?: Eine Abhandlung gerichtet gegen die von Savigny'sche Doktrin über das Recht des Besitzes, Leipzig 1840
Pflüger, Heinrich Hackfeld	Die sogenannten Besitzklagen des römischen Rechts, Leipzig 1890
Philippson, N.N.	Tages-Controle (Korrespondentenbericht), in: Allgemeine Zeitung des Judentums 1839, S. 294 f., 307 f.
Phillimore, John George	Private Law Among the Romans. From the Pandects, London/Cambridge 1863
Pininski, Leo	Thatbestand des Sachbesitzerwerbes nach gemeinem Recht: Eine civilistische Untersuchung, Leipzig 1885
Planitz, Hans	Deutsches Privatrecht, 3. verbesserte Auflage, Wien 1948
Plucknett, Theodore Frank Thomas	A Concise History of the Common Law, 5th ed., Boston 1956

Pollock, Frederick	A First Book of Jurisprudence for Students of the Common Law, London 1896
Pollock, Frederick	The Nature of Jurisprudence, in: Essays in Jurisprudence and Ethics, London 1882, S. 1 ff.
Pollock, Frederick/ Maitland, Frederic William	The History of English Law before the Time of Edward I, 2nd ed., Vol. II, Cambridge 1923
Pollock, Frederick/ Wright, Robert Samuel	An Essay on Possession in the Common Law, Oxford 1888
Poste, Edward	Gaii Institutionum Iuris Civilis Commentarii Quattuor or Elements of Roman Law by Gaius, with a Translation and Commentary by Edward Poste, Oxford 1871
Pound, Roscoe	An Introduction to American Law, Boston 1919
Pound, Roscoe	Jurisprudence, Vol. V., St. Paul 1959
Puchta, Georg Friedrich	Cursus der Institutionen, Zweiter Band, 7. Aufl. (posthum durch Adolf Friedrich Rudorff), Leipzig 1871
Puchta, Georg Friedrich	Pandekten, 1. Aufl., Leipzig 1838 3. Aufl., Leipzig 1845
Puchta, Georg Friedrich	Rezension: Das Recht des Besitzes. Eine civilistische Abhandlung von Dr. F. C. v. Savigny, in: Kritische Jahrbücher für deutsche Rechtswissenschaft 1 (1837), S. 669 ff.
Puchta, Georg Friedrich	Rezension: Ueber die Grundlage des Besitzes. Eine Duplik von Eduard Gans, in: Kritische Jahrbücher für deutsche Rechtswissenschaft 3 (1839), S. 283 ff.
Puchta, Georg Friedrich	Zu welcher Classe von Rechten gehört der Besitz?, in: Rheinisches Museum 3 (1829), S. 289 ff.
Randa, Anton	Der Besitz nach österreichischem Rechte, mit Berücksichtigung des gemeinen Rechtes, des preußischen, französischen und sächsischen Gesetzbuches, 1. Aufl., Leipzig 1865

Randa, Anton — Der Besitz nach österreichischem Rechte: Mit Berücksichtigung des gemeinen, des preußischen, französischen und italienischen, des sächsischen und zürcherischen Gesetzbuches,
2. Aufl., Leipzig 1876,
4. Aufl., Leipzig 1895

Randall, H. J. — Review: Law as a Means to an End, by Rudolf von Ihering, in: 31 Law Quarterly Review (1915), S. 228 f.

Rattigan, William Henry — The Science of Jurisprudence. Chiefly Intended for Indian Students, 3rd ed., London 1909

Rauh, N.N. — Versuch einer Geschichte der Lehre vom Besitz aus dem Standpunkt der Phylosophie des Rechts gegen Herrn von Savigny, Landau 1834

Reimann, Mathias — „In such forests liberty was nurtured." Von den germanischen Wurzeln der anglo-amerikanischen Freiheit, in: Wirkungen europäischer Rechtskultur. Festschrift für Karl Kroeschell zum 70. Geburtstag (hg. von Gerhard Köbler/Hermann Nehlsen), München 1997, S. 933 ff.

Reimann, Mathias — Einführung in das US-amerikanische Privatrecht, München 1997

Reimann, Mathias — Historische Schule und Common Law: die deutsche Rechtswissenschaft des 19. Jahrhunderts im amerikanischen Rechtsdenken, Berlin 1993

Reimann, Mathias — Holmes's „Common Law" and German Legal Science, in: The Legacy of Oliver Wendell Holmes, Jr. (Robert W. Gordon ed.), Stanford 1992, S. 72 ff.

Reimann, Mathias — Rechtsgeschichte und geschichtliches Recht im Common Law, in: Norm und Tradition (hg. von Pio Caroni/Gerhard Dilcher), Köln u.a. 1998, S. 209 ff.

Reimann, Mathias — Rechtsvergleichung und Rechtsgeschichte im Dialog, in: ZEuP 7 (1999), S. 496 ff.

Reimann, Mathias — Who is afraid of the Civil Law? Kontinentaleuropäisches Recht und Common Law im Spiegel der englischen Literatur seit 1500, in: 21 ZNR (1999), S. 357 ff.

Reuling, Wilhelm — Lorenz Hauser. Stellvertretung im Besitze (Rezension), in: Zeitschrift für das gesammte Handelsrecht 17 (1872), S. 320 ff.

Röder, Karl David August — Grundzüge des Naturrechts oder der Rechtsphilosophie, 2. Aufl., Leipzig und Heidelberg 1863

Rosenberg, Mathias v. — Friedrich Carl von Savigny (1779 - 1861) im Urteil seiner Zeit, Frankfurt am Main 2000

Roßhirt, Konrad Eugen Franz — Ueber den sogenannten abgeleiteten Besitz, in: AcP 21 (1838), S. 242 ff.

Roßhirt, Konrad Eugen Franz — Zu der Lehre vom Besitz und insbesondere von der quasipossessio, in: AcP 8 (1825), S. 1 ff.

Rückert, Joachim — Idealismus, Jurisprudenz und Politik bei Friedrich Carl von Savigny, Ebelsbach 1984

Rückert, Joachim — Privatrechtsgeschichte und Traditionsbildung, in: Rechtshistorisches Journal 11 (1992), S. 122 ff.

Rudorff, Adolf Friedrich — Ueber den Rechtsgrund der possessorischen Interdicte, in: Zeitschrift für geschichtliche Rechtswissenschaft VII (1831) S. 90 ff.

Rudorff, Adolf Friedrich — Ueber die Grundlage des Besitzes. Eine Duplik von Eduard Gans (Rezension), in: Literarische Zeitung 1839, S. 54

Salmond, John William — Jurisprudence or the Theory of Law, 1st ed., London 1902

Salmond, John William — The Law of Torts. A Treatise on the English Law of Liability for Civil Injuries,
2nd ed., London 1910,
3rd ed., London 1912

Samuel, Geoffrey — System und Systemdenken – Zu den Unterschieden zwischen kontinentaleuropäischem Recht und Common Law, in: ZEuP 3 (1995), S. 375 ff.

Savigny, Friedrich Carl v. — Das Recht des Besitzes,
1. Aufl., Gießen 1803,
2. Aufl., Gießen 1806,

4. Aufl., Gießen 1822,
6. Aufl., Gießen 1837,
7. Aufl., Wien 1865 (7., aus dem Nachlasse des Verf. und durch Zusätze des Hrsg. [Adolf Friedrich Rudorff] verm. Auflage)

Savigny, Friedrich Carl v. — Über den Zweck dieser Zeitschrift, in: Zeitschrift für geschichtliche Rechtswissenschaft 1 (1815), S. 1 ff.

Schaaf, Friedrich — Gans' Kritik gegen Herrn von Savigny, die Grundlage des Besitzes betreffend, Berlin 1839

Scheurl, Christoph Gottlieb Adolf v. — Weitere Beiträge zur Bearbeitung des römischen Rechts. II. Zur Lehre vom römischen Besitzrecht, Erlangen 1886

Schmidt, Gustavus — Review: „Traité de la Possession, d'après les principes du Droit Romain, par Mr. Fr. Ch. de Savigny, Conseiller Intime de Justice, Professeur ordinaire à la faculté de droit à l'Université, et membre de l'Academie des Sciences de Berlin. Traduit de l'Allemand, (sur la 6me édition,) par Jules Beving, Avocat. Bruxelles 1840", in: 1 Louisiana Law Journal (1841/42), S. 47 ff.

Schmidt, Reinhold — Ueber die Natur des Besitzes, in: Kritische Vierteljahresschrift XII (1870), S. 63 ff.

Schmidt, Th. A. Ludwig — Über das possessorische Klagerecht des juristischen Besitzers gegen seinen Repräsentanten, Gießen 1838

Schmidt-Kessel, Martin — Symposium: „Towards a European Civil Code", in: JZ 1997, S. 1052 f.

Schröder, Horst — Zum Gedenken an Eduard Gans, in: Staat und Recht 13 (1964), S. 1413 ff.

Schröter, August Wilhelm v. — Ueber den abgeleiteten Besitz, in: ZZP II (1829), S. 233 ff.

Schubert, Werner — Die Entstehung der Vorschriften des BGB über Besitz und Eigentumsübertragung: ein Beitrag zur Entstehungsgeschichte des BGB, Berlin 1966

Schulze, Reiner — Vom Ius commune bis zum Gemeinschaftsrecht – das Forschungsfeld der Europäischen Rechtsgeschichte, in:

Europäische Rechts- und Verfassungsgeschichte (hg. von Reiner Schulze), Berlin 1991, S. 3 ff.

Schwake, Jürgen — Zur Entwicklung des Besitzbegriffs im 19. Jahrhundert unter dem Einfluß Savignys, Diss. Göttingen 1984

Schwarz, Andreas B. — Einflüsse deutscher Zivilistik im Auslande, in: Rechtsgeschichte und Gegenwart. Gesammelte Schriften zur Neueren Privatrechtsgeschichte und Rechtsvergleichung (hg. von Hans Thieme/Franz Wieacker), Karlsruhe 1960, S. 26 ff.

Schweppe, Albrecht — Das Römische Privatrecht in seiner Anwendung auf Teutsche Gerichte: als Leitfaden zu den Vorlesungen über die Pandecten, 3. Aufl., Altona 1822

Seuffert, Johann Adam — Praktisches Pandektenrecht, 4. Aufl. (posthum durch E.A. Seuffert), Würzburg 1860

Simpson, Alfred William Brian — The Introduction of the Action on the Case for Conversion, in: 75 Law Quarterly Review (1959), S. 364 ff.

Sintenis Carl Friedrich Ferdinand — Beiträge zu der Lehre vom juristischen Besitz überhaupt, und dem Pfandbesitz im Besonderen, in: ZZP VII (1834), S. 223 ff., 414 ff.

Sintenis, Carl Friedrich Ferdinand — Civilistische Bemerkungen, in: AcP 18 (1835), S. 266

Sintenis, Carl Friedrich Ferdinand — Das practische gemeine Civilrecht, Erster Band: Die allgemeinen Lehren und das Sachenrecht, Leipzig 1844

Smith, Munroe — Four German Jurists. Bruns, Windscheid, Jhering, Gneist, in: 10 Political Science Quarterly (1895), S. 664 ff.; 11 Political Science Quarterly (1896), S. 278 ff.

Solari, Gioele — Filosofia del diritto privato II. Storicismo e diritto privato, Torino 1971

Spangenberg, Carl Friedrich Wilhelm v. — Versuch einer systematischen Darstellung der Lehre vom Besitz, Bayreuth 1794

Stahl, Friedrich Julius	Christliche Rechts- und Staatslehre, Bd. 2: Die Philosophie des Rechts nach geschichtlicher Ansicht, Abth. 1, 1. Aufl., Heidelberg 1833
Stein, Peter	Continental Influences on English Legal Thought, 1600-1900, in: La Formazione Storica del Diritto Moderno in Europa, Firenze 1977, S. 1105 ff.
Stein, Peter	Legal Theory and the Reform of Legal Education in Mid-Nineteenth Century England, in: L'Educazione Juridica (hg. von Giuliani/Picarda), Bd. II: Profili Storici (1979), S. 185 ff.
Stintzing, Johann August Roderich/ Landsberg, Ernst	Geschichte der Deutschen Rechtswissenschaft Abt. 3, Hlbbd. 2, München und Berlin 1910
Stoljar, Samuel	The Early History of Bailment, in: 1 The American Journal of Legal History (1957), S. 5 ff.
Story, Joseph	Commentaries on the Law of Bailments, with Illustrations from the Civil and the Foreign Law, Cambridge 1832
Strohal, Emil	Succession in den Besitz nach römischem und heutigem Recht. Civilistische Untersuchung. Festschrift der K. K. Universität Graz aus Anlass der jährlichen Feier ihrer Vervollständigung, Graz 1885
Strohal, Emil	Zum Besitzrecht des Entwurfs eines bürgerlichen Gesetzbuchs für das Deutsche Reich. Zweiter Beitrag, in: Iherings Jahrbüchern 31 (1892), S. 1 ff.
Strohal, Emil	Zum Besitzrecht des Enwurfs eines bürgerlichen Gesetzbuchs für das Deutsche Reich. Erster Beitrag, in: Iherings Jahrbüchern 29 (1890), S. 336 ff.
Stubbs, William	Select charters and other illustrations of English constitutional history, from the earliest times to the reign of Edward the First, 1st ed., Oxford 1870
Stubbs, William	The constitutional history of England, in its origin and development, Oxford 1874-78

Taylor, Hannis	The Science of Jurisprudence. A Treatise in which the Growth of positive Law is Unfolded by the Historical Method and Its Elements Classified and Defined by the Analytical, New York 1908
Taylor, Hannis	A comparative study of Roman and English law in the old world and the new: an address delivered at New Orleans, La., May 13th, 1899, before the Louisiana Bar Association, New Orleans 1899
Terry, Henry Taylor	Some leading principles of Anglo-American law expounded with a view to its arrangement and codification, Philadelphia 1884
Thaden, Friedrich	Allgemeine Untersuchungen über den Begriff des römischen Interdictenbesitzes und dessen Klassification im Rechtsysteme, Hamburg 1833
Thayer, Albert Smith	Possession and Ownership, in: 23 Law Quarterly Review (1907), S. 175 ff., 314 ff.
Thayer, Albert Smith	Possession, in: 18 Harvard Law Review (1904/05), S. 196 ff.
Thibaut, Anton Friedrich Justus	Nachträge zu seiner Abhandlung über possessio civilis in Diesem Archiv 18. Bd. 3. Hft. Nr. XIII, in: AcP 23 (1840), S. 167 ff.
Thibaut, Anton Friedrich Justus	System des Pandekten-Rechts, 8. Aufl., Jena 1834 9. Aufl. (bearbeitet von Alexander August von Buchholz), Jena 1846
Thibaut, Anton Friedrich Justus	Ueber Besitz und Verjährung, Jena 1802
Thibaut, Anton Friedrich Justus	Ueber possessio civilis, in: AcP 18 (1835), S. 315 ff.
Tiedeman, Christopher Gustavus	An Elementary Treatise on the American Law of Real Property, St. Louis 1884
Tigerström, Friedrich Wilhelm v.	Ueber den Rechtsgrund der sg. Possessorischen Interdicte, in: AcP 22 (1839), S. 31 ff.

Tigerström, Friedrich Wilhelm v. — Die bonae fidei possessio oder das Recht des Besitzes, Berlin 1836

Tomlins, Thomas Edlyne — The Law-Dictionary, explaining the Rise, Progress and Present State of the British Law: Defining and Interpreting the Terms or Words of Art, and comprising also various Information on the Subjects of Trade and Government, 4th ed., London 1835

Trendelenburg, Adolf — Naturrecht auf dem Grunde der Ethik, 2. Aufl., Leipzig 1868

Unger, Joseph — System des österreichischen allgemeinen Privatrechts. Erster Band, 4. unveränderte Aufl., Leipzig 1876

Vangerow, Karl Adolph — Lehrbuch der Pandekten, 6. Aufl., Marburg 1851

Walker, Timothy — Introduction to American Law. Designed as a First Book for Students, 1st ed., Philadelphia 1837

Warnkönig, Leopold August — Analyse du Traité de la possession, d'après les principes du droit romain par M. de Savigny, Liège 1824

Warnkönig, Leopold August — Beitrag zur Streitfrage, ob es eine eigene vom gewöhnlichen eigentlichen Besitz verschiedene possessio civilis im römischen Recht gebe?, in: AcP 20 (1837), S. 178 ff.

Warnkönig, Leopold August — Ueber die richtige Begriffsbestimmung des animus possidendi, in: AcP 13 (1830), S. 169 ff.

Wendt, Otto — Rechtssatz und Dogma. Theorie und Praxis. Allgemeines und Besonderes, in: Iherings Jahrbücher 22 (1884), S. 299 ff.

Wening-Ingenheim, Johann Nepomuk v. — Lehrbuch des gemeinen Civilrechts: nach Heise's Grundriß eines Systems des gemeinen Civil-Rechts zum Behufe von Pandekten-Vorlesungen, Bd. 1, 5. Aufl., München 1837

Wieacker, Franz — Privatrechtsgeschichte der Neuzeit: unter besonderer Berücksichtigung der deutschen Entwicklung, 2. Aufl., Göttingen 1967

Wieling, Hans Josef — Grund und Umfang des Besitzschutzes, in: Manfred Harder/Georg Thielmann, De iustitia et iure, Festgabe für Ulrich von Lübtow zum 80. Geburtstag, Berlin 1980, S. 565 ff.

Wieling, Hans Josef — Sachenrecht, Band I, Sachen, Besitz und Rechte an beweglichen Sachen, Berlin u.a. 1990

Windscheid, Bernhard — Lehrbuch des Pandektenrechts, Bd. 1,
1. Aufl., Düsseldorf 1862
4. Aufl., Düsseldorf 1875
6. Aufl., Düsseldorf 1887

Zachariä v. Lingenthal, Karl Salomo — Handbuch des Französischen Civilrechts, Erster Band, 6. Aufl., Heidelberg 1874

Zielonacki, Jozefat v. — Der Besitz nach dem Römischen Rechte: hie und da mit Berücksichtigung der neuern Gesetzbücher, Berlin 1854

Zimmermann, Reinhard — Das römisch-kanonische ius commune als Grundlage europäischer Rechtseinheit, in: JZ 1992, S. 8 ff.

Zimmermann, Reinhard — Die „Principles of European Contract Law", Teile I und II, in: ZEuP 8 (2000), S. 391 ff.

Zimmermann, Reinhard — Konturen eines Europäischen Vertragsrechts, in: JZ 1995, S. 477 ff.

Zimmermann, Reinhard — Savignys Vermächtnis. Rechtsgeschichte, Rechtsvergleichung und die Entstehung einer europäischen Rechtswissenschaft, Tübingen 1998

Zimmermann, Reinhard — Usus Hodiernus Pandectarum, in: Europäische Rechts- und Verfassungsgeschichte (hg. von Reiner Schulze), Berlin 1991, S. 61 ff.

Zweigert, Konrad/ Kötz, Hein — Einführung in die Rechtsvergleichung, 3. Aufl., Tübingen 1996

Zweigert, Konrad/ Siehr, Kurt — Ihering's Influence on the Development of Comparative Legal Method, in: 19 American Journal of Comparative Law (1971), S. 215 ff.

Kolibri 360 GmbH
Ferdinand-Jühlke-Straße 7
99095 Erfurt, Deutschland
produktsicherheit@kolibri360.de

Druck:
CPI Druckdienstleistungen GmbH
im Auftrag der
Kolibri 360 GmbH
Ferdinand-Jühlke-Str. 7
99095 Erfurt